DAS BUCH

Band I: 1941 kehrt das deutsche U-Boot 136 unter dem Kommando von Kapitänleutnant Lützow schwerbeschädigt vom Einsatz zurück. Nach einem Torpedoversager war es von Wasserbomben getroffen worden. Wegen Meuterei wird die gesamte Besatzung in eine Strafkompanie an die Ostfront geschickt. Doch als aus Washington ein deutscher Geheimagent meldet, daß der amerikanische Präsident Roosevelt im Nordatlantik den englischen Premier Churchill auf dem Kreuzer *Prince of Wales* treffen will, gibt Großadmiral Dönitz, Oberbefehlshaber der Kriegsmarine, den Meuterern von U 136 eine Bewährungschance. Sie sollen das Treffen der Staatsmänner mit allen Mitteln verhindern. Nach einer Schreckensfahrt um Island erleben sie jedoch beim Angriff auf die *Prince of Wales* ein Desaster.

Band II: Der Versuch, das Geheimtreffen von Roosevelt und Churchill im Nordatlantik zu torpedieren, hat nicht geklappt. Und so schlägt sich das deutsche U-Boot 136 unter Kapitänleutnant Lützow nach Brasilien durch. An Bord befindet sich ein als SS-Spitzel getarnter Atomphysiker, der den USA im Auftrag des Widerstandskreises um Admiral Canaris beim Manhattan-Projekt behilflich sein soll.

Die Verlobte von Kommandant Lützow, eine jüdische Ärztin, konnte unterdessen aus Europa entkommen und versucht, Lützow aus dem brasilianischen Internierungslager in der Sierra Canasta herauszuholen. Doch sie kommt zu spät – ein amerikanisches Einsatzkommando hat ihn entführt, da man in ihm einen Mitwisser des Geheimprojektes vermutet.

DER AUTOR

C. H. Guenter wurde 1924 in Franken geboren. Er diente in der Marine, der er bis Kriegsende angehörte. Seine wichtigsten Einsätze erlebte er als Seeoffizier, zum Teil auf U-Booten. Seine Laufbahn als Schriftsteller begann C. H. Guenter mit dem Schreiben von Schlagertexten und Kurzgeschichten. Später folgten Drehbücher und Kriminalromane. Viele seiner Romane erschienen in den USA, in England, Frankreich, Brasilien, Italien und Rumänien.

C.H.Guenter

Das letzte U-Boot nach Ava

C.H.Guenter

Einsatz im Atlantik

Das letzte U-Boot nach Avalon • Band 1+2

U 136 in geheimer Mission

Zwei Romane

Bechtermünz Verlag

Genehmigte Lizenzausgabe für
Weltbild Verlag GmbH, Augsburg 1998

Umschlaggestaltung: Adolf Bachmann, Reischach
Umschlagmotiv: AKG, Berlin
Gesamtherstellung: Ebner Ulm
Printed in Germany
ISBN 3-86047-886-9

Vorwort

Alle in diesem Roman geschilderten Ereignisse fanden statt. Nur ihre Aufeinanderfolge wurde dramaturgischen Regeln untergeordnet.

Die Namen sind zum Teil erfunden, die Personen hingegen nicht.

Der Roman ist für Leser geschrieben, die vom letzten Geheimnis des U-Boot-Krieges 1941, von politischen Intrigen, von Liebesaffären, von Geheimdiensten und der Gestapo nicht alles wissen, aber den Wunsch haben, es zu erfahren.

I. TEIL

Der Verdacht

1

Im Frühjahr 1940 besetzen deutsche Armeen Dänemark und Norwegen. Der siegreiche Westfeldzug führt zu einem Waffenstillstand mit Frankreich. Deutschland, Japan und Italien schließen einen Dreimächtepakt. Hermann Göring wird Reichsmarschall.

13. Dezember 1940
Der Himmel war so blau, daß es in den Augen schmerzte. Aus der für den Spätherbst ungewöhnlich ruhigen See schob sich ein stählernes Rohr. Etwa armdick. Kurz vor dem Ende trug es ein Glasfenster, oval, nicht größer als ein Handteller. Dahinter verbarg sich ein Auge, nämlich die Sehrohroptik eines U-Bootes.

Das Boot hielt sich außerhalb der amerikanischen Hoheitsgewässer. Es stand jetzt vier Seemeilen querab des Leuchtturms von Kap Hatteras.

In der kalten grünen Tiefe mündete das stahlgraue Rohr in den Kommandoturm und nach noch einmal sechs Metern in die Zentrale.

Das Auge des Sehrohrs hatte sich einmal um 360 Grad gedreht. Im Innern des Bootes sagte der Kommandant, Kapitänleutnant Lützow: »Horizont frei. Astreine Navigation, Obersteuermann. Kap Hatteras peilt in siebenundfünfzig Grad.«

Der Kommandant schob die Mütze mit dem einst weißen, jetzt schmutzigen Bezug aus dem Genick nach vorn, klappte die Armstützen des Sehrohrfußes hoch und ließ das Ganze per Knopfdruck einfahren. Einem Blick auf die Seekarte folgten neue Befehle.

»Kurs drei-null-fünf! Beide E-Maschinen langsame Fahrt!« Dann rief er den zweiten Wachoffizier, einen kaum zwanzigjährigen schiefgesichtigen Leutnant zu sich.

»Sie sollten mit der Bordgymnastik weitermachen, Wessel.«

Keiner liebte Freiübungen in der engen 750-Tonnen-Röhre. Aber das deutsche U-Boot mit der Nummer 136 war jetzt vier Wochen unterwegs. Da wurden die Glieder schlaff. Bis auf eins.

Mitte November waren sie vom Bunker in Lorient an der französischen Bretagneküste ausgelaufen. Nach drei Wochen Kriegsmarsch quer durch den Atlantik mit zum Teil verheerenden Orkanstürmen. Nun fuhren sie schon eine Woche vor der US-Ostküste auf und ab. Leider ohne die Rauchfahne eines Geleitzuges zu sichten. Bis jetzt hatten sie überhaupt nichts vor das Sehrohr bekommen, weder einen Mast noch einen Schornstein. Das alles kostete mehr Nerven als sonst etwas.

»Gymnastik also, Herr Kaleu«, wiederholte der Zweite Wachoffizier.

»Mangel an körperlicher Bewegung, das nagt an der Volksgesundheit«, meinte Lützow in seiner knappen ironischen Art.

Der II WO, wie stets ein wenig vorlaut, bemerkte: »Ein Kakadu sitzt ein ganzes Leben lang auf der Stange und wird hundert Jahre alt, Herr Kaleu.«

Es wurde nicht weiterdiskutiert, doch es kam auch nicht zu den verhaßten Freiübungen, wo man sich stets die Flossen irgendwo anstieß, denn der Horchraum meldete: »Turbinengeräusch in . . . aus Süd!« Das Gerät war in der Lage, meilenweit alle möglichen Maschinengeräusche zu unterscheiden.

Der Kommandant stieg in das Horchschapp und setzte selbst die Kopfhörer auf. Sie drehten an der Feineinstellung. Bald wußten sie mehr. Das unbekannte Fahrzeug lief etwa zwanzig Knoten und würde ihren Kurs kreuzen.

Der Obersteuermann berechnete den Punkt der Begegnung. Nach vierzig Minuten entschied der Kommandant: »Auf Sehrohrtiefe gehen!«

Die Ruder wurden gelegt, beide oben. Die E-Maschinen summten lauter.

»Vierzehn Meter!«

Ein kurzer Rundblick, schon zog Lützow das Sehrohr wieder ein. Nach einem für ihn typischen Daumen- und Zeigefingerdruck in die Augen sagte er: »Zu groß für eine Privatjacht, zu klein für einen Küstendampfer. Schauen Sie sich den mal an, I WO.«

Der Oberleutnant musterte durch das Periskop das eingehend elegante weiße Schiff. »Eine Hochseejacht, Herr Kaleu.«

Lützow studierte noch einmal die Schiffsumrisse. Dazu schaltete er auf die große Angriffsoptik. Der Obersteuermann blätterte das Flottenhandbuch durch, aber sie kamen zu keinem sicheren Ergebnis.

»Das könnte die amerikanische Staatsjacht sein.«

»Mit Roosevelt an Bord?« fragte der II WO. »Den würde ich gerne mal über den Zeh stolpern lassen.«

»Wie denn? Roosevelt sitzt seit seiner späten Kinderlähmung im Rollstuhl.«

»Dann einen Torpedo, daß die Puppen tanzen. Nur so zum Spaß.«

Kopfschüttelnd fragte der stets überlegen ruhige Lützow: »Was bitte war am siebten Mai 1915?«

Darauf wußte keiner eine Antwort. Nur der Leitende Ingenieur, der im Kugelschott zur Zentrale lehnte und mitgehört hatte, ließ die Fingernägel durch seinen U-Boot-Bart kratzen. »Ich glaube, am siebten Mai 1915 hat ein deutsches U-Boot vor Liverpool den Ozeandampfer *Lusitania* versenkt. Dreißigtausend Tonnen.«

»Es gab vierzehnhundert Tote«, ergänzte Lützow, »und zwölftausend Tonnen Munition gingen dabei hoch. Die britischen Seelords dirigierten die *Lusitania* absichtlich vor die Torpedorohre unseres U-Bootes. Amerika hat heftig dagegen protestiert. Heute würde so ein Zwischenfall zum sofortigen Kriegseintritt führen. – Nein, meine Herren. Außer dem Eintrag ins Kriegstagebuch wird diesmal nichts stattgefunden haben.«

Das deutsche U-Boot änderte seinen Kurs geringfügig, ging auf sechzig Meter Tiefe und setzte seine ermüdende Patrouille fort.

Nur der II WO maulte herum: »Ich wäre gern als Prisenkommando an Bord gegangen. Die Amerikaner haben neuerdings Lippenstift mit Pfefferminzgeschmack. Nur als Souvenir für mein Fräulein Mutter.«

»Die deutsche Frau benutzt keinen Lippenstift«, sagte I WO Rahn.

Der Unterwassermarsch bei Tage saugte die Batterien leer bis zum letzten Ampere, wie Jungkälber das Euter der Mutterkuh. Mit besorgtem Gesicht stand der LI vor Lützow. Wie alle – und alles hier – stank er nach Dieselöl, nach Abgasen, nach Salzwasserfeuchtigkeit, nach Schimmel und Gammel, eben nach U-Boot.

»Schon wieder mal soweit?« fragte Lützow.

Der LI nickte. Ohne elektrische Energie ging unter Wasser nichts. Lützow ließ also auftauchen, um in nächtlicher Überwasserfahrt mit den Dieseln und Generatoren die Akkus aufzuladen. Das dauerte bei halber Fahrt und neunzig Umdrehungen ungefähr fünf Stunden. Dabei mußte die Turmwache höllisch auf jeden Schatten, auf jedes Flugzeug aufpassen, als ginge es ums Leben.

Parallel zur US-Küste, mit Generalkurs Baltimore, zog U 136 seinen verräterisch hellen Kielwasserstrich. Zum Glück war es eine mondlose Nacht. Gegen Morgen, die Batterien waren einigermaßen voll, schob der Oberfunkmaat den Kopf durch das Turmluk.

»Funkspruch vom BDU, Herr Kaleu.«

Die Blechkladde wurde hinaufgereicht. Der Text war bereits entschlüsselt. Lützow überflog ihn im Schein einer abgeblendeten Lampe. Dann machte er seinen berühmten Buckel, der die stämmige Figur gedrungen erscheinen ließ.

Der I WO kam auf die Brücke. »Der Fühlungshalter hat einen Geleitzug entdeckt, Herr Kaleu.«

»Ja, U 86 Schneider«, sagte Lützow.

»Das Geleit ist vor einer Woche aus New York und Boston ausgelaufen. Sie sammeln sich jetzt bei Neuschottland.«

»Vor Halifax«, präzisierte Lützow. »Das sind Pi mal Daumen neunhundert Seemeilen.«

»Das wäre bei großer Fahrt in zwei Tagen zu schaffen, Herr Kaleu.«

»In drei Tagen«, schränkte Lützow ein. »Die Dampfer sitzen ja nicht wie die Henne auf dem Ei. Aber sie laufen nie schneller als ihr langsamster Pott. Bestenfalls neun Knoten.«

Lützow übergab dem I WO die Wache. In der Zentrale beugte er sich mit dem Obersteuermann über die Seekarte. Sie steckten den Kurs von ihrer Position bis zu jenem Planquadrat, in dem das Geleit stand, ab. Der Obersteuermann zirkelte die Suchkurve. Später wurde der LI hinzugerufen. Wie so oft stellte Lützow die Vertrauensfrage: »Treibstoffvorrat, Behrens?«

Der Leitende hatte längst peilen lassen, weil er sich immer Sorgen machte. Unverzüglich kam die Antwort: »Knapp fünfzig Tonnen. Mit hundertzwanzig Tonnen gingen wir in Lorient raus. Das reicht meist knapp für siebentausend Seemeilen. Unser Verbrauch liegt bei eins Komma acht Tonnen für hundert Meilen. Bei Normalfahrt.«

Erneut begann die Rechnerei. Zwar hatten sie genug Treibstoff für die Rückreise, aber keine taktische Reserve für eine Geleitzugsschlacht und schon gar nicht für drei Tage Sturmritt.

»Und die Diesel«, erinnerte der LI mit Leidensmiene.

Lützow spottete es weg. »Weiß schon. Ihre armen Diesel. Heilige Muttergottes! Das Boot ist neu, kaum sechs Monate alt. Das müssen die Maschinen aushalten.«

»Außerdem«, bemerkte der Obersteuermann, ein ehemaliger Fischdampferkapitän, »rechnen sie beim Befehlshaber der U-Boote in Kernevel jedes Pfund Torpedo, Treibstoff und Proviant genau mit.«

»Der BDU wird uns einen U-Tanker entgegenschicken«, hoffte Lützow und traf seine Entscheidung. Als hochdekorierter Ritterkreuzträger konnte er gar nicht anders.

»FT an BDU, verschlüsselt: Zehn Torpedos, neunundvierzig Tonnen Treibstoff, Operieren auf Geleitzug.

gez. Lützow.«

Der Funkspruch war noch nicht hinaus, da kam schon der Befehl: »Beide Diesel große Fahrt. Neuer Kurs: Fünf-zwei Grad. Und paßt mir bloß auf da oben auf dem Turm. Jede Ölsardine, jede Nachtigall, die trapst, ist mir zu melden.«

Dann wandte sich Lützow an den II WO: »Ich mache ein paar Stunden klar bei Auge.« Er verschwand in der O-Messe, warf sich auf die Koje in seinem engen Schapp und zog den grünen Filzvorhang zu.

2

Die USA pachten von Großbritannien für 99 Jahre unter anderem die Bermudas, Jamaika, Trinidad, Britisch Guayana und Santa Lucia. Dafür liefert Amerika 50 alte Zerstörer an die englische Marine.

16. Dezember 1940

Am Morgen rief der General den Diplomaten an. Er faßte sich kurz, denn er fürchtete, sein Telefon sei von der Gestapo angezapft.

»Höre, du bist aus Tokio zurück«, sagte er. »Sehen wir uns?«

Bodo von Zelitsch hatte damit gerechnet und war sofort bereit. »Wann und wo?«

Wie immer, wenn er die Kaiserhofbar am Kurfürstendamm meinte, sagte der General Reginabar. Oder umgekehrt. Ein Sicherheitsritual, das sich bewährt hatte.

»Regina. Heute zweiundzwanzig Uhr.«

»Ich bin da. Kommt der Professor auch?«

»Mit Sicherheit.«

»Und«, fragte der anspruchsvolle Diplomat, »wird es Champagner geben, Kaviar, Mokka und Havannas?«

»Dafür sorge ich.«

»Fein, Harald«, sagte der Legationsrat I. Klasse, »ich freue mich.«

Der General legte auf. In normalen Zeiten, bis Kriegsbeginn also, hatten sie sich einmal im Monat zu einer Aussprache getroffen, weil es für bestimmte Kreise wichtig war, daß sich Fachleute aus Forschung, Wehrmacht und Diplomatie gegenseitig unterrichteten. Vor zwei Jahren, ehe er bei Nacht und Nebel als einer der letzten aus Berlin fliehen mußte, hatte noch ein jüdischer Bankier zu der Runde gehört. – Nun hielten sie die Tradition, soweit das noch möglich war, zu dritt aufrecht. Dabei gaben sie sich nach außen hin den Anschein, als seien sie nur deshalb befreundet, weil sie Wein, Weib und Gesang liebten. Im Grunde waren sie Verbündete, die Hitler haßten und sahen, wie er Deutschland auf dem Weg von Sieg zu Sieg in den Abgrund führte. Gegen 19 Uhr fuhr der General im Dienst-Horch vom OKM in seine Wannseevilla. Nach kurzem Imbiß kleidete er sich um. Wenn er sich mit Kant und Zelitsch traf, trug er stets Zivil.

Das Radio dudelte einen Schlager. *»Laß die Frau, die dich liebt, niemals weinen«*, sang Rudi Schuricke eunuchenhaft.

»Stellen Sie den Kasten ab!« rief er zu seiner Haushälterin ins Erdgeschoß hinunter.

Die in Samtblau, Mahagoni und Messing gehaltene Kaiserhofbar lag in schummrigem Licht. Ein Duft von Parfüm, Cognac und Tabak hing überall – in den Tapeten, in den Teppichen und Polstermöbeln. In der Ecke spielte ein Trio. Baß, Gitarre und Piano. Am Flügel saß ein hohlwangiger blonder Reserve-Siegfried. – Bestenfalls kriegsverwendungsfähig »Heimat«, schätzte General Harald Nordstein.

Der Oberkellner führte ihn zu seinem gewohnten Platz in einer gutgedeckten Nische. Auf dem Tisch stand eine Kerze. Der Ober wollte sie anstecken.

»Laß den Quatsch, Detlef«, sagte der General.

»Der Professor ist schon da, Herr General. Mußte rasch mal telefonieren.«

Wenig später erschien Kant, mager, fast dürr, und kurzsichtig – so wie man sich einen Physiker, der sich gegen die Umwelt tarnt, vorstellt.

Sie sprachen wenig. Mit der Bestellung warteten sie, bis der Diplomat kam. Als könne ohne ihn das Spiel nicht beginnen, obwohl an diesem Abend keiner an Skat dachte.

Mit Verspätung erschien Zelitsch. Hochgewachsen, elegant, mit grauem, scharfgeschnittenem Oberlippenbart sah er ein wenig aus wie von Papen. Lässig warf der Baron seinen gefütterten englischen Trenchcoat über die Sessellehne. »Bekam kein Taxi«, entschuldigte er sich. »Ist ja fast schon wie in Tokio.«

Damit war das Stichwort gefallen. Er fing an zu erzählen. Einmal in Fahrt, war er schwer zu bremsen.

»Das Reich im Zeichen der Sonne bereitet sich auf Krieg vor«, lautete die Quintessenz seines Berichtes, »bei Tag und bei Nacht. Wie die Überpreußen. Die Japaner eskalieren die Lage im pazifischen Raum planmäßig. Ein Nadelstich gegen Amerika hier, ein Fußtritt dort. Die USA reagieren zunächst nur mit wirtschaftlichen Sanktionen. – Noch. – Aber eines Tages, das schwöre ich, schlagen sie los. Das wird ein fürchterlicher Kladderadatsch. Dann gibt es Haue auf die gelben Ärsche.«

»Und wir, als Japans Achsenverbündete, hängen mit drin«, fürchtete der General, stets gerade sitzend wie ein Ladestock. »Das fehlte noch.«

»Was heißt fehlte noch?« fragte der Diplomat, der mehr über die Lage in Ostasien als in Europa wußte.

Aber zunächst einmal bestellten sie.

»Für mich einen Kaviartoast«, bat von Zelitsch.

»Beluga ist längst aus«, bedauerte Detlef, der schwule Oberkellner, »Toast ebenso. Was wir haben, ist deutscher Kaviar. Heringsrogen fein gesalzen auf Graubrot mit Margarine.«

»Und für mich eine Flasche Schampus«, orderte Kant.

»Gibt nur noch Sekt, Herr Professor.«

»Dann bitte eine Flasche Mosel.«

»Fränkischer Bocksbeutel wäre noch da, Herr Professor.«

Der General hatte mitgehört und wurde bescheiden. »Für mich einen guten Schwarzwälder Himbeerschnaps. Danach einen Mokka.«

»Schnaps«, notierte Detlef, »für gut kann ich nicht garantieren. Mokka geht leider auch nicht. Aber unser Ersatzkaffee ist stark und süß.«

»Zuckersüß?«

»Sacharinsüß, Herr General.«

»Mit Sahne, bitte.«

»Mit Trockenmilchpulver, Herr General. – Sonst noch Wünsche?«

Der Professor verzichtete daraufhin nicht nur auf eine Havanna, sondern auf jede Zigarre.

»Gehen die Noten für die Kapelle auch auf Bezugschein?« fragte von Zelitsch anzüglich.

Im selben Moment fing das Trio wieder an. Es spielte ein abgeleiertes Filmliedchen. Der Blasse am Flügel sang dazu den Text: »In der Nacht ist der Mensch nicht gern alleine.«

Der General beugte sich vor und nahm den Gesprächsfaden wieder auf. Jetzt allerdings mit gesenkter Stimme. Seine Freunde wußten, daß er im OKW saß und Kommandeur einer Panzerdivision war, die in Döberitz lag. Er trieb die Schulung von Panzerbesatzungen voran. Das brauchte Nordstein nicht extra zu erwähnen. Was er von sich gab, war jedoch eine heiße Information.

»Wir bilden unsere Panzerbesatzungen für einen Großangriff aus, und zwar für den Einsatz in einem Land mit riesigen Räumen, mit Steppencharakter und strengen Wintern. Mehr äußere ich nicht dazu.«

Der Diplomat sprach es ungeniert aus. »Für Rußland.«

Erschrocken legte der General den Zeigefinger an den Mund. Doch dann setzte er hinzu: »Wenn Hitler Rußland überfällt, ist das sein Ende. Das übersteigt unsere Kräfte. Siehe Napoleon.«

»Hoffentlich«, kommentierte der Diplomat. »Man sollte sich ins Ausland absetzen. Ich fürchte, es wird höchste Zeit – oder?« Von Zelitsch schien auf eine Reaktion der Freunde zu warten.

»In welches Ausland bitte?« fragte der Professor. »Nach Spanien, in die Schweiz? Wie lange gibt es die freien Neutralen noch?«

»Meine neue Freundin holt mich in einer Stunde ab«, äußerte der Diplomat ausweichend.

Die Getränke und das Heringseierbrot wurden serviert. Auch Professor Kant nahm einen Bissen davon. Noch kauend, meinte er: »Ganz so schlimm wird es wohl nicht. Waffenmäßig haben die Nazis ziemlich was in der Rückhand.«

Dr. Siegmund Kant, Physikprofessor an der Humboldt-Universität, arbeitete nebenbei an verschiedenen Forschungsinstituten der Industrie und saß im Rüstungsbeirat des Kriegsministeriums. Er sprach nie besonders viel, doch was er sagte, hatte stets Gewicht.

»Den Vergleich Hitlers mit Napoleon würde ich für unqualifiziert halten. Unsere Rüstung ist der des Feindes weit voraus. Um mindestens sechs Jahre. Ich denke an die neuen U-Boote, an die neuen Flugzeuge mit Triebwerken auf Turbinenbasis. Sie sind doppelt so schnell wie die alten. Weiter denke ich an die Raketen, die ein gewisser von Braun in Peenemünde baut. – Nur mit der Nuklearforschung steht es schlecht. Zu teuer, zu aufwendig, zu ungewiß im Ergebnis. Sie wird aufgrund einer laienhaften Entscheidung der technisch unbedarften obersten Führung eingestellt. Aber die ist ja, bis hinauf zum ...«, er hüstelte, »... zu Adolf, sowieso bescheuert.«

»Schade«, spottete von Zelitsch, »das sieht alles fast zu gut aus. Hoffentlich bleibt dem ›Gröfaz‹, unserem größten Führer aller Zeiten, bald die Luft weg.«

Sie redeten, tranken, rauchten ihre R-6 und Junos. Das Bar-Trio spielte etwas Französisches: *Premier Rendezvous.*

Zelitsch schaute immer wieder auf die Uhr. Er wirkte ungeduldig. »Sie sollte längst dasein.«

»Eine stolze Walküre«, frotzelte der General, »blond, wie du sie liebst?«

»Eine zierliche schwarzhaarige Japanerin aus der Nippon-Botschaft«, verbesserte ihn der Diplomat. »Die Geschmäcker ändern sich bekanntlich. Und jede Änderung kostet Geld.«

»Und Nerven«, fügte Kant hinzu.

Es ging auf Mitternacht. Sie beschlossen aufzubrechen und verabredeten sich für einen Abend im Januar.

Die Limousine, die vor dem Hotel Kaiserhof scharf bremste, war kein behäbiges 260er Dieseltaxi, dem eine elegante Japanerin entstieg, sondern ein schwerer Mercedes Sechssitzer Pullman. Männer in schwarzen Ledermänteln sprangen heraus. Sie eilten durch das Hotelfoyer und die Treppe zur Bar hinunter. Vorher hatten sie sich aufgeteilt, als gelte es, den Rückzug zu sichern. In der Bar kamen nur noch zwei von ihnen an.

Der Kleinere bellte wie ein Fleischerhund: »Ruhe! Hört endlich mit der verdammten Musik auf!«

Die Stimme des zweiten klang ruhiger, aber nicht weniger fordernd: »Sitzenbleiben! Keine Bewegung, Herrschaften. Ausweise bereithalten!«

Sie sprachen mit Detlef, dem Oberkellner, als sei er ihr Vertrauter. Detlef deutete nach rechts hinten. Ohne sich um die anderen Gäste zu kümmern, steuerten sie auf die Nische zu, in der die drei Herren mittleren Alters saßen. Der lautstarke Gedrungene rief: »Geheime Staatspolizei! Nordstein, Zelitsch, Kant, alle drei mitkommen!«

Der General erhob sich. »Für Sie bin ich General Nordstein.«

»Und ich bin Professor Kant«, ergänzte der Physiker.

»Ist das eine Festnahme oder was?« wandte der stets gelassene von Zelitsch ein. »Was sollte der Grund dafür sein?«

Da beugte sich der lange der beiden Gestapo-Männer vor, faßte unter den Tisch und riß etwas ab, das dort mit Leukoplast angeklebt war. Es war ein Mikrofon mit dünnen Drähten daran. »Jedes Wort Ihrer Unterhaltung wurde auf Wachsplatte aufgezeichnet.«

»Na schön. Und?« fragte der Diplomat. »Dachte, die Nazis sind gar nicht mehr am Ruder.«

»Wir werden dir dein unverschämtes Maul polieren«, sagte der Gestapo-Giftzwerg.

»Dann marschiere ich zu Adolf«, bemerkte von Zelitsch arrogant. »Er hat mir erst gestern persönlich gebeichtet, daß er sich weigern würde, jemals Mitglied dieser idiotischen SS zu werden.«

»Erst mal gehst du mit in die Prinz-Albrecht-Straße«, erklärte der Lange und legte ihnen Handschellen an.

Wie Verbrecher führte man sie aus dem Hotel Kaiserhof. Hinter dem großen Mercedes war noch ein 170-V aufgefahren. In den wurden die drei Herren hineingestoßen.

Wenig später, im Gestapo-Hauptquartier, mußten sie die Taschen leeren, die Krawatten abnehmen, die Hosenträger und Gürtel ablegen. Sogar die Schnürsenkel mußten aus den Schuhen gezogen werden. Jeder kam in eine Einzelzelle.

Ehe man sie trennte, zischte Kant: »Scheiße, Herr General!«

»Abwarten!« rief Nordstein.

Man ließ sie achtundvierzig Stunden in der Zelle schmoren. Dann wurden sie einzeln zum Verhör geholt. – Der kahle Kellerraum enthielt nur einen Schreibtisch, einen Hocker und zwei starke Lampen, die auf den Hocker gerichtet waren. Dort mußte der Häftling Platz nehmen.

Hinter dem Schreibtisch saß ein Zivilist mit Nickeldrahtbrille. Vor sich hatte er einen Plattenspieler. Ohne ein Wort an den Gefangenen zu richten, wurde eine Wachsplatte abgespielt. General Nordstein sah nur, daß sie aus rosafarbenem Material war. Kratzig klang ihre Bar-Unterhaltung.

»Sind das die Stimmen von Ihnen, von Kant und Zelitsch?«

Nordstein nickte.

»Die Aufnahme ist also korrekt.«

Abermals nickte der General.

»Was haben Sie dazu zu sagen?«

Zögernd äußerte Nordstein: »Daß es sich um ein nicht ernstzunehmendes Gespräch unter angetrunkenen Freunden handelt.«

»Unter konspirativen Mitgliedern einer möglichen Widerstandsbewegung«, entgegnete der Gestapo-Psychologe. »Wir beobachten Sie schon seit Monaten. Wer sind Ihre Hintermänner?«

Es gab welche, aber die konnte die Gestapo nicht kennen. Dafür waren sie stets zu vorsichtig gewesen. Die Gestapo hatte keinerlei Beweise und würde auch nie welche kriegen. Also leugnete der General alles ab. Nur, was er über Hitler, Napoleon und den geplanten Ostfeldzug erwähnt hatte, war nicht wegzudiskutieren.

»Sie werden des Defätismus angeklagt«, erklärte man ihm, »der Zersetzung der Wehrkraft sowie der Bildung einer staatsfeindlichen Gruppe. Sie haben Gelegenheit, Ihren Einspruch schriftlich niederzulegen.«

Nordstein wurde weggebracht. »Der nächste!« befahl der SS-Verhörbeamte.

Bei Kant und von Zelitsch verlief die Prozedur ähnlich. Auch sie mußten sich die Platte anhören. Erneut kam der Pauschalvorwurf regierungsfeindlicher Bandenbildung, wurden Vorwürfe im einzelnen genannt. Kant wurde Verrat von Rüstungsgeheimnissen vorgeworfen, dem Diplomaten die Aufforderung zur Staatsflucht ins Ausland sowie Herabwürdigung von Partei und Führung.

Nach weiteren vierundzwanzig Stunden erfuhren die Häftlinge, was mit ihnen geschehen sollte. General Nordstein wurde von seinem bequemen Schreibtischsessel im OKM zu einer Einheit nach Nordnorwegen strafversetzt. Dort hatte er einen Abschnitt zu kommandieren, der vom Polarkreis über Narvik bis Kirkenes reichte. Nur seine Verdienste als Panzerführer im Polenfeldzug und sein Einsatz bei der taktischen Ausbildung neuer Panzerverbände retteten seinen Kopf.

Mit Kant sprangen sie weniger freundlich um. Für ihn als Physiker bestand keine Aussicht, daß das Projekt eines Uran-Meilers, den er mit Hahn baute, im Lauf der nächsten Jahre waffenmäßig ergiebig sei. Er wurde ins KZ Oranienburg abgeschoben.

Zu Legationsrat von Zelitsch sagte der SS-Sturmbannführer: »Eigentlich sollte man Individuen wie Sie einen Kopf kürzer machen oder einfach aufhängen wie Schweinehälften. Ihr Glück ist, daß Sie Fernost-Experte des AA sind und Japanisch sprechen. Ihr Diplomatenpaß wird einbehalten. Sie dürfen Berlin nicht verlassen. Sie haben sich alle zwei Tage auf dem Polizeirevier zu melden. – Los, hauen Sie ab! Gehen Sie an die Arbeit. Leute wie Sie verpesten nur unsere saubere Luft.«

Professor Siegmund Kant verschwand hinter den Stacheldrahtzäunen des KZ Oranienburg.

General Harald Nordstein wurde mit einer Luftwaffen-Transportmaschine zunächst nach Oslo geflogen. Seine Koffer mußte er stets eigenhändig zu der Ju 52 schleppen.

Bodo von Zelitsch ahnte, daß seine Stunden gezählt seien und er nur noch auf Abruf lebte. Also ließ er seine Verbindungen spielen.

Am 18. Dezember, eine Woche vor Weihnachten, fuhr er mit der S-Bahn nach Pankow. Es wehte ein eiskalter Wind. Der Regen führte Graupel mit. Zelitsch stemmte sich dagegen bis zur Damerowstraße und weiter in Richtung Heinersdorf.

Es war 19.15 Uhr und schon dunkel. Es herrschte kaum Verkehr. Nur wenige Fußgänger eilten nach Hause. Immer wieder blieb Zelitsch stehen und hielt nach einem bestimmten Automobil Ausschau. Endlich bog eines von der Penzlauer Promenade nach links herein. Es war ein eleganter Mercedes-500-Kompressor-Roadster in Cremegelb mit Sindelfinger Karosserie.

Zelitsch kannte den Wagen. So einer stand auf der Liste

seiner unerfüllten Wünsche. Der Mercedes wendete bei der S-Bahn-Brücke, holte ihn ein und hielt an. Die Tür rechts schwang auf.

»Rasch, steig ein, Bodo!« rief eine dunkle Frauenstimme mit skandinavischem Akzent.

Es dauerte nur Sekunden. Schon fuhr das Sportcabriolet wieder an. Es führte ein schwedisches Kennzeichen und das ovale CD-Schild vom Corps diplomatique.

Der 500 K nahm die Straße Nr. 109 nach Norden. Die hundertachtzig Kilometer von Berlin über Neubrandenburg bis Stralsund brachte der schnelle Wagen trotz einsetzenden Schneetreibens bis 23 Uhr hinter sich. Noch zeitig genug für die Schwedenfähre Saßnitz-Trelleborg, die dreißig Minuten vor Mitternacht ablegte.

Der Legationsrat Bodo von Zelitsch erreichte das neutrale Ausland wohlbehalten im Kofferraum des Autos einer schwedischen Filmschauspielerin.

3

Mit Luftangriffen auf London beginnt die Schlacht um England. Hitler gibt seinen Invasionsplan, das Unternehmen »Seelöwe«, auf und widmet sich der Vorbereitung anderer Eroberungszüge. Spanien erklärt sich als nicht kriegsführend.

20. Dezember 1940

U 136 hetzte mit großer Fahrt durch schwere See nach Nordosten. Mit ihren 2800 PS schoben MAN-Dieselmotoren die enge Stahlröhre mit fünfzig Mann Besatzung voran.

Drinnen im Boot wurde der Lärm der Maschinen, der Pumpen und Verdichter vom Gedudel einer Schallplatte übertönt, die sie pausenlos abspielten. Es war der neueste französische Schlager *J'attendrai le jour et la nuit, j'attendrai toujour ton retour*, gesungen von Madame Nicole Pinette. Doch droben auf dem Turm waren nur das Pfeifen und Tosen des Sturmes zu hören. Immer wenn das Boot einen Wellenberg querte, fetzte ihnen die Gischt wie mit Peitschen ins Gesicht. Besonders hohe Brecher konnte das Boot nicht abreiten. Dann schnitt es unter. Sekundenlang tauchten dann die vier Mann der Brückenwache in die eiskalten Fluten des Nordmeeres.

Mit breiten Feuerwehrgurten hatten sie sich gesichert. Sonst hätte es sie auf Nimmerwiedersehen in den Atlantik gerissen. Das Turmluk, den Weg nach unten, hatten sie längst geschlossen. Zuviel Wasser wäre in das Boot eingedrungen. Durchfroren und durchnäßt, galt es den Horizont nach Flugzeugen, nach Bewachern, nach dem Geleitzug abzusuchen. Irgendwann mußte etwas in Sicht kommen.

Am Ende von vier Wachstunden kletterten sie, steif vor Kälte, in die Wärme des Bootes, wo von den Wänden Kondenswasser abtropfte. Die Finger waren fast unbeweglich geworden. Die Kameraden halfen ihnen, das nasse Zeug vom Körper zu ziehen. Die Unterwäsche wurde ausgewrungen und gewechselt, aber die andere war noch klamm vom letzten Mal und die Gummistiefel innen naß und klebrig.

Mit rauher Stimme sang II WO, Wessel, das Lied im Radio mit. Den Text hatte er ein wenig abgeändert. *»Erwartet uns ... bei Tag und bei Nacht ... erwartet uns ... wir kommen schon ... schattendrä duschur ...«* Wessel war ein großer Zyniker und nur ein sehr kleiner Hitlerjunge. Wenn er sich vorstellte, sagte er stets: »Gestatten, Wessel, aber nicht Horst.« Womit er sich vom Dichter des »Fahne-hoch-Liedes« bewußt absetzte. Aber Krieg war Krieg, und U-Boote waren nicht dazu da, um damit in der Kieler Förde Sprotten zu angeln.

Wessel hängte seine nassen Klamotten in einer warmen Ecke der Zentrale auf. Der Kommandant hockte mit dem Leitenden auf einer leeren Kartoffelkiste. Behrens' Gesicht war wie immer besorgt. Er spielte mit seinem Rechenschieber.

»Sechsundvierzig Stunden schon. Immer mit hundertneunzig Umdrehungen.«

Lützow winkte ab. »Bei der Werftprobefahrt sind wir einen halben Tag lang AK gefahren, und die Maschinen hielten es problemlos durch.«

»Zwei Tage große Fahrt nehmen sie stärker mit als zwölf Stunden äußerste Kraft«, wandte Behrens ein.

»Die MAN halten das aus.«

»Das ist nicht alles, Herr Kaleu. Die Vibrationen zerrütteln das Boot in Spanten und Nieten. Diese ewigen Vibrationen. Dazu das Übertouren der Schrauben, wenn das Heck in der See freikommt.«

Lützow reagierte auf solches Gejammere gern mit Fragen. Fragen erforderten Antworten, Antworten Nachdenken, und Nachdenken lenkte ab. »Wer baut die besten Boote, Behrens?«

»Die Hamburger Werften.«

»Und wer von denen baut die allerbesten?«

»Blohm und Voss.«

»Und von dort stammt unser Boot.«

Daraufhin äußerte der LI nichts mehr. In der O-Messe nahm er einen Schluck Apfelsaft und verschwand nach achtern zu seinen Maschinen.

Wenig später meldete der I WO von der Brücke: »Schneesturm setzt ein!« Wenn es so weiterging, müßte die Brückenwache noch in Tauchanzügen antreten.

Gegen Mittag traf ein aus zwanzig Buchstaben bestehendes Kurzsignal ein. Der Fühlungshalter meldete Standort, Kurs und Geschwindigkeit des Geleitzuges. In der Zentrale koppelten sie nach.

»Neunundvierzig Nord, vierundvierzig West«, rechnete der Obersteuermann. »Der Konvoi ist schon weiter, als wir dachten.«

»Abstand?«

»Vierzig Meilen, Herr Kaleu.«

Ohne Rücksicht auf die Diesel und den Treibstoffverbrauch gab der Kommandant jetzt den Angriffsbefehl.

»Kurs null-acht-fünf! Beide Diesel äußerste Kraft voraus!«

Lärm und Vibration steigerten sich noch einmal. So jagten sie zwei weitere Stunden durch den Schneeorkan. Das Boot benahm sich wie ein Holzscheit in einem schäumenden Wildbach. Es gierte, bäumte sich auf, taumelte, schlug mit dem Bug wieder hart ein. – Gegen 16 Uhr endlich die erlösende Meldung: »Geleitzug in Sicht! Rauchwolken!«

Lützow hastete auf den Turm, bekam sein frischgeputztes Glas und begann zu zählen. Allein an der Steuerbordseite des Konvois konnte er wenigstens ein Dutzend Zehntausendtonner erkennen. Tanker, Frachter und Kühlschiffe. Um sie herum wieselten, wie Schäferhunde um die Hammelherde, die Bewacher. Es waren vorwiegend Zerstörer der Townklasse, die alten amerikanischen mit der offenen Brücke. Sie sicherten den Konvoi und hielten ihn zusammen.

Lützow nahm erneut eine Kurskorrektur vor. Bis zu Beginn der Dämmerung wollte er sich vor den Konvoi setzen, sich bei Dunkelheit hineinsacken lassen und die dicksten Brocken herausschießen. – Das war seine Taktik.

Geschützt durch Abstand und Seegang, der ihre schlanke graue Silhouette kaum erkennen ließ, überholte U 136 den Konvoi, indem es parallel seinem Kurs folgte. Um 18.00 Uhr geriet das Geleit außer Sicht.

»Sie haben gezackt«, vermutete Lützow, »und zwar nach Norden. In einer Stunde werden sie wieder zurückzacken, dann haben wir sie.«

Der erfahrene U-Boot-Kommandant behielt recht. Jetzt, vor dem Konvoi stehend, verringerte er die Fahrtstufe. Langsam holte der Geleitzug sie ein. An beiden Seiten tauchten rostigrote Schiffswände auf.

»Endlich«, meinte Lützow erleichtert. »Offenbar gibt es doch Regeln, die den Pechsträhnen gewisse Grenzen setzen.«

Dann befahl er: »Klarmachen zum Überwasserangriff!«

Das Nachtzielgerät war auf der Brücke montiert. Im Turm stand ein Maat am Schußrechner. Lützow hatte einen 9000-Tonnen-Tanker ins Fadenkreuz genommen und gab die letzten Werte durch: »Gegnerlage links. Gegnerfahrt elf Meilen. Abstand viertausend Meter. Torpedogeschwindigkeit dreißig. Tiefe sieben.«

Die Werte wurden eingedreht. Jetzt konnte Lützow ohne Rücksicht auf die Lage des Bootes feuern. Hauptsache, er behielt das Ziel in der Optik. Die Aale steuerten automatisch auf den richtigen Kurs.

Der I WO meldete: »Rohr eins bis vier klar zum Überwasserschuß! – G 7 mit Aufschlagpistole!«

Die Rohre wurden bewässert, die Mündungsklappen

aufgedreht. Von achtern erfolgte eine Meldung: »Heckrohr klar!« Vielleicht brauchten sie alle fünf Torpedos.

Der LI berechnete inzwischen, wieviel leichter das Boot nach dem Schuß wurde und wie er trimmen mußte.

Lützow wartete nicht mehr lange. Eine Schneebö trieb auf sie zu und hatte sie fast erreicht. »Dreierfächer aus Rohr eins, zwei und vier! Abfeuerung von Brücke!«

Der Tanker stand etwas vorlicher als querab. Das UZO war auf ihn gerichtet.

»Gleich haben wir dich«, murmelte Lützow und folgte mit dem Fadenkreuz dem vorderen Mast des Tankers.

Der Maat am Rechner meldete: »Deckung ... Dekkung ... Deckung!«

»Los!« befahl Lützow.

Der Torpedooffizier, der I WO, drückte den Abschußknopf. Die Motoren der G-7-Torpedos liefen an. Ein Schwall von Preßluft drückte sie aus den Rohren. Mit Getöse machten sie sich auf den Weg. Ein Schütteln lief durch das Boot. Der Gewichtsverlust ließ den Bug in die Höhe steigen. Auf dem Turm konnten sie die Torpedolaufbahnen nicht erkennen. Sie wußten nur, die E-Motoren brachten die Aale auf achtundzwanzig Knoten, und die Automatik steuerte sie auf Zielkurs.

Sie drückten die Stoppuhren und warteten. In vierzig Sekunden sollten die Torpedos den Tanker erreicht haben. Nach fünfzig Sekunden erfolgte drüben weder eine Stichflamme noch eine Detonation. Das rote Licht am Mast des Tankers zog ruhig dahin.

»Siebzig Sekunden«, zählte der I WO, »achtzig ... vorbei!«

»Ein Fehlschuß«, bemerkte Lützow, »ist unter diesen Bedingungen einfach unmöglich.« Er drehte das Boot leicht mit und schoß den Torpedo aus Rohr drei ab – wiederum ohne Erfolg.

Inzwischen wurde im Bugraum nachgeladen. Sie schafften es in vierzehn Minuten. Keine Rekordzeit. Eine Stunde später sichteten sie einen dicken Frachter an Backbord. Diesmal riskierte Lützow gleich den Viererfächer.

Die Entfernung war diesmal geringer. Kaum eintausendfünfhundert Meter. Kurz vor 22.00 Uhr erfolgte der Schußbefehl. Nach hundert Sekunden wieder kein Ergebnis.

»Vorbei!« kommentierte der I WO erneut.

»Das müssen Versager sein.« Lützow fluchte. »Verdammte Sabotage. Sechs Wochen auf See und dann diese Schweinerei.«

Lützow, der als einer der besten Torpedoschützen seiner Flotille galt, konnte es nicht fassen. Er wollte schon einen geharnischten Funkspruch an den BDU diktieren, als der Achterausguck schrie: »Zerstörer in sieben Uhr!«

Mit weißer Bugwelle kam er in Braßfahrt auf sie zu. Sie waren entdeckt worden. Da gab es nur eines: Sofort runter.

»Alarm! Tauchen!«

Die Sirene heulte los. Trainiert wie Roboter warfen sie sich durch das Turmluk. Als letzter stieg der Kommandant ein. Noch am Verschlußrand des Lukendeckels hängend, befahl er: »Fluten!«

Das Boot war tauchklar. Alle Sektionslampen brannten.

»Tauchzellen fünf, vier, drei, zwei – beide!«

Die Männer rissen an den Entlüftungen. Die Diesel wurden auf E-Maschinen umgekoppelt. Sekunden äußerster Anspannung und Konzentration. Die Tauchtanks waren jetzt geöffnet. Das Wasser rauschte in die Zellen. Das Boot kippte ein. Zehn Grad, zwanzig Grad. Die letzte Tauchzelle wurde aufgerissen, um die Tiefenfahrt zu beschleunigen. Die Ruder lagen hart unten. Die E-Maschinen liefen äußerste Kraft. Das Boot schüttelte sich unwillig.

Mit monotoner Stimme meldete der LI: »Zehn Meter, zwanzig Meter . . . Boot fällt schnell.«

»Auf hundert Meter gehen!« befahl Lützow mit rauchiger Stimme.

Die Neigung betrug fünfunddreißig Grad. Jeder in der Zentrale suchte nach Halt. Sie glaubten schon, dem Bewacher entkommen zu sein, da hörten sie das singende Propellergeräusch des Zerstörers und das Ping-ping des Asdic, seines U-Boot-Suchgerätes. Lützow schlug mit dem Boot einen scharfen Haken nach Steuerbord. Auf hundertdreißig Meter ging er mit einer weiten Runde auf Gegenkurs. Nur so ließ sich der Gegner austricksen.

Oben lag der Zerstörer jetzt gestoppt, um sein Asdic optimal einzusetzen. Wenn seine Maschinen wieder anliefen, dann waren Wasserbomben zu erwarten. Und schon trudelten sie herunter. Die erste Salve lag weitab, die zweite schon näher, die dritte auch, die vierte dann so dicht über dem Boot, daß es sie hin und her schleuderte wie einen Punchingball unter den Fäusten eines Preisboxers. Dann Stille.

»Absolute Ruhe an Bord!« befahl Lützow. »Zieht die Filzlatschen an.«

Sie hockten da und warteten. Nur die E-Maschinen summten. Flüsternd erteilte Lützow seine Befehle, was Tauchtiefe und Kurs betraf. Dazu mußte er in zwei Ebenen denken. In der Ebene des Jägers da oben und in der Ebene des Wildes, das sie selbst waren. Für jede Wasserbombe zog der LI einen Kreidestrich auf einer Tafel. Bis jetzt hatte er elf Detonationen gezählt – doch mindestens sechzig Wasserbomben hatte ein Zerstörer an Bord.

Scharfes Asdic-Ping-Ping schreckte sie auf. Wieder setzte der Zerstörer zum Angriff an und holte sie ein. Kaskaden von Wasserbomben detonierten um sie herum. Druckwellen packten das Boot, schüttelten es. Nahe, sehr nahe, ganz dicht. Tödliche Pause.

»Mit der Feinfühligkeit eines Elefanten«, kommentierte Lützow trocken. – Seine Ruhe flößte den Männern Zuversicht und Vertrauen ein. In solchen Augenblicken hing alles an den Lippen des Kaleu.

Eine neue Wasserbombensalve packte das Boot. Diesmal ohrenbetäubend und ganz brutal. Glas barst. Das Licht ging aus. Nach einem Schlag, als treffe eine tonnenschwere Kanonenkugel das Boot, meldete der LI: »Wassereinbruch!«

Aus dem Dunkel war Wessels Stimme zu vernehmen: »Eigentlich wollte ich ja meine Mutter auf diese Reise mitnehmen.«

»Ein andermal«, sagte Lützow. »Und jetzt Ruhe bewahren, Leute. Ist alles nur halb so doppelt.«

So schlimm war es noch nie gewesen. Auf fünf Feindfahrten hatte Lützow zwei Dutzend Dampfer mit einer Viertelmillion BRT versenkt. Er hatte geglaubt, als Kommandant alles erlebt zu haben. Aber so schlimm wie diesmal war es noch nie gewesen.

Neue Wasserbomben fielen. Neue Treffer. Es knallte ohrenbetäubend. Sie taumelten, verloren jeden Halt. Hammerschläge trafen das Boot. Wasserstandsgläser, der Feintiefenmesser, Lampen zerplatzten. Die Maschinen blieben stehen. Die Hauptsicherung war herausgesprungen. Mit Untertrieb sackte das Boot weg. Sie fummelten mit Taschenlampen herum.

»Zweihundert Meter!« sagte der I WO an.

Hinten im Maschinenraum versuchten sie den Wassereinbruch an einer Abgasrohrdurchführung zu stoppen.

Inzwischen waren die Schraubengeräusche von drei Zerstörern zu unterscheiden. Die Verfolger umzingelten sie. Es folgten wieder Wasserbomben. In seiner Not ging Lützow bis auf zweihundertfünfzig Meter Tiefe, dann wieder steil nach oben, mit dem Boot Achterbahn fahrend.

»Eine echte Luxusschlägerei«, meinte Wessel. »Einer kloppt, der andere duckt.«

Und so ging es weiter. Neun Stunden lang.

Der LI hatte im Heck zu tun. Also machte der Zentrale-Maat die Kreidestriche. Die makabre Wasserbombenbuchhaltung füllte schon beide Seiten der Schiefertafel.

»Wie viele?« fragte der Kommandant wie nebenbei.

»Hundertfünfundvierzig, Herr Kaleu.«

»Dann haben die sich bald verschossen.«

In der Tat sparten sie droben jetzt mit ihren Wasserbomben. Nur ab und zu, wenn sie dachten, sie hätten das Boot geortet, fielen noch welche. Aber sehr weit entfernt.

»Man darf nie alle Eier in einen Korb legen«, sagte Lützow. »Und wiege dein Korn erst, wenn es trocken ist.«

Seine Männer verstanden nicht, wie das gemeint war, aber Lützows Stimme klang noch ebenso beruhigend wie die ganze fürchterliche Nacht über.

Der Leitende kam in die Zentrale.

»Batterie ist leer«, meldete er.

Das bedeutete, daß sie vielleicht noch für zehn Minuten Energie hatten. Sie konnten nur hinunter, um sich in der Tiefe vom Wasserdruck zerquetschen, oder hinauf, um sich oben zusammenschießen zu lassen. – Es lief immer auf dasselbe hinaus. Auf den Tod.

»Und folgende Schäden«, las der LI von seinem Zettel ab. »Kreiselkompaß ausgefallen. Hauptlenzpumpe ...«

Der Kommandant unterbrach ihn. »Sag doch bitte mal einer was Schönes.«

»Schöne Scheiße«, murmelte Wessel, der II WO.

Sie mußten auftauchen. Droben war jetzt heller Morgen. Mit größter Wahrscheinlichkeit kamen sie mitten im Ring der Zerstörer-Mahalla heraus.

»Sehrohrtiefe!« befahl Lützow schweren Herzens.

Wasser wurde mit Preßluft ausgedrückt. Das Boot bekam Auftrieb. Die E-Maschinen lieferten nur noch langsame Fahrt. Es dauerte Minuten, bis sie auf fünfzehn Meter gestiegen waren. Lützow fuhr das Sehrohr aus. Atemholen. Schweißausbruch. Rasche Orientierung. Beinah hätte er vor Freude getanzt. Der Horizont war leer.

Er schaltete auf die große Optik. Nichts zu sehen. Keine Korvette, kein Zerstörer. Alle hingen sie an seinem Mund.

»Auftauchen!« befahl Lützow. »Anblasen!«

Das Boot schnitt durch.

»Turm ist frei!«

»Druckausgleich!«

Als erster war Lützow am Turmluk. Zischend entwich mit dem Überdruck die stinkende, ölgeschwängerte, vergiftete Luft ins Freie. Er nahm einen Rundblick.

»Brückenwache sich klarmachen!« befahl er.

Sie waren allein mitten im rauhen Nordatlantik. Der Konvoi war weitergedampft – und mit ihm seine Wachhunde.

Der Wind hatte noch Sturmstärke. Die Sonne stand wie ein blaßgelber Punkt im dunstigen Südosten.

Nur noch ein Diesel war intakt. Mit ihm luden sie erst die Batterien auf. In langsamer Fahrt stampfte das Boot nach Süden. Sie lüfteten es durch. Der Koch hatte wieder Strom für seinen Herd. Es gab Kaffee.

»Wo bleibt die Schadensmeldung, LI?« fragte Lützow ungeduldig.

Hohlwangig und übermüdet wankte Behrens in die Zentrale. Mit leiser Stimme, es sollte nicht jeder mithören, zählte er auf: »Ausfälle: Trimm- und Hauptlenzpumpe – die kriegen wir hin. Steuerbordkühlwasserpumpe – brauchen wir nicht mehr. Eine der Detonationen hat den rechten Diesel aus dem Fundament gerissen. Totalausfall. – Rechner der Feuerleitanlage defekt – irreparabel. – Alle Abgasklappen undicht. Ebenso Kurbelwellendurchführung an Backborddiesel. Vermutlich Leck an einem Treibstofftank. – Zwei Batteriezellen kaputt. Die überbrücken wir. – Boot ist tauchunklar.«

»Bis wann kriegen Sie es hin, LI?«

»Wir arbeiten daran, Herr Kaleu.«

»Bis wann?«

»Bis Ende Tageslicht.«

Lützow wollte sich gerade eine Zigarette anstecken, als Behrens noch hinzufügte: »Und ein Mann hat sich in die Hosen geschissen, Herr Kaleu.«

Da hob Lützow grinsend ein Fingerpaar. »Nein zwei Mann. Ich will Ihnen was gestehn, LI, auch ich scheiße mir bei jedem Wasserbombenangriff in die Hosen.« Er hustete aus der verschleimten Kehle hoch und kletterte wieder auf den Turm.

Inzwischen stellte Obersteuermann Klein seine Berechnungen an. Als er damit fertig war, steckten der ehemalige Fischdampferkapitän und Lützow die Köpfe zusammen. Später kam noch der LI hinzu.

»Bis St-Nazaire oder Lorient sind es zweitausendvierhundert Seemeilen«, lautete die Hiobsbotschaft.

»Wir haben noch sechsundzwanzig Tonnen Treibstoff«, meldete der LI die letzte Peilung.

»Verbrauch?«

»Normal, knapp zwei Tonnen für hundert Seemeilen.«

»Und bei sparsamster Hungerfahrt?«

»Mit dem noch intakten Diesel bei siebzig Umdrehungen vielleicht nur die Hälfte. Etwa eine Tonne.«

»Macht dreiundzwanzig Tonnen«, sagte Lützow. »Könnte beinah hinkommen. Da bleibt uns noch eine stolze Reserve von dreitausend Maßkrügen voll.«

»Das ist, als würde eine Mücke gegen ein Pferd anstinken, Herr Kaleu.«

»Mit Gott, so Gott will.« Lützow warf den Bleistift auf die Seekarten.

Zum Glück war das Wetter schlecht. Mit sparsamster Fahrtstufe hinkten sie nach Südosten. Pro Tag schafften sie knapp hundertneunzig Seemeilen.

Über Funk setzten sie an den BDU die Schadensmeldung ab. Da vom Dönitz-Stab keine Reaktion erfolgte, jagte Lützow noch ein FT hinterher: *Erbitte Rückmarscherlaubnis für Grundüberholung.* FT-2218/4055.

Wieder keine Antwort.

»Die haben uns vergessen oder schon abgeschrieben«, sagte Lützow bei Kraut und Eisbein in der O-Messe. »Also dann, fröhliche Weihnachten, Herrschaften!«

4

Japan besetzt den nördlichen Teil von Indochina. Die italienische Flotte erleidet schwere Schäden durch Luftangriffe. Die Briten treten zur Offensive in der Cyrenaika an.

21. Dezember 1940

Noch vor vier Jahren war Gloria Anderson nur mädchenhaft frisch, klug und gebildet gewesen. Heute war sie die reichste Frau von Texas.

Kaum hatten sie sich kennengelernt, da bat Senator Capland die blonde Schönheit aus bester Neuengland-Familie, die ihre Herkunft bis zu den Pilgervätern zurückführte, auch schon, ihr die Ranch zeigen zu dürfen. Mit einer zweimotorigen *Cessna* T-50 waren sie von Houston aus nordwärts geflogen. Nach einer Stunde hatte Gloria den Senator gefragt: »Wann kommt Ihr Besitz, Walt?«

Breit lachend entgegnete der Senator: »Wir fliegen schon seit dreißig Minuten darüber hinweg.«

»Das sind ja nur Ölfelder und Bohrtürme.«

»Ich weiß, sie sehen häßlich aus, aber sie gehören nun mal dazu.«

Gloria Anderson kam aus dem Staunen nicht heraus. »Die Ranch ist ja größer als Luxemburg.«

»Ein wenig«, untertrieb der Senator. »Um etwa tausend Quadratmeilen.«

»Jetzt sehe ich meist grüne Hügel und Flußtäler.«

»Texas besteht nicht nur aus Prärie und Cowboys«, erklärte der Senator stolz.

»Aber Rinder gibt es wohl überall.«

»Wir haben hundertachtzigtausend Stück. Nicht allzu viele also. Aber ausreichend für einen kleinen Schlachthof mit Fleischwarenfabrik.«

Der Senator landete. An der Piste wartete ein rothaariger Bursche mit Pferden. Sie ritten wenige Minuten bis zu dem weißen Ranchhaus, das von vorne aussah wie ein griechischer Tempel und in einem subtropischen blühenden Park lag.

Am Abend fragte der Senator Gloria Anderson bei Champagner und Kaminfeuer, ob sie seine Frau werden wolle. In seiner drögen texanischen Art gab er eine knappe Erklärung dazu ab.

»Meine Geschäfte als Ölproduzent, als Rinderzüchter und Politiker ließen mir für die Brautschau leider verdammt wenig Zeit. Ich hätte aber noch gerne einen Sohn, einen Erben aus einem guten Stamm. Was halten Sie von dem Angebot, Gloria?«

Sie bat um Bedenkzeit.

In ihrem Freundeskreis gab es viele Ehen, die kaputtgegangen waren. Am besten hielten immer noch die ohne großartig romantische Liebesgeschichte. Weil sie klug war, rief sie Walt Capland von Boston aus an und sagte: »Okay, Senator!«

Nach einer rauschenden Hochzeitsfeier traten sie eine Weltreise an. Das war im Herbst 1936 gewesen.

Bei seinen Bemühungen, einen Sohn zu zeugen, hatte sich der um siebenundzwanzig Jahre ältere Capland offenbar übernommen. Nach einer heißen Liebesnacht, in der er sich besonderen Anstrengungen unterzogen hatte, war er am Morgen ausgeritten und mit einem Herzschlag vom Gaul gefallen.

In tiefer Trauer hatte Gloria diesen geraden, ehrlichen Texaner beerdigt. Schon ein Jahr darauf hatte sie sich, den Rat von Caplands Freund Bayswater folgend, um Walts Senatorensitz beworben und gegen einen überschlauen Bankier aus Houston die Wahl gewonnen. Seitdem nannten sowohl die Angestellten im Haus wie die Cowboys auf der Ranch und die Angestellten der Capland Oil Corporation sie nicht mehr Mrs. Capland, sondern einfach Senator.

Doch aller Respekt schützte Gloria Capland nicht davor, daß der Majordomus sie schon um sechs Uhr morgens, mit Panik in der Stimme, aus dem Schlaf riß.

Binnen weniger Minuten war Gloria Capland geduscht und angezogen. Schnell hatte sie ihre blonde Prinz-Eisenherz-Frisur glattgebürstet und eilte nach unten.

In der Halle stand Baxter, der hünenhafte Vormann der Cowboys. »Dreitausend«, sagte er nur. Baxter war ein Mann, der bei Zahlen ausschließlich in Rindern dachte und alles, bis hin zur Katastrophe, herunterspielte.

»Also sechstausend«, bemerkte Gloria nüchtern.

»Von unseren fettesten Kühen. – Guten Morgen, Senator.« Baxter hatte an, was die modernen Cowboys heute trugen. Enge blaue Hosen aus festem Baumwolldrell, ein buntkariertes Hemd, Reitstiefel mit nach innen abgeschrägten Absätzen, dazu eine Lederjacke mit Indianerfransen. Den breitrandigen Stetson drehte er verlegen zwischen den Händen.

»Wir haben lange gesucht. Vergebens.«

»Nun hoffen Sie, aus der Luft würden wir sie leichter finden.«

»So ist es, Madam . . . Senator.«

»Haben Sie eine Ahnung, wo die Kühe sein könnten, Baxter?«

»Nur ungefähr.«

Gloria Capland nahm einen Schluck Kaffee, wickelte Schinkenscheiben um einen Toast und telefonierte. Sie sollten das Flugzeug mit dem Traktor aus dem Hangar ziehen.

»Dann los!« rief sie und schob Baxter durch die Tür. Vor der Terrasse stand schon ihr Hengst bereit.

Um in der scharfen Kälte warm zu werden, galoppierten sie zu dem meilenlangen Stück brettebener Weide, das der Ranch als Flugplatz diente. Ein Mechaniker checkte bereits die rote *Cessna* durch.

»Die Lady müßte anspringen«, sagte er, als sie bei ihm ankamen.

Ein anderer koppelte den Ford-Traktor an. Sie kletterten über die Tragfläche des Tiefdeckers ins Cockpit.

Kaum hatte Gloria Capland im linken Sitz Platz genommen, betätigte sie mehrere Schalter. Die Batterien waren voll, die Tanks halb. Erst startete sie den linken Motor. Der kam sofort. Der rechte tat es etwas unwillig. – Zwei Minuten Warmlauf mit zunehmender Drehzahl, dann Start. Nach wenigen hundert Yards Anlauf zogen die beiden 300-PS-Continental-Motoren die Maschine hoch.

Ehe Gloria auf Kurs ging, wandte sie sich noch einmal an ihren Vormann: »Sind Sie sicher, daß die Rinder in der Corsicana-Schlucht stehen?«

Baxter nickte zögernd. »Sie folgen dem frischen Gras am Potatoe River. Sie fressen sich dumm und dämlich und sind danach zu faul weiterzugehen, wenn das Gelände ansteigt. Also wandern sie Richtung Palastone. Nach ein paar Meilen stecken sie in der Falle, weil die Schlucht 'ne Einbahnstraße ist, wie ein Sack.«

»Und die Zäune?« Gloria Capland nahm Kurs zum Potatoe River und flog den Fluß entlang in etwa zweihundert Fuß Höhe nach Süden.

»Die Zäune rammen sie nieder«, sagte Baxter, »es gibt nichts Stureres als Herdenvieh.«

In einem Seitental beobachteten sie mehrere tausend Rinder und eine Handvoll Cowboys, die versuchten, sie zusammenzuhalten. Nach fünfzehn Minuten etwa erreichten sie die Stelle, wo der Potatoe River sich eine Art Klamm durch die Felsen gefressen hatte. Gloria bog nun in weiter Kurve nach Osten. Baxter deutete in die Tiefe. Die Spur der verlorenen Herde war gut zu erkennen. Grünbraune Dungfladen markierten ihren Weg.

Um von dem Cañon klarzukommen, stieg Gloria auf achthundert Fuß. Im Cañon standen sie dann auch, einige tausend Kühe, eng gedrängt zwischen den Felswänden der

Edward Mountains. Wie üblich hatten sie ihre Hinterteile gegen den Wind gedreht. Gloria kreiste mit Abstand, um die Rinder nicht nervös zu machen. Ohne Wasser und Gras kam es leicht zu einer Stampede. Dann trampelten sie in Panik sich und alles andere über den Haufen.

»Wird ein Stück Arbeit werden, sie da rauszutreiben«, fürchtete Gloria Capland.

»Wir schaffen das schon, Senator. Jetzt, wo wir wissen, wo die Viecher sind.«

»Ich komme mit und helfe Ihnen dabei.«

»Danke, Senator.«

Sie flogen zurück. Die Landepiste war noch nicht in Sicht, als das Sprechfunkgerät ansprang. Das Büro rief an.

Gloria wandte sich an ihren Vormann: »Wird nichts draus, Baxter, ich muß nach Washington.«

»Drei Tage vor Weihnachten, Senator?«

»Dringende Sitzung im nationalen Sicherheitsausschuß.«

Nach der Landung, als Baxter sich auf seinen Gaul schwang, rief er noch: »Dann gute Reise, Senator, und Merry Christmas!«

Er winkte seinem Boss zu. Er war Gloria treu ergeben, verehrte sie über alle Maßen. Und sie wußte es.

Ab Dallas hatte Gloria am Mittag eine Flugverbindung. Die DC-3 der Virginia Airlines flog dreimal pro Woche die tausendzweihundert Meilen von Washington herunter und wieder zurück. Nach Zwischenlandungen in Atlanta und Norfolk sollten sie gegen Abend in Washington ankommen. Es war ein ermüdender Sechsstundenflug.

Gloria Capland vertiefte sich in Arbeit. Sie studierte Akten, Berichte und las Zeitungen. Dabei dachte sie immer wieder an Arie. Sie liebte diesen Jungen. Sie begehrte ihn körperlich und seelisch. Wenn sie sich einige Wochen nicht in den Armen gelegen hatten, hielt sie es nicht mehr aus. Er war der Top-Mann, von dem sie stets geträumt hatte –

groß, schlank wie ein Hering, ein Kinn wie Cary Grant, ein Lachen wie Clark Gable, schwarzlockig, auch im Winter gebräunte Haut und rundherum mit dem Charme eines Levantiners.

Kennengelernt hatten sie sich in New York. Vor zwei Jahren etwa war das gewesen. Gloria konnte nicht mehr genau sagen, wie sie nach Greenwich Village in diese Vernissage geraten war. Irgendwann spätabends war sie dort gelandet. Vermutlich nach einer Bartour mit Freunden. Eine kanadische Malerin, eine Halbindianerin, hatte ihre neuesten Bilder ausgestellt. Bei dieser Gelegenheit war auch Arie Goldsterns neuer Roman vorgestellt worden. Bei »Barabbas, der Mann aus Jerusalem« handelte es sich um eine Übersetzung aus dem Deutschen ins Amerikanische. Arie hatte mit dunkler, vibrierender Stimme und leichtem Akzent daraus vorgelesen.

Sie hatten nicht viel miteinander gesprochen, nur ein paar Worte, aber er hatte sie mit seiner Sicherheit, seiner europäischen Kultiviertheit tief beeindruckt.

Damals hatte sie erfahren, daß er aus Berlin kam und gerade in Paris lebte, als seine jüdische Familie ins KZ verschleppt wurde. Daraufhin war er emigriert.

Später hatten sie sich noch einige Male gesehen, auf einer Party, im Theater, bei einem Musical. Vielleicht war es Zufall, vielleicht auch Fügung. Spontan hatte sie ihn für das nächste Wochenende in ihr Haus nach Washington eingeladen. Zwei Nächte und einen Tag war er bei ihr geblieben.

In der Tasche hatte sie das Weihnachtsgeschenk für ihn. Einen Ring, Gold, zwei ineinander verschlungene Schlangen, mit Augen aus Brillanten. Ein Schmuckstück, elegant, kostbar und doch männlich.

In der Hauptstadt regnete es.

»Taxi, Madam?« rief ihr ein Schwarzer zu.

Doch vor ihr stand schon der Dienst-Chevy, den der Senat für sie zum Flugplatz geschickt hatte.

»Wohin, Senator?« Der Fahrer kannte sie und ihre Arbeitswut. »Zum Kapitol?«

»Nach Hause.«

Er brachte sie durch Regen und Dunkelheit nach Georgetown, wo sie eine elegante Villa besaß. Ein Haus im viktorianischen Stil aus rotem Backstein mit weißen Türen, weißen französischen Fenstern, einem weißen Balkon und weißen Dachkanten.

Vor ihrer Abreise hatte sie telefonisch alles organisiert. Sowohl im Büro wie daheim. Die Köchin, eine dicke Schwarze aus Mississippi, erwartete sie. Die Frau versorgte das Haus, ihr Mann den kleinen Garten dahinter. Er kümmerte sich auch um Reparaturen und um die Heizung. Wie immer glänzte alles blitzblank.

Die Köchin hatte einen Imbiß vorbereitet. Mageres Gulasch vom Kalb, grünen Reis und Selleriesalat. Gloria trank dazu ein Glas kalifornischen Rosé.

Später schickte sie die Köchin weg.

»Ich brauche Sie nicht mehr, Rosalia.« Allein saß sie am Gaskamin, hörte Radio und überflog die neuen Washingtoner Abendzeitungen. Gegen 22 Uhr stand sie auf und öffnete die in den Garten führende Küchentür einen Spalt.

Ungeduldig und sinnlich erregt lauschte Gloria Capland auf jedes Geräusch. Endlich hörte sie ihn kommen. Er war pünktlich. Schon zwei Jahre lang, seitdem er ihr Liebhaber war, nahm Arie Goldstern heimlich diesen Weg. Er kam und ging wie der Dieb in der Nacht. Beide waren sie übereingekommen, daß es besser sei, wenn die Verbindung zwischen dem emigrierten deutschen Juden und der Senatorin von Texas, Mitglied im nationalen Sicherheits-, Rüstungs- und Strategieausschuß, offiziell nicht bekannt wurde. Aber stets hatte er beteuert, daß es ihm nichts ausmache und daß es sein Ehrgefühl nicht beeinträchtigte, als armer Hund von einer Millionärin geliebt zu werden.

Da stand er nun. Sein heller Trenchcoat war durchnäßt.

Er zog ihn aus, legte ihn auf den Sessel, den Hut darauf. Sie eilte auf ihn zu und umarmte ihn. Durch das dünne Negligé spürte sie die Kälte seiner Kleidung.

»Schön, daß du da bist«, stammelte sie zwischen Küssen.

»Der Zug war voll. Ich mußte stehen.«

Sie drückte ihn auf eines der Sofas, die parallel vor dem Kamin standen, und setzte sich ihm gegenüber. Es war wie jedesmal. Sie konnte sich nicht an ihm satt sehen.

»Ich liebe dich, Arie«, sagte sie, »weißt du das? Du bist der erste Mann, dem ich das gestehe, von dem ich sogar träume.«

Die ganze Zeit über hielt er etwas unter den Arm geklemmt. Es war in Weihnachtspapier mit bunten Sternen und Tannenbäumen gewickelt. Er reichte es ihr.

»Was ist das?«

»Erst an Christmas öffnen.«

Da hatte sie die Verpackung schon aufgerissen. Es war ein Lexikon, offenbar ein sehr altes. Etwa in der Mitte fand sie ein Lesezeichen. Sie schlug die Seite auf. Ein Stichwort war unterstrichen. Sie las lächelnd, erst leise, dann laut.

»Beischlaf: Man nehme das ...«, sie zögerte, »... man nehme das steife Glied des Mannes und führe es ... hm ... in die Scheide der Frau. Dann reibe man darin so lange auf und ab, bis ein weißer Schleim entsteht ... Daraufhin fallen beide in einen sanften Schlaf. – O wie wunderbar!«

Sie klappte das Buch zu, lehnte sich zurück und schloß die Augen. Wenn sie einatmete, waren die erregten Spitzen ihrer Brüste zu erkennen.

»Du Scheusal«, keuchte sie, »du bringst mich auf hundert.«

»Es ist das erste Quäkerlexikon.«

»Darling«, sagte sie flüsternd, »wollen wir es ausprobieren?«

»Aber gern.«

»Sofort?«

»Hier?«

»Ja, hier.« Sie knotete den Gürtel ihres seidenen Negligés auf und lag nackt vor ihm auf dem Sofa. Begehrlich öffnete sie die Schenkel. Blond-rosa glitzerte es dazwischen. Später wiederholten sie es noch einmal im Bett. Sie nahmen das steife Glied des Mannes und führte es in die Scheide der Frau. Doch bevor sie in sanften Schlaf verfielen, kam erst das Ungewitter mit Blitz und Donner, mit Keuchen und Stöhnen. Es war, wie immer, ein wollüstiger Sinnenrausch, Sex pur, sehr perfekt.

Irgendwann in der Nacht erwachte Gloria und bemerkte, daß ihr Geliebter nicht schlief.

»Was ist, Darling?«

»Nichts«, log Arie.

Sie kannte ihn besser. »Du bist anders als sonst, Arie.«

»Inwiefern?« wich er aus.

»Hast du Sorgen?«

»Nicht die Spur.«

»Dann hast du eben Kummer. Ist es dein neues Buch?«

»Vielleicht«, gestand er. »Es geht nicht sonderlich gut voran.«

»Warum?«

»Keine Ahnung. Irgend etwas fehlt daran.«

Sie überlegte minutenlang.

»Fehlt dir Berlin?« tippte sie mit weiblichem Einfühlungsvermögen.

»Nicht nur Berlin, einfach alles. Das Ganze. Die Heimat. Ob du es glaubst oder nicht, ich vermisse dieses verfluchte Deutschland, ich werde es wohl nie mehr wiedersehen.«

»Du wirst es wiedersehen«, versprach sie.

»Nein, es gibt keine Hoffnung. Ich hätte einen anderen Romanstoff wählen sollen. Nicht diese preußische Liebesgeschichte.«

»Du wirst in deine Heimat zurückkehren«, versicherte sie in dem scharfen Ton, den alle bei ihr fürchteten.

»Vielleicht wenn es zu spät ist«, erwiderte er.

»Nein, schon bald.«

»Was ist bald?« fragte er resignierend.

»Hab noch ein paar Jahre Geduld, Arie.«

Nach geraumer Zeit vernahm sie wieder seine Stimme. »Und woher beziehst du diese Überzeugung, Darling?«

»Eigentlich darf ich nicht darüber sprechen«, eröffnete sie ihm. »Aber da laufen gewisse Entwicklungen.«

»Ja, Hitler siegt an allen Fronten«, bemerkte er bitter.

»Doch am Ende wird er verlieren.«

»Jetzt knüppelt er die Engländer nieder. Die Schlacht um England nennen sie es. Liest du keine Zeitungen?«

»Die USA planen langfristig«, erklärte sie. »Es ist vorgesehen, England so zu stärken, daß es Hitler widerstehen kann. Der Krieg wird in eine völlig neue Dimension eintreten. Noch ist alles *top secret.*«

»Wie stellt ihr euch das vor?« zweifelte er. »Jeder Geleitzug wird von deutschen U-Booten auf den Grund des Atlantiks geschickt.«

»Präsident Roosevelt«, rückte sie zögernd heraus, »und Churchill werden bald Gespräche führen und ein Abkommen treffen. Das Treffen der beiden Staatsmänner ist für den Frühsommer geplant. Kennwort Charta.«

»Wo?« bohrte er ungläubig, »in London, in Washington oder unter Palmen auf Hawaii?«

»Es wird ein sicherer Platz sein. Dort, wo kein Spion sie belauschen und kein Agent sie erreichen kann.«

Mehr darüber erfuhr Arie Goldstern in dieser Nacht nicht.

Noch bei Dunkelheit verließ Arie Goldstern die Villa in Georgetown, eilte zum Zentralbahnhof und nahm den ersten Zug, den *businesstrain,* nach New York.

Mit Glorias Ring spielend, dachte er über vieles nach. Daß sie sich bei der Vernissage dieser kanadischen Malerin kennengelernt hatten, war kein Zufall gewesen. Er hatte alle Register gezogen, damit die Einladung die Senatorin von Texas, Mitglied in geheimen Ausschüssen der Regierung, erreichte und damit sie sie wahrnahm.

Das alles war raffiniert eingefädelt worden. Auch daß sie sich in ihn verknallte und seine Geliebte wurde.

Nach fünf Stunden Fahrt kam der Expreß in der New Yorker Philadelphia Station an. Es ging auf Mittag. Mit U-Bahn und Bus fuhr Arie Goldstern zu seiner Wohnung in Greenwich Village, einem hübschen Atelier-Apartment mit Dachgarten.

Erst schlief er mehrere Stunden. Gegen Abend funktionierte er sein Radio zu einem Kurzwellensender um. Dazu brauchte er nur einige Kabel anders zu stöpseln. Dann schloß er das Gerät an eine in der Dachrinne und am Giebel entlanglaufende unsichtbare Hochantenne an. – In Berlin ging es bereits auf Mitternacht, als er seine verschlüsselte Information in Richtung Osten funkte. Vor Neufundland wurden die Morsesignale von einem dort liegenden Fischdampfer aufgefangen und verstärkt weitergeleitet. Arie Goldstern war Agent im Amt Canaris, dem deutschen Auslandsgeheimdienst.

Eines der codierten Worte in seinem Funkspruch wiederholte sich immer wieder. Im Klartext lautete es: Charta.

5

Strawinski komponiert seine Sinfonie in C-Dur. Charly Chaplin dreht die Hitlerpersiflage »Der große Diktator« und Veit Harlan den Film »Jud Süß«.

23. Dezember 1940
»Kamera ab! Ton ab!« rief der Regisseur.

Die Klappe wurde geschlagen. »Einstellung hundertsieben zum zweiten Mal.«

Durch die Kulisse eines Burgtores kam ein Reiter in die Kulisse des Burghofes hereingaloppiert. Er war im Stil des 16. Jahrhunderts gekleidet. Vor einem Balkongerüst, an dem Henkersknechte nagelten, sprang er vom Pferd. Nach kurzem Blick auf die Hinrichtungsstätte eilte er die Kulisse einer steinernen Außentreppe hinauf.

»Kopieren!« rief der Regisseur. »Umbau!«

Die Scheinwerfer verloschen. Am Drehort entstand hektisches Hin und Her. Der Regisseur verließ seinen Klappstuhl. Professor Carl Froelich drehte in der Filmstadt Babelsberg bei Berlin die ersten Szenen seines neuen Monumentalfilms »Das Herz der Königin«.

Volltönend wandte er sich an den Regieassistenten. »Nächste Szene innen. In zwanzig Minuten geht es weiter.« Dann schaute er zum Himmel. Es sah nach Schnee aus.

In Tonhalle 8 war der Saal eines Tudorschlosses aufgebaut. Granitkamin, die Wände aus dunklem, reichgeschnitztem Holz, imitierter Marmorboden, ein paar Sitzmöbel.

Diesmal wurde gehupt. Die Schauspieler, drei hübsche junge Mädchen, erschienen im Studio. Das Licht war schon eingerichtet. Die Kamera stand bereit, der Tonmeister zeigte klar.

Als letzte hatte die große Diva ihren Auftritt. In tiefdekolletiertem dunkelgrünem Samtkleid, perfekt geschminkt, mit Krone auf den roten Locken sah sie wunderbar aus.

Prof. Froelich nahm den Weltstar beiseite und sagte in seinem unverwechselbaren Berliner Dialekt: »Hör mal zu, Schätzeken, vergiß allet, wat de je bei Schillern über Maria Stuart jelesen hast. Sie hatte zwar 'nen längeren Hals als du, aber du hast'n weitaus hübscheren Busen.«

Froelich legte seinen Arm um ihre üppigen Hüften und fuhr fort: »Dat hier is Fotheringhay Castle, dein Gefängnis. Du sitzt schon 'n paar Jährchen hier ein. Morjen sollste jeköpft werden. Also verschenkste deine Klunker an die Edeldamen. Die Tür geht uff, und Leicestern kommt. Du liebst ihn, doch er hat dich verraten, die Rübensau. Wat de zu zwitschern hast, steht im Drehbuch.«

Die Schwedin in ihrer erblühten Schönheit, so groß wie Froelich, kannte den Text. Sie repetierte ihn mit dunkler Stimme und reizvollem Akzent.

»Was klagt ihr? – Warum weint ihr? – Freuen solltet ihr euch, daß meiner Leiden Ziel nun endlich naht.«

»Fabelhaft, Kleene!« lobte Froelich. »Nur noch 'n bißchen gelöster. Wir machen 'ne Probe, dann drehn wa gleich heiß.«

Es dauerte etwas, bis Licht und Schatten im Gesicht der Schwedin stimmten. Die Klappe wurde geschlagen. »Vierundvierzig zum ersten Mal!«

Erst war die Königin nicht gut im Bild, als sie ihrer Vertrauten ein Kollier umlegen wollte. Beim zweiten Mal hatte der Star eine glänzende Nase. Sie mußte nachgepudert werden. Dann hakte sich beim Herausnehmen aus der Schmuckschatulle eine Perlenkette mit einem Armreif. Schließlich, nach einem Kameraschwenk auf die Tür, trat Leicester eine halbe Sekunde zu spät auf. – Beim fünften Mal stimmte alles.

»Kopieren!« entschied der UFA-Regisseur. »Umbau. Nächste Szene.«

Die Schwedin, sie hatte immer öfter zu der großen Studiouhr gesehen, wandte sich nun an den Professor. Mit ihren rollenden »R« sagte sie: »Hör zu, Carlo! Schon halb drei. Wir müssen Schluß machen für heute, sonst versäume ich in Saßnitz das Fährschiff. Morgen ist Heiligabend.«

Froelich klatschte sich gegen die Stirn, als habe er das glatt vergessen. »Natürlich, morgen, Kinder, wird's wat jeben. – Schluß für heute. Dienstag drehn ma weiter.« Und zu seiner Hauptdarstellerin sagte er: »Für dich erst am achten Januar, Schätzeken, dann biste wieder dran.«

Sie küßten sich abschiednehmend.

Der Star verschwand in seiner Garderobe, wurde abgeschminkt und kleidete sich um. Wegen ihrer üppig geformten Hüften und der ein wenig zu stämmigen Beine zog die Schwedin meist lange Röcke vor. Sie verteilte noch Geschenke an Garderobiere, Friseur und Maskenbildner, dann schwebte sie, Küßchen hier, Kußhand dorthin, von dannen.

Vor Halle 8 stand ihr cremefarbenes Mercedes-Kompressor-Cabrio, aufgetankt mit laufendem Motor. Den kostbaren Zobelmantel lässig umgehängt, stieg sie ein. Vorne, am Haupttor, ehe der Schlagbaum hochging, hielt sie noch einmal an. Wie jedes Jahr verteilte sie an die Portiers kleine Aufmerksamkeiten.

»Frohes Fest!«, und schon gab sie Gas.

Der schwere Wagen zog dunkle Reifenspuren durch den Hauch von Schnee auf dem Asphalt. – Drinnen im Portiershäuschen öffneten die Wachmänner die bunt eingewickelten Päckchen.

»Schokolade«, sagte einer, »meine Kleene wird sich freuen. Echte Schokolade.«

Der Ältere, der am Fenster stand, meinte: »Sie weiß, was sich gehört und woran es hapert.«

»Das war Zarah Leander.«

»Ja, unsere Klara Zylinder«, verballhornte der Ältere liebevoll den Namen. »Immer nobel. – Was für ein Weib!«

»Mit der würdest du mal gerne wollen, wie?«

»Wollen schon«, gestand der Ältere, »aber vor Aufregung nicht können.«

Der Schneeregen wurde vom steifen Nordost quer über die Mole getrieben. Nach vier Stunden Fahrt lief die Fähre im schwedischen Trelleborg ein und machte fest. Erst rollten die Autos von Bord, dann die Eisenbahnwaggons.

Im Hotel Gösta traf der Filmstar einen Mann. Er trug einen pelzgefütterten Trenchcoat, wirkte stattlich, hatte einen Von-Papen-Schnurrbart im gebräunten Gesicht und wartete in der Lobby.

»Kaffee?« fragte Bodo von Zelitsch, der Leander aus dem Zobel helfend.

»Tee«, bat sie und übergab dem deutschen Exdiplomaten eine Aktentasche aus Krokoleder. Sie wog schwer.

»War schwierig, sie aus deiner Wohnung zu schaffen«, sagte sie. »Das Haus wird überwacht. Ist diese Tasche so wichtig?«

Zelitsch schlug kurz die Klappe zurück. Alles, was er erwartet hatte, schien vorhanden zu sein. »Überlebenswichtig. Mein zweiter Paß, die Geburtsurkunde, Zeugnisse, mein Schweizer Sparbuch, und ...«, er schüttelte ein Leinensäckchen, »... etwas Geld, um nicht zu verhungern.«

Der Filmstar hatte es eilig. Es war Nacht, und sie wollte nach Hause auf ihr Landgut. »Ich muß noch Hunderte von Kilometern fahren«, drängte sie. »Was kann ich für dich tun, Bodo?«

»Wie geht es in Berlin?« wollte er wissen.

»Na, wie schon. Euer Hitler ist auf der Siegerstraße.«

»Auf der Mörderstraße«, bemerkte der Exdiplomat bitter. »Gegen ihn hilft nur eine Superwaffe.«

»Dann baut sie doch«, erwiderte die Diva. Wenn sie die kräftigen Beine übereinanderschlug, waren sie trotzdem von reizvoller Erotik.

»Das kann nur Amerika«, fürchtete der Diplomat. »Und

so verrückt es klingt, es funktioniert nicht ohne die Hilfe der Deutschen.«

»Damit würden sie ihr eigenes Grab schaufeln«, wandte die Leander ein. Sie nahm ihren Tee mit zwei Löffeln Zukker, rührte um und trank in kleinen Schlucken. Das feine Porzellan färbte sich dunkelrot von ihrem Lippenstift.

»Ohne die Hilfe einiger deutscher Wissenschaftler«, schränkte der Diplomat ein, »geht leider gar nichts.«

»An wen denkst du?«

»An unsere Teilchen-Physiker. Aber Otto Hahn oder Heisenberg, der Quantenmechaniker, scheiden aus. Die machen da nicht mit.«

»Wer käme noch in Betracht?« zeigte die Leander sich interessiert.

»Siegmund Kant.«

Dieser Name war der Schwedin bekannt. »Ist das nicht ein Freund von dir und General Nordstein, der . . .«

Zelitsch nickte. »Von uns dreien kam er am schlechtesten weg. Er sitzt im KZ Oranienburg und soll schwer krank sein.«

Die Schwedin setzte die Tasse ab, steckte sich eine Zigarette an und spielte gedankenverloren mit dem goldenen Feuerzeug. Mutig, tatkräftig und hilfsbereit, wie sie war, fragte sie: »Was soll ich machen, Bodo?«

»Folgendes«, bat der Ex-Diplomat und beugte sich vor. Ehe er sprach, schaute er sich um, ob sie auch nicht belauscht würden. Aber sie waren allein in der Hotelhalle.

Nach den Heiligen Drei Königen kehrte die Filmschauspielerin aus Stockholm nach Berlin zurück. In den Babelsberger Ateliers gingen die Dreharbeiten zu »Herz der Königin« weiter.

Spätabends in ihrer Wohnung rief die Leander eine Nummer an, die nicht im Telefonbuch stand. Sie gehörte Admiral Wilhelm Canaris, dem Chef des deutschen Spionage-Abwehrdienstes.

6

Die Sowjetunion erobert Finnisch Karelien. Italien greift von Albanien aus Griechenland an. Roosevelt wird zum dritten Mal Präsident der Vereinigten Staaten.

30. Dezember 1940

Der Weihnachtsbaum war nicht verdorrt, sondern verrostet, denn er bestand aus Draht und Dosenblech. Er befand sich 900 Seemeilen von der irischen Küste entfernt im Nordatlantik, in der Unteroffiziersmesse von U 136.

Abseits aller Routen kämpfte sich das weidwunde deutsche U-Boot nach Hause. Auf Europa und Neujahr zu wurde das Wetter leider immer besser. Aus dem makellosen Blau des Himmels drohte der Tod. Fünfmal hatte es wegen einer Möwe, die der Ausguck für ein Flugzeug hielt, Alarm gegeben. Das zehrte an den Nerven – und an den Maschinen. Jeden Tag erstattete der LI zweimal Meldung.

»Machen Umdrehungen für acht Knoten. Backbord-Diesel plus Steuerbord-E-Maschine.«

Das bedeutete, der intakte Diesel trieb die Backbordmaschine in Generatorschaltung an und diese wiederum die E-Maschine an Steuerbord. So kamen sie wenigstens in Zweischraubenfahrt vorwärts.

»Der Defekt am Süßwasseraufbereiter ist mit Bordmitteln nicht zu beheben«, bedauerte Behrens.

»Jeder Mann pro Tag nur noch eine Tasse Wasser«, entschied der Kaleu, »außer Tee und Apfelsaft. Waschen findet ausschließlich mit Seewasser statt.«

Weiter ordnete er an, daß der II WO Salzwasserseife, die weder schäumte noch sonderlich reinigte, ausgab. Ständig versuchte Lützow den LI aufzurichten. Behrens sah schon aus wie der dritte Mann bei Dürers »Ritter und Teufel«.

»Ist ja nur noch eine Woche, Behrens.«

»In einer Woche kann man tausendmal sterben, Herr Kaleu.«

Beim Essen forderte Lützow statt eines Gebetes von jedem der Offiziere reihum einen flotten Spruch an. Dies zur Aufheiterung der Gemüter. »Aber nichts vom Reichsjugendführer Gedichtetes oder aus Rosenbergs Mythos des zwanzigsten Jahrhunderts«, bat er.

Wessel, der II WO, dachte nicht lange nach. »Lieber einmal mit Marika Rökk«, sagte er, » als siebenmal mit Joseph Goebbels.«

»Mahlzeit«, wünschte Lützow. – Ab sofort gab es keine Sinnsprüche mehr.

Wegen der lädierten Hauptlenzpumpe mußte die Bilge per Hand trockengehalten werden, damit die Batterien nicht absoffen oder Knallgas bildeten. Die ermüdend geringe Fahrstufe war nur im frischen Wind auf der Brücke erträglich. Gegen den Gestank drinnen im Boot halfen nicht einmal zehn Liter Eau de Cologne. Auch die Läuseplage wurde immer schlimmer.

Am vorletzten Tag des alten Jahres meldete Rahn, der I WO: »Heizer Riedel hat Fieber, Herr Kaleu.«

»Auf U-Booten finden Erkältungen nicht statt«, erwiderte Lützow. »Grippe ist auch verboten.«

»Er hat einen Furunkel in der Leistengegend.«

Lützow untersuchte den Dieselheizer Riedel. Es sah schlimm aus. »Wie kommst du an so was, Junge? Erst Läusebiß, dann gekratzt mit deinen Dreckspfoten, he.«

Der Gefreite nickte unter Schmerzen und versuchte zu lächeln. Das Geschwür war rubinrot, faustdick und lag zwischen Blinddarm und der Oberschenkelbeuge. Lützow glaubte einen gelben Punkt zu erkennen.

»Ich schneide«, entschied er, »damit es nicht zur Blutvergiftung kommt.«

Sie klappten die Back im Bugraum herunter und legten den Heizer darauf. Lützow holte seinen Instrumentenkoffer. Wie man Furunkel behandelte, das wußte er noch vom Kommandantenlehrgang, dazu brauchte er nicht erst im Doktorbuch für Notoperationen auf See nachzublättern. Er bepinselte den rechten Unterleib des Heizers mit Jod, dann vereiste er den Furunkel mit Chloräthyl.

»Festhalten!« befahl er dem Obermaat und der Freiwache.

Sie packten Riedel am Kopf, bei Armen und Füßen. Lützow tauchte das Skalpell in Alkohol und schnitt beherzt in die weißlich vereiste harte Hautkruste. Schreiend bäumte der Heizer sich auf. Gelbgrün spritzte der Eiter. Es hörte nicht auf zu quellen. Lützow drückte und zog und war erst zufrieden, als Blut kam.

»Das war ganz schöner Mist«, sagte er. »Aus so einem Riesending da machen arme Leute zwei draus.«

Sie legten Mull auf die Wunde und hoben den Heizer in die Koje. Offenbar ließ der pochende Schmerz allmählich nach. Dafür dröhnte jetzt die Alarmhupe durch das Deck.

»Kriegsfahrzeug an Backbord voraus!«

Lützow stürmte auf die Brücke. Der Gegner war mit schmaler Silhouette am Horizont kaum zu sehen. Daß er sie optisch entdeckt hatte, schien unmöglich.

»Gegner läuft auf uns zu«, meldete der Mann mit den besten Augen.

»Sie haben schon alle dieses verdammte Radar«, fluchte Lützow. »Tauchen!«

Jeder Tauchvorgang beanspruchte das schwerbeschädigte Boot. Aber es ging um das Leben von fünfzig Männern. Außerdem wollte Lützow sein Boot, das immerhin drei Millionen Reichsmark gekostet hatte, nach Hause bringen.

Kaum waren sie unten, war auch schon der Gegner im Horchgerät zu vernehmen.

»Kleiner Kreuzer«, vermutete Lützow, »für einen Zerstörer klingt sein Schraubengeräusch zu dumpf. Das muß schon einer aus der Vorpostenkette bei den Hebriden sein.«

Sie änderten den Kurs, um dem Kreuzer zu entkommen. Bald breitete sich der Gestank von schmorendem Isolierlack im Boot aus. Von achtern kam eine Hiobsbotschaft.

»Steuerbord-E-Maschine durchgebrannt.«

»Tauchretter aufsetzen!« befahl Lützow.

Hinten hatten sie die Maschine gestoppt und löschten mit Minimax, so gut es ging.

»Das hat uns noch gefehlt«, sagte Lützow zum LI.

»Ich habe Angst, Herr Kaleu«, gestand Behrens, »daß wir es nicht mehr packen. Es ist einfach der Wurm drin.«

»Da sind Sie noch fein raus«, erklärte der Kommandant trocken. »Ich habe sogar unheimlich Schiß.«

Die Prismen in der Sehrohroptik waren aus der Verankerung gefallen. Lützow mußte ohne Rundblick auftauchen. Ringsum herrschte dichter Nebel.

»Typisches Schottlandwetter«, meinte Obersteuermann Klein, der erfahrene Fischdampferkapitän.

Lützow seufzte nur schwer. »Und der allmächtige Gasförmige mit dem Rauschebart hat den Daumen dazwischengehalten.«

Wie Blinde tasteten sie sich durch das Insellabyrinth. Ihren Standort kannten sie nur ungefähr. Aber soviel war zu erkennen, daß es für eine neue Freudenbotschaft reichte.

»Wir verlieren wieder Öl«, meldete der Leitende.

»Lassen Sie Treibstoff peilen.«

»Schon geschehen, Herr Kaleu. Wir haben noch sieben Tonnen.«

Jeder wußte, daß das nicht hin und nicht her reichte. Neue Konferenz mit dem Obersteuermann in der Zentrale. Der Weg um Irland herum, durch die Biskaya nach La Pallice, Bordeaux oder Brest war zu weit.

»Wir müssen den kurzen Weg nehmen«, rief der Obersteuermann, »durch den Nordkanal zwischen Irland und Schottland. Das sind aber auch schlanke sechshundert Meilen. Unsere gegenwärtige Position ist vierzig Meilen südlich der Hebriden.«

Um durch die Meerengen zu kommen, brauchten sie einen größeren Haufen Glück, als ihnen noch zustand.

»Diese Ecke ist voller Untiefen und Minensperren, voll von versenkten Wracks und Blockschiffen und Hunderten von Bewachern.« Trotzdem wälzten sie die Karten, die Seehandbücher und Gezeitentafeln.

»Man kriegt niemals fünf, wenn man zwei und zwei zusammenzählt«, sagte Lützow, »aber wir haben keine andere Chance. Wir riskieren es einfach mal. Wir mogeln uns durch, segeln dem Teufel ein Ohr ab, wie es früher hieß.«

Täglich setzten sie kodierte Funksprüche zum BDU ab, wußten aber nicht, ob sie auch empfangen wurden. Eine Antwort vom Stab war schon seit zehn Tagen überfällig.

Am Morgen des 31. Dezember hatten sie die vorgelagerten schottischen Inseln Tiree, Islay und Kintyre passiert und liefen in den Nordkanal ein. Endlich lieferte der Steuermann eine genaue Positionsangabe. »Rathlin Island peilt in siebzig Grad«, meldete er.

Aus dem Nordkanal, der eigentlich eine fünfzig Kilometer breite Meerenge war, stand ihnen starker Ebbstrom entgegen. Oben ging die beste Crew Turmausguck. Der LI hing ständig achtern bei seinem Diesel herum. Er streichelte und hätschelte ihn, damit er durchhielt. Einschraubenantrieb gegen den Ebbstrom, der wie durch eine Düse aus der Irischen See schoß, lieferte gerade noch Radfahrertempo.

Lützow hielt sich so nahe wie möglich unter Land. Dort setzte der Strom schwächer. Doch dann, gegen Abend, kam der Schlußakkord. Der LI meldete: »Noch eine halbe Tonne Treibstoff. Das Bunkerleck ist zu groß. Wir sabbern alles weg.«

Das bedeutete, in drei Stunden würde der Diesel mangels Futter ein für allemal stehenbleiben. Lützow wollte nicht behaupten, daß er für diese Lage ein Rezept bereithielt. Er entschied spontan.

»Wir steuern die irische Küste an. Kurs zwo-null.«

Als das Lot nur noch dreißig Meter anzeigte, beschloß Lützow, das Boot erst einmal auf Grund zu legen.

»Sand und Schlick«, versicherte der Obersteuermann. »Laut Segelhandbuch.«

»Wenn es zur Windjammer-Zeit so war, ist es auch heute noch so«, bemerkte der II WO.

Sie tauchten, gaben dem Boot Untertrieb und setzten es sanft hin. Lützow befahl der Besatzung, sich in die Kojen zu legen und zu schlafen. Er selbst hockte sich in den Horchraum. Die Kopfhörer auf den Ohren, lauschte er stundenlang. In seiner Notlage sah er nur zwei Möglichkeiten. Entweder sie versorgten sich bei einem auslaufenden Fischdampfer, dessen Ölbunker voll waren, mit Treibstoff – oder sie gaben das Boot auf und ließen sich in Irland internieren.

»Da kommt einer auf«, flüsterte der Horchgefreite.

»Dampfmaschine«, entschied Lützow. »Die feuern hier alle noch mit Waliser Kohle. Doch mit Kohle läuft unser MAN nicht.«

Später hörten sie schnelle Bewacherkorvetten. Aber die waren zu stark bewaffnet.

Endlich, gegen 22.00 Uhr, näherte sich ein hoffnungsvolles Geräusch. Es war das typische Stampfen eines Einzylinder-Glühkopfdiesels. Lützow ließ den I WO und den LI wecken.

»Anblasen in fünf Minuten. Geschützbedienung drei Komma sieben sich klarmachen. Munition vormannen. Sprengzünder!«

U 136 tauchte auf. Ohne die Nachtgläser sahen sie den Fischdampfer, einen Engländer, herantuckern. Seine Positionslampen brannten friedensmäßig. Mit dem Brückenscheinwerfer blinkten sie ihn an und setzten ihm einen Schuß vor den Bug. Das galt als Aufforderung zu stoppen.

Immer das Rohr der 3,7 auf ihn gerichtet, manövrierten sie näher und legten an seiner Seite an. Gefolgt von einem Prisenkommando, enterte der II WO hinüber. Es kam zu lautem Palaver, sogar zu Handgreiflichkeiten. Ein Pistolenschuß fiel. Dann war Stille.

Die Heizer von U 136 zogen den dicken Beölungsschlauch herüber. Sie hämmerten den Bunkerverschluß des Fischdampfers auf und steckten den Saugrüssel hinein. Im U-Boot sprang die Pumpe an.

»Unser Schlauch ist zu kurz und zu dünn«, schimpfte Behrens.

»Wieviel schaffen wir, LI?«

»Wenn es hoch kommt, drei Tonnen in der Stunde.«

Sie schafften vier Tonnen, denn der Leitende rechnete stets zu seinen Gunsten. Das war immer so. Bis 23.30 Uhr pumpten sie. Als der Treibölvorrat des Fischdampfers fast alle und ihre Tanks so voll waren, daß es bis nach Hause reichte, entstand auf dem Fischdampfer eine Wuhling. Der II WO schrie herüber: »Der Käpt'n, das Schwein, hat mit dem Notsender SOS gefunkt.«

In weitem Bogen flog ein Mann über Bord.

»Sofort einsteigen!« befahl Lützow. »Die Bewacher können in wenigen Minuten hier sein.«

Sie kappten den Schlauch und übernahmen ihr Prisenkommando.

»Beeilung! Beeilung!« hallte es über das Deck.

Langsam trieb U 136 im Strom von dem Fischdampfer ab. Lützow hatte eine weitere schwere Entscheidung zu fällen. Er mußte den Fischdampfer versenken.

»Wenn sie den Bewachern erzählen, was los war, dann jagen die uns und kriegen uns auch. Dann herrscht bis runter zur Isle of Man Großalarm. Die fürchten deutsche U-Boote wie den Tripper.«

»Der Käpt'n ist selber schuld«, bemerkte der I WO dazu.

Das Kommando erfolgte umgehend: »Feuer frei!«

Mit acht Schüssen aus der U-Boot-Kanone in Rumpf und Aufbauten schickten sie den Fischdampfer zu den Heringen. Langsam soff er ab. Bevor er Heck voraus unterschnitt, war die Besatzung ins Beiboot gegangen und ruderte weg. Dann erfolgte noch eine Explosion. Das war wenige Minuten nach Mitternacht. Eine Stichflamme blowte gelbrot hoch, Funken sprühten gen Himmel.

U 136 hatte längst abgedreht. Dies mit der Hoffnung auf Zeitgewinn. Und seien es auch nur wenige Stunden.

»Erbärmliches Silvesterfeuerwerk«, sagte Lützow. »Übrigens, ein gutes neues Jahr, Herrschaften.«

»Dieser Fischdampferkäpt'n«, meinte der II WO, »war doch der größte Idiot westlich des Rheins, oder?«

Keiner antwortete. Jeder hing seinen Gedanken nach. Was würde das Jahr 1941 bringen? –

Schon bald hatten sie alle Hände voll zu tun, um den Bewachern zu entkommen.

7

Die USA erlassen eine Teilmobilmachung. Der britische Gegenangriff in Nordafrika zeigt erste Erfolge. Die Deutschen finanzieren durch »eisernes Sparen« den Krieg.

31. Dezember 1940
Ein Mann im Wintermantel, den Kragen hochgeschlagen, den Hut tief ins Gesicht gezogen, betrat das Hotel Lutetia, die Zentrale der Spionage-Abwehr im Raum Groß-Paris.

Aus dem Vestibül schlug ihm Wärme entgegen. Im Unterschied zum Rest der Stadt bekamen die deutschen Besatzer immer genug Kohle, um die Heizung brummen zu lassen. Aber es stank auch ein wenig nach Kaserne.

Links stand ein Gefreiter in grauer Wehrmachtsuniform.

»Ist Oberst Reimers da?« fragte der Zivilist.

»In seinem Büro, Herr Hauptmann.«

Der Zivilist eilte in den ersten Stock zum Referat III/F. Ohne anzuklopfen stürmte er hinein. Der Chef der Abteilung Gegenspionage – er war auch zuständig für die aktive Bekämpfung feindlicher Dienste – saß hinter seinem Schreibtisch. Für den recht mickrigen Oberst war das mächtige Empire-Möbel zwei Nummern zu groß.

Ohne ein Wort zu äußern, zog Hauptmann Lang eine weiße Damenhandtasche, ein teures Stück Saffianleder, aus dem Schutz seines Mantels. Das vergoldete Monogramm zeigte stilisiert die Buchstaben N. und P. Der Zivilist leerte den Tascheninhalt vor dem Oberst aus. Es war das übliche: Taschentuch, Puderdose, ein Parfümflacon, Zigaretten, ein Streichholzheftchen, in einem Silberstoffbeutel Geld in Scheinen und Münzen.

Der Oberst setzte seine Brille auf. Wie viele unscheinbare Menschen übertrieb er es mit der Brille. Sie hatte ein dunkles Schildpattgestell.

Mit spitzen Fingern sortierte er den Tascheninhalt. »Stinkt nach Puff«, sagte er, »ist das alles?«

»War schwierig genug, es aus ihrer Garderobe zu holen.«

Das Streichholzheftchen trug den knalligen Aufdruck »Moulin-Rouge«.

Der Hauptmann in Zivil wartete geduldig, ob auch der erfahrene Spion-Jäger Oberst Reimers das fand, was er selbst längst entdeckt hatte. Er und sein Vorgesetzter mochten sich nicht sonderlich. Reimers beneidete Lang, weil er selbst schon fünfzig, der Hauptmann aber erst Mitte Zwanzig war. Und Lang hielt Reimers für einen alten Sack ohne Ideen, für einen Kommißkopf, den das Amt Canaris gnadenweise von der Berliner Kriminalpolizei übernommen hatte.

Aber beide unterschätzten einander. Es dauerte nicht eine Minute, bis Reimers die Bleistiftziffern innen auf der Pappe des Streichholzheftchens entdeckt hatte.

»Aha!« Erleichtert lehnte er sich zurück. »Zwo-drei-eins-vier-eins«, murmelte er. »Was kann das bedeuten?«

»Ein Code, Herr Oberst.«

»Sie Schlauberger. Das weiß auch Vater Methusalem.«

Es ging darum, daß sie die Bedeutung der fünf Ziffern 2-3-1-4-1 unbedingt herausfinden mußten, denn wie immer war der Nachtclubsängerin Nicole Pinette nichts nachzuweisen. Zwar wußten sie, daß die Pinette für die französische Widerstandsbewegung arbeitete, daß diese Organisation von Tag zu Tag stärker wurde und ihre Sabotageakte die Sicherheit der deutschen Wehrmacht beeinträchtigten, doch bis zur Stunde hatten sie gegen die Pinette außer einem Verdacht so gut wie nichts in der Hand.

»Der Doktor soll kommen«, entschied der unterwachsene Oberst. Es dauerte nicht lange, und ihr Experte für Feind-Codes betrat den Raum. Er war mittelgroß, hatte ein blasses Gesicht, trug einen grauen Einreiher und war so durchschnittlich, daß man ihn leicht übersah, obwohl er als einer der tüchtigsten Entschlüsselungsfachleute galt.

Er wurde kurz eingeweiht, schaute sich die Ziffern an und meinte: »Eine Damenhandschrift.«

»Woran erkennen Sie das, Doktor?«

»Das sieht ein Graphologe sofort an der zierlichen Verspieltheit. Hier zum Beispiel, bei der Ziffer zwei, und dann das Häkchen unten an der Vier.«

»Nichts Neues!« Der Oberst drängte: »Bitte weiter!«

Der Doktor drehte sich um und schaute auf die Uhr. »In zwei Stunden ist Mitternacht«, stellte er fest, »und Neujahr, meine Herren.«

»Auch das ist nichts umwerfend Neues«, mäkelte Oberst Reimers an dieser Erkenntnis herum.

Der Doktor lächelte überheblich, wie viele Wissenschaftler Laien gegenüber. »In zwei Stunden beginnt das Jahr neunzehnhunderteinundvierzig. Die Endziffern vier und eins könnten das neue Jahr bezeichnen. Die Ziffern drei und eins nennen vielleicht das genaue Datum, nämlich den dritten Januar.«

»Und die Zwei, was sagt die Ihnen, Doktor?«

»Die Zwei am Anfang«, bemerkte der Experte. »Sie bezeichnet meiner Meinung nach den Ort, wo am dritten Januar des kommenden Jahres etwas stattfinden wird.«

Um die Zwei zu analysieren, dafür wurde der Doktor nicht bezahlt. Er war kein Abwehrtaktiker.

»Danke, Doktor.« Damit war er entlassen.

Wieder allein mit Lang, stand der kleine Oberst auf, trat an die Heizung und wärmte seinen Rücken.

»Besitzen wir irgendwelche Erkenntnisse in bezug auf einen Ort mit der Ziffer zwei?« fragte er wie nebenbei.

»Nichts Spezielles, Herr Oberst.«

Reimers dachte eine Weile nach, dann traf er seine Entscheidung. »Was immer Sie heute nacht noch vorhaben, Hauptmann Lang, es fällt aus. Bringen Sie die Tasche dieser Chansonneuse in ihre Garderobe zurück. Dann erfolgt

Verhaftung. Im Keller wird sie schon reden. Ich glaube, daß wir endlich etwas Handfestes haben.«

Der junge Abwehroffizier in Zivil – unter dem Mantel trug er einen Smoking – steckte sich, ehe er ging, eine R-6 an.

»Schnappen Sie sich ein paar Leute«, gab ihm der Chef von Referat III noch mit auf den Weg.

Im bläulichweißen Scheinwerferlicht stand eine schlanke Frau auf der Bühne des Nachtcabarets, in dem wohlhabende Pariser Kreise das Jahresende feierten. Die Pailletten am Goldlamé-Kleid glitzerten und warfen wie winzige Spiegel das Licht zurück.

Nicole Pinette bewegte langsam das Knie aus dem hohen Seitenschlitz. Mit eleganter Bewegung des rechten Beines streifte sie die Schleppe zurück. Dann schüttelte sie kopfzuckend eine Locke der kastanienbraunen Haarfülle aus der Stirn. Es war wenige Minuten vor Mitternacht. Als Abschluß dieses Jahres wollte sie noch einmal ihr erfolgreiches Chanson bringen.

Gehaucht, fast tonlos, setzte sie an: *»J'attendrai . . .«* Das Publikum applaudierte. Die Stimme der Pinette steigerte sich: *»J'attendrai le jour et la nuit, j'attendrai toujour . . .«*

Von hinten, wo für deutsche Wehrmachtsgäste immer Tische reserviert waren, konnte man die Pinette durch den Rauch der Zigaretten nur noch verschleiert erkennen. Ein Leutnant, der Hauptmann Lang begleitete, sagte: »Was für ein Weib!«

»Ja, eine echte Naturschönheit.«

»Sie könnte die Tochter der Piaf sein.«

»Dann wäre sie gewiß nicht so hübsch«, spottete der Hauptmann. »Ich fürchte nur, daß sie ihren Superschlager für eine Weile zum letzten Mal gesungen haben wird.«

»J'attendrai toujour . . .«, jubilierte sich die Pinette in die Höhe, *». . . mon amour.«*

Hauptmann Lang drückte die Zigarette aus. »Wenn Madame fertig ist, wenn die Korken aus dem Champagner krachen, den wir ihnen übriggelassen haben, erfolgt die Festnahme in ihrer Garderobe. So unauffällig wie möglich, bitte ich mir aus.«

Der Leutnant aus Langs Begleitung hatte eine Frage: »Was wirft man ihr vor?«

»Sie ist Agentin des Réseau Interallié.«

»Gibt es Beweise?«

»Wir beobachten sie schon seit Wochen. Den Hinweis lieferte ein Spitzel. Er sprach immer davon, daß eine Frau bei ihnen mitmacht, ein berühmter Revuestar mit besonderen Verbindungen nach England.«

»Gibt es Beweise?« bohrte der Leutnant, ein erstklassiger Verhörexperte, abermals.

»Die wird sie uns heute nacht liefern«, hoffte der Hauptmann.

»In all den Wochen hat man also nichts gefunden, weder Unterlagen, Funkverkehr mit England noch sonstwas«, staunte der Leutnant.

Hauptmann Lang weihte ihn tiefer ein: »Die Pinette ist mit einem Engländer verheiratet, der immer wieder heimlich herüberkommt. Mal nimmt er einen Kutter, mal ein Flugzeug. Plötzlich ist er da, und ebenso plötzlich verduftet er wieder. Diesen Mann will man haben. Vermutlich ist er ein wichtiges Tier beim Secret Service in London.«

»Wichtige Tiere nehmen selten am Pendelverkehr ins besetzte Frankreich teil.«

»Wegen so einer Frau möglicherweise schon«, meinte Lang.

»Von wem kommt der Befehl, Herr Hauptmann?«

»Was diesen Captain betrifft, meinen Sie, so erfolgte er direkt aus Berlin, unmittelbar vom Grand Chef, dem Admiral.«

»Dann steckt wohl mehr dahinter.«

Lang schloß dies nicht aus. »Ich hörte, es gehe um ein bestimmtes Wort, um eine Begriff, den man irgendwo aufschnappte und dessen Bedeutung man nicht erklären kann.«

»Kennen Sie dieses Wort, Herr Hauptmann?«

»Ja, ich kenne es. Aber es ist Gekados, geheime Kommandosache.«

Sie warteten den Applaus ab, mit dem man die Pinette überschüttete, das Klingen der Champagnergläser um Mitternacht, die allgemeine Küsserei, die Umarmungen, das »Prosit Neujahr« und »Vive la France!«. Unbemerkt verdrückten sich die Deutschen hinter die Bühne, wo sie den Star in Empfang nahmen.

Die schöne Nicole Pinette sah die beiden stehen und schien zu ahnen, worum es ging. Gefaßt hörte sie sich die Verhaftungsformel an. Ohne zu fragen, warum und weshalb, bat sie nur um eines: »Erlauben Sie, Messieurs, daß ich mich noch abschminke und umkleide.«

Im Verhörkeller der Abwehrzentrale im Hotel Lutetia nahm der Leutnant sich den Star vor. Als promovierter Psychologe machte er es äußerst subtil. Er stellte sich auf die Seelenlage der prominenten Künstlerin ein, die so gefühlvoll war, was ihre Interpretationen betraf, aber auch so stahlhart in ihrem Engagement für den Widerstand.

Wie üblich arbeitete der Leutnant erst mit Zuckerbrot und Versprechungen, dann mit der Peitsche, also mit Drohungen. Einmal mit Eis, dann wieder mit Glut. Dieses Wechselbad macht auf die Dauer jeden Häftling gefügig. Bis zum Morgen blieb das Verhör ohne Ergebnis. Mit kühler Intelligenz wich die Pinette allen Fallen aus.

In einer Pause drängte Oberst Reimers: »Wir haben wenig Zeit. Der dritte Januar ist schon übermorgen.«

»Wann übermorgen?«

»Keine Ahnung. Kurz nach Mitternacht, sehr früh, gegen Mittag oder abends«, sagte Reimers. »Von jetzt an bleiben uns bestenfalls dreißig Stunden. Außerdem brauchen wir mindestens einen halben Tag Vorlaufzeit, um gegenhalten zu können. Gegen was auch immer.«

Der Verhörfachmann leerte seine Tasse starken Mokka und machte sich wieder an die Arbeit, dieser so hartnäckig schweigenden Frau ihr Geheimnis zu entlocken.

Eine primäre Folter bestand darin, daß sie ihr genug zu trinken gaben, sie aber nicht auf die Toilette ließen. Das quälte sie von Stunde zu Stunde mehr, bis zur schieren Unerträglichkeit. Worte, Vorhaltungen und Drohungen bewirkten nichts bei ihr, aber gewiß die Reaktion ihrer inneren Organe.

In einer Pause sagte der Arzt zu dem Verhöroffizier: »Der Druck auf Blase und Darm erreicht irgendwann einen Punkt, der zwar von Körper zu Körper verschieden ist, aber an dem sie nichts mehr halten kann.«

Der Leutnant betrat wieder den Verhörraum, wo die Pinette jetzt schweißtriefend und völlig übermüdet auf dem Hocker saß. Alles begann wieder von vorne.

»Name?«

»*Mon dieu*, den kennen Sie doch längst.«

»Geboren?«

»*Naturelement*, klar bin ich geboren.«

»Verheiratet?«

»Was geht euch *boches* das an?«

»Mit einem Engländer«, stellte der Leutnant zum x-tenmal fest.

Am Abend kam dann die Minute, wo sie ihre Körperfunktionen nicht mehr beherrschen konnte. Alles ergoß sich aus ihren unteren Körperöffnungen. Sie sah wohl ein, daß man, selbst ohne sie zu berühren, mit ihr machen konnte, was man wollte, und daß sie das nicht überstehen würde. Sie bat um eine Zigarette und um ein Bad, sie bekam weder das eine noch das andere.

»Was bedeutet die Ziffer zwei in der Notiz auf dem Streichholzheftchen?« bohrte der Leutnant.

Mit geschlossenen Augen sagte sie: »Normandie.«

»Die reicht von Rouen bis Avranches, Madame. Wo dort bitte?«

»Bei Dieppe.«

»Das ist eine Hafenstadt. Genauer!«

»Eine Lichtung in einem Waldstück nahe der Straße nach Langueville.«

»Jede Ortsangabe besteht aus zwei Koordinaten, Madame.«

»Nördlich der Eisenbahngleise«, gab sie preis.

Jetzt, wo er sie hatte, ließ der Verhöroffizier nicht mehr locker. »Nennen Sie die Funklinie.«

In ihrer Not nannte sie auch die Frequenz und die Kontaktzeiten. Nur wer an Punkt zwei in der Normandie ankam, das vermochte sie nicht zu sagen.

»Ist Kevin Mortin Ihr Ehemann?« schrie der Leutnant ungeduldig.

Bevor sie antworten konnte, brach sie zusammen.

Ab 23 Uhr, in dunklen Nächten erfahrungsgemäß die Zeit für Fallschirmabsprünge britischer Agenten, sperrten Einheiten der Wehrmacht und der geheimen Feldpolizei alle Straßen, Brücken und Wege im Langueville-Distrikt. Sie hatten Befehl, sich getarnt abseits der Kontrollpunkte aufzuhalten und zunächst alle Personen und Fahrzeuge passieren zu lassen.

Gegen 23.30 Uhr erreichte den Einsatzleiter, Oberst Reimers, eine Funkdurchsage. »Eben passiert ein Wagen die Eisenbahnunterführung. Typ Pkw Peugeot mit Ladebrücke.«

»Wie viele Leute?«

»Zwei.«

»Das müssen sie sein. Durchlassen, aber hinter ihnen die Straße sperren. Wo sie reinfahren, versuchen sie auch wieder herauszukommen.«

Reimers nahm an, daß sie das Empfangskomitee der Widerständler in der Falle hatten. Der Funker am großen Gerät meldete: »Auf der Agentenfrequenz kommt eben ein Signal durch.«

»Text?«

»Verschlüsselt. Vermutlich englisch.«

Noch beim Versuch, das Signal zu entziffern, hörten sie ein Flugzeug von der Küste hereinbrummen. Es flog tief, etwa in vierhundert Meter Höhe. Zweihundert Meter waren das Absprungminimum für Fallschirmagenten. Aus dem Gebüsch heraus sahen sie, wie auf der Lichtung Lampen angingen. Sie richteten ihren Schein senkrecht nach oben. Die Zweimotorige flog darüber hinweg, beschrieb eine Kurve und steuerte, nun tiefer gehend, genau die Lichtung an. Kurz stellte sie die Motoren ab und schwebte lautlos.

»Das ist eine *Lysander*«, flüsterte Hauptmann Lang.

Für solche Einsätze benutzen sie immer die *Lysander*. Sie kann notfalls auf kurzer Strecke landen und wieder starten.

Ein Soldat hatte etwas im Glas erfaßt. »Ein Fallschirm!« meldete er. »Hat sich entfaltet.«

Wenig später kam der Schirm am westlichen Rand der Lichtung auf. Die Männer der Résistance eilten zu ihm hin. Sie halfen dem Agenten aus den Gurten und beim Bergen des Fallschirms. Sein Gepäck schleppten sie zu dem Peugeot im Unterholz. Im Nachtglas war alles deutlich zu verfolgen.

Die ortskundigen Männer der Résistance wählten für den Rückweg eine andere Straße. Doch an der Brücke über einen kleinen Fluß gerieten sie in die Sperre. Mit Vollgas brachen sie durch. Das MG zerschoß ihre Reifen und den Motor. Drei Gestalten sprangen aus dem Kleinlieferwagen und versuchten zu fliehen. Die Schäferhunde der Feldpolizei holten sie ein und stellten sie. Sogleich wurde der Engländer von den Franzosen getrennt. Oberst Reimers ließ sie nach Paris schaffen. Die Franzosen ins Gefängnis von Fresnes, den Engländer ins Hotel Lutetia.

Um vier Uhr morgens schlug die Stunde des Verhöroffiziers. Er ahnte, daß dieser Engländer ein steinharter Brokken war. Aber er war mehr als steinhart. Nicht einmal seinen Namen gab er preis.

»Sie sind Kevin Morton«, begann der Leutnant.

Keine Reaktion.

»Captain beim Secret Service der Royal Navy, Abteilung SOE, Special Organization Executive.«

Die Antwort war Schweigen.

»Morton, Sie müssen doch längst gemerkt haben, daß wir alles wissen. Verbessern Sie mich wenigstens, falls ich mich in einem Punkt irre.«

Morton reagierte nicht; kein Muskelzucken in seiner arroganten britischen Offiziersvisage.

»Im Zivilberuf sind Sie Schallplattenproduzent. Stimmt's?«

Morton lächelte nicht einmal.

»Ihre merkwürdigen Besuchsreisen von London nach Paris finden regelmäßig alle zwei Monate statt. Leider nicht aus touristischer Neugier. Der Grund ist das Training der französischen Résistance an neuen Waffen und technischem Sabotagegerät, insbesondere an den neuen Säurezündern, an Plastiksprengstoff und Minen. Dies zwecks Sabotage an Eisenbahnlinien, Viadukten sowie Strommasten.«

Gelangweilt blickte der Engländer zur Decke.

Dicht vor ihm stehend, zählte der Leutnant weiter auf. »Sie haben bei einer Widerstandsgruppe mitgeholfen, das E-Werk in Chaigny zu zerstören. Ebenso bei dem Anschlag auf Rüstungsbetriebe und die Bronzeria-Fabriken.«

Der Engländer stutzte, wirkte einen Moment verblüfft, überspielte es aber meisterlich. Daraufhin versetzte ihm der Verhöroffizier den ersten schmerzenden Treffer, indem er ruhig feststellte: »Nun hätten Sie wohl gerne erfahren, woher wir das alles so genau haben. Abgesehen davon, daß wir ohnehin alles wissen, erhielten wir weitere pikante Einzelheiten von einem buntgefiederten Vogel namens Nicole Pinette.«

Mühsam beherrscht hob der Engländer die Schultern und ließ sie wieder fallen.

»Ihrer geliebten Ehefrau, Mister Morton«, setzte der Leutnant noch eins drauf.

Der Engländer tat, als kenne er diese Dame nicht. Offenbar hielt er alles für Bluff.

Oberst Reimers, der sich im Schatten der grellen Verhörlampen aufgehalten hatte, nahm das Telefon ab und sagte nur vier Worte: »Bereitet sie jetzt vor!«

Sie legten Morton wieder Handschellen an und führten ihn in den Keller. Dort bauten sie ihn vor einer Zellentür auf. Nach einem Klopfen wurde von innen geöffnet. Die Tür knarrte. Im Licht einer 30-Watt-Birne sah Morton, was ihn endgültig weichmachen sollte. An den gefesselten Händen hing Nicole Pinette, seine Frau, von der Decke herunter. Sie war nackt. Ihre helle Haut war von Peitschenstriemen blaurot, aufgeplatzt und mit Blut besudelt. Ihr Kopf hing auf der Seite, die Augen hatte sie geschlossen.

»Kennen Sie diese Dame, Captain?«

»Nicole!« brach es aus Morton heraus. »Was haben sie mit dir gemacht, diese elenden Schweine!«

»Mon pauvre ami«, flüsterte die Gefangene erschöpft.

Wie ein Gong schlug die Tür zu. Wenig später war Captain Kevin Morton, als Preis dafür, daß sie ihm versicherten, seine Frau nicht zu Tode zu foltern, zur Aussage bereit. Dann dauerte es nicht mehr lange, und sie hatten ihn so weit, daß er sich umdrehen ließ, um für den BDS, den Befehlshaber der Sicherheitspolizei, zu arbeiten.

»Sie werden für uns in London tätig sein«, verlangte Oberst Reimers, »oder Ihre Frau muß qualvoll sterben.«

»Was soll ich tun?« fragte der Captain mühsam gefaßt.

»Finden Sie als erstes heraus«, erklärte Reimers, »was der Code ›Charta‹ bedeutet.«

»Ich habe nie davon gehört«, schwor Morton.

»Dann bemühen Sie sich jetzt darum«, forderte Reimers. »Charta steht in irgendeinem Zusammenhang mit Gesprächen zwischen Churchill und Roosevelt.«

Sie meldeten den Erfolg nach Berlin.

Am Abend des 5. Januar rief der Grand Chef persönlich an. Admiral Canaris ließ sich genau berichten.

»Wie geht es der Pinette?« wollte er wissen.

»So lala. Wir verwendeten bei der Gegenüberstellung Schminke und rote Farbe.«

»Ich werde selbst nach Paris kommen«, entschied der Admiral. »Was ich Ihnen jetzt sage, ist ein dienstlicher Befehl, Reimers. Lassen Sie diese Frau, diese Nicole Pinette, niemals in die Hände der Gestapo fallen. Die SS bringt sie um.«

»Verstanden, Herr Admiral«, bestätigte Oberst Reimers.

Abschließend fügte Canaris noch etwas hinzu: »Die Pinette ist eine begnadete Künstlerin.«

Dann hörte es sich an, als sauge er genußvoll an seiner Beute-Havanna.

8

Das deutsche Afrikakorps schlägt die britische Offensive zurück. Tobruk wird eingeschlossen. Auf dem Balkan dauern die italienisch-griechischen Kämpfe an.

7. Januar 1941

In langsamer Nachtfahrt, tagsüber in Küstennähe auf Grund liegend, hatte U 136 den Sankt-Georgs-Kanal passiert. Nun lief es auf die britischen Scilly-Inseln, eine als Schiffsfriedhof gefürchtete rauhe Ecke, zu.

»Aber es ist der direkte Weg zu den bretonischen Häfen«, sagte der Obersteuermann. »Noch mickrige zweihundert Seemeilen, Herr Kaleu.«

Kapitänleutnant Lützow flehte alle Götter des Meeres, von Neptun bis Poseidon, um schlechtes Wetter an. Und er bekam es. Es hielt sechsundzwanzig Stunden lang an, mit Windstärken um acht und Seegang sechs. In so rauher See konnten sie auch tagsüber aufgetaucht marschieren.

Dem Oberfunkmaat gelang es endlich, das Rätsel zu lösen, warum der BDU so beharrlich schwieg. »Unser Empfänger ist defekt. Der Sender ebenso. Sie können uns nicht hören. Zwar gehen unsere Funksprüche raus, aber wohl zu schwach. Es liegt an der Endverstärkung.«

»Und das merken Sie erst jetzt, Sie Pflaume?« rügte ihn Lützow. »Können Sie den Schaden beheben?«

»Nicht mit Bordmitteln, Herr Kaleu.«

»Und der Notsender?«

»Der ist beim Wasserbombenhagel ausgefallen. Wir haben alles versucht. Nichts zu machen. Es sind die Röhren.«

»Nur noch zweihundert Meilen Luftlinie bis zum Stützpunkt«, sagte Lützow, »versuchen Sie es wieder und noch einmal.«

Stets gaben sie nur kurze Morsegruppen durch: Bootsnummer, Position, Treibstoffendstand, und aus.

Je näher sie der französischen Küste kamen, desto sicherer fühlten sie sich. – Eine trügerische Sicherheit, das wußte Lützow nur zu gut. In letzter Zeit wurden immer häufiger ein- oder auslaufende Boote von der Royal Air Force versenkt.

Die bretonische Küste war schon wie ein feiner Strich im Dunst erkennbar. Sie peilten den Leuchtturm von Pointe de St-Mathieu querab, als der LI auf die Brücke kam.

»Noch eine Tonne Treibstoff.«

»Sagen wir zwei«, entgegnete Lützow, der den LI kannte.

Trotzdem sah es nicht gut aus. Laufend zogen sie eine dicke Ölspur. Der LI rauchte eine Zigarette und wollte schon wieder unter Deck verschwinden, da entdeckte er als erster den dunklen Punkt in Nordwest. Er kam aus der Sonne heraus, der beliebten Angriffsrichtung feindlicher Bomber.

»Alarm, tauchen!« schrie der II WO, der gerade Turmwache ging.

Doch Lützow fürchtete, daß es bereits zu spät war. »Tauchkommando belegt!« rief er durch das Sprachrohr nach unten. »Bofors klarmachen!«

Die Bedienungsmannschaft der 2-cm-Flak-Kanone enterte auf und sprang in den Wintergarten, wie der Kanonenstand achtern vom Turm genannt wurde. Sie schlugen die Magazine an, rissen den Spannhebel durch. Der Schütze I visierte den größer werdenden Punkt an.

»Feuer frei auf fünfzehnhundert!« befahl Lützow.

Vier Ferngläser richteten sich auf den Punkt. Das Flugzeug kam tief heran, zog jetzt aber ein wenig höher.

»Eine *Stirling*«, sagte Wessel.

»Ich halte es eher für eine *Lancaster*«, meinte der LI, »wegen der dicken Rumpfnase.«

»Die haben beide.«

»Feuer frei!«

Die Bofors hämmerte los. Leuchtspuren jagten dem anfliegenden Bomber entgegen. Die leeren Geschoßhülsen schepperten an Deck. Plötzlich schienen sich glitzernde Sterne aus dem Rumpf des Bombers zu lösen. Grüne und rote.

»Er schießt Erkennungssignal!«

Im selben Moment schrie ihr bester Ausguck, ihr Fachmann für Flugzeugsilhouetten: »Eine *Condor*, Herr Kaleu!«

Entsetzt über den Gedanken, eventuell ein eigenes Flugzeug abzuschießen, ließ Lützow sofort das Feuer einstellen. Es war wirklich eine *Focke-Wulf 200*.

Der *Condor*-Fernaufklärer zog eine Runde um das Boot. Dabei begann es aus seiner Kanzel zu blinken. Er setzte eine Nachricht ab. Zur Sicherheit gab er sie zweimal. Auf der Brücke von U 136 lasen sie die Morsezeichen mit: *Schlepper nimmt Sie auf Haken. Camaret.*

Jubel schallte durch das Boot. Die *Condor* drehte ab. Der Obersteuermann berechnete die Kursänderung.

»Hundertfünfzehn Grad bringen uns genau vor Camaret sur Mer«, meldete er.

Stunden später trafen sie auf den Hochseeschlepper. Er wartete pünktlich an der vorgesehenen Stelle. U 136 schoß eine Leine und holte die schwere Manila-Trosse über. Alles weitere lag nun in der Verantwortung des Schlepperkapitäns.

Für die achtzig Seemeilen bis Lorient kalkulierten sie zehn Stunden ein. Der I WO, Rahn, schrieb schon die Urlaubspapiere für die Besatzung aus. Der LI tippte auf der Schreibmaschine die Schadensliste für die Werft.

In der Morgendämmerung kam die Küste schmutziggelb in Sicht. Ein Sperrbrecher dampfte vor ihnen her. Das war nötig, denn beinah jede Nacht warfen die Engländer Magnetminen. Als sie in die Bucht hineinfuhren, wurde das Wasser ruhiger, Vorpostenboote rauschten ihnen entgegen. Die Männer an Deck waren tief vermummt. In der kalten Winterluft wirkten die Hafenanlagen vor Lorient noch düsterer als sonst.

Lützow nahm Sprechfunk mit dem Schlepperkapitän auf. »Danke für die Hilfe. Durch die Schleuse kommen wir mit eigener Kraft. Wir werfen jetzt Trosse los.«

Die Trosse klatschte ins Wasser. Der Diesel sprang ein letztes Mal an. Langsam fuhren sie in die Schleuse ein, die den inneren Hafen gegen den Tidenhub schützt. Niemand war an der Pier zu sehen. Keine Blaskapelle, kein Mädchen mit Blumen, nicht ein einziger dieser hohen Uniformträger in Blau mit etwas Gold.

Um 09.45 Uhr machte U 136 vor dem Bunker fest.

Die Besatzung schleppte ihre Seesäcke mit den Klamotten zur Kaserne. Die weiße Kommandantenmütze tief in die Stirn gezogen, marschierte Lützow, das Kriegstagesbuch unter dem Arm, zum Hotel. Im Beau Séjour hatte er ein Zimmer. Ein ziemlich berühmtes sogar. Vor ihm hatten es schon die U-Boot-Asse Prien, Kretschmer und Endraß bewohnt. – Vorbei an den trostlosen Häusern, an den bunten Reklametafeln, von denen die Farbe abblätterte, wo man aber noch »Pastis« oder »Dubonnet« lesen konnte, erreichte Lützow den Marktplatz.

Droben in seinem Zimmer fiel er erschöpft aufs Bett. Er war zu kaputt, um etwas zu essen, zu trinken, sich zu baden, sich zu rasieren. Selbst zum Schlafen war er zu müde.

Dann war er doch eingeschlummert, denn jemand rüttelte ihn an der Schulter wach.

»Kommen Sie hoch, Seemann!« rief ein Offizier mit den Ärmelringen eines Fregattenkapitäns. »Der BDU verlangt nach Ihnen … äußerst sehnsuchtsvoll.« Es war Kapitän Carlsen, der Stabschef von Dönitz. Unten wartete sein Wagen.

»So wie ich aussehe und stinke?« entgegnete Lützow.

»Der BDU schätzt Frontgeruch«, erklärte Carlsen lakonisch.

Sie fuhren hinaus nach Kernevel zu dem Landschlößchen. Dönitz hatte es bezogen, um näher bei seinen Flottillen zu sein, als er es in Paris oder Kiel war.

»Was macht mein Boot?« fragte Lützow als erstes.

»Es wurde in die Werft bugsiert.«

»Und meine Männer?«

»Die Hälfte davon sitzt schon im BDU-Zug via Heimat.«

Lützows Kopf sackte nach vorn. Besorgt fragte Carlsen:

»Mal ehrlich, wie fühlen Sie sich?«

»Belämmert.«

»Dann nehmen Sie Pervitin.«

Der Stabschef reichte ihm eine von den aufputschenden Lutschtabletten. Nach wenigen Kilometern Fahrt bog der Horch in den Schloßpark ein. Dicht am Wasser liegend, war er von einer hohen Mauer umgeben. In den ehemaligen Stallgebäuden hinter dem Tennisplatz hatten sie jetzt die Funkstation untergebracht.

Gerade als der Horch im feinen Kies bremste, trat eine elegante Gestalt aus dem Eingang des Chalets, ein blonder Jung Roland in Marineoffiziersuniform. Lützow kannte ihn. Es war Brandenburg, ein Streber und Radfahrer, aber Dönitz' erklärter Liebling.

»Brandenburg kam gestern mit seinem Boot herein«, flüsterte Carlsen.

»Picobello in Schale«, stellte Lützow fest.

»Wie immer.«

»Ein astreiner Hitlerjunge«, höhnte Lützow. »Nur das Ritterkreuz hat er noch nicht.«

»Aber mächtig Halsschmerzen«, meinte Kapitän Carlsen. »Noch eine Feindfahrt, und er bekommt es.«

Zackig grüßte Brandenburg zu ihnen hin, flankte in seinen Kübelwagen und rauschte ab.

Dönitz empfing Lützow im großen Kartenraum im ersten Stock. Es gab Zigaretten und Getränke. Dönitz, ein Mann, der von außen so unfreundlich war wie von innen, starrte zum Fenster hinaus.

»Nun mal allen Ernstes«, begann er schnarrend, »war es wirklich so schlimm, Lützow?«

In Lützow stieg der Zorn hoch. Vielleicht lag es auch am Pervitin. »Noch etwas schlimmer, Herr Admiral.«

»Handelt es sich wirklich nicht um Fehlschüsse Ihrerseits?«

»Nein. Ausschließlich um fehlerhafte Torpedos«, entgegnete Lützow, auf das Kriegstagesbuch deutend, das jede Einzelheit enthielt.

Andere Stabsoffiziere kamen hinzu. Lützow mußte über jeden Tag der Feindfahrt Bericht erstatten und über seine Maßnahmen Rechenschaft ablegen. Ab und zu warf er dabei einen Blick in die Aufzeichnungen. Als Lützow seinen Vortrag beendet hatte, beschlich ihn instinktiv die Furcht, daß man seinen Angaben mißtraute.

Einer der Stabsoffiziere nahm ein Fähnchen, das die Bezeichnung U 136 trug, aus der Schachtel und steckte es zurück auf die Karte. »Wieder unter den Lebenden«, bemerkte er spöttisch.

»Wir brauchen Tatsachen!« forderte Dönitz. »Was die Torpedoversager betrifft. Das Herstellerwerk und die TVA wünschen präzise Angaben.«

»Vielleicht waren die Aale in Ordnung, bevor man sie auf dem Transport sabotierte«, suchte Lützow eine Erklärung. »Unter diesen Umständen laufe ich jedenfalls nicht mehr aus.«

Dies hatte eine scharfe Reaktion zur Folge. Der BDU hielt einen seiner berühmten Durchhaltevorträge. »Andere Boote stehen auch draußen und kämpfen mit denselben Problemen«, endete er.

Da konnte es Lützow nicht mehr aushalten. Voller Wut äußerte er sich über die Torpedoversager. »Das ist Mord, Herr Admiral. Ein Verbrechen an der kämpfenden Truppe. Meine Besatzung ist total entmutig und fertig. Die Männer halten wochenlang den Kopf hin, und im entscheidenden Augenblick versagen Waffen, die schon im Ersten

Weltkrieg, vor fünfundzwanzig Jahren, einwandfrei funktionierten.«

Lützow warf der Marineleitung mangelhafte Kontrollen vor. Auch die Anti-Radar-Ausstattung, dieser lächerliche Antennenbesen, den man auf der U-Boot-Brücke erst einstecken mußte, um Feindechos aufzufangen, arbeitete völlig unzureichend.

Ganz gegen seine Natur verlor er die Beherrschung. »Was, bitte, tut eigentlich die Führung, Herr Admiral? Halten sie nur Schloßdiners bei Kaminfeuer und Kerzenbeleuchtung ab?«

Das war zuviel. Dönitz verbat sich derart inkompetente wie unsachliche Äußerungen.

»Ihre Kameraden erfüllen auch ihre Pflicht, Lützow.«

»Und saufen alle ab«, erwiderte Lützow verbittert.

Eine Mauer der Ablehnung und des Schweigens stand ihm gegenüber. Lützow blickte von einem zum anderen, doch von keinem der gepflegten Stabsoffiziere war Hilfe zu erwarten.

»Tut mir leid«, äußerte er abschließend, »aber mit so elenden Torpedos gehe ich nicht mehr in See.«

»Ein Offizier hat schweigend seine Pflicht zu erfüllen«, rügte ihn der Befehlshaber der U-Boote. »Verschwinden Sie jetzt, Lützow.«

Damit war der Kapitänleutnant entlassen. Draußen fing ihn der Stabschef ab.

»Das war drei zu null gegen Sie, Lützow«, fürchtete Carlsen. »Sie haben da einen Haufen Mist verzapft. Was Sie äußerten, kann nicht die reine Wahrheit gewesen sein.«

Da brach es erneut aus Lützow heraus. »Wahrscheinlich bin ich ein Lügner. Wer lügt, der stiehlt, der vergewaltigt Kinder und ist auch ein Vaterlandsverräter.«

Der Stabschef legte seinen Arm um Lützows Schulter und sagte: »Der BDU trägt es Ihnen nicht nach, läßt er ausrichten. Aber er konnte nicht anders reagieren. Die Disziplin. Sie verstehen.«

»Das einzige, was ich jetzt verstehe, ist eine Flasche Cognac«, erklärte Lützow.

»Und Urlaub«, ergänzte der Stabschef. »Der BDU wünscht, daß Sie erst einmal zur Erholung fahren.«

Vom Hotel aus meldete Lützow ein Gespräch nach Salzburg an, bekam aber keine Verbindung. Er war schon gewohnt, daß nichts mehr klappte.

Der Himmel, dachte er, wäre ohne Hölle auch nur die Hölle.

9

Die Briten erobern Italienisch Somaliland. Zwischen Thailand und Indonesien bricht Krieg aus. Camus gründet »Le Combat«, die Zeitung des französischen Widerstandes.

15. Januar 1941
Wegen der Schneeschmelze in den Bergen führte die Salzach Hochwasser.

Kapitänleutnant Lützow stand mitten auf dem Mozartsteg und schaute hinüber zu der Telefonzelle am Giselakai. Sie war noch immer besetzt. Von München aus hatte er anzurufen versucht. Auch ein Telegramm hatte er ihr geschickt. Doch als er ihre Wohnung am Rudolfsplatz aufsuchte, war sie nicht da. Die Hausmeisterin konnte nicht sagen, wann Ditta zurückkam. Angeblich war sie schon seit Tagen nicht mehr gesehen worden. Endlich wurde die Telefonzelle frei. Lützow eilte gegen den warmen Föhn hinüber und warf die zwei Groschen ein. Er hörte das Freizeichen, doch niemand hob ab.

Er war besorgt und entschlossen, etwas zu unternehmen, auch wenn Ditta gebeten hatte, es nicht zu tun. Niemals sollte er sie an ihrem Arbeitsplatz aufsuchen. Sie wollte alles vermeiden, was ihn mit ihr in Zusammenhang brachte. Zumindest offiziell.

Seine Nerven lagen von der letzten Feindfahrt noch blank.

Tu etwas! befahl er sich, spring in den Fluß den Fellen nach, ehe sie davonschwimmen.

Von einem Fußgänger ließ er sich den Weg zum Landeskrankenhaus beschreiben. Eine gute halbe Stunde zu Fuß. Aber nach drei Monaten auf seinem Boot und dem Tag und der Nacht im Fronturlauberzug brauchte er Bewegung.

Als er hinkam, ging es auf Mittag.

Beim Empfang starrte die weißgestärkte und gebügelte Schwester den Marineoffizier mit dem Ritterkreuz an, unsicher, ob er nicht doch nur Portier eines Hotels sei.

»Zu Doktor Ditta Rothild«, sagte er.

»Wen darf ich melden?«

»Toni Lützow.«

»Lützow und?«

»Was und?«

»Sind Sie Eisenbahnbeamter oder arbeiten Sie ...«

»... in einem Zirkus. Nein, ich arbeite bei der Marine. Melden Sie Kapitänleutnant Lützow.«

»Grund des Besuches?«

»Herzrhythmusstörungen.«

»Sie sind also krank.«

Ehe er ungehalten wurde, sagte er: »Sehr.«

Endlich schaute die Empfangsschwester in ihrer Anwesenheitsliste nach. Langsam nahm sie die Brille ab. »Frau Doktor Rothild weilt nicht im Hause.«

»Wann kommt sie?«

»Eigentlich hatte sie Nachtdienst, aber sie ist krank gemeldet.«

Er dankte mit einem Kopfnicken und ging.

Ditta war also krank gemeldet. Aber warum war sie dann nicht in ihrer Wohnung? Wo zum Teufel steckte sie? Da fiel ihm ein, daß sie vom Landsitz eines Verwandten gesprochen hatte, eines Onkels, glaubte er sich zu erinnern, draußen in Anif.

Lützow schaute im Telefonbuch nach. Unter Rothild fand er in Anif keine Eintragung. Aber die Familie hieß ja Rotschild. Da gab es auch eine Nummer.

Er wählte sie an, bekam jedoch weder Frei- noch Besetztzeichen. Die Leitung war tot, wie abgeschnitten. Trotzdem fuhr er mit dem Bus hinaus zu dem Vorort im Süden der Stadt auf Berchtesgaden zu, wo die Habsburger irgendein Sommerschloß besaßen.

Als er den Park durch das kunstvoll geschmiedete Gittertor betrat, ging es auf 16 Uhr. Bäume, Hecken und Rondelle lagen noch voll Schnee. An manchen Stellen aperte er aus und bildete Eis. Im verspielten Stil der Jahrhundertwende erbaut, lag die Villa im hinteren Teil des Parks. Unten Natursteingemäuer, oben Giebel und Balkone in Holz und weiß gestrichen. Über eine Freitreppe erreichte man sowohl die Eingangstür als auch die Terrasse. Lützow drückte auf den Messingknopf. Offenbar funktionierte die Glocke nicht. Aber er fand die Tür offen.

Im Erdgeschoß schaute er sich um. Die elegante Sommervilla wirkte halb ausgeräumt. Wo einst Bilder hingen, zeigte die Tapete helle Rechtecke. Doch es mußte jemand im Hause sein, denn der Schornstein rauchte. Lützow stieg in den ersten Stock. Die Flügeltür links führte in die Bibliothek. Ein breiter Gang zog sich zu den Zimmern auf der Waldseite. Eines davon war abgedunkelt. Nur wenig Licht drang durch die Sprossen der Fensterläden, aber der Kachelofen strömte Wärme aus.

»Wer ist da?« vernahm Lützow eine kleine Stimme. »Wollen Sie mich holen? Ich ziehe nur rasch etwas an.«

»Ditta!« Er drückte die Jalousieflügel auf. Jetzt sah er sie. Sie war es, und sie war es auch wieder nicht. Sie kniete im Bett, eine Daunendecke um ihre überschlanke Figur gewickelt. Das rabenschwarze Haar, das er so sehr an ihr liebte, hatte die Farbe von Eierschalenblond.

»Toni, mein Gott!« Sie sprang aus dem Bett und umarmte ihn stumm. Ihr Herz schlug drauflos. »Und ich dachte schon ...«, stammelte sie unter Küssen, »... ich sah die Uniform und dachte, es ist die Polizei und sie holen mich.«

Lützow merkte, daß sie fast nichts anhatte. Er bestand darauf, daß sie ins Bett schlüfte, nahm Mantel, Mütze und Dolch ab.

»Daß du da bist«, flüsterte sie, »ist des Guten beinah zuviel.«

»Des Guten kann nie zuviel sein, Liebling.«

»Wie geht es dir?« fragte sie, immer noch zittrig vor Erregung.

»Du hast Angst«, stellte er fest. »Wovor?«

»Furcht«, gestand sie, »denn Furcht ist ein Dauerzustand.«

»Du bist gar nicht krank, Ditta.«

»Eine Grippe kann man immer vorschützen.«

Er kannte sie als disziplinierte Ärztin, die sich ohne schwerwiegende Gründe niemals erlaubt hätte, dem Dienst fernzubleiben. Erst recht nicht in einem Krankenhaus voller Verwundeter. Da sie offenbar nicht darüber sprechen wollte, baute er die wenigen Geschenke vor ihr auf. Sie öffnete die Päckchen.

»Schokolade!« rief sie entzückt. »Parfüm, mein Gott, und sogar Olivenöl-Seife. Die beste, die es gibt.«

Deutlich merkte er, daß sie mit übertriebener Freude etwas vertuschte. »Sag mir, was los ist«, drängte er. »Das Schlimme am besten immer gleich zu Anfang.«

»Wie lange hast du Urlaub?« wich sie aus.

»Zwei Wochen.«

»Leg dich zu mir«, bat sie ihn, »und wärme mich. Ich muß deine Nähe fühlen.«

Er zog ihren schmalen Körper dicht an den seinen. Es war, als halte man ein verängstigtes Rehkitz im Arm. Zögernd begann sie zu erzählen. Im Grunde ging es darum, daß man etwas von ihr verlangte, das sie nicht beibringen konnte. Seit Wochen quälte sie der Spitaldirektor damit.

»Vorsichtshalber kam ich schon blondiert hier an«, erzählte sie, »aber daß mein Vater das ›SC‹ aus dem Namen tilgen ließ, um im Ersten Weltkrieg Offizier werden zu können, das nützt mir heute wenig. Auch nicht, daß in meinen Papieren statt Judith als Vorname Ditta steht. Ich bin Jüdin. Man sieht es uns eben an.«

»Und weil ihr so verdammt tüchtig seid«, ergänzte Lützow. »Aber jetzt bin ich ja da.«

Sie sprach von dem halben Jahr seit seinem letzten Urlaub, von ihrem Wegzug aus Berlin, von der neuen Stelle in Salzburg. Lützow berichtete von seiner Feindfahrt. Er sagte nicht alles, weil er wußte, daß auch sie manches verschwieg.

Es wurde Abend. Die Dunkelheit kam. Selbst seine Bemerkung »Oben golden wie die Sonne, unten schwarz wie Ruß«, heiterte sie nicht sonderlich auf. Es wurde eine eher traurige Liebesnacht.

Nach zwei Tagen erst gingen sie zum Abendessen in den Peterskeller.

»Ich möchte lieber nicht gesehen werden«, hatte Ditta erklärt. »Sie klatschen ohnehin über mich. Warum ich nicht verheiratet bin, keine Familie habe, keinen Freund. Ich sei mit einem Soldaten verlobt, log ich.«

»Danke, falls ich damit gemeint sein sollte«, hatte Lützow stolz bemerkt.

Letzten Endes aber war Ditta mit seinem Plan einverstanden gewesen.

»Dieser Mann, der dir so zusetzt, ist er Arzt?« wollte er wissen.

»Nein, nur Verwaltungsdirektor, kein Mediziner.«

»Aber gewiß ein großer Nazi.«

»Sonst hätte eine so fiese Figur den Posten nicht bekommen. Außerdem ist er Simulant. Einer unserer Professoren, sein Freund, hat ihm attestiert, daß er kriegsuntauglich sei. Nun ist er hinter allen Röcken her. Die Hälfte der Krankenschwestern hat er schon durch.«

»Jetzt bist du dran«, fürchtete Lützow.

»Da hat er Pech«, sagte die Ärztin. »Und weil er nicht landen kann, arbeitet er neuerdings psychologisch. Er behauptet, in den Papieren fehle mein Arier-Nachweis. Er sei wohl verschlampt worden, flunkerte ich. Nun besteht er auf einer Zweitschrift. Ich halte ihn hin, doch beinah jeden Tag erinnert er mich daran und setzt mir einen Termin nach dem andern. Ich rede mich darauf hinaus, daß das dauern könne, weil in Berlin die Behörden ausgelagert worden seien. Oder auf sonst etwas Dämliches.«

»Natürlich kannst du den Arier-Nachweis nicht erbringen«, stellte Lützow klar.

»Unmöglich bei Volljuden.« Sie lächelte. »Ich weise meine Abstammung bis zu Moses, Abraham und König David nach, aber nicht zu Hermann dem Cherusker.«

Der Wein im Peterskeller war gut. Noch schenkten sie ihren berühmten Prälaten aus. Eier lieferten offenbar die Klostergüter, denn selbst die Salzburger Nockerln schmeckten wie einst. Nur der Mann, auf den sie warteten, bei dem sich Lützow an Dittas Seite zeigen wollte, speiste an diesem Tag anderswo.

»Es gibt da noch eine Bar an der Salzach«, fiel ihr ein. »Nahe einer Brücke, ich glaube beim Makartsteg.«

»Wir gehen hin«, entschied Lützow.

Wieder ergriff sie Angst. »Glaubst du, daß das gut ist, wenn ich dich als meinen Verlobten vorstelle? Wie wird er reagieren?«

»Wie jedermann bei einem Helden der Nation«, spottete Lützow.

»Aber die Wahrheit läßt sich nicht auf Dauer vertuschen.«

»Was ist schon Wahrheit«, sagte er, als sie durch die Gassen und über den weiten Domplatz streiften. »Wahrheit ist immer nur eine Ansicht, abhängig von Zeit, Ort und den jeweiligen Interessen. Hundert Jahre später schon sieht die Wahrheit ganz anders aus.«

»Toni, warum bist du kein Philosoph?« Sie hakte sich eng ein.

»Weil«, erwiderte er zynisch, wie so oft, »ein Mann auf die Welt kommt, um mit Zwanzig in irgendeinem beschissenen Bonzen- oder Politikerkrieg zu krepieren. Wer will schon glücklich im Bett sterben, wenn er uralt ist.«

»Wie lange«, fragte sie fröstelnd, »wirst du da mitmachen?«

Er legte seine Hand fest auf die ihre. »Solange meine Blödheit groß genug ist«, antwortete er.

In der niedrigen verräucherten Bar fanden sie ihn dann. Er hing am Tresen. Ein mickriges Mannsbild mit wäßrigen Augen, dünnen Haarsträhnen, über die Glatze gekämmt, Parteiabzeichen am Revers. Er trank viel und schnell.

Sie nahmen ihn in die Mitte. Lützow saß links, Ditta rechts. Direktor Großmann erkannte die Ärztin und lachte schleimig. »Hallo, Doktor! Wieder auf den Beinen?«

Sie deutete zu Lützow hinüber. »Mein Verlobter«, stellte sie vor, »Kapitänleutnant Lützow – Direktor Großmann.«

Großmann sah Lützows Uniform, die goldenen Kolbenringe am Ärmel, die Orden, die ganze blecherne Pracht von E. K. II, E. K. I, Deutschem Kreuz in Gold, Verwundetenabzeichen, U-Boot-Abzeichen und Ritterkreuz, das über dem Krawattenknoten baumelte.

Fürs erste schien Großmann sprachlos. Erst deutete er auf Lützow, dann auf die Ärztin. »Ihr gehört wirklich zusammen?«

»Warum nicht.«

»Wie lange kennt ihr euch schon?«

»Seit dem Sandkasten«, scherzte Lützow.

»Und den Doktorspielchen«, ergänzte Ditta frech.

Sie pflaumten herum und begannen den Spitaldirektor unter den Tisch zu trinken. Großmann überzeugte sie mit wuchtigen Worten davon, daß es auch an der Heimatfront immer schwieriger werde.

»Dagegen ist es bei uns im Atlantik noch ausgesprochen gemütlich«, meinte Lützow höhnisch.

»Wann fahren Sie wieder gegen Engeland?« wollte der tapfere Etappenkämpfer wissen.

»Das ist geheim«, sagte Lützow. »Aber, bitte, tun Sie mir einen Gefallen, mein Freund – passen Sie in der Zeit, in der ich fort bin, gut auf mein Mädchen auf. Ich vertraue sie Ihnen an.«

»Es ist mir eine Ehre«, versicherte Großmann, »ich werde beide Augen auf sie haben.«

»Eines genügt«, schränkte Lützow ein. »Und vor allem, ohne die Hände.«

Lützow hoffte erreicht zu haben, was er wollte. Kurz vor der Verbrüderung sackte Großmann zusammen. Sie bugsierten ihn in einen Sessel, wo er prompt einschlief. Noch einmal öffnete er die Augen und sagte zu Ditta: »Den Arier-Nachweis nicht vergessen, Doktor.«

Daraufhin mußte Ditta erst einmal auf die Toilette. Nach zehn Minuten kam sie noch immer nicht zurück. Lützow schaute nach ihr, fand sie aber nicht in der Damenabteilung. Er rief nach ihr und hörte sie jammern.

»Hilf mir da raus, Toni!«

Er versuchte es, aber die Tür war versperrt. »Öffne den Riegel!«

»Ich kann nicht«, tönte es von innen.

Mit der Schulter rammte er die Tür ein. Sie stand da, doch vor ihr saß eine fette Kanalratte. Mit einem Fußtritt verjagte er sie. Die Ratte verschwand quietschend irgendwohin.

»Das war gar nicht lustig«, sagte Ditta erleichtert. »Wenn Ratten hungrig sind, greifen sie sogar Menschen an.«

»Ich weiß. Sie verbreiten auch die schwarze Pest.«

Sie verließen die Bar. Draußen bat Ditta, noch immer von der Ratte schockiert: »Erzähl mir etwas Komisches.«

Auf Befehl fiel ihm nichts ein. Aber in den engen Gassen entdeckte er einen zweirädrigen Gemüsekarren. Er setzte Ditta darauf und schob sie durch die Altstadt. Dabei rief er immerzu, als gelte es Kartoffeln zu verkaufen: »Jedermann! Achtung, hier kommt Jedermann!«

Toni Lützow und Ditta Rothild hatten nie zusammen in einem Sandkasten gespielt. Vor drei Jahren hatten sie sich in Flensburg kennengelernt. Als junger Leutnant, eben von der Handelsmarine übernommen, absolvierte Lützow gerade den U-Boot-Lehrgang auf der Marinekriegsschule Flensburg-Mürwik. Eines Samstagnachmittags begegnete er im akademischen Jachtclub einer Frau mit merkwürdig starker Ausstrahlung. Sie war von der Art, die jeder angafft, auch wenn sie sich unter einem Dutzend anderer auf der Tanzfläche bewegt. Ihr klassisch schönes, zartbraunes Semitengesicht mit den dunklen Brauen und der sanft gebogenen Nase faszinierte ihn mehr als ihre sportlich straffe Figur. Ein Crew-Kamerad machte sie mit ihm bekannt.

»Das ist meine Freundin Doktor Rothild.«

Sie hatte gerade promoviert und ihren Doktor in Medizin gemacht. Dafür hatte der Vater ihr den Traum erfüllt, nämlich einen Kurs im Hochseesegeln. Am Sonntag törnten sie die Förde hinaus bis zur Sonderburger Bucht. Sie tranken Wein, den sie im Kielwasser kühlten. Am Mittwoch gingen sie tanzen und am Donnerstag ins Kino. Schon nach den ersten Blicken stand fest, daß sie zueinandergehörten und daß es für sie niemals einen anderen Partner geben würde. Lützows Kamerad tröstete sich mit einer blonden Hamburger Reederstochter. Von da ab blieben Lützow und Ditta Rothild zusammen. Das war im Herbst 1938 gewesen.

Und heute war der 20. Januar 1941.

»Weißt du noch?« fragte Ditta, als könne sie seine Gedanken lesen.

Lützow dachte weiter an Flensburg, an das glückliche Jahr, ehe der Krieg begann, und goß von seinem französischen Cognac ein.

»Statt Blumen«, sagte er.

Zwischendurch holte er Holzscheite aus dem Stapel im Pferdestall, damit der Ofen nicht ausging. Es war wieder kalt geworden. Später legten sie sich hin und hielten sich bei den Händen.

»Warum ist diese Villa nicht vom Wohnungsamt beschlagnahmt worden?« kehrte Lützow in die Gegenwart zurück.

»Weil die Nazis mit der Rotschild-Bank in Paris ihre Geschäfte machen«, vermutete sie. »Man wird sich hüten, den Sommersitz meines Onkels anzutasten.«

Zwangsläufig begannen sie auch über die Zukunft zu sprechen. Sie machten Pläne.

»Meine Zukunft besteht nur aus heute und morgen«, gestand Lützow. »Da draußen im Atlantik hat sie längst aufgehört, die feine englische Art. Doch jetzt geht es um dich, mein Schatz.«

»Und um meinen arischen Nachweis«, ergänzte sie sarkastisch.

»Diese verdammten Nürnberger Gesetze«, fluchte er.

»Keine Beschäftigung für Juden«, zählte sie auf. »Jeder Umgang mit Ariern gilt als Blutschande. Dann diese Wannseekonferenz, wonach alle Juden eliminiert werden sollen. Es gibt schon Gerüchte von Massentransporten in den Osten, in KZ und Arbeitslager.« Tiefe Bitterkeit klang aus ihren Worten.

Lützow, der fühlte, daß das ihre Beziehung belastete, bemerkte leichthin: »Mit der Hochzeit werden wir noch eine Weile warten müssen, bis der Krieg zu Ende ist.«

»Wann wird das sein?«

Er seufzte schwer. »Zwischen den Alliierten und uns besteht ein Unterschied wie zwischen einem Elefanten von guter Gesundheit und zwölf kranken Ameisen.«

»Eine Ameise im Elefantenrüssel kann höchst unangenehm sein«, erwiderte sie, auf seinen Tonfall eingehend.

»Der Elefant bläst die Ameise einfach raus. Aber warte nur ab, bald steht eine ganze Welt gegen uns. Drei, vier Jahre halten wir vielleicht noch durch.«

»Und danach schließen sie einen für Hitler ehrenvollen Frieden«, befürchtete sie.

»Oder sie hängen ihn auf.« Lützow hoffte es, er glaubte

daran, war sogar überzeugt. Er hätte sich umbringen lassen dafür.

»Und dann?«

»Was mir Sorgen macht«, sagte er, »das ist, was bis dahin aus dir werden soll. Dieser Direktor Großmaul ist doch ein geiler Hundesohn. Kannst du nicht ins Ausland gehen?«

»Wohin?«

»Zu deinem Onkel, dem Bankier.«

»Der hat selbst genug zu tun, um seinen Kopf zu behalten«, mutmaßte Ditta. Tiefe Traurigkeit überkam sie. Was Lützow deprimierte, war seine Hilflosigkeit Dittas Lage gegenüber.

»Mir fällt schon was ein«, versprach er. »Irgend etwas werde ich versuchen.«

Einmal flüsterte sie glücklich: »Jetzt hast du mir glatt meine schlechte Laune verdorben.« Unter diesem fernen Hoffnungsstern liebten sie sich. Immer so, als wäre es das letzte Mal.

Doch zum Glück hatten sie keine Ahnung von dem, was kommen würde.

In die gedämpft sentimentale Urlaubsstimmung mit verzweifelten Liebesnächten und wolkenverhangenen grauen Wintertagen platzte eine Nachricht.

Befehlsgemäß hatte Lützow seine Salzburger Adresse an die Flottille durchgegeben. Auf Umwegen und mit Verzögerung erreichte ihn am 26. Januar ein dienstliches Telegramm: *urlaub beenden – sofortige rückkehr stützpunkt erforderlich – gez. toms, flottillenchef.*

Dieser Aufforderung war unbedingt Folge zu leisten, so schwer es Lützow auch fiel.

Beim Abschiednehmen am Salzburger Bahnhof war es, als sei es für immer.

10

Die Briten erobern Bengasi. Werner Egk komponiert die oratorische Oper »Columbus«. In Carville wird zum ersten Mal erfolgreich die Lepra bekämpft.

2. Februar 1941

Unter der sechs Meter dicken bombensicheren Stahlbetondecke des U-Boot-Bunkers von Lorient lagen die Kampfboote vom Typ VII-C. Ganz hinten im letzten Becken, das auch als Trockendock benutzt werden konnte, hing U 136 an den Trossen.

In dem fußballfeldgroßen Bunker herrschte infernalischer Lärm. Die Boote wurden überholt, repariert, ausfahrfertig gemacht. Schweißgeräte zischten mit bläulichen Flammen, Krane ratterten, Niethämmer tobten, Metallsägen schrillten, Pumpen summten, Dutzende von Scheinwerfern erleuchteten alles taghell. Über die Boote liefen Kabel, Schläuche und Leitungen. Die meisten verschwanden in offenen Luken.

In dem Gestank aus Bilgenwasser, Farbe, Batteriesäure und Öl federte Kapitänleutnant Lützow über die Stellung zu seinem Boot.

Der LI stand mit dem alten Werftwerkmeister Huber an Deck. Sie diskutierten heftig. Als Lützow erschien, ging Huber weg.

Nach kurzem militärischem Gruß sagte Behrens: »Deutsche Wertarbeit! – Alles Pfusch!«

»Wie weit sind wir?«

»So gut wie fertig, aber alles nur Murks. Ein gebrochenes Bein wächst auch nicht in zwei Wochen wieder zusammen. Den Diesel haben sie mit hydraulischen Pressen ins Fundament gewuchtet und festgeschraubt. Nicht mal die Kupplung wurde erneuert. Der MAN-Ingenieur behauptet, die Kurbelwelle sei in Ordnung.«

»Und die durchgebrannte E-Maschine?« fragte Lützow, Schlimmes ahnend.

»Um sie komplett auszutauschen, hätte man den Druckkörper aufschneiden müssen. Das hätte einen Monat gedauert. Also haben sie nur die Primärwicklung erneuert. Der Riß am Ju-Verdichter wurde geschweißt, die Hauptlenzpumpe ausgetauscht. Die Sehrohroptik auch.«

»Mit den Batterien, dem Leck im Ölbunker, dem kaputten Frischwasserbereiter, wie steht es damit?«

»Alles nur grob zusammengenagelt«, sagte der LI kopfschüttelnd. »Am Funk basteln sie noch.«

»Warum«, wollte Lützow wissen, »ist der Werkmeister abgehauen?«

Der LI warf seine Zigarettenkippe ins schwarzölige Bunkerwasser. »Weil er sich schämt. Sie haben getan, was sie konnten, aber es gab Druck von oben, und sie mußten zuviel basteln. Deshalb schämt er sich. Mit so einem Boot auszulaufen ist Selbstmord.«

»Ich werde morgen mit dem BDU reden«, versprach Lützow. Er folgte dem LI durch das Boot, wo noch mindestens ein Dutzend Facharbeiter werkelten. Als er ging, fragte er: »Und die Torpedos?«

»Auf dem Prüfstand liefen sie einwandfrei.«

Am Nachmittag versuchte Lützow einen Termin in Kernevel, das sie nur »Sardinenschlößchen« nannten, weil es einem französischen Fabrikanten für Fischkonserven gehörte, zu bekommen.

Der BDU weile in Paris, hieß es.

Am Abend saß Lützow bei Madame Madeleine und aß Austern, ehe er nach hinten ging, wo die anderen Kommandanten sich vollaufen ließen. Wenn sie tranken, kam es immer zu Exzessen. Sie grölten, schrien herum und rissen Witze über Adolf, über Jupp Goebbels und den feisten

Hermann. Sie zogen die Mädchen über die Tische und dann aus. Sie feuerten ihre Pistolen zur Decke ab oder kotzten sich in der Toilette die Mägen leer. Alles war die Reaktion von blankliegenden Nerven. Nur einer hatte stets die Ausnahme gemacht. Brandenburg, der sauber geschniegelte Hitlerjunge Sigurd Brandenburg.

»Brandenburg hat gestern sieben Frachter versenkt«, sagte der bärtige Kommandant von U 156.

»Ein Grund, es zu begießen«, lallte Lützow, »und nicht zu knappig.«

Bevor es soweit war, kam I WO, Rahn, an den Tisch, wo Lützow mit einem Eichenlaubträger saß, der aussah, als leide er an galoppierender Schwindsucht.

»Die Besatzung ist vom Urlaub zurück, Herr Kaleu.«

»Vollzählig?«

»Bis auf Rinzler. Der Obermaschinist hängt noch stockbesoffen irgendwo im Elsaß fest, will aber zur Probefahrt pünktlich zur Stelle sein.«

»In welcher Verfassung sind die Leute?« erkundigte Lützow sich.

Oberleutnant Rahn zuckte mit den Schultern. »Wenn auf der Straße ein Fahrrad klingelt, dann rennen sie los und schreien: »Alarm! Alarm!«

»Na, fabelhaft!« Mit so einem Boot und einem Haufen Bescheuerter mußte er also wieder hinaus. Am Morgen meldete sich Lützow mit schwerem Kopf in Chalet Kernevel und trug dem Stabschef seine Bedenken vor. Korvettenkapitän Carlsen zog ihn vor die Atlantik-Lagekarte. In seiner väterlichen Art erklärte er: »Derzeit haben wir gerade mal vierzehn Boote direkt am Feind. Die Hälfte befindet sich im Anmarsch oder auf Rückmarsch. Und ein Viertel liegt in den Werften in Brest, St-Nazaire, hier oder in Norwegen. Was sagen Sie jetzt?«

»Nichts mehr, Herr Kapitän.«

»Wir brauchen jedes Torpedorohr draußen an den Geleitzügen.«

Dazu kamen die Verluste. Von jedem Rudel soffen stets drei oder vier Boote ab. Meist Ausfälle durch Wasserbomben, Rammstöße oder Defekte. »In diesem Monat sind es schon sechs, und der Februar hat erst angefangen«, erwähnte Carlsen noch.

Bedrückt fuhr Lützow nach Lorient zurück. Am Nachmittag machten sie die Werftprobefahrt in der Bucht. Alles schien einigermaßen zu funktionieren.

»Aber wie sieht es unter Kampfbelastung aus«, meldete der LI seine Bedenken an.

»Belastungsmäßig«, versuchte Lützow es abzutun.

»Wenn es gutgeht«, ließ der LI seine alte Leier ab, »dann geht es gut, aber wenn es schlecht geht, geht es meistens sehr schlecht.«

Zurück im Bunker, wurde das Boot endausgerüstet. Treibstoff- und Wassertanks wurden randvoll gepumpt, 2-cm- und 3,7-cm-Munition wurde ergänzt, Konserven und Frischproviant wurden verstaut. Am nächsten Abend gingen sie bei Dunkelheit durch die Schleuse. Ein Sperrbrecher nahm sie im Fahrwasser auf. Bis zur Ansteuerungstonne kolcherte er vor ihnen her. Wenn so ein dicker Dampfer eine Grundmine auslöste, war das nicht besonders schlimm. Auf seiner Ladung aus leeren Fässern schwamm er weiter. Südlich von Port Louis, halbwegs auf die Insel Croix zu, verabschiedete sich der Sperrbrecher mit Blinkzeichen und wünschte gute Rückkehr.

Um Mitternacht wurde auf der Brücke der Schrei eines Vogel gehört. Die Wache schrak zusammen. So etwas galt bei erfahrenen Seeleuten als Vorzeichen des nahen Todes.

U 136 nahm Kurs auf die Irische See. Agenten in Plymouth hatten einen auslaufenden Geleitzug gemeldet. Das Boot erreichte seine Position am Eingang zum St.-Georgs-Kanal am 8. Februar.

Im ersten Frühlicht meldete der Ausguck: »Dampfer an

Steuerbord auf vier Uhr!« Im Glas war seine Silhouette etwa daumennagelbreit erkennbar.

»Wir müssen näher heran«, entschied Lützow. »Beide Maschinen große Fahrt!«

Der Dampfer kam auf. Es war mindestens ein Zehntausendtonner, ein ziemlich schneller, denn er fuhr allein. Die schnellen Einzelfahrer hatte immer die besten Chancen durchzukommen.

Aus der Kimm tauchte die Sonne, als stecke sie in einer Kugel aus Milchglas. Kabbelige See gab U 136 ausreichend Deckung. Nach einer Stunde Höchstfahrt hatte Lützow sich auf vorliche Schußposition gesetzt. Nun lief das tausendmal geübte Ritual des Todes ab.

»Rohr eins, zwei, vier, klarmachen zum Überwasserschuß.«

»Ziel eingepeilt.«

Die letzten Worte liefen an den Vorhalterechner.

»Lage links, Entfernung dreitausend. Gegnerfahrt zwölf Knoten. Torpedo auf fünf Meter einstellen.«

Das Fadenkreuz im Glas der UZO wurde nachgeführt.

»Lage laufend.«

Lützow wollte noch näher heran. So einen Frachter zu versenken war eine hochkomplizierte Angelegenheit.

»Maschinen äußerste Kraft!« befahl Lützow. Und nach zwei Minuten gischtender Fahrt: »Achtung . . . Feuer!«

Der I WO betätigte den Abschußhebel. Schäumend jagten die Aale hinaus. Auf der Brücke kaute einer nervös seine Schokakola.

»Brückenwache einsteigen!« befahl Lützow. »Tauchen!«

Kaum war das Boot auf zwanzig Meter Tiefe, durchgependelt und die Tanks mit Diesel ausgeblasen, machte es in der Ferne Wumm-wumm, dazu ein Wirbel von Paukenschlägen. Schockwellen ließen das Boot erzittern. Sie hatten ihn versenkt. Aber niemand jubelte. Alles lauschte gespannt. Wenn Schiffe untergingen, hörte man Spanten krachen und das Wasser der Strudel gurgeln.

Nach dem Todeskampf des Frachters lief U 136 nach Süden ab. Fünfzig Minuten später ließ Lützow auf Sehrohrtiefe, vierzehn Meter, gehen.

Der Horizont war ringsum frei, bis auf eine Regenbö, die jedoch abzutreiben schien. Sie tauchten auf. – Und dann war es fast zu spät. In der Regenbö hatte eine U-Boot-Jagdkorvette gelauert. Sie raste los.

Tauchen ging nicht mehr. Es dauerte zu lange. – Was jetzt? Die Korvette war stärker bewaffnet als sie und mindestens so schnell. Die weiße Bugwelle des Jägers verschärfte sich. Offenbar wollte er das U-Boot rammen.

Lützow suchte sein Heil in der Flucht.

»Dreimal äußerste Kraft«, forderte er an, »E-Maschinen zuschalten!« Dabei drehte er das Boot, um den Verfolger mit dem Hecktorpedo zu erwischen. Der Fangschuß zischte hinaus.

Auf der Korvette erkannten sie seine Laufbahn und gaben Hartruder. Durch dieses Manöver vergrößerte sich die Distanz auf etwa eintausendachthundert Meter. Doch nun fing die Ballerei an.

U 136 antwortete mit der 3,7.

»Die wollen es genau wissen«, sagte Lützow beherrscht.

Im Turmluk erschien das Jammergesicht des LI. »Wir laufen schon vierzehn Minuten AK«, erinnerte er.

»Mann, Behrens!« schrie ihn der Kommandant an. »Holen Sie aus den Maschinen raus, was drin ist! Dreimal wahnsinnige!«

Der LI verschwand, als hätte er einen Schlag auf den Kopf erhalten.

Die Treffer von U 136 lagen besser als die der Korvette, denn sie feuerten vom flachen Achterdeck. Der Gegner hingegen stampfte schwer und antwortete mit der hohen Bugkanone. Als die Korvette sich eingeschossen hatte, geschah ein Wunder. Sie fiel zurück und geriet außer Sicht.

Noch fünf Minuten Braßfahrt, dachte Lützow, dann tauchen wir. Wenig später entstand achtern im Boot ein völlig unbekanntes Geräusch. Es klang wie berstendes Krachen, als würden Knochen aus Stahl gespalten. Aus dem Unterwasserauspuff quoll eine fette tiefschwarze Wolke von verbranntem Öl. – Sofort verlor das Boot an Geschwindigkeit.

»Schadensmeldung!« forderte der Kommandant.

»Steuerborddiesel ausgefallen«, hieß es, »vermutlich Kurbelwellenbruch.«

Sie tauchten erst einmal. Aber ein kaputter MAN, das war noch lange nicht alles an diesem Tag. Der nur geschweißte Preßluftverdichter fiel aus, die Außenbordklappe an Torpedoausstoßrohr Nr. 2 ließ sich nicht schließen, und die E-Maschine stank schon wieder verdächtig nach schmorender Isolierung.

Im fahlen Licht der vergitterten schattenlosen U-Boot-Lampen wirkten die Gesichter wie die von Geistern. Zu seiner Schadensmeldung fügte der LI noch hinzu: »Da kann man nur aufgeben, Herr Kaleu.«

Lützow herrschte ihn an: »Das will ich nicht gehört haben, Behrens. Außerdem können wir gar nicht aufgeben. Wir können sterben, aber nicht aufgeben. Versuchen Sie die Schäden, so gut es geht, zu beheben.«

Es dauerte nicht lange, da erschien in der Zentrale eine Abordnung der Besatzung, angeführt vom Obermaschinisten Rinzler. Ihre Gesichter und ihre aufgeregte Entschlossenheit mißfiel Lützow.

»Geht es um Schnaps«, fragte er locker, »hat einer Geburtstag?«

Der Obermaschinist, ihr Wortführer, stieß es mit Überwindung heraus: »Wir haben beschlossen, sie aufzufordern, Herr Kaleu . . . die Feindfahrt sofort abzubrechen.«

Mit irgend etwas in dieser Richtung hatte Lützow gerechnet. Doch er versuchte es nicht ernst zu nehmen. »Wer ist wir?« Etwas Passenderes fiel ihm nicht ein.

»Mannschaft und Unteroffiziere, Herr Kaleu.«

Lützow fixierte einen nach dem anderen. Das roch verdammt nach Meuterei. Kein Zweifel. Doch wie man dagegen vorzugehen hatte, insbesondere auf einem engen, technisch angeschlagenen U-Boot, darüber stand nichts im Kommandantenhandbuch.

»Abbrechen?« staunte er. »Umkehren nach Hause zu Muttern? Und wenn ich es nicht tue?«

»Dann ...«, setzte der hagere Obermaschinist an, »... so leid es uns tut, Herr Kaleu, dann müßten wir Sie zwingen.«

Langsam stand Lützow von der Seekartenkiste auf, beugte sich so weit vor, daß sie sein Flüstern noch hören konnten, und sagte: »Noch ein einziges Wort, und ich muß euch festnehmen lassen. – An die Stationen jetzt!«

Aber sie blieben mit geballten Fäusten stehen.

Lützow wollte Zeit gewinnen und sich in der Kombüse eine Tasse Kaffee holen. Doch sie ließen ihn nicht durch. Hinter ihnen stand eine weitere Mauer von Besatzungsmitgliedern.

Mit Ausnahme der Maschinen- und Zentralwache ließ Lützow alles im Bugraum versammeln. Deutlich spürte er die aufgeladene Stimmung. Er wartete, bis Stille eingekehrt war, und hielt eine kurze Ansprache.

»Herhören!« begann er. »Noch ist das Boot einsatzfähig. Noch haben wir sechs Torpedos in den Rohren. Wenn an Bord dieses U-Bootes etwas entschieden wird, dann von zwei Instanzen.« Dazu hob er Zeige- und Mittelfinger der rechten Hand. »Von Gottvater und von mir. Oder wollt ihr, daß sie uns wegen Feigheit vor dem Feind aufhängen? – Also, noch ein einziges Wort, und ich trete jedem von euch persönlich in den Hintern. Aber mit dem spitzen Stiefel.«

Diesen Ton verstanden die Männer. Da sie ihren Kommandanten nicht nur verehrten, sondern geradezu liebten, schlichen sie, wenn auch palavernd, wieder auf ihre Stationen.

Später sagte Lützow zum LI: »Das hätten wir mal wieder. Großhirnrinde schlägt Bizeps. – Und kein Wort darüber!«

Doch da hatte der stramme Rahn schon den Eintrag im

Kriegstagebuch vorgenommen. Die Notiz beschrieb in kurzen Worten den Tatbestand der Meuterei. Sie führte die Namen der Rädelsführer sowie Uhrzeit und Position auf.

In der Nacht riß Lützow, entgegen allen Vorschriften, die Seite aus dem Kriegstagebuch heraus und pumpte sie durch das WC.

Aber bald wurde vom Schicksal alles anders entschieden.

Die Freiwache saß gerade beim Mittagessen, als sie einen merkwürdig stechenden Geruch verspürten. Ihre Augen tränten, alle husteten und spuckten. Schon kam achtern vom LI durch: »Gasalarm!«

»Tauchretter anlegen!« befahl Lützow. »Boot durchlüften!«

Kein Zweifel, aus irgendeinem Grund hatte sich Batteriesäure mit Bilgenwasser vermischt und zu Knallgas reagiert. Dabei entwickelte es auch giftige Anteile von Chlorgas.

Obermaschinist Rinzler kletterte durch eine Öffnung in den Flurplatten zu den Batterien hinunter. Aus schlechtem Gewissen hatte er sich freiwillig dazu gemeldet. Nach zwanzig Minuten zogen sie ihn an der Sicherungsleine halbtot wieder herauf.

»Die neuen Batteriekästen«, keuchte er speichelnd, »das Hartbuna-Zeug, alles geplatzt. Materialschaden.«

Der LI erörterte die Lage mit dem Kommandanten.

»Wir können den Dreck außerbords pumpen«, schlug Behrens vor, »und die intakten Zellen überbrücken. Aber mehr als . . .«

»Welche Kapazität bleibt uns?«

»Dreißig Prozent höchstens.«

Das reichte knapp für Alarmtauchen und eine kurze Unterwasserfahrt. Ohne Strom waren sie so gut wie tot. Kapitänleutnant Lützow entschloß sich zum Rückmarsch nach Lorient. Er setzte einen entsprechenden Funkspruch ab.

Vierzig Stunden später, wenige Meilen vor dem Treffpunkt

mit den Vorpostenbooten, ihrem Geleitschutz gegen Flugzeugangriffe, erschütterte eine Explosion das Boot. Es war, als stoße eine Granitfaust von unten gegen den Rumpf. Unmittelbar im Kielwasser spritzten zwei Fontänen hoch. – Sie hatten eine Magnetmiene ausgelöst.

»Wassereinbruch!« kam es von achtern. »Schraubenwelle und Tiefenruderlager.«

Der noch arbeitende Diesel war stehengeblieben und sprang auch nicht wieder an. Lützow hastete nach achtern. Dort standen sie schon bis zu den Knöcheln im Wasser. Der LI keuchte eine kurze Meldung heraus: »Minentreffer!«

»Das habe ich bemerkt. Es dürften sogar zwei gewesen sein.«

»Backbordtiefenruder beschädigt. Schraube vermutlich weggerissen. Wassereinbruch durch Wellenlager und Abgasdurchführungen. Boot kann aber gehalten werden.«

Lützow legte dem LI die Hand auf die Schulter. »Das packen wir auch noch, Behrens. Notfalls setze ich den Kahn an der Küste auf Grund.«

»Falls der Diesel anspringt.«

Der MAN tat es mit den letzten Atü in den Preßluftflaschen. Durch den Minentreffer kam es zu mehreren Stunden Verzögerung. Am Treffpunkt war keines von den Vorpostenbooten zu sehen. Also liefen sie allein durch das verseuchte Fahrwasser bis zur Kriegsansteuerungstonne und durch die Bucht nach Lorient hinauf.

An Land war alles streng verdunkelt. Mühsam tasteten sie sich bis zur Schleuse. Da gerade Hochwasser herrschte, war das äußere Schleusentor geöffnet. U 136 glitt hinein.

Das Tor schloß sich, wie von Geisterhand betätigt. Die Schleusenpumpen liefen an. Das Wasser in der Schleusenkammer wurde bis zum Niveau des Bunkervorbeckens abgesenkt. Das innere Schleusentor schwang auf, als betätige es ein Unsichtbarer. Niemand war zu sehen. U 136 verholte an die Pier. Keiner stand da, um ihre Leinen zu übernehmen. Ein Seelord enterte die Steigeisen hinauf und warf die Trossen über die Poller.

»An LI! Boot hat festgemacht. Maschinenwache kann wegtreten.«

Lützow und die Offiziere standen ratlos auf dem Turm.

»Was läuft da?« fragte Lützow leise.

Wie auf Kommando gingen plötzlich Scheinwerfer an. An der Pier standen Matrosen der Marineinfanterie mit angeschlagenem Gewehr. Sie bildeten einen halbkreisförmigen Sperriegel um das Boot. Der Kommandant ergriff das Megaphon.

»Was ist los da drüben? Seid ihr verrückt geworden?«

Lützow verlangte den Offizier der Abteilung zu sprechen. Es war ein Major der Feldpolizei. Sein Befehl scholl herüber: »Keiner verläßt das Boot. Niemand geht an Land!«

»Denen hat einer ins Hirn geschissen«, maulte II WO Wessel.

»Wenn ich noch mal auf die Welt komme, dann werde ich Säulenheiliger.«

»Darauf können Sie sich nicht mit Sicherheit verlassen«, resignierte Lützow und versuchte Funkverkehr mit dem BDU aufzunehmen. Vergebens.

Es wurde Morgen, ohne daß sie Antwort erhielten. Der Hafen belebte sich. Französische Werftgrandis gingen zur Arbeit. Aus dem Bunker scholl die übliche Geräuschkakophonie. Nur um U 136 kümmerte sich niemand.

Sie saßen in der O-Messe und stellten die irrwitzigsten Vermutungen an. Endlich, am frühen Nachmittag, wurde vom Deckposten Besuch gemeldet. Technische Offiziere und Ingenieure in Zivil kletterten ins Boot und suchten es von achtern bis vorne ab. Sie nahmen jeden Schaden, jede kaputte Schraube auf. Als sie nach Stunden fertig waren, wandte sich einer an Lützow: »Die Steuerbord-Maschinenkomponente wurde durch zu lange Fahrt mit äußersten Umdrehungen mutwillig zerstört.«

»Es war nicht zu umgehen, sonst wären wir nicht mehr am Leben«, erklärte Lützow, »das steht alles im KB.«

Sie wollten das Kriegstagebuch einsehen und beschlagnahmen.

Doch Lützow gab es nicht heraus. »Das ist geheim. Nur der Stabschef hat das Recht ...«

Der Major von der Marine-Feldpolizei schnitt ihm das Wort ab: »Kapitänleutnant Lützow, Sie sind hiermit festgenommen«, erklärte er. »Sie haben fortan Stubenarrest.«

Lützow bekam Handfesseln angelegt und wurde unter den Augen seiner Besatzung von Bord geführt. An der Pier zog das Sicherungskommando ab. Die Besatzung von U 136 durfte an Land und in die Quartiere.

Dort betranken sich alle. Das war U-Boot-Tradition nach Rückkehr von See.

In der Nacht rückte die Feldpolizei wieder an. Gezielt nahm sie Verhaftungen vor. Offensichtlich war etwas von der Meuterei nach außen gedrungen.

Ein Kriegsgerichtsrat verhörte Pinzler, den Torpedogefreiten Haller und den Funker Gräbner. Ein anderer Kriegsgerichtsrat nahm sich den Rest der Besatzung vor. Die Mannschaft von U 136 hielt eisern zusammen. Es gab keinen Judas unter ihnen. Aber einige verrieten sich durch Dummheit. Sie waren dem raffinierten Kreuzverhör der Juristen nicht gewachsen. Bald gab es über die Vorgänge, die sich an Bord von U 136 in der Irischen See zugetragen hatten, keine Geheimnisse mehr.

Beim Einzelverhör von Rinzler, Haller und Gräbner fand man heraus, daß der Obermaschinist es gewesen war, der erklärt hatte, jetzt reiche es ihm, und mit Pistole und Handgranate in der Tasche zum Kommandanten marschiert war. Die zwei anderen, der Funker und der Torpedomixer, hatten ihn nicht allein lassen wollen. Aber Rinzler war ihr Anführer.

»Alles Mist«, sagte der Obermaschinist, »ich hab's satt. Die wissen alles. Sie kriegen alles raus. Ich gebe auf.«

Von dem Marine-Juristen in die Enge getrieben, leugnete Rinzler nicht mehr. Er nahm die Geschichte auf seine Kappe, denn er ahnte, wie es enden würde. Außerdem wollte er als Unverheirateter die Kameraden entlasten. Der Kriegsgerichtsrat nahm seine Aussage zu Protokoll. Um drei Uhr morgens unterzeichnete Rinzler das Geständnis.

Noch zur selben Stunde trat das Standgericht zusammen. In einer Verhandlung, die kaum fünfzehn Minuten dauerte, wurden die drei Rädelsführer wegen Feigheit vor dem Feind, Anstiftung zu Befehlsverweigerung und Meuterei zum Tode verurteilt.

Das Urteil wurde bei Morgengrauen im Hof der Kaserne vollstreckt. Dies mehr aus militärischer Notwendigkeit als nach der Gesetzeslage. Es ging um ein warnendes Beispiel zwecks Aufrechterhaltung der Disziplin.

Der Kommandant von U 136, Kapitänleutnant Lützow, konnte nichts dagegen unternehmen. Seit sechsundzwanzig Stunden saß er im »Sardinenschlößchen« und wartete auf sein Verhör. Zwar erfuhr er, daß der BDU aus Paris zurückgekommen sei, doch sie ließen sich Zeit.

Endlich holte man ihn. Sie forderten von ihm weder den Einsatzbericht noch eine Erklärung. Es wurde ein Tribunal. Sie hatten sein Kriegstagebuch studiert. Mit finsteren Gesichtern steckten sie die Köpfe zusammen.

Nach kurzer Beratung erhob sich einer der Korvettenkapitäne am grünbezogenen Tisch und ließ seine Suada ab: »Der Anklagepunkt betreffs mutwilliger Beschädigung des Bootes wird hiermit fallengelassen«, erklärte er sachlich.

»Was wirft man mir also vor?« begehrte Lützow auf.

»Sie haben gefälligst den Mund zu halten!« fuhr ihn einer aus der Runde an. »Sie haben die Meuterei verschwiegen.«

»Ich habe sie unterdrückt«, fiel ihm Lützow ins Wort.

»Sie erwähnen sie mit keinem Wort und entfernten die Eintragung im Kriegstagebuch eigenhändig. Das ist ein ernstes Vergehen. Im übrigen, das wissen wir ja, bevorzugen Sie stets den Weg des Protestes, wo eigentlich zu handeln für Volk und Vaterland Ihre Pflicht gewesen wäre.«

Sie spielten ihm noch eine Ogephon-Platte vor. Auf der rosa Wachsscheibe war sein Vortrag anläßlich des letzten Besuchs in Kernevel aufgezeichnet worden. Unter anderem auch seine Bemerkung, daß er mit diesen elenden Torpedos nicht mehr auszulaufen gedenke. Das legten sie jetzt als eine Geisteshaltung aus, die zwangsläufig zur Meuterei führen mußte. Sie ließen ihm weder Zeit, sich zu rechtfertigen, noch, sich zu verteidigen.

Der BDU, der stumm zugehört hatte, trat vor Lützow und riß ihm seine Orden, einen nach dem anderen, vom Jackett.

»Hiermit, Kapitänleutnant Lützow«, erklärte Dönitz, »sind Ihnen alle Auszeichnungen aberkannt. Gleichzeitig degradiere ich Sie zum einfachen Matrosen.«

Soldaten der Wache kamen herein. Sie packten Lützow und führten ihn in eine Einzelzelle. Das Licht ließen sie brennen. Er warf sich auf die Pritsche, fand aber keinen Schlaf. Die Sorge um seine Besatzung – was sie jetzt mit seinen Männern machten, wie sie mit ihnen umsprangen – das peinigte ihn. Gegen Morgen betrat der Stabschef die Zelle.

»Lützow, Junge«, sagte Carlsen in väterlichem Ton, »Sie waren unser fähigster Kommandant. Finden Sie Ihr Verhalten etwa gut?«

»Es stört mich nicht, Herr Kapitän«, antwortete Lützow. »Was geschieht mit meinen Männern?«

»Es ist eine Schande«, gestand Carlsen, »so hochgradige Spezialisten, deren Ausbildung Millionen Mark gekostet hat, einfach wegzuwerfen. Eigenlich kann sich die U-Boot-Waffe so etwas gar nicht leisten. Sie kommen alle zu einem Strafkommando in den Osten.«

»Minenräumen, Partisanenbekämpfung«, vermutete Lützow.

»Man wird sie wohl irgendwo in den polnischen Sümpfen verheizen . . .«

Es hörte sich an, als würden sie einer verflucht ungewissen Zukunft entgegengehen. Doch wenn Lützow ehrlich war, dann sah die Zukunft gar nicht so ungewiß aus.

Sie würden mehr oder weniger schnell bei diesem Todeskommando krepieren.

11

Ruhe herrscht an den Winterfronten. Nur im Atlantik versenken deutsche U-Boote 30 Schiffe aus britischen Geleitzügen. Petain und Franco treffen sich in Montpellier. Thema: Pyrenäengrenze.

11. Februar 1941
Besonders keß tanzte eine Blondine mit Zöpfen. Beim Foxtrott schob sie ihren Unterleib gegen seinen Bauch. Aber in der ersten Münchner Tanzschule, den Valenzis hinter der Staatsoper, wurde ohnehin mehr Klassisches geübt. Walzer, Polka, Tango und vor allem Benehmen.

Die jungen Männer, alles Schüler des Wittelsbacher Gymnasiums, trugen dunkle Anzüge, Krawatte und weiße Handschuhe. Die Mädchen aus dem Luisen-Lyzeum hatten Rüschenkleider, Seidenstrümpfe und Pumps an. So ging das jeden Donnerstagabend von acht bis halb zehn.

Wieder einmal beim Foxtrott auf Tuchfühlung, fragte die naive Blonde den Primaner Jakob Baureis, wo er wohne.

»In Giesing«, sagte er.

»Fein. Da wohne ich ja ganz in deiner Nähe. Bringst du mich nach Hause?«

Sie war zweifellos die Hübscheste von allen. So tat er es eben. Die erste Enttäuschung bestand darin, daß sie kaum lachte und noch weniger redete. Da hielt sie es mit Moltke, dem großen Schweiger. Die ganze Unterhaltung mußte er allein bestreiten. Er kam sich verlassen vor, wie ein Schauspieler auf einer Bühne vor Publikum, von dem kein Applaus kam. Sein komplettes Repertoir an Witzeleien und Geschichten spulte er ab. Es half wenig. Sie war einfach doof.

Einmal fragte sie: »Und dein Steckenpferd?«

Obwohl er sicher war, daß sie keine Ahnung hatte, zählte

er auf: »Ägytologie, Kryptologie, Hiroglyphen und Bilderschrift.«

»Was ist das?« wollte sie wissen. »Erzähl mir davon. Du erzählst so schön.«

So schoben sie von der Staßenbahnhaltestelle weiter durch die Dunkelheit. – Die zweite Enttäuschung ergab sich aus der Tatsache, daß sie draußen in Grünwald wohnte. Aber die letzte Tram war weg. Also marschierten sie die vier Kilometer nach Süden. Der Mund schmerzte ihm vom Reden und die Füße vom Laufen.

»Erzähl mir noch mehr«, sagte sie immer wieder.

Endlich vor ihrem Haus angelangt, sagte er: »Ein Rätsel.«

»Wenn es leicht ist«, gestattete sie ihm.

»Kinderleicht. – Also, es hängt an der Wand, macht ticktack, und wenn es runterfällt, ist die Uhr kaputt. Was ist das?«

Sie dachte nach und schüttelte den Kopf, daß die Zöpfe flogen. »Keine Ahnung. Du willst mich auf die Probe stellen.«

Da war Baureis klar, daß er die Dame wechseln mußte.

Um drei Uhr kam er nach Hause und sank ins Bett. Am Vormittag hatten sie Physikschularbeit. Er wollte unbedingt eine Zwei schreiben. Es blieben nur noch wenige Monate bis zum Abitur.

Die Partnerin, die Baureis sich anläßlich der nächsten Tanzstunde aussuchte, war ein Mädchen, das oft lachte. Das gefiel ihm. Außerdem gefielen ihm noch ihr haselnußbrauner Bubikopf, die Sommersprossen und die Grübchen. Daß sie etwas hatte, wovon sein Onkel immer behauptete, ein Frau von Format besitze es – nämlich O-Beine –, störte ihn weniger. Außerdem war Onkel Heinrich nicht ernst zu nehmen. Er wohnte in Miesbach und war Uraltkommunist. An jedem Ersten Mai, dem Tag der Arbeit, hißte er auf dem höchsten Baum von Miesbach die rote Fahne. Die mußten sie dann mit der Feuerwehrdrehleiter herunterholen. – Von Beruf war Onkel Heinrich Schreiner. Er lebte von der Hoffnung, daß eines Tages die Tür seiner Werkstatt aufging und Josef Stalin ihm persönlich einen Besuch abstattete.

Die kleine Haselnußbraune war zwar erst sechzehn, schien aber von Baureis, der, groß und rothaarig, wie ein normannischer Ritter wirkte, sehr angetan. Vermutlich gefiel er ihr so, wie sie ihm gefiel. Außerdem hatte sie einen wunderschönen romantischen Namen. Sie hieß Lorenzo, Auguste Lorenzo. Die Mädchen in ihrer Klasse sagten Augi zu ihr. Leider wohnte sie in entgegengesetzter Richtung, ziemlich weit draußen auf der anderen Seite der Isar, in Nymphenburg. In einem feinen Viertel also.

Auf dem Heimweg alberten sie herum, daß die Wegstunde rasch verging. Am Nymphenburger Kanal gelangten sie zu einer pompösen Villa, die in einem Park hinter Bäumen lag.

»Hier wohne ich«, sagte Augi.

»Und ich in Giesing.«

»Was macht dein Vater?«

»Er ist Bierführer beim Augustinerbräu. Und wo arbeitet dein alter Herr?«

Ihre Antwort erfolgte mit leichter Verzögerung: »Als Hausmeister.«

»Deshalb wohnt Ihr in diesem Barockschloß?«

»In der Souterrainwohnung«, sagte sie.

Einmal gingen sie zusammen ins Kino. Es gab einen Film mit viel Tanz und Musik, mit Johannes Heesters und Dora Komar. Auch hier lagen sie auf einer Linie. Sie liebten Jazz und Swing. Beim Spaziergang durch den Englischen Garten, oben am Monopteros, küßte er sie. Sie benutzte keinen Lippenstift, das war vornehmer, nur eine Creme, die nach Kakaobutter schmeckte. Bald spürten sie, daß sie ineinander verliebt waren. Für den Samstag lud sie ihn nach Hause zum Essen ein.

Jakob Baureis kam mit bescheidenen Blümchen an.

Doch nun stellte sich heraus, daß die Lorenzos nicht im Keller hausten, sondern oben in der Villa. Augis Vater war Fabrikbesitzer. Er stellte Werkzeugmaschinen, Tiefziehpressen und Drehbänke her. Betreten übergab Baureis seine Krokusse der eleganten Dame des Hauses. Dann ging man zu Tisch.

Es gab alles, wie im Frieden. Man speiste von Damast mit silbernen Bestecken und im Licht von Kristallüstern, aber die Tischsitten waren frei und die Unterhaltung locker. Im wesentlichen redeten nur die Männer, Augis Vater und der alte Kommerzienrat Lorenzo, der mit dem weißen Oberlippenbart. Dabei drehte es sich stets um Geschäfte: Gewinne, Aktien, Devisen, um Banken in Zürich und Genf. Der alte Kommerzienrat sagte: »Die Umsätze sind ja enorm gestiegen.«

»Was nützt uns das, Vater. Wenn die braunen Bonzen sich erst einmal zu Tode gesiegt haben, geht alles kaputt. Und was dann?«

»Man muß eben verlagern.«

»Wohin? Ins Ausland?«

Staunend hörte Jakob Baureis zu. Hier bekam er in fünf Minuten eine bessere Lektion fürs Leben als in der Schule in einem Monat. Doch soviel war klar: Jakobs Vater, ein alter Sozi, hatte durch das Dritte Reich Dauerbeschäftigung erhalten und war aus Dankbarkeit in die Partei eingetreten. Die Lorenzos hingegen, eine alteingesessene Familie, fürchteten, daß die Nazis Deutschland in eine Art Götterdämmerung und Weltuntergang führten.

Einmal wandte sich der Kommerzienrat an den Gast: »Was macht Ihr Vater, Jakob?«

»Er fährt Bier in Fässern und Flaschen von den Brauereien zu den Wirtschaften.«

»Stimmt ja nicht!« rief Augi dazwischen. »Er ist Braumeister.« Heimlich zischte sie Jack zu: »Warum lügst du?«

»Weil es heißt, daß Braumeistersöhne im Suff gezeugt und als Idioten geboren werden.«

»Kesselschmiedskinder sind taub«, ergänzte sie spöttisch. »Und Bergarbeiterkinder sind blind wie Katzen.«

»Und Millionärstöchter verwöhnt und arrogant«, fügte Baureis hinzu.

Sie neckten sich oft, ein Zeichen, wie verliebt sie waren. Nur eines lag Baureis schwer am Herzen und bereitete ihm Sorgen. Es war der Klassenunterschied. So was ging nicht lange gut. Er liebte Augis Charme und ihren Witz, sie sein Wissen und seine intellektuelle Überlegenheit. Aber auf Dauer lief das wohl nicht allzu prima.

Die Lorenzos hatten am Tegernsee ein Gut mit Milchwirtschaft und Pferden. Augi fragte ihn, ob er mit hinausfahren wolle. Sie holten ihn sogar ab. Der alte Kommerzienrat hielt mit seiner riesigen Maybach-Zeppelin-Limousine direkt vor der Mietskaserne in Giesing. Augi saß vorn neben ihrem Großvater, Jack hinten neben einem Schiffskoffer. Sie fuhren die alte Tegernseer Landstraße entlang und erreichten am Nachmittag das Gut. Es lag an der Westseite des Sees bei St. Quirin.

Augi zeigte Jack alles, das Herrenhaus, die Nebengebäude, die Stallungen. Sie brachte Jack sogar dazu, daß er sich auf eines der Pferdeungeheuer schwang. Später gab es Kaffee und Gugelhupf. Danach unternahmen sie einen weiten Spaziergang über die Weiden und die verschneiten Felder.

Der alte Kommerzienrat blieb die ganze Zeit unsichtbar. Gegen Abend, als es schon dämmerte, kam er mit einem Mercedes-V 170 in Tarngrau angerollt und winkte ihnen.

»Wo hat er seinen Maybach gelassen?« fragte Baureis verwundert.

Augi gab das Geheimnis preis. »Er hat ihn versteckt, in irgendeiner Scheune hinter Heu und Stroh, damit ihn die Nazis nicht beschlagnahmen«, flüsterte sie. »Und auch den Koffer. Aber den hat er wohl vergraben. Opa behauptet immer, der Inhalt sei so wertvoll, daß er damit halb München kaufen könne, Schloß Nymphenburg und vielleicht noch ein Stück von Neuschwanstein.«

Jack Baureis lachte nicht darüber. Das fiel ihr auf. »Was hast du heute? Den ganzen Tag schon wirkst du traurig. Deine Küsse waren so . . . so teilnahmslos.«

»Morgen werde ich gemustert«, sagte er. »Das Abitur fällt wohl flach. Statt dessen stempeln sie uns einen Reifevermerk ins letzte Zeugnis.«

»Kommst du zu den feschen Jagdfliegern?« fragte sie.

»Eher zu den schmutzigen Panzern«, fürchtete er.

Doch er kam zur Marine, vermutlich zu den Funkern, weil er Kryptologie als Steckenpferd angegeben hatte.«

Die Frontberichte klangen weiter günstig, aber die Lorenzos meckerten ständig.

Die Eltern von Jakob Baureis nahmen Verdunklung, Kleiderkarten, Lebensmittelrationierung und die ersten britischen Bombenabwürfe eben so ergeben hin wie die Masse des Volkes. Schließlich gab es noch Bier, Schnaps, Musik aus dem Radio und Tanz, auch wenn der Mangel spürbar größer wurde.

Die Lorenzos hingegen besaßen alles und schimpften auch über alles. Sie hatten Lebensmittel im Überfluß, Schokolade, echten Cognac, Champagner, Havannas und Seidenstrümpfe. Doch das zählte offenbar nicht. Die Gefallenenanzeigen in den Zeitungen deuteten sie als schlimmes Vorzeichen. Ebenso aber auch, daß es nicht genug Benzin für ihre Autos gab.

»Dieser wahnsinnige Dekorationsmaler aus Braunau, dieser Hitler, was hat er als nächstes vor?« äußerten sie und legten auch in Gegenwart von Jakob Baureis ungeniert ihre Aussichten dar. Entweder hatten sie grenzenloses Vertrauen, daß er sie nicht anzeigte, oder sie hielten sich für unangreifbar oder ihn für maßlos dumm. – Oder sie waren es selbst.

»Du wolltest mich gestern anrufen«, sagte Augi, »ich habe zwei Theaterkarten. Staatsoper. Rigoletto.«

»Am Samstag spricht Oberst Mölders im Deutschen Museum. Da müssen wir hin«, wich Jack aus.

»Wer ist Mölders?« fragte sie, obwohl sie es gewiß wußte.

»So ein Jagdflieger-As. Einer der Erfolgreichsten.«

»Und worüber spricht er?«

»Wie man *Spitfires* abschießt.«

»Das finde ich genauso blöd wie Toreschießen beim Fußball«, entgegnete sie arrogant bissig.

»Oder Tennis.«

»Tennis ist auch absolut saublöd«, sagte sie.

»Und deine Pferde sind dümmer als Ratten«, gab er seinen neuesten Wissensstand über Rösser preis.

Weil er seinen Gestellungsbefehl schon in der Tasche hatte, hörten sie auf mit der Streiterei. Augi wünschte ihn noch einmal wiederzusehen. Ganz allein und für sich wollte sie ihn haben.

»Wann fährst du?«

»Donnerstag.«

»Am Dienstag sind meine Eltern und Großvater bei irgendeiner Wehrwirtschaftssitzung in Frankfurt. Ich bin allein im Haus.«

»Und die Köchin und der Diener?«

»Die schicke ich fort.«

»Was machen wir? Ziehn wir uns aus und spielen mit den Kleidern?« witzelte er.

»Pflaumenpfannkuchen machen wir«, sagte sie, »die du so gerne magst.«

»Die kannst du wirklich backen?«

»Ich habe es geübt«, erwiderte sie, »sogar mit Rückwärtssalto über der Pfanne.«

Nervös fieberte er dem Abschiedsmahl entgegen. Eine halbe Stunde zu früh kam er in der Villa in Nymphenburg an. Offenbar hatte Augi ihm aufgelauert. Er hatte noch nicht geläutet, da öffnete sie die Tür und legte den Finger an den Mund.

»Mein Vater ist zurückgekommen. Er fährt aber wieder weg.«

Sie schlichen in Augis Zimmer. Oben war der kleine Tisch an der Balkontür gedeckt. In einer Meißener Kasserolle über Kerzenflammen dampften die fertigen Pfannkuchen. Aus einer Schale duftete das Pflaumenmus mit zartem Vanillegeschmack.

»Die Köchin hat es vorbereitet«, gestand Augi, »aber den Tisch habe ich wirklich selbst gedeckt.«

Die Pfannkuchen waren warm, aber schon ein wenig lappig. Sie legten sie auf die Teller, füllten das Mus darauf, rollten sie zusammen und bestäubten sie mit Puderzucker.

Jakob Baureis war beim zweiten, als er plötzlich Stimmen von Männern hörte. Sie sprachen so deutlich, als seien sie im Zimmer nebenan. »Wo kommt das her?« wollte er wissen.

Augi deutete auf zwei messingvergitterte Öffnungen, die eine am Boden, die andere an der Decke. »Durch den Warmluftkanal. Das ist wie ein Haustelefon, wenn man vergißt, die Klappen zu schließen.«

Der eine Mann war eindeutig Augis Vater. Der andere sprach Schweizer Dialekt. So waren sie nicht zu verwechseln. Um alles mitzuhören, bedurfte es keiner langen Ohren.

»Glauben Sie mir, Doktor Lorenzo«, sagte der mit der hellen Stimme, »die Aufmarschpläne für die deutschen Armeen sind fix und fertig. Spätestens im Juni, wenn Straßen und Wege in der Ukraine trocken sind, wird Hitler gegen Rußland losschlagen. Nur der Tag und die Stunde stehen noch nicht fest.«

»Woher wissen Sie das, Zwingli?« zweifelte Lorenzo.

Der andere lachte verhalten kehlig. »Die Geheimdienste unserer Banken arbeiten besser als die jeder Armee.« Der Schweizer fuhr fort: »Wir ließen Analysen von Fachleuten erstellen. Anfangs wird Hitler Erfolg haben, bestenfalls zwei Jahre lang, denn die Russen trifft es völlig unvorbereitet. Doch dann fangen sie sich. Sie schlagen mit ihren sibirischen Massenheeren zurück und treiben die Deutschen bis an den Rhein.«

»Dagegen kann man verdammt nichts tun«, schien Lorenzo zu resignieren. »Falls es wahr ist.«

»Also, nichts wie weg, Lorenzo«, riet der Schweizer. »Sie haben doch einiges Kapital bei uns liegen.«

»Aber nicht genug«, fürchtete Dr. Lorenzo, »um für längere Zeit durchzuhalten.«

Der Schweizer hatte dafür schon einen Ausweg parat. »Wie viele Drehbänke liefern Sie in diesem Jahr noch an Sulzer und SWF?«

»Von der kurvengesteuerten L-9 noch etwa vierzig.«

»Und was kostet so ein Drehautomat?«

»Fünfunddreißigtausend Reichsmark.«

Der Schweizer schien zu rechnen. »Na schön, dann fakturieren Sie nur zwei Drittel des Exportpreises, sagen wir fünfundzwanzigtausend Mark pro Stück. Die Differenz schreiben wir Ihrem Konto auf der Züricher Kantonalbank gut. In Franken oder Dollar, wie Sie es wünschen.«

»Warum tun Sie das für uns, Zwingli?« wollte Dr. Lorenzo wissen.

»Weil wir Freunde sind und im Frieden auch wieder große Geschäfte mit ihnen machen wollen.«

Nach einigem Zögern schien Augis Vater einverstanden zu sein.

»Und für mich, wie immer, zehn Prozent«, schob der Schweizer nach.

Sie waren sich offenbar einig, denn wenig später verließen sie die Villa. Der dickliche Schweizer im Winterpelz stieg in eine Chrysler-Limousine mit Züricher Kennzeichen und CC-Schild.

Betroffen hatte Baureis Messer und Gabel weggelegt. Er kaute langsam weiter, so daß Augi fragte: »Schmeckt es Ihnen nicht, mein Herr?«

»Danke, alles hervorragend, Gnädigste.«

»Hat dich etwa das Gespräch ... irritiert?« erkundigte sie sich.

»Ich verstehe zu wenig davon«, erwiderte er.

Wohl um ihn abzulenken, verschwand sie im Bad. Nach wenigen Minuten erschien sie in dem dünnen geblümten Chiffonkleid wieder, das er schon kannte. Es bestand aus einem sehr feinen französischen Gewebe, war fast nur ein Hauch. Man sah durch und durch. Gewöhnlich trug sie dazu ein Unterkleid, Büstenhalter, Höschen, Strapsgürtel und Strümpfe. Doch heute war es anders. Sie hatte viel weniger darunter an. Eigentlich gar nichts. Man sah ihre niedlichen Brüste mit den rosa Spitzen und das haselnußbraune Haargelock zwischen ihren Schenkeln. Sie hob den Rock und setzte sich auf seinen Schoß. Dann küßte sie ihn ungestüm, nahm seine linke Hand und führte sie an ihre Brüste.

Er spürte, wie die Knospen sich aufrichteten und fest wurden. Ihm wurde schwindlig.

Obwohl er dieses Mädchen liebte und begehrte wie sonst nichts auf der Welt, nahm er sie in dieser Stunde nicht. Irgendwie gelang es ihm, das traumhafte Angebot, sie zu entjungfern, abzulehnen. In Augis Augen standen Tränen, doch Jack küßte sie weg und sagte: »Ich könnte es nicht verantworten, Liebling.«

Er stammelte es immer wieder.

Jakob Baureis ließ nicht zu, daß ihn Auguste Lorenzo zum Schnellzug nach Amsterdam brachte. Sie durfte nur bis zum Stachus mitgehen, dem belebtesten Platz Münchens, wenige hundert Meter vom Bahnhof entfernt.

»Wie ist deine Adresse?« fragte sie, weil ihr vor Traurigkeit nichts Besseres einfiel.

»Vierzehnte Schiffsstammabteilung in Bergen op Zoom, Holland. Matrose Baureis. Ich schreibe dir sofort die Feldpostnummer.«

»Hauptsache, du schreibst überhaupt.«

»Warum sollte ich nicht?«

Da umarmte ihn Augi vor allen Leuten und flüsterte: »Ich hätte so sehr gern mit dir geschlafen, damit du mich nie vergißt.«

Er streichelte ihr Bubikopfhaar. »Nie werde ich dich vergessen«, schwor er. Rasch machte er sich los, packte seinen Koffer und eilte über die Straße.

12

Deutsche Divisionen formieren sich zum Einmarsch in Bulgarien, britische Verbände zur Landung in Griechenland. Rommel trifft in Tripolis ein.

18. Februar 1941

Der Chef der 10. U-Boot-Flottille, Korvettenkapitän Toms, stand am Fenster seines Büros und blickte die Schienen der Werftanschlußgleise entlang hinüber zum Bunker. Es war ein trister Wintertag, grau, mit Resten rußigen Schnees hie und da. Hinter Toms knarrte die Tür. Sein Adjutant meldete Besuch.

»Der Stabschef des BDU.«

Mit schnellem Schritt, ohne jedoch eilig zu wirken, schob Carlsen seine massige Figur in das Flottillenbüro, das früher einer Kohlenreederei gehört hatte. Toms entdeckte den vierten Goldstreifen an den Ärmeln Carlsens und trat auf ihn zu.

»Gratuliere zur Beförderung.«

Carlsen war jetzt Kapitän zur See, die letzte Stufe vor dem Admiral. Er setzte sich und nahm gern Cognac und Zigarre.

»Was sagen Sie dazu, Toms«, begann er ohne Einleitung.

»Meinen Sie die neuen Verlustzahlen?«

»Das Ergebnis der Werftkommission meine ich.«

»Ach das«, begriff Toms. »Einer der Ingenieure hat, nachdem sie Lützows Boot im Dock untersucht hatten, zu mir gesagt, das müßten Genies gewesen sein, sowohl die Besatzung als auch der Kommandant, daß sie mit einem solchen Schrotthaufen zweimal nach Hause kamen.«

»U 136 ist schwer beschädigt, in der Tat.«

»Ob man es noch generalüberholt?« gab Toms zu bedenken.

»Der Kostenvoranschlag beläuft sich auf fünfhunderttausend Reichsmark. Dafür kriegt man das Filetstück von einem neuen.«

»Nur kommen die Werften in Hamburg und Kiel mit den Neubauten nicht nach«, gab Toms zu bedenken. »Durch die steigenden Verluste besteht ein eklatanter Mangel an einsatzklaren Kampfbooten.«

»Der Flottilleningenieur schlug vor, U 136 zum Ausschlachten zu verwenden«, erwiderte Carlsen. »Dies wegen des mangelhaften Nachschubs an Ersatzteilen.«

Immer öfter schaute Toms auf seine Marineuhr mit dem schwarzen Zifferblatt und den grünen Leuchtzeigern.

»Erwarten Sie noch Besuch?« fragte der Stabschef höflich

»Nein, leider etwas anderes, etwas, das mir mehr Sorgen bereitet als das Wrack von U 136. Auf der einen Seite wissen wir nicht, was wir mit den siebenhundertfünfzig Tonnen verbeultem Stahl anstellen sollen, auf der anderen Seite entscheiden wir mit nahezu perverser Genauigkeit, was wir mit den siebenundvierzig Männern von U 136, den besten, über die wir derzeit verfügen, machen. Wir schikken sie ohne Rücksicht und Nachsicht in den Tod. Was das betrifft, wasche ich meine Hände in Unschuld.«

Der Chef der 10. U-Boot-Flottille winkte dem Stabschef. Sie traten ans Fenster. Toms deutete auf eines der Gleise. Ziemlich weit rechts, schon nahe bei den Kasernen, stand ein D-Zug-Wagen. Er sah aus wie alle anderen deutschen D-Zug-Wagen auf Drehgestellen. Nur seine Fenster waren vergittert.

Toms schaute erneut auf die Uhr. Vom Bahnhof Lorient her näherte sich eine Rangierlok. Sie dampfte an ihnen vorbei bis zur Weiche am Kai und dann auf dem rechten Gleis wieder bis zu dem vergitterten Waggon.

»Auf Ersatzteile müssen wir oft wochenlang warten«, bemerkte Toms, »bei Gefangenentransporten sind sie auf die Minute pünktlich.«

Kaum hatte man die Lok angehängt, öffnete sich eines der Tore in der Kasernenmauer. Männer traten heraus. Im Gänsemarsch setzte sich die Kolonne in Bewegung. Obwohl es keine Rangabzeichen mehr gab, waren die Offiziere und Feldwebel zu erkennen. Sie trugen Jacketts, während der Rest der Besatzung weite blaue Schlaghosen und Kulanis anhatte. Die siebenundvierzig Mann wurden von einem Dutzend Marineinfanteristen unter Stahlhelm und Gewehr bewacht.

Während die U-Boot-Leute in den Transportwaggon kletterten, stand Lützow außen an der Tür und nickte jedem einzelnen aufmunternd zu. Als letzter stieg er ein. Vorne und hinten fuhren je zwei Soldaten der Wachmannschaft mit. Sie hauten die Türen zu. Die Lok pfiff und setzte sich fauchend in Bewegung.

»Wohin verfrachtet man sie?« fragte Toms in die beklemmende Stille.

»Nach Brest.«

»In die Festung?«

»Nein. Der Transportwaggon wird an den BDU-Zug angehängt.«

»Geht der heute?«

»Ja, wie immer jeden Mittwoch und Samstag.«

Der BDU-Zug brachte Marineurlauber ins Reich und auf dem Rückweg Material an die Küste. Es war ein Zug, der speziell für die U-Boot-Waffe eingesetzt wurde. Jeder, der von der Bretagne über Paris in die Heimat fuhr, hatte ihn schon einmal benutzt.

»Und wie geht es weiter?« fragte Toms mit rauher Stimme.

»Von Berlin aus nach Osten«, vermutete Carlsen. »Polen ist groß.«

Verstohlen grüßte er hinter dem abfahrenden Waggon her. Dann trennten sie sich ohne viele Worte.

»Funkmaat Reiber bittet Sie sprechen zu dürfen, Herr Kaleu.« Obwohl nach der Degradierung alle nur noch den Rang eines Matrosen innehatten, behielten sie im Umgang miteinander die Dienstgrade bei. Niemand hatte das angeordnet. Sie machten es einfach so.

»Was gibt's, Reiber?« fragte Lützow.

Sie standen im Gang vor den Abteilen. Der BDU-Zug hatte Paris längst verlassen und ratterte Richtung Belgien.

Mißtrauisch beäugt von den Wachen an beiden Enden des Waggons, fragte der Funkmaat: »Wissen Sie zufällig, welche Strecke der Zug fährt, Herr Kaleu?«

Lützow konnte es nicht genau sagen, aber der Mittwochzug nahm stets die Nordroute.

»Brüssel«, vermutete er, »Arnheim, Bremen, Hamburg.«

»Und weiter, Herr Kaleu?«

»Die Rückwärtskurve führt ihn meist über Berlin, Hannover und das Ruhrgebiet, wo es eben Rüstungsindustrie gibt. Dort hängen sie die Güterwagen mit U-Boot-Ersatzteilen, mit Waffen, Munition, Proviant, Treibstoff et cetera an.«

Reibers rundem Bauerngesicht war anzusehen, daß ihn die Auskunft wenig befriedigte. »Es heißt, daß wir in den Osten kommen.«

Lützow nickte.

»Nach Polen?«

»So ist es.«

»Was werden sie dort mit uns anstellen, Herr Kaleu?«

Lützow hielt es immer gern mit der Wahrheit. »Partisanenbekämpfung, Minenräumen, Leichenbergung.«

»Das sind Todeskommandos, Herr Kaleu.«

Lützow sah es nüchtern. »Die ganz normale Arbeit von Strafkompanien.«

»Und unsere Überlebenschancen, Herr Kaleu?«

»Ich kenne die Statistik nicht. Aber mehr als zehn Prozent, die den Kopf durchbringen, dürften wohl nicht übrigbleiben.«

»Na, Mahlzeit, Herr Kaleu.«

Reiber überlegte seine nächste Frage.

»Wie, Herr Kaleu, glauben Sie, läuft unser Waggon von Berlin aus weiter? Direkt nach Warschau oder an der Küste entlang?«

»Das wäre ein ziemlicher Umweg.«

»Keine Chance also, Herr Kaleu.«

»Wofür, Reiber?«

»Ich meine für die Küstenlinie.«

»Da müßten sie uns schon in Hamburg abkoppeln und an einen Fronturlauberzug hängen, der Richtung Danzig geht.«

»Liegen in Danzig auch U-Boote, Herr Kaleu?«

»In Pillau«, erinnerte Lützow sich, »ist eine Schulflottille.«

Der Funkmaat bedankte sich und wollte verschwinden. Lützow hielt ihn am Ärmel zurück.

»Was wäre für Sie an der Ostseeküste so wichtig, Reiber?«

»Nichts Besonderes, Herr Kaleu«, wich der Funkmaat aus.

Lützow war zu sehr Menschenkenner, um nicht etwas zu riechen. »Was habt ihr vor?« bohrte er.

Reiber hob nur die Schultern. »Besser, Sie wissen nichts davon, Herr Kaleu«, sagte er und verschwand in einem der Abteile, wo acht Mann herumdösten, Karten spielten oder zum Fenster hinausstarrten.

Die Landschaft wurde belgisch. Alles war reichlich ungepflegt. Schmutziggraue Häuser, Fabriken, Kohlenhalden, und eine Luft, die oft nach Pissoir stank.

I WO, Rahn, trat aus dem Offiziersabteil und drehte sich eine Zigarette. Charmant wie eine Klobürste sagte er: »Ich habe soeben eine Blume gesehen, Herr Kaleu.«

»Ich leider nicht.«

»Man muß aufpassen und Blumen lieben, dann sieht man sie auch.« Es klang vorwurfsvoll.

»Ich kenne nur drei Arten davon«, gestand Lützow. »Gänseblümchen, Butterblumen und den Weihnachtsbaum.«

An größeren Stationen gab es Verpflegung. In Brüssel bekamen sie Tee, irgendwo in Holland Eintopf, grüne Bohnen mit Fleischeinlage, Drahtverhau genannt. Dazu gab es pappiges, schlecht durchgebackenes Kommißbrot.

In der Nacht schalteten die Wachen im Wagen das Licht aus. Sie wollten wohl nicht, daß man hineinsehen konnte. Jetzt, wo sie bald ins Reich kamen.

Der I WO, immer auf Bildung bedacht, las in einem Reclam-Heft, einer schmalen Tornisterausgabe, »Faust I«.

»Goethe und Schiller« – hetzte Wessel, »Mann, diese alten Säcke vom Fußballclub Weimar e.V., die kannst du doch vergessen.«

»Du bist und bleibst ein Banause«, entgegnete Rahn.

»Stimmt. Aber das speziell erst seit meiner Degradierung in Lorient. Jetzt interessiert mich, außer meinem Bauch, alles andere nur noch einen Scheißdreck.«

Lützow hatte mitgehört. Um keinen Streit aufkommen zu lassen, schlichtete er. »Krieg ist immer eine Herausforderung des Todes. So oder so.«

»Tot ist tot«, äußerte LI Behrens wortkarg.

»Tot im Krieg ist aber nicht wie Tod im Frieden«, erklärte Rahn, der stets moralische Ansprüche stellte.

»Im Frieden flennen sie sogar einer sterbenden Katze hinterher«, meinte Wessel.

In der Morgendämmerung bemerkten sie, daß sie nicht Richtung Berlin fuhren. Man hatte den Gefangenentransport offenbar an einen Zug angehängt, der nach Dänemark lief.

»In Kopenhagen fließen noch Butter und Honig«, schwärmte Wessel, »die Hintern der Mädchen sind kugelrund und der Rest auch.«

Sie freuten sich zu früh. In Lübeck wurde erneut rangiert.

Diesmal kam der Gefangenenwagen gleich hinter die Lok. So ging es weiter. Achtunddreißig Stunden waren sie jetzt unterwegs.

Wieder sieben Stunden später, als der lange Fronturlauberzug nahe der pommerschen Küste entlangdampfte, kam der Oberstleutnant ins Offiziersabteil. Der schwerblütige, grobgesichtige Fischer setzte sich neben Lützow. Offenbar hatte er etwas zu beichten. So leise es seine Reibeisenstimme zuließ, sagte er: »Wir hauen ab, Herr Kaleu.«

»Wer?«

»Sechzehn Mann. Alle, die aus der Gegend stammen. Aus Mecklenburg, Vorpommern und Ostpreußen.«

»Wie stellt ihr euch das vor?«

»In unserem Abteil hängt eine Eisenbahnkarte. Es gibt einen Punkt, da führt die Strecke dicht an die Danziger Bucht. Ich kenne die Ostsee, bin da aufgewachsen und habe Freunde bei den Kutterkapitänen. Es wird schon hinhauen.«

»Wie bringt ihr den Zug zum stehen?« wollte Lützow wissen.

»Per Notbremse. Oder wir legen die Posten um, klettern nach vorn zur Lok und lassen sie anhalten. Hauptsache und ganz wichtig ist, daß der Zug gleich weiterfährt, wenn wir weg sind. Das ist die Bedingung. Sonst kriegen sie uns.«

»Also Richtung Schweden«, verstand ihn Lützow.

Der Obersteuermann nickte. »Kommen Sie mit uns, Herr Kaleu? Was wir brauchen, ist ein Mann, der das Unternehmen führt.«

Lützow winkte ab. »Wenn hier unbedingt einer vorzeitig draufgehen will, dann bitte ein anderer und nicht ich.«

»Sie geben uns also wenig Aussichten.«

»Die hat man immer«, äußerte Lützow, »wenn einen das Glück nicht ganz und gar verläßt.«

Sie reichten sich die Hand, wünschten sich Mast- und

Schotbruch. LI Behrens, der gelauscht hatte, sagte später: »Man kommt sich lebendiger vor, wenn man das Leben riskiert.«

»Ein schönes Gefühl«, meinte Lützow, »doch meist ist es von kurzer Dauer.« Dabei dachte er an Ditta Rothild und die Tage in Salzburg.

Die Fenster zu öffnen war ihnen verboten. Trotzdem drang ein Geruch von Küste, Meer und salzigem Wind in die vermieften Abteile. Am Morgen war der Himmel blau gewesen, jetzt zog er sich zu. Bei Gdingen, schon an der Danziger Bucht, begann es aus tiefhängenden Wolken zu regnen. Für einen Fluchtversuch war das bedeutend günstiger als ein heller Tag mit Sonnenschein.

»Und wir?« fragte der LI seinen Exkommandanten.

»Wir halten weiter Kurs«, sagte Lützow, »jetzt, wo wir ganz weit hinten liegen, erst recht.«

»Ist das schon der berühmte Arsch der Welt?«

»Die Kimme hat noch nicht angefangen«, meinte der junge Wessel.

Draußen im Gang schlichen Männer vorbei. Wie es schien, die Bulligsten der Besatzung. Wenig später hörte man Gepolter, Tumult und Geräusche, als knallten Gewehre und Stahlhelme zu Boden. Lützow eilte seinen Männern zu Hilfe. Bei den Waggontüren lagen die Wachtposten. Diesmal waren es SS-Leute. Die in den Abteilen hatte man gefesselt und geknebelt.

Alles war ruckzuck gegangen. Vorne standen schon die Waggontüren offen. Eiskalter Fahrtwind blies herein. Drei Mann, mit den Pistolen der Wachen bewaffnet, kletterten über die Puffer, auf den Lok-Tender und von dort zum Führerstand.

Lützow folgte ihnen und wurde Zeuge des Handgemenges. Ein Torpedomixer drückte dem Lokführer höflich die Null-acht ins Genick. Der Heizer wehrte sich. Als Quittung bekam er einen Schuß ins Bein.

Schon war Lützow zur Stelle, um Schlimmeres zu verhindern.

»Und jetzt langsam bremsen!« schrie ein Exobergefreiter dem Lokführer ins Ohr. »Aber behutsam!«

»Bei Radfahrertempo springen wir ab«, erklärte der Obersteuermann, »und verduften querfeldein.«

Links draußen, vielleicht einen Kilometer entfernt, lag bleigrau das Meer. Der Lokführer betätigte den Drucklufthebel. Die eisernen Bremsklötze packten an. Der Zug verlor an Geschwindigkeit.

»Alles runter jetzt!« befahl der Obersteuermann. Zu Lützow sagte er: »Bitte, sorgen Sie dafür, daß er gleich weiterfährt.«

Kaum waren seine Männer vom Zug gesprungen und am Bahndamm ohne Ausfälle angekommen, wandte Lützow sich an den Lokführer. »Und jetzt, Meister, ein bißchen Volldampf voraus, wenn ich bitten darf.«

Der Lokführer zog den Regler nach rechts. Die Lok ruckte stampfend an.

Der Zug war gerade mal zwei Kilometer weit gefahren, als Lützow einen betäubenden Schlag gegen den Hinterkopf erhielt. Er kam von dem verwundeten Heizer, mit dem Lützow nicht mehr gerechnet hatte. Doch der Heizer war auf die Beine gekommen und ließ nun seine Wut an ihm aus. Noch einmal schlug er mit der Kohlenschaufel zu. Wieder wurde der Zug abgebremst. Diesmal scharf. Kaum stand er, eilte der Zugkommandant, ein älterer SS-Major, nach vorn. Sofort begriff er, was los war, und ließ mindestens fünfhundert Soldaten nach den Flüchtigen ausschwärmen. Über ein Funkgerät, das sich im Zug befand, forderte er Unterstützung aus Danzig und Gdingen an. Am Abend hatten sie alle Gefangenen bis auf den Funkmaat wieder. Reiber hatten sie wegen verzweifelter Gegenwehr erschossen.

Da man Lützow für den Initiator der Massenflucht hielt, wurde er in Fesseln gelegt. Als Exkommandant trage er die Verantwortung, hieß es.

In Danzig kam es zu einer Untersuchung. Bis sie abgeschlossen war, rangierten sie den Gefangenenwaggon hinter den Lokschuppen in Deckung der Kohlenhalden.

Der Wagen wurde von SS-Posten bewacht. Sie führten scharfe Dobermann-Hunde mit.

Es war schon nach Mitternacht, als ein Kübelwagen durch den Schnee über die Gleise hoppelte und neben dem Waggon hielt. Ein SS-Sturmführer sprang heraus. Mit einer Mappe unter dem Arm betrat er den Waggon durch die hintere Tür. Der Innenposten salutierte.

»Wo ist der ... hm ... Delinquent?« fragte der Offizier.

»Zweites Abteil links«, lautete die Auskunft.

Das Abteil war versperrt. Der SS-Sturmführer ließ es öffnen.

»Und Licht, bitte.«

Da die Batterien des Waggons leer waren, seine Lichtmaschine aber nur während der Fahrt Strom lieferte, stellten sie eine Karbidlampe auf. In der Fensterecke, in seiner schäbigen zweiten Garnitur blau, lehnte Lützow und stellte sich schlafend. Der SS-Offizier entnahm seiner Mappe ein Dokument und überflog es zunächst noch einmal.

»Lützow!« rief er.

Der ehemalige Kommandant von U 136 öffnete blinzelnd die Augen.

»Stehen Sie auf!« schnarrte der junge SS-Offizier, der zwar den Totenkopf an der Mütze, aber sonst keinerlei Auszeichnungen trug. Er senkte das Blatt Papier so, daß der Schein der Lampe darauffiel und er den Text ablesen konnte. »Urteil des Standgerichts Königsberg vom 24. Februar 1941.«

Lützow unterbrach ihn. Was zum Teufel konnte für ihn schon noch schiefgehn. »Dachte, Standgerichte wurden schon 1918 abgeschafft.«

Mit diesem Einwand hatte der junge SS-Offizier offenbar gerechnet. »Und im vergangenen Jahr, als abgekürztes Kriegsgerichtliches Verfahren zur Ausübung der Strafgewalt im Felde unter anderem gegen Deserteure, wieder in das Militärgesetzbuch aufgenommen«, erklärte er.

»Das ist mir neu.«

»Keine Diskussion, Lützow!« Der SS-Sturmführer las weiter: »Das Standgericht des Militärbefehlshabers im Wehrbezirk Danzig gelangte, in vorgeschriebener Zusammensetzung, zu folgendem Urteil: Matrose Anton Lützow wird wegen Beihilfe zur Gefangenenflucht in verbotener Ausübung seiner ehemaligen Befehlsgewalt als Kommandant von U 136 zum Tode durch Erschießen verurteilt. Das Urteil ist binnen zwölf Stunden zu vollstrecken. Gezeichnet: von Forchheim, Generaloberst.«

Der SS-Offizier schob das Dokument wieder in die Dienstmappe. »Die Exekution«, erwähnte er noch, »findet um sechs Uhr am fünfundzwanzigsten Februar neunzehnhunderteinundvierzig statt.«

Lützow schaute auf seine Marineuhr. »Das wäre in viereinhalb Stunden.«

Der Überbringer des Todesurteils salutierte kurz und ging.

Lützow rief hinter ihm her. »Eine Frage noch, Hauptmann!« Er benutzte den geläufigen Armeedienstgrad für den SS-Offizier.

»Keine Frage!« zischte der junge Schnösel.

Lützow stellte sie aber doch. »Warum«, fragte er, »wird man eigentlich immer am frühen Morgen erschossen und nicht am frühen Abend? Treffen morgens Ihre Henkersknechte besser?«

Der SS-Offizier drehte den Kopf halb herum und sagte schief: »Wir warten noch auf die fernschriftliche Bestätigung aus Berlin.« Damit ging er.

Lützow war müde und hätte sich durchaus in der Lage gesehn zu schlafen. Sein Ende war unabwendbar. Warum also sich aufregen. Andererseits wollte er die verbleibenden zweihundert Minuten seines Lebens genießen. Er versuchte an angenehme Dinge zu denken. Nur gab es davon nicht allzu viele. Er dachte an Ditta. Das wiederum machte ihm mehr Sorgen als sein baldiger Tod. Lützow rauchte seine letzten aktiven Zigaretten. Irgendwoher zauberten seine Männer eine halbe Flasche Cognac. Er genoß den weichen Remy Martin in kleinen Schlucken. Dann verabschiedete er sich von Mannschaft und Offizieren.

Pünktlich um 5.45 Uhr kamen sie dann. Vom Schnee gedämpft, hörte man die Schritte des Pelotons.

Es werden sechs Soldaten sein, dachte Lützow. Die Mindestzahl für ein Erschießungskommando waren in der Regel sechs.

Zwei Waffen-SS-Posten nahmen ihn in die Mitte. So marschierten sie noch etwa hundert Meter.

»Abteilung – halt!« befahl der Offizier bei den Kohlenhaufen. Sie stellten Lützow dicht an einen Berg von etwa drei Meter Höhe, der an der Ostseite mit Schnee bedeckt war.

Vielleicht dreißig Schritte entfernt, bei einem Lokwassertank, stand ein Auto. Obwohl es erst dämmerte, erkannte Lützow an der langen Motorhaube, an der eleganten Linienführung sowie an der gedrungenen Breite, daß es sich um einen Horch handelte. Ein Cabrio, wie Generäle es bevorzugten. Die Scheiben des Horch waren beschlagen. Drinnen brannte gelbliches Soffittenlicht. Neben dem Fahrer saß ein ziemlich großer Mann. Zweifellos ein höherer Offizier. Der Schlag auf der rechten Seite stand halb offen. Ein Bein im glänzend schwarzen Reitstiefel hatte der Offizier herausgestreckt. Er rauchte eine Zigarette. Ab und zu leuchtete die Glut stärker auf.

Das Exekutionskommando verriet wenig Übung in der Durchführung von Erschießungen. Reichlich ungeordnet nahm es in zehn Meter Entfernung von Lützow Schützenlinie ein. Die Soldaten warteten, unter Stahlhelm, die Karabiner bei Fuß, auf das Kommando.

Erst trat noch ein Mann mit einem wollenen Lappen in der Hand vor Lützow. »Die Augenbinde.«

»Ich verzichte.«

Der Offizier des Erschießungskommandos, ein SS- Untersturmführer, ging von einem Soldaten zum andern, griff in die Tasche und übergab jedem eine einzige scharfe Patrone. Wenige Schritte zurücktretend, befahl er: »Laden und sichern!«

Nun ließ er die Reihe stillstehen, sich ausrichten und achtete auf die nötigen Abstände. Danach ließ er die Männer rühren.

»Entsichern!«

Die Metallhebel knackten zur Seite.

»Anlegen!«

Die sechs nahmen die Gewehre hoch. Die Läufe richteten sich auf Lützow.

»Ziel auffassen! – Achtung!«

Noch zwei Sekunden, dachte Lützow, ein kurzer Schmerz, und es ist aus ...

Doch irgend etwas kam dazwischen und verzögerte die Prozedur.

»Kommando zurück!« rief jemand von weitem.

Den Generals-Horch verließ ein Mann in der Uniform eines hohen SS-Offiziers. Schlank und lang richtete er sich auf, warf die Zigarette weg und stapfte mit weit ausholenden Schritten durch den knirschenden Schnee. Leise sprach er mit dem Führer des Exekutionskommandos, wobei er auf irgendein Dokument zeigte. Dann tippte er lässig einen militärischen Gruß an den Mützenschirm, drehte sich um und ging zurück zu seinem Horch.

Lützow achtete nicht mehr auf das Exekutionskommando. Er blickte dem unverhofften Retter nach, beobachtete, wie er einstieg und wie der Horch mit leise summendem Achtzylindermotor davonrollte. Lützow starrte hinter ihm her, bis die Rücklichter durch die Schlitze der Verdunklungskappen nicht mehr zu sehen waren.

Inzwischen hatte der Offizier des Pelotons die scharfe Munition wieder eingesammelt und in seiner Manteltasche verschwinden lassen. Ein kurzes Kommando. Das Peloton machte rechtsum und rückte im Gleichschritt ab.

Lützow wurde in den Waggon zurückgeführt, wo man ihn wortlos, aber freudig empfing. Besorgt fragte er sich, ob sie das Theater nur aufgeführt hatten, um ihn später mit Genickschuß unauffällig zu beseitigen.

Während der Weiterfahrt nach Polen, in eine ungewisse Zukunft, ließen sie Lützow noch am Leben. Einen Tag, zwei Tage. Er rätselte daran herum, was passiert sein mochte, doch es gab zu viele Möglichkeiten.

Nur eines ließ ihn nicht los, nämlich der Eindruck, den der hohe SS-Offizier aus dem Horch in ihm hinterlassen hatte. Seine Haltung, seinen Gang, woher kannte er die? Er mußte diesem Mann schon einmal begegnet sein. Aber wann und wo? Warum hatte er die Liquidation ausgesetzt? Welche Gründe mochte es geben, ihn, Lützow, einen degradierten U-Boot-Kommandanten, zu verschonen oder gar zu begnadigen?

Lange Zeit fand Lützow keine Erklärung dafür.

13

Einmarsch deutscher Truppen in Bulgarien. Die Briten landen in Griechenland. Hans Hass betreibt – »Unter Korallen und Haien« – neuartige Unterwasserforschung mit Kamera und Schwimmflossen.

3. März 1941

Eine mattgrau gespritzte Opel-Admiral-Limousine fuhr von der Motorenfabrik her über den Flugplatz der Junkers-Werke in Dessau. Es war ein frischer, klarer Morgen. Der Frühling kündigte sich an.

Der Opel hielt an der Ecke des großen Hangars, in dem die Endmontagen durchgeführt wurden. Zwei Männer – ein langer, beleibter und ein kleiner, magerer, beide in Ledermänteln mit Fellkragen – stiegen aus und atmeten erst einmal tief durch.

»Was für eine Sektluft.«

»Wenn wir ein Stück weiter wären«, sagte der Kleinere, »dann würde ich glatt singen: *Alles neu macht der Mai.*«

»Gratuliere trotzdem, Professor. Dank Ihres unermüdlichen Einsatzes konnten wir die Bauzeit um vier Wochen verkürzen.«

»Hoffentlich hat es sich gelohnt«, meinte der Flugzeugkonstrukteur.

»Nun, die Probeflüge erbrachten phänomenale Ergebnisse.«

»Erst mal hören, was die Luftwaffenerprobungsstelle in Rechlin dazu sagt«, schränkte der Professor ein.

Auf die Minute pünktlich rollten die zwölf Meter hohen Schiebetore des Hangars auf. Drinnen zischten Kohlenstiftscheinwerfer an. Ein Traktor kurvte herum. Die eiserne Schleppstange wurde eingehängt. Auf ein Zeichen des Professors hin setzte sich der Traktor mit dem, was er am Haken hatte, in Bewegung. Behutsam, im ersten Gang, zog er das größte Landflugzeug, das je gebaut worden war, ins Freie. Die Maschine war so lang, daß sie schier kein Ende nahm. Ihre Spannweite betrug fünfzig Meter. An jeder Tragfläche hingen drei Motoren, insgesamt sechs. Beinah 49 Tonnen wog der Supervogel, und vom Boden bis zur Kanzel maß er 9,80 Meter.

Der geheime Fernbomber der großdeutschen Luftwaffe trug schon kriegsmäßige Bemalung. Oben hatte er Tarnanstrich in Braun, Grün und Gelb. Unten war er hellblau bemalt, um von feindlicher Flak gegen den Himmel schwerer erkennbar zu sein.

Plötzlich wimmelte es auf dem betonierten Vorfeld nur so von Ingenieuren, Flugzeugmechanikern und Bodenpersonal. Ein Tanklaster pumpte Flugsprit um. Sie fuhren das Startgerät heran, nahmen noch Außenkontrollen vor. Nach einem letzten Probeflug sollte die Ju 390, Deckname »Uralbomber«, zur Endabnahme nach Rechlin überführt werden.

Kaum zu glauben, aber es war erst sieben Monate her, daß sich der Professor und der Direktor im Luftfahrtministerium zu Berlin mit wichtigen Persönlichkeiten getroffen hatten. Mit General Wever, auf dessen Bombentheorie das Projekt beruhte, mit Generalfeldmarschall Milch, der es vorantrieb, und mit Udet, der für die technische Realisierung verantwortlich zeichnete.

Es hatte heiße Debatten gegeben. General Wever, der große Bomber-Stratege, versuchte zu schlichten. Jeder der Anwesenden sollte seine Meinung in kurzen Sätzen zusammenfassen. Er selbst begann als erster.

»Bei Bombenflugzeugen gibt es zwei Theorien. Man baut entweder einen mittelschweren Bomber, der schneller fliegt als jeder Jäger, oder man baut Großbomber, wahre fliegende Festungen, die schwer bewaffnet sind. Nach unseren Erfahrungen mit den Mittelschweren, also mit der Ju 88 bis hin zur Do 17 und He 111, stellten wir fest, daß sie nur

Nachteile haben. Sie sind insgesamt bedeutend langsamer als Jäger, sind unzureichend bewaffnet, können zu wenig Bomben tragen und diese vor allem nicht weit genug. Was uns also fehlt, ist der schwere, mindestens viermotorige strategische Bomber.«

Nun stellte Generalfeldmarschall Milch seine Forderungen.

»Einsetzbar für außergewöhnliche Operationen. Er muß mindestens fünf Tonnen Bomben tragen können, tauglich sein für Fernstaufklärung und soll möglichst ohne Zwischenlandung bis New York oder Tokio und zurück fliegen können, also extreme Reichweiten haben und dies bei einer Geschwindigkeit von über 500 km/h.«

Udet ergänzte: »Das erste flugfähige Exemplar muß binnen neun Monaten, also nach Dauer einer normalen Schwangerschaft, verfügbar sein und darf nicht mehr als fünfzigtausend Mannstunden an Bauaufwand erfordern.«

General Wever lieferte noch eine Ergänzung: »Im Fall eines Krieges mit Moskau würden die Russen sich samt allem, was ihr Überleben wichtig macht, hinter ihre natürliche Festung, den Ural, zurückziehen. Dies mit Fabriken, Waffen, Armeen und Millionen von Menschen. Um sie dort zu bekämpfen, braucht man dieses Flugzeug. Unter Umständen könnte es auch einmal nötig sein, jene Rüstungswerke zu bombardieren, welche die Engländer beliefern und sich bis heute unangreifbar dünken, nämlich die amerikanischen.«

Alles wartete nun auf die Stellungnahme des Generaldirektors der Junkers-Werke. Koppenberg konnte das Projekt nicht rundweg ablehnen, denn Junkers war bereits Staatsbetrieb. Rasch skizzierte sein Chefkonstrukteur etwas auf Millimeterpapier und erläuterte es.

»Das geht nur baukastenmäßig, meine Herren. Wir nehmen den Rumpf unseres Verkehrsflugzeugs Ju 90. Der Rumpf wird verlängert, die Zelle durch zusätzliche Spanten verstärkt. In die Flügel der Ju 90 setzen wir je zwei Zwischenstücke zur Aufnahme eines fünften und sechsten Motors. Außerdem konstruieren wir ein Einziehfahrwerk.«

»Versehen Sie das Ganze mit einer druckfesten Kanzel«, schlug Udet vor, »denn vor feindlichen Jägern, *Spitfires* und *Lightnings,* sind sie nur in Höhen über sechzehntausend Meter sicher.«

Der Junkers-Direktor musterte die Generalsrunde, als zweifle er an ihrem Sachverstand.

»Und das alles in neun Monaten? Schier unmöglich.«

»Das Problem sind die nötigen Motoren«, meinte der Professor, »und daß die Zelle den Einbauten von Waffen und der hohen Zuladung bei operativen Einsätzen standhalten muß.«

Es gab Kaffee und noch echte Havanna-Zigarren. Die Generäle lehnten sich zurück.

»Sie schaffen das schon«, äußerte Generalfeldmarschall Milch. »Wenn ein Werk das schafft, dann Ihres, meine Herren.«

Das war im Spätsommer des vergangenen Jahres gewesen.

Generaldirektor Koppenberg flog die Enderprobung in Rechlin persönlich mit. Dort hatten sie für das Projekt einen ihrer härtesten und erfahrensten Versuchspiloten abgestellt, nämlich Major Ing. Fellner. Seit Wochen schon hatte Fellner sich theoretisch mit dem sechsmotorigen Bomber befaßt. Jetzt sah er ihn zum ersten Mal in natura.

Er wanderte um die wohnblockgroße Ju 390 herum und meinte trocken: »Unter den Flächen paßt ein Elefant mit erhobenem Rüssel durch. Jesus, ist das ein Mordsmöbel!«

Mit aller Vorsicht, dennoch mit Genuß, ging Fellner diese fliegende Delikatesse an. »Kommen Sie, Direktor!« rief er nach der üblichen Augenkontrolle von unten, »besteigen wir das kostbare Schiff.«

Sie kletterten durch den Rumpfeinstieg in die hochgelegene sphärisch verglaste Kanzel. Nachdem er sich an den

Dutzenden von Hebeln und Schaltern orientiert hatte, sagte Fellner: »Letzte Woche habe ich eine Me 323 nachgeflogen. Aber das hier ist doch ein richtiges Flugzeug.«

Die Triebwerke wurden angelassen. Major Fellner begnügte sich nicht damit, die Motoren abzubremsen. Im Lauf der Jahre wurde er immer vorsichtiger. Erst als er alles in Ordnung fand – Drehzahlen, Luftschraubenautomatik, Temperaturen, Ladedruck, Öl- und Hydraulikdrücke, die elektrische Anlage, Generatoren, Kompaß, Navigationsgeräte, Treibstoffvorrat sowie das Umpumpsystem –, rollte der Versuchspilot eine Bodenrunde. Dann startete er. Für ihre Größe fand er die Ju 390 angenehm zu fliegen – immerhin hatte sie ein Startgewicht von fünfundsiebzig Tonnen. Nur bei leichten Bewegungen des Höhensteuers war ein Schwingen der Flügelenden nicht zu übersehen.

Die Ju 390 hatte jedoch so gut wie keine Unarten. Sie konnte 560 km/h schnell, aber auch extrem langsam geflogen werden. Druckkabine und Höhenmotoren gestatteten eine Steigleistung bis auf 15800 Meter. Im Tiefflug ging Fellner so weit herunter, daß die Propeller beinah die Wasserfläche des Rechliner Sees peitschten.

Nach mehreren Flügen, noch ehe er sein erstes Protokoll erstellte, sagte Fellner zu Generaldirektor Koppenberg: »Gratuliere! Da haben Sie uns einen wunderfeinen großen Dampfer hingestellt.«

»Aber?« fragte der Junkers-Direktor, der einen Vorbehalt herauszuhören glaubte.

»Aber«, meinte Major Fellner, »die Motoren. Es gibt bessere. Also, wenn Sie mich fragen, dann würde ich die neuen BMW 801, die Doppelsternmotoren, einbauen. Sie bringen zweitausend PS.«

Daraufhin wirkte Koppenberg leicht verschnupft.

»Leider wird man Sie danach fragen«, stellte er fest. »Aber solange diese Maschine ein Flugzeug von Junkers ist, wird es auch von Junkers-Flugzeugmotoren angetrieben werden.«

»Das ist nicht meine Entscheidung«, entgegnete Fellner, beide Hände hebend.

In diesen Tagen befahl das Oberkommando der Luftwaffe in Berlin die Aufstellung eines Sondergeschwaders für Spezialeinsätze. Es bekam die Nummer KG 200. Mit den Piloten des KG 200 flogen die ersten Sechsmotorigen ihre Einsätze. Sie starteten von Horsten an der Küste zu Fernpatrouillen und zur Fotoaufklärung bis weit in den Atlantik hinaus. Andere Operationen führten die Ju 390 bis Grönland, ins Eismeer und einmal sogar bis in die USA. Bei Nacht setzte man nahe Boston Agenten an Fallschirmen ab. Sie sollten ausspionieren, welche Fortschritte der Aufbau der amerikanischen Rüstungsindustrie machte.

Als man die Ju 390 mit immer höheren Bombenladungen belastete, kam es zu einem schweren Zwischenfall. Eine Sechsmotorige ging auf dem Flug nach Schottland verloren. Man wußte nicht, ob durch Zellenbruch oder Motorschaden. Jedenfalls endete der Absturz mit Aufschlagbrand und nachfolgender Explosion. Das Flugzeug fiel also nicht in die Hände des Feindes. Von der siebenköpfigen Besatzung überlebte allerdings keiner.

Wenige Wochen später lief bei der Luftwaffenerprobungsstelle in Rechlin ein Fernschreiben ein. Es trug den Gekados-Vermerk, war also geheime Kommandosache. Gleichzeitig rollten auf drei offenen Güterwagen sechs schwere Kisten von München nach Rechlin. Sie enthielten nagelneue BMW-Doppelsternmotoren vom Typ 801 S-1, mit vierzehn Zylindern und je 2200 PS Leistung. Heimlich, ohne Wissen der Junkers-Werke, wurden sie in die Ju 390 eingebaut. Ferner bekam die Maschine zwei Einzelschußkanonen 104, Typ »Münchhausen«, und 2-cm-Schnellfeuerkanonen. Darüber hinaus spickte man sie mit schweren Maschinengewehren. Im Rumpf wurde die Aufhängung für eine Tausendkilobombe und weitere Zusatztanks montiert.

»Damit haben Sie eine Reichweite von achtzehntausend Kilometern«, erklärte Major Fellner als Projektleiter der Spezialbesatzung.

»Aber wie kriegen wir die überladene Kiste vom Boden hoch, Herr Major?«

Fellner führte sie in den hermetisch verschlossenen Hangar und deutete auf die Flügelunterseite der Ju 390. Dort hingen links und rechts je drei zigarrenförmige Behälter, so lang wie Torpedos.

»Zusatzraketen«, erklärte Fellner, »Starthilfen.«

Nach einer Reihe nächtlicher Probeflüge wurde die Ju 390 munitioniert und mit einunddreißigtausend Litern Flugbenzin aufgefüllt.

Nur ein paar hohe Offiziere in Berlin, Major Fellner sowie die Besatzung kannten das Ziel.

Es war ein trüber Spätnachmittag im Vorfrühling, als die Piloten, der Navigator, der Bordmechaniker, der Funker und die Bordschützen einstiegen. Nach beinah endlosem Startanlauf hob der Fernbomber ab und ging auf Nordkurs.

Von dieser Stunde an wurde die Ju 390 aus der Vorserie nie mehr auf irgendeinem mitteleuropäischen Fliegerhorst gesichtet. Sie war und blieb spurlos verschwunden.

Wo sie heimlich landete, herrschten das ganze Jahr über winterliche Verhältnisse. Die Ju 390 versteckte sich auf einem Stützpunkt in Norwegen, nördlich des Polarkreises.

Der Flugplatz gehörte zum Kommandobereich des strafversetzten Generals Harald Nordstein. Dort warteten Flugzeug und Besatzung auf den endgültigen Einsatzbefehl.

II. TEIL

Der Beweis

14

General Rommel schlägt die Briten in Nordafrika. Die USA beginnen England mit kriegswichtigen Gütern zu beliefern (Pacht-Leih-System). Der japanische Außenminister Matsuoka besucht Berlin.

19. März 1941

Am Schreibtisch von Admiral Canaris, Chef der Abwehr in Berlin, ging eines der Telefone. Die Nummer dieses Apparats war nur wenigen Personen aus der oberen Führung bekannt. Der Admiral hob stets selbst ab.

»Canaris!« meldete er sich.

»Dönitz«, schnarrte es feldwebelhaft aus der Muschel. »Bin gerade im OKM am Tirpitzufer. Wie geht es Ihnen, Admiral?«

»Schlecht, und Ihnen, Admiral?« antwortete der weltläufige Grand-Chef dem strammen, eher kleingestrickten Befehlshaber der U-Boote.

»Muß zum Vortrag beim Führer«, sagte Dönitz und setzte sofort hinzu: »Sie sind mir noch ein Abendessen schuldig.«

Canaris war sich dessen zwar nicht bewußt, vermutete aber, daß Dönitz ihn gerne gesprochen hätte und es nicht offen aussprechen wollte. Immerhin war zu befürchten, daß selbst diese Leitung von Heydrichs Gestapo abgehört wurde. Canaris stieg sofort darauf ein. »Wie wär's mit morgen abend?«

»Da bin ich schon wieder an der Front«, erklärte Dönitz, der es immer eilig hatte.

Canaris ging seinen Kalender durch. »Dann heute abend. Ich streiche dafür einen anderen Termin. Wo sehen wir uns? Bei Horcher oder bei mir zu Hause?«

Dönitz schien zu zögern, aber wohl nur der Form halber.

»Wenn es nicht zu viele Umstände macht, dann bei Ihnen im Grunewald.«

»Sie wissen ja, wo ich wohne«, sagte Canaris. »Um zwanzig Uhr.«

»Gerne, dann hören wir uns noch gemeinsam den Wehrmachtsbericht im Radio an.«

Dieser alte Rückversicherer, dachte Canaris und erwähnte ein besonderes Problem. »Was essen Sie gern, Dönitz?«

»Sie kennen mich. Ich speise eher bescheiden. Reine Nahrungsaufnahme. – Aber gegen eine mittlere Marinestandardmahlzeit habe ich nichts einzuwenden.«

Pünktlich auf die Minute hielt vor der Villa ein Dienstwagen des OKM. Dönitz stand in der Tür mit Cognac und Zigarren. Vor dem Essen gab es noch einen Brandy. Kommentarlos hörten sie sich den Wehrmachtsbericht des Deutschlandsenders an. Danach schritt man zur Tafel.

Die Haushälterin von Canaris hatte nach Wunsch gekocht. Der nicht gerade als Feinschmecker berühmte Dönitz bevorzugte Handfestes. In diesem Fall das Marineeinheitsessen für kleine Festivitäten. Es gab Rinderschmorbraten mit Röstkartoffeln und einem Spiegelei darauf.

»Einen Mosel oder einen trockenen Bocksbeutel dazu?« fragte der Gastgeber.

»Ein Bier«, bat Dönitz. Noch beim Essen, an den Wehrmachtsbericht anknüpfend, meinte er: »Sieht ja gut aus an allen Fronten. Nur im Atlantik hakt es. Hohe U-Boot-Verluste, kaum Versenkungen. – Der Führer ist enttäuscht.«

»Und der Grund dafür?« erkundigte Canaris sich.

»Radar! Dieses verdammte Radar! Eine deutsche Erfindung, deren Weiterentwicklung wir leider versäumten. Die Engländer nahmen sie auf. Durch Nacht und Nebel finden sie damit jedes unserer Boote. Aber wir werden dagegenhalten. Mit völlig neuen Typen. Das sind dann keine Tauchboote mehr, sondern reine Unterwasserfahrzeuge.« Dönitz geriet ins Schwärmen.

»Wann?« fragte Canaris nur.

Dönitz' Züge verfinsterten sich schlagartig. »Ja, wann. In zwei, drei Jahren.«

Gegen den Uhrzeigersinn gingen sie alle Bereiche durch, wo deutsche Soldaten standen. In Norwegen fingen sie an, dann kamen Frankreich, Nordafrika, der Balkan und Polen an die Reihe.

»Jetzt mal von Admiral zu Admiral«, meinte der alte Spötter Canaris. »Es beginnt zu knistern.«

Dönitz verstand ihn nicht recht. »Knistern etwa im Sinne von kriseln?«

»Bewahre«, entgegnete der stets geschmeidige Canaris, »ich will nur sagen, daß wir vor großen Ereignissen stehen.«

Dönitz kaute noch eine knusprige Zwiebel durch. »Los, erzählen Sie, Canaris! Was weiß schon ein U-Boot-Befehlshaber, der das ganze Jahr über in der französischen Provinz herumsitzt.«

Für ganz so unwissend hielt Canaris ihn nicht, und er blieb weiterhin auf der Hut, denn Dönitz galt als Hundertzehnprozentiger. »Hitler wird Rußland angreifen.«

»Steht das fest?« staunte Dönitz.

»Alles deutet darauf hin. Die Pläne sind fertig. Deckname der Operation: Fall Barbarossa. Oberstleutnant Gehlens Dienst ›Fremde Heere Ost‹ arbeitet schon monatelang an Analysen über die Stärke der Roten Armee.«

»Ich nehme doch an, daß die Russen uns eins zu zehn unterlegen sind«, schätzte Dönitz. »Ich meine technisch und strategisch.«

»Das wird Hitlers Plan gewiß berücksichtigen.«

»Unser geliebter Führer wird schon wissen, was er tut«, erklärte Dönitz voll Gottvertrauen.

»Nur«, schränkte Canaris ein, »sehe ich für das alles eigentlich weder militärische noch politische Notwendigkeit.«

»Das Genie des Führers denkt eben weit voraus in die Zukunft. Er hat uns bisher von Sieg zu Sieg geführt. Ein großes Volk wie das unsere braucht Kolonien, braucht Lebensraum.«

Canaris hielt sich auch hier wohlweislich zurück. »Bisher«, schränkte er ein, »bisher.« Das Wort Wahnsinn vermied er. Immerhin kannte er Dönitz als Bewunderer des Führers, als einen von den vorbehaltlosen Nibelungentreuen.

Vorsichtshalber wechselte Canaris das Thema. Locker und witzig erzählte er Berliner Klatsch, wo er sich ebenfalls gut unterrichtet zeigte. Er sprach über Theater, Film, Musik und Mode.

Dönitz unterbrach ihn: »Stimmt es, daß Gustav Fröhlich den Reichsminister Goebbels geohrfeigt hat?«

»Fröhlich war mit dieser tschechischen Filmschauspielerin Lida Barowa liiert. Der Minister hat sie ihm ausgespannt.«

»Wie kam Goebbels bloß gegen so einen Sonnyboy an?« staunte Dönitz.

»Nun«, meinte Canaris, »Fröhlich sieht gut aus, ist aber doch nur ein dummer Schauspieler, der vor der Kamera seinen Text aufsagt. Goebbels hingegen, wir kennen ihn ja, ist zwar ein Teufel, aber ein geistreicher, charmanter, hochintelligenter Satan. Macht, so behauptet man, ziehe gewisse Frauen an. Außerdem soll er besonders gut im Bett sein.«

»Goebbels hat Fröhlich also seine wunderschöne Geliebte weggeschnappt«, kommentierte Dönitz.

»Sie haben ein ziemlich heißes Verhältnis. Es soll die riesengroße, wahre, einmalige Liebe sein. Es ging so weit, daß Goebbels sich sogar von Magda scheiden lassen wollte.«

»Was heißt wollte? Was Goebbels will, setzt er immer durch«, wandte Dönitz ein.

Canaris nahm einen Schluck Mosel. »Leider kam Hitler die Affäre zu Ohren. Daraufhin muß es ein fürchterliches Donnerwetter gegeben haben. Schließlich war Hitler bei Goebbels Trauzeuge und ist Pate seiner Kinder. Hitler, offenbar noch geschädigt durch den Röhm-Skandal, verbat sich solche Sauereien in der Parteispitze. Daraufhin bot Goebbels seinen Rücktritt an. Doch Hitler erklärte, er brauche ihn, und ließ möglicherweise durchblicken, daß er, für den Fall seines Todes, Goebbels zu seinem Nachfolger auserwählt habe. Und und und ... Da wurde der kleine Jupp eben weich.«

Dönitz wunderte sich. »Und Gustav Fröhlich dreht bei der UFA neue Filme?«

»Weil Goebbels nicht nachtragend, sondern eher tolerant ist. Er läßt ja auch Gustaf Gründgens weiterwursteln, ernannte ihn sogar zum Staatsrat, obwohl in Berlin jedermann weiß, daß er so schwul ist, daß in seinen Händen schon die Telefongroschen schmelzen.«

»Dachte immer, Gründgens sei verheiratet«, erwähnte Dönitz.

»Eine reine Alibi-Ehe«.

So hechelten sie alle möglichen Berliner Prominenten durch. Plötzlich fiel Dönitz ein Name ein.

»Nordstein, wie geht es unserm alten Kameraden, General Nordstein?«

Obwohl niemand mithörte, wurde die Stimme von Admiral Canaris leiser. »Nach dem dummen Abhörzwischenfall kam Nordstein noch einigermaßen glimpflich weg. Freunden von ihm gelang es zu arrangieren, daß er nur strafversetzt wurde. Er befehligt weit oben im Eismeer einen Armeekreis.«

»Waren es nicht drei Personen damals im Dezember in der Kaiserhofbar?«

Canaris nickte. »Der zweite, Baron von Zelitsch, ein Diplomat, entkam nach Schweden.«

»Nach Schweden?« Dönitz wunderte sich. »Wie das denn angesichts unserer scharfen Grenzkontrollen?«

Canaris wußte es, gab es aber nicht preis. »Keine Ahnung. – Nur den dritten aus der Runde, Professor Kant, hat es schlimm erwischt. Er sitzt im KZ Oranienburg, weil Atomphysiker derzeit in der Rüstung nicht gebraucht werden. Man versuchte ihn herauszuholen. Aber vergebens.«

Dönitz plagte weiterhin die Neugier. »Wer versucht das?«

»Die Neutralen.«

Dönitz wußte immer etwas mehr, als er zugab. Manchmal verriet er sich auch. »Hat da wieder einmal dieser rothaarige Filmstar mit der dunklen Stimme die Hand im Spiel?«

»Möglich.«

»Ich meine Zarah Leander«, betonte Dönitz.

»Ich weiß, wen Sie meinen«, sagte Canaris und log: »Aber ich kann es nicht bestätigen.«

Mit seinem halbvollen Bierglas brachte Dönitz einen Toast aus. »Viktoria! Deutschland siegt an allen Fronten, und es möge weiterhin so bleiben. – Ach, übrigens, Canaris, was läuft in Richtung ›Charta‹?« Dönitz buchstabierte es noch einmal: »C-h-a-r-t-a!«

Um Zeit zu gewinnen, bat Canaris zum Kaffee in sein Arbeitszimmer. Er rauchte eine Havanna, Dönitz hingegen behauptete, er sei Nichtraucher, was jedoch nicht unbedingt stimmte.

Zwischen Kamin und Bücherwand in den Clubsessel geflezt, fragte Canaris mit dem traurigen Blick eines Hundes, der zu Unrecht getreten worden ist: »Was wissen Sie von ›Charta‹, Dönitz?«

»Ich hörte in einem Offizierscasino in Paris davon.«

Canaris war besorgt darüber, daß nicht zuständige Generalskreise offenbar über »Charta« diskutierten. Gab es da schon wieder eine undichte Stelle? »›Charta‹ ist eines unserer geheimsten Spionageobjekte«, deutete er an.

»Und die Quellen?«

»Es gibt mehrere. Sowohl in London wie in Washington.« Canaris wich aus, aber Dönitz blieb hartnäckig.

»Und was steckt dahinter?«

Weitausholend versuchte Canaris etwas darzulegen,

ohne Genaueres zu sagen. »Wir arbeiten mit Hochdruck daran. Es sieht aus, als wollten Briten und Amerikaner einen kolossalen – wie nennt man es im Englischen? – Deal durchziehen.«

»Etwa der Kriegseintritt der USA?« tippte Dönitz.

Canaris winkte ab. »Die werden sich hüten. Um auch nur den kleinsten Tropfen Blut eines ihrer feinen amerikanischen Boys in Europa zu opfern, dafür erhält Roosevelt keine Mehrheit im Kongreß. Nein, es geht um verstärkte materielle Hilfe.«

»Die leisten sie doch schon«, erwiderte Dönitz. »Sie verabschiedeten das Pacht-Leih-Gesetz.«

Als sei ihm seine Uniformjacke plötzlich zu eng geworden, rollte Canaris die Schultern. »Seitdem sie fürchten müssen, daß Hitler Rußland angreift, sehen sie an der Wand das Menetekel einer deutschen Weltherrschaft. Dagegen wollen sie wohl etwas mehr unternehmen als nur Lieferungen von Waffen, Benzin, Dosenschinken und Kaugummi.«

Genaueres über den Stand der Ermittlungen in Richtung »Charta« war von Canaris nicht zu erfahren, denn die Türglocke schrillte. Wie es aussah, kam noch ein später Besucher.

Er war nicht angemeldet, schien aber vom gemeinsamen Abendessen der Admirale gewußt zu haben. In imponierender Größe – blond, drahtig, nordisch, langer Schädel, blasse Haut – stand er im Durchgang zur Halle. Ein Mann mit stechenden Augen in der schwarzen Uniform eines SS-Obergruppenführers.

Es war Reinhard Heydrich, Chef der Gestapo-Zentrale in der Prinz-Albrecht-Straße. Seine Nervigkeit ließ vermuten, daß er etwas ungeheuer Wichtiges mitzuteilen hatte.

Noch schwieg er, doch er galt als hervorragender Inszenator, sowohl was seine Ränkespiele als auch was seine Karriere betraf. Er ging über Leichen. Mord war sein Alltagsgeschäft. Stöhnend ließ er sich in den freien Clubsessel fallen.

»Erst einmal brauche ich etwas Trinkbares.«

»Bier, Wein, Kaffee?« bot Canaris an.

»Etwas Hartes, bitte.«

Er bekam temperierten Cognac in einem dickbauchigen Glas. Dann gab er seine Information preis, natürlich mit der nötigen Ouvertüre.

»Es kam eben erst herein«, setzte er an. – Pause. – »Der Anschlag auf Josef Stalin ist leider schiefgegangen.«

Canaris und Dönitz wechselten verstohlene Blicke.

»Ich wußte gar nicht, daß so etwas vorgesehen war«, äußerte Canaris verblüfft.

»Das ganze Sondereinsatzkommando ist aufgeflogen. Es kam bis Moskau. Dort ging alles schief. Keiner hat es überlebt.«

»Es war wohl unprofessionell geplant«, wagte Canaris einzuwenden.

»Bleiben Sie mir vom Hals mit solchen Sprüchen, Admiral!« brauste Heydrich auf. »Ihr Amt hätte das aus sogenannten moralischen Gründen gar nicht erst in die Hand genommen. Und zwar deshalb, weil die meisten noch nicht kapiert haben, daß im Krieg alle Mittel erlaubt sind.«

»Wir haben Frieden mit Rußland«, bemerkte Dönitz, korrekt wie immer, »und gültige Verträge. Wer also hat den Anschlag verübt? Die britische CIC, ein OSS-Kommando?«

Heydrich lachte kopfschüttelnd in sich hinein. »Sind Sie so naiv, Herr BDU, oder tun Sie nur so?« Dann schwieg er bedeutungsvoll. Es schien, als sammle er die Gedanken. Sei es für eine Schilderung der Ereignisse oder um die Konsequenzen aus dem Vorfall darzulegen.

»Es waren acht unserer besten Männer. Vermutlich war Verrat im Spiel. In Moskau kamen sie ohne Hilfe nicht aus. Irgendwelche subversiven Elemente braucht man für derartige Operationen immer. Offenbar arbeiteten sie als Doppelagenten und waren von der GPU gekaufte Verbrecher.«

Heydrich goß eigenhändig Cognac nach. Er trank und fuhr mit schon festerer Stimme fort: »Auf dringenden Wunsch der obersten Führung steht nun ein anderer hoher Herr auf der Abschußliste.«

»Wer?« Canaris frotzelte: »Etwa Haile Selassie, der Kaiser von Äthiopien?«

Diese Bemerkung löste bei Heydrich nur Verachtung aus. »Das neue Projekt hat allerhöchste Priorität. Auch ein Zyniker wie Sie, Admiral, wird die Notwendigkeit bald begreifen.«

»Und wer führt es durch?« begehrte Dönitz zu wissen.

Heydrich sprang auf und marschierte in seinen hochglanzpolierten Reitstiefeln mit den eleganten Nappalederschäften auf und ab, immer um den Teppich herum. Ruckartig blieb er stehen und giftete: »Um wen es sich als Zielobjekt handelt, das interessiert die Herren Admirale wohl gar nicht.«

»Wir brennen darauf, es zu erfahren«, erwiderte Canaris grinsend.

Endlich ließ Heydrich die Überraschung heraus. »Churchill«, preßte er zwischen den Zähnen hervor. »Winston Churchill, der britische Premier, rückt nun nach ganz oben auf der Todesliste. Immerhin hat dieser Bluthund uns den Krieg erklärt und nicht wir ihm. Das wird, wie mir scheint, stets vergessen.«

Canaris konnte sein Lästermaul nicht halten. »Warum nicht gleich Präsident Roosevelt?«

Mit arroganter Nachsicht tat Heydrich diesen Einwand ab. »Roosevelt ist ein kranker Mann und durch die Folgen einer späten Kinderlähmung an den Rollstuhl gefesselt. Er verhält sich friedlich und neutral. Wer ihn allerdings umstimmen könnte, ist dieser infame Hundesohn Churchill. Deshalb lautet die Losung: Ein Ritterkreuz für Churchills Kopf.«

»Und wer, bitte, soll es sich verdienen?« wandte Dönitz ein.

»Vorschläge, meine Herrn!« forderte Obergruppenführer Heydrich. »Vorschläge!«

Canaris bemerkte ironisch: »Für Churchills Kopf ist also das Ritterkreuz ausgelobt. Haben Sie nichts Besseres anzubieten, Heydrich? Das Ritterkreuz hat doch beinah schon jeder.«

»Aber nicht«, entgegnete Heydrich wütend, »das große Ritterkreuz in Gold.«

Bei der Erwähnung von Orden schien Dönitz aufzuwachen. »Ritterkreuz in Gold – gibt es das denn?«

»Vielleicht bald«, deutete Heydrich an.

Canaris murmelte etwas Lästerliches vor sich hin. »Bieten Sie lieber kein Ritterkreuz, sondern ein Rittergut. Aber möglichst in Oberbayern und nicht in Oberschlesien.«

»Warum nicht dort?«

Canaris verschwieg, daß es unsicher sei, ob es nach dem geplanten Rußlandfeldzug ostdeutsches Land in der jetzigen Front noch geben würde.

Heydrich achtete nicht weiter auf die Antwort, denn an der Wand war ihm etwas aufgefallen. Zwischen dem Kamin und der Barockvitrine hing eine alte Geige aus dunklem Holz, dazu ein Bogen. Heydrich, allgemein als hervorragender Geiger bekannt, schien entzückt.

»Darf man?«

»Nur eine Schülergeige«, sagte Canaris. »Sie stammt von meinem Vater. Er hat sie irgendwo in Böhmen erworben.«

Vorsichtig, beinahe zärtlich, nahm Heydrich das Instrument mit seinen langen Fingern von der Wand, hielt es gegen das Licht und schaute durch das Resonanzloch hinein. Seine Miene hellte sich auf. Er schien etwas entdeckt zu haben. »Das ist ja eine Steiner-Geige. Hier steht es. *Steiner fecit.*«

»In Böhmen gab es an jeder Ecke eine Geigenbauerfamilie mit dem Namen Steiner«, bedauerte Canaris. »Es ist nur eine billige Zigeunerfidel. Einen Mercedes kriegen Sie nicht dafür.«

Mit dem Daumen zupfte Heydrich die Saiten an. Er stimmte die Geige, was ihm mit Hilfe seines perfekten Gehörs, ohne daß jemand den Kammerton – a – vorgab, gelang. Dann spannte er den Bogen und strich einige Male über die Saiten.

»Wunderbar dieser Klang. Ist es erlaubt?« fragte der Mann, der gewohnt war, nur auf Stradivaris oder Amatis zu spielen.

Ohne die Zustimmung abzuwarten, baute er sich mitten im Salon auf. Breitbeinig stellte er sich hin, setzte die Geige unters Kinn, legte den Bogen an. – Gewöhnlich spielte er nur Klassisches von Brahms, Schumann oder Mozart. Doch heute intonierte er ein britisches Volkslied. Äußerst gefühlvoll ließ er die einfache Melodie von: »It's a long way to Tipperary« erklingen. Und danach die Melodie jenes Songs, den die Deutschen umgedichtet hatten, von: »We will hang our washing on the Siegfried Line« zu »In Dünkirchen traten wir euch in den Arsch hinein«. Heydrich spielte hingegeben, fast andachtsvoll mit geschlossenen Augen. Er spielte so versunken, als genieße er noch einmal die Musik, als ahne er, daß er nicht mehr lange lebte.

Ein Jahr später sollte er in Prag durch ein Bombenattentat ums Leben kommen.

15

Das deutsche Afrikakorps nimmt Agédabia und Bengasi. – Bertolt Brechts »Mutter Courage« wird in Zürich uraufgeführt.

3. April 1941

Der frischbeförderte Kapitänleutnant Sigurd Brandenburg war nicht nur Liebling von Konteradmiral Dönitz, sondern auch ein Liebling der Götter. Immer bekam er, was er wollte. Und das nicht irgendwann, wenn die Wünsche schon eine Nummer zu klein waren, sondern sofort.

Zurück von der letzten erfolgreichen Feindfahrt, hatte er sich für sein ausgedientes Boot ein neues erbeten. Nun lag es im Ausrüstungsbecken des Bunkers vor Lorient. Es war so nagelneu, daß es noch nach »Deutsche Werft Hamburg«, nach Farbe, Leder, Metall und Holz roch. Alles im Boot war frisch lackiert. Nicht mehr in eintönigem Grau, sondern in zartem Grün. Die Armaturen, die Handräder, die Ventile, die Schalter, alles blitzte. Die Flurplatten glänzten wie poliert, ebenso das Holz der Innenverschalung, das Polsterleder in der O-Messe, die Töpfe in der wenige Quadratmeter kleinen U-Boot-Kombüse, die Geräte im Funk- und im Hochraum.

Brandenburgs I WO, ein Bursche wie aus einer nordischen Esche geschnitzt, meldete das Boot klar: »Treibstoff, Proviant, Wasser, Munition übernommen. Besatzung vollzählig. Wir wären bereit zum Auslaufen, Herr Kaleu.«

»Was heißt wären?« stutzte Brandenburg. »Sind wir es, oder sind wir es nicht?«

Brandenburg konnte man nachreden, was man wollte, aber mit fünf Feindfahrten als WO und drei als Kommandant war er nicht unerfahren. Aus der eingeschränkten

Klarmeldung seines WO hörte er heraus, daß etwas fehlte. »Und die Torpedos?« forschte er nach.

»Die waren an Bord, zehn C 7, Herr Kaleu.«

»Wieso waren?«

»Man hat sie heute morgen wieder abgeholt, Herr Kaleu.«

Davon wußte Brandenburg nichts, denn er hatte mit einer Gruppe gleichgesinnter junger Kommandanten bis zur Dämmerung gefeiert. »Das kann nicht wahr sein!«

»Alle zehn Torpedos, Herr Kaleu«, bestätigte der I WO.

»Was ist da los? Ich rufe sofort an.« Brandenburg wollte ins Büro des Werftleiters eilen, um mit der Flottille zu telefonieren, als oben an der Pier ein Melder erschien. Er hatte eine Nachricht für U-Brandenburg.

Nur für Kommandanten stand außen auf dem versiegelten Umschlag. Brandenburg quittierte den Empfang. Noch auf dem Turm riß er den Umschlag auf. Was er vorfand, war lediglich eine Befehlsänderung:

Auslauftermin um vierundzwanzig Stunden verschoben.
gez. Carlsen

Brandenburg hatte dafür nur eine Erklärung. Es mußte mit den Torpedos zusammenhängen. Sollte es etwa doch Sabotagen gegeben haben? Traf möglicherweise zu, was man bei Lützow als Feigheit vor dem Feind ausgelegt hatte, nämlich die reihenweisen Torpedoversager? – Bei ihm waren diese Mängel bis jetzt nicht aufgetreten. Aber er war ja auch ein Glückskind.

Brandenburg ließ den LI auf die Brücke rufen.

»Kommando zurück!« befahl er. »Neuer Auslauftermin X plus vierundzwanzig Stunden.«

»Bleiben wir in Seeklar-Bereitschaft, Herr Kaleu?«

»Nein, das Maschinenpersonal, natürlich auch die seemännische Besatzung bis auf die Wache, kann an Land gehen und noch einmal in einer anständigen Koje schlafen. Ich bitte mir jedoch aus, daß keine Besäufnisse veranstaltet werden.«

Mehr sagte er nicht. Entscheidungen pflegte Brandenburg erst dann zu begründen, wenn es nicht zu vermeiden war. Ebenso schränkte er Gespräche und Umgang mit seinen untergebenen Offizieren auf das Nötigste ein.

In der Nacht rollte ein schwerer Büssing-Lkw mit Anhänger in den U-Boot-Bunker. Er kam aus Travemünde. Die Fahrer hatten 1500 Kilometer pausenloser Fahrt hinter sich. Zu Tode erschöpft schliefen sie in ihrer Kabine ein und überließen das Abladen dem Werftpersonal mit seinen Hebekränen und Flaschenzügen.

Der Lastwagen hatte Torpedos geladen. Zehn Stück, so viele, wie das Boot aufnehmen konnte, alles neuentwickelte T 5.

Die Torpedomixer von Brandenburgs Besatzung wurden aus der Kaserne geholt. Gegen Morgen, als der Kommandant im Bunker erschien, glitt gerade der letzte der sieben Meter langen, unter der Fettschicht aluminiumglänzenden Aale durch das Torpedoluk ins Innere des Bootes.

Der Waffenoffizier der 10. Flottille überwachte den Ladevorgang. Ein wenig besorgt wandte sich Brandenburg an ihn: »Sind das etwa schon die neuen LUT?«

»Von außen sieht man es nicht«, meinte der Oberleutnant, »anders ist es bei den Eingeweiden. Schweig stille, mein Herz, das sind ganz andere Welten.«

Er hatte insofern recht, als der neue Torpedo den herkömmlichen zum Verwechseln ähnlich sah. Lediglich den Sprengkopf hatte man rot lackiert, und die Zündpistole hatte eine etwas andere Form, in etwa die einer weitgeöffneten Kralle. Der gegenläufige Doppelpropeller, Seiten- und Tiefenruder hinten, das alles war völlig identisch.

»Der LUT kann aus jeder Lage geschossen werden«, erklärte der Waffenoffizier. »Er sucht sich sein Opfer beinahe von selbst. Er spricht auf Maschinengeräusche und Magnetismus an. Natürlich vollelektrisch. Seine Technik hat mehr Röhren als zehn Radios, insgesamt sechzig, und jede Menge kleiner Stellmotoren.«

»Ganz schön kompliziert, der Dobbas«, meinte Brandenburg. »Wie man damit schießt, das brachten sie uns in der letzten Schulung bei, aber . . .«

»Sie müssen nur bedenken, daß er durch den elektrischen Antrieb nicht so schnell ist wie ein Lufttorpedo und nicht so weit läuft.«

»Ich hörte von sechstausend Metern bei zwanzig Knoten.«

»Plus minus zehn Prozent«, meinte der Waffeningenieur, »eher plus.«

»Und wer soll das komplizierte Gerät warten und regeln? Meine Torpedomixer sind am T 5 nicht ausgebildet.«

Der Waffenoffizier deutete auf einen Mann, der außer Hörweite auf seinem Seesack hockte. Er trug Blau mit den Goldlitzen eines Maats am Kragen. Trotz seiner Jugend wirkte er wie ein auf die Spitze gestelltes Dreieck, als er nach einem Wink des Waffenoffiziers herüberkam.

»Das ist Ihr Experte«, sagte der Waffenoffizier zu Brandenburg. »Er wurde extra von der TVA abgestellt.«

»Torpedomaat Reutter meldet sich an Bord kommandiert«, schnarrte der Unteroffizier und grüßte so militärisch zackig, wie es nur noch bei Heimatverbänden üblich war.

»Steigen Sie ein«, sagte Brandenburg, »übergeben Sie dem II WO Ihre Papiere, und lassen Sie sich eine Koje anweisen.« Dann wandte er sich wieder an den Waffenoffizier: »Wir sind also eine Art Versuchskaninchenstall.«

Der Waffenoffizier der 10. Flottille lächelte über diese Bemerkung nur. »Manche Kommandanten würden dafür bis Tripsdrill marschieren. Es ist eine besondere Auszeichnung für Sie, Kamerad Brandenburg.«

Brandenburg ahnte, wem er das verdankte. Die Frage, ob es mit den neuen Torpedos auch gutging, stellte er sich gar nicht erst, denn schon wenig später kam der Auslaufbefehl für Dämmerungsbeginn 19.00 Uhr.

U-Brandenburg verholte in die Schleuse. Das übliche Brimborium begann. Die Freiwache war im nagelneuen grauen Lederzeug an Deck angetreten. Eine Marinemusikkapelle spielte »Blau ist das Meer«. Mädchen standen mit Blumensträußen da und warfen sie auf das Boot.

Bald war der Spuk zu Ende. Als der Wasserspiegel in der Schleuse sich dem in der Hafeneinfahrt angepaßt hatte, machten sie die Leinen los. Die Maschinen gingen langsame Fahrt voraus. Der obligatorische Sperrbrecher und ein mit Flak bespicktes Vorpostenboot nahmen U-Brandenburg auf. Sie bildeten Geleitschutz bis ins tiefe Fahrwasser.

Indessen war Kapitän zur See Carlsen von der Schleuse zu einer bei den Schuppen wartenden Limousine gegangen und schob sich hinein. Im Fond saß ein Admiral.

Dönitz, Befehlshaber der U-Boote, sagte: »Damit hätten wir ihn auf den Weg gebracht.«

»Ein neues Boot, die neuen schlauen Torpedos, eine motivierte Besatzung, ein tüchtiger Kommandant. – Und das Glück hat er auch gepachtet.«

»Schon Fridericus Rex forderte von seinen Offizieren: Ich will, daß Sie Glück haben, Messieurs.«

»Nach meinem Gefühl«, äußerte Carlsen, »wird der Junge mal einer von den ganz Großen.«

Dönitz gab dem Fahrer ein Klopfzeichen. Der schwere Mercedes wendete, rollte durch das Hafengelände und durch die Stadt nach Kernevel.

»Sigurd Brandenburg«, nahm Dönitz das Gespräch wieder auf, »liegt mir sehr am Herzen. Von dem Tag an, als ich diese Wikinger-Gestalt zum ersten Male sah, habe ich seine Karriere verfolgt und dirigiert. Ich gebe zu, daß ich mit ihm bestimmte Pläne habe.«

Carlsen verstand seinen Chef. »Sie meinen, wir brauchen einen neuen strahlenden Helden.«

»Ja, einen jungen Sieger mit einem Ruf wie Donnerhall. Besonders jetzt, wo die alten Recken müde werden. Die

Luftwaffe hat ihren Mölders, ihren Hartmann, die Panzer haben ihren Guderian, und was haben wir? Prien kränkelt, Endraß ist vermißt, Lützow wegen Insubordination nur noch Heizmaterial im Osten. Wir müssen dafür sorgen, daß die Heimatbevölkerung und ebenso die oberste Führung merken, daß es uns noch gibt. Gerade heute, wo die Erfolge nachlassen. Das neue Bauprogramm wird Milliarden verschlingen.«

Sie hatten das Sardinenschlößchen erreicht, hatten zu Abend gespeist, nahmen noch ein Glas roten Bordelais und gingen nach Vorlage der letzten Meldungen zu Bett.

Draußen auf See verabschiedeten der Sperrbrecher und der Flakbewacher sich von U-Brandenburg. An Bord begann die Kriegsmarschroutine.

»Zweimal halbe Fahrt!« befahl Brandenburg, was etwa vierzehn Meilen pro Stunde entsprach.

Der gestreckte Bootskörper durchschnitt wie ein Messer die See. Dabei warf er eine Bugwelle, die, auf beiden Seiten sich verbreiternd, langsam auslief. Alle vier Stunden wurde ein Diesel abgestellt, damit die Abgasventile eingeschliffen werden konnten. Dies, um zu verhindern, daß sich Ölkrusten bildeten, durch die bei Tauchfahrt Wasser eindrang. Funksprüche gingen hin und her. Bis jetzt ganz normale, die von den Funkern selbst entschlüsselt werden konnten. Nur die Offiziers- und Kommandantenfunksprüche mußten zweimal durch die Kodiermaschine gedrückt werden.

Gegen Morgen kam Atlantikdünung auf. Das Boot arbeitete schwerer. Brandenburg sprach mit seinem Obersteuermann: »Wann ungefähr sind wir da? Aber stellen Sie erst mal Ihre Tasse ab. Wir halten hier kein Kaffeekränzchen.«

»In zwei Tagen, Herr Kaleu!«

Ihr Operationsgebiet war die nördliche Irische See, wo fast alle englischen Geleitzüge durchkamen.

»Distanz siebenhundert Meilen«, rechnete der Obersteuermann. »Genaue Anmarschzeit vierundvierzig Stunden. Wenn wir nicht tauchen müssen.«

Gegen Morgen ließ Brandenburg das FU-MB, die Radarmeldeantenne, auf die Brücke stecken. Immer wieder schärfte er der Wache ein: »Achtet mir auf alles. Besonders auf Flugzeuge. Beim geringsten Radarimpuls sofort auf Tiefe gehen.«

Jedermann wußte, daß der Seebereich zwischen Bretagne und Cornwall schärfstens überwacht wurde. Mehrmals täglich suchten britische Fernaufklärer alle Planquadrate ab. Gegen Mittag meldete der Mann im Funkraum ein feines Radarpeilsignal. Brandenburg ließ sofort tauchen. Dies aber friedensmäßig, ohne Alarm.

»Auf siebzig Meter gehn!«

Die Besatzung sollte ausspannen, ein wenig schlafen. Brandenburg zog sich in sein Schapp hinter dem grünen Filzvorhang zurück. Dort lag er auf der Koje und döste mit geringstem Energieverbrauch vor sich hin. Dabei dachte er an vieles, in der Hauptsache aber an sein sprichwörtliches Glück, das er in überreichem Maße besaß und von dem er hoffte, daß es ihn nie verlassen würde. Möglichst sein ganzes Leben lang nicht. Da es für jeden Menschen immer nur eine gewisse Menge Glück gab, schien es fast so, als würden jene Portionen, die die anderen verließen, sich auf sein Glück aufpacken.

Schon mit der Geburt hatte es angefangen. Sein Vater, Eigentümer von Gut Trieboff am Schweriner See – eintausendzweihundert Hektar Acker, Viehweiden und Wald –, war aktiver Offizier gewesen. Die Niederlage im Ersten Weltkrieg hatte er nie verwunden und noch weniger die Schmach des Versailler Vertrages. Schon früh war er dem deutschnationalen Stahlhelm beigetreten und 1929 der NSDAP. Er war stolz auf seine sehr niedrige Mitgliedsnummer. Die Familie Brandenburg zählte zu den persönlichen Freunden Hitlers. Noch im Jahr 1917 hatte seine Mutter dem Hauptmann Brandenburg einen Sohn geboren. Kaum auf der Welt, galt Sigurd als der Schönste. Er wuchs zu einem nordischen, wie von Arno Breker gemeißelten Jüngling heran. Es wäre so gut wie unmöglich gewesen, seinem Aussehen, seinem Charakter und seinen Fähigkeiten noch ein besonderes Attribut hinzuzufügen. Er war perfekt. In der Schule war er Primus, auch bei den Leibesübungen. Nach dem Abitur kam er auf eine Napola, eine nationalsozialistische Ausleseschule am Starnberger See. Danach holten sie ihn auf die Eliteordensburg Vogelsang. Schon im Jahre 1935, als er seine erste Segelregatta auf dem Schweriner See gewonnen hatte, stand sein Berufsziel fest. Er wollte Seeoffizier werden. Nach achtzehn Monaten bei der Marine wurde er Leutnant und Kommandant eines Schnellbootes. Doch die im Aufbau befindliche U-Boot-Waffe lockte ihn sehr. Inzwischen hatte er sein eigenes Boot. Er galt als scharfer Hund, aber auch als mutig, linientreu und zuverlässig. Was ihm noch fehlte, waren das Ritterkreuz und eine Frau. Die hatte er auch schon auserwählt, nämlich eine wunderhübsche blonde ostpreußische Baronesse. Im nächsten längeren Urlaub wollte er sie heiraten. – Doch erst mußte der Halsorden, das Ritterkreuz, her.

Daran dachte Brandenburg und war ganz sicher, daß sich sein Glück bald in irgendeiner Form zeigen würde. Vermutlich durch den Turmausguck oder den Horcher, indem sie einen dicken Frachter meldeten.

Sechzehn Stunden später war es soweit. Auf 05 Grad West, an der Tangente der Cardigan-Bay, meldete der Wachhabende: »Silhouette an Steuerbord!«

Es ging auf 23 Uhr. Sie hatten Dreiviertelmond. Er stand aber auf der Landseite, so daß er die See glitzern ließ und das Boot deckte. Brandenburg enterte auf. Alles starrte durch die Nachtgläser.

»Verdammt und zugenäht! Das ist kein Dampfer«, bemerkte Brandenburg hochzufrieden.

»Ein mittelschwerer Kreuzer, Herr Kaleu.«

»Southampton-Klasse«, ergänzte Brandenburg als hervorragender Kenner aller Schiffstypen des Gegners.

»Geschwindigkeit zweiundzwanzig Knoten«, schätzte der WO.

»So was läuft einem U-Boot nur einmal im Leben vor die Rohre«, sagte Brandenburg.

Er bekam ihn aber nur, wenn er direkt auf ihn zufuhr. Dadurch zeigte er ihm die schmale Silhouette. Das war gut so, aber mit E-Torpedos erreichte er ihn nicht auf diese Entfernung.

»Abstand?«

»Achttausend.«

Brandenburg hatte sich entschieden. »Neuer Kurs!« befahl er durch das Brückensprachrohr, »Null-neun-fünf. Beide Maschinen äußerste Kraft voraus!«

Das Boot drehte auf den Gegner zu. Die Diesel wurden hochgefahren und ließen den Rumpf bis zum Schanzkleid erzittern. Wie es aussah, kamen sie näher, wenn auch langsam.

»Zieloptik auf die Brücke. Klarmachen zum Überwasserschuß.« Brandenburg umklammerte ungeduldig ein Stück Eisen der Turmverkleidung.

»An LI! Geben Sie mir, was Sie drin haben. Notfalls E-Maschinen zuschalten!«

Bald hörte es sich an, als rausche die Bugwelle um eine Kadenz höher. Kurz vor Mitternacht hatten sie sich in Schußlage gebracht.

»Rohr eins und drei!« befahl Brandenburg. »Nein, belege das Kommando. Viererfächer Abstand dreitausend. Gegner Geschwindigkeit zwanzig Meilen. Lage Null. LUT, kurze Laufzeit, Tiefeneinstellung sechs Meter.«

Brandenburg wagte den Viererfächer. Schon kamen die Rückmeldungen. Der Maat am Schußrechner zeigte klar: »Deckung!« Der Torpedoraum ebenso. Brandenburg behielt den in spitzem Winkel auf sie zulaufenden Kreuzer, dessen Abstand dadurch geringer wurde, im Fadenkreuz der Zieloptik. Nur noch eine halbe Minute wollte er zugeben.

»Begleitzerstörer nicht erkennbar«, meldete der Ausguck.

»Torpedo Achtung . . .! Torpedo los . . .!«

Sie drückten die Stoppuhren. Kaum waren die Torpedos draußen, drehte Brandenburg das Boot hart nach Steuerbord, um abzulaufen und notfalls einen Gegner mit dem Hecktorpedo abwehren zu können.

Drunten wurde in höchster Eile nachgeladen. Der neue Torpedomixer, Maat Reutter, leistete erstklassige Arbeit. Die Bestzeit der Besatzung lag bei zwölf Minuten für die vier Bugrohre. Während sie abdrehten, stiegen drüben Wassersäulen hoch. Detonationen dröhnten herüber. Eine . . . zwei . . . es war nicht zu fassen . . . eine dritte und eine vierte. Alle T 5 hatten ihr Ziel gefunden. Stichflammen zuckten empor. Gleich reihenweise. Kleine und eine ganz gewaltige. Das war wohl der Treffer in die Munitionsräume gewesen. Noch eine weitere schwere Detonation erfolgte. Vermutlich kam sie aus den Treibstoffbunkern oder auch von den Wasserbomben an Deck.

Brandenburg dachte nicht an die tausend Männer, die da drüben zerfetzt wurden, die im auslaufenden Öl, das auf dem Wasser brannte, verschmorten. Wenn Kriegsschiffe sanken, dann sanken sie schnell.

Ein Schrei des Achterausgucks ließ ihn herumfahren.

»Zerstörer in Richtung sieben Uhr! Vermutlich auf Rammkurs!«

Kein Wunder, daß man sie entdeckt hatte. Aber das U-Boot zeigte dem Gegner sein giftiges Heck.

»Heckrohr klar zum Überwasserschuß!«

Der Gegner war bestenfalls zweitausend Meter entfernt und näherte sich ihnen mit bestenfalls achtundzwanzig Knoten. So schnell liefen die britischen Zerstörer. Aber der Tommy hatte keine Ahnung von der Treffsicherheit der neuen T 5.

In beherrschter Ruhe gab Brandenburg seine Kommandos: »Torpedo los!«

Diesmal vergingen nicht Minuten, sondern nur Sekunden. Torpedo und Zerstörer rasten mit doppelter Geschwindigkeit, also mit mindestens fünfundvierzig Knoten, aufeinander zu. Die Detonation, das Auseinanderbrechen geschah so nahe, daß sie im Mondlicht die Hinrichtung des Zerstörers in allen Einzelheiten verfolgen konnten. Kanonen, Aufbauten, Rettungsflöße, Menschenleiber wirbelten hoch.

»Jetzt aber nichts wie weg«, entschied Brandenburg.

Er setzte einen Funkspruch ab.

Schon eine Stunde später kam die Bestätigung:

Gratuliere! Im Namen des Führers verleihe ich dem Kommandanten das Ritterkreuz. An Besatzung das EK 1 oder, sofern schon vorhanden, Deutsches Kreuz in Gold. Der Führer erwartet Sie in Berlin. gez. BDU.

Als die Besatzung über Lautsprecher davon erfuhr, hallte Jubel durch das Boot.

Brandenburgs Jagdglück hielt weiter an.

»Rauchfahne am Horizont!« wurde gemeldet.

Einen dickeren Brocken hatte Brandenburg nie zu Gesicht bekommen. Es war ein weißer Passagierdampfer mit voller Beleuchtung. Er hatte nur einen Fehler: Seitlich an der Bordwand trug er riesengroß ein rotes Kreuz, das obendrein noch von Scheinwerfern angestrahlt wurde – ein Lazarettschiff also. Offenbar hatte es über Funk von dem marodierenden deutschen U-Boot gehört, und nun versuchte es, mit Höchstfahrt den nächsten Hafen zu gewinnen. In diesem Fall wohl Swansea am Nordeingang des Bristol-Kanals. Der Himmel war bedeckt, das Barometer fiel, Wind kam auf und kündigte Regen an.

»Der Dampfer mißfällt mir irgendwie«, sagte Brandenburg. »Warum hat er es so verflucht eilig? Als Lazarettschiff ist er doch unantastbar und kann sich Zeit lassen.«

»Name *Margatia*«, entzifferte der I WO. »Vermutlich Cunard-Linie, mindestens fünfunddreißigtausend Tonnen.«

»Lazarettschiffe haben in der Regel Verwundete an Bord«, überlegte Brandenburg halblaut, »wo gibt es derzeit Verwundete? Nur dort, wo gekämpft wird. Und wo ist Kampf? In Nordafrika. Aber dann nimmt er einen anderen Kurs. Nämlich von Südwest herauf und nicht von Nordwest herunter. Irgend etwas stimmt nicht mit diesem Pott.«

Weil ihm, wie allen deutschen U-Boot-Kommandanten, das Lusitania-Trauma in den Knochen steckte, setzte Brandenburg einen dringenden Kurz-Funkspruch an den BDU ab.

Für alle Fälle versuchte er eine vorliche Position zu dem Musikdampfer zu gewinnen. Bei Dunkelheit, gegen 21.30 Uhr, kam die Antwort aus Lorient. Sie lautete lapidar: *Ran! Versenken! Laut Agentenmeldung aus Baltimore ein Munitionsfrachter.*

Ohne Zögern leitete Brandenburg den Endanlauf für einen Fächer ein. Dies mit der üblichen Routine und allen vorgeschriebenen Kommandos. Gespannte Stille herrschte auf dem Turm. Nur ab und zu erfolgte eine kurze Bemerkung.

»Er fährt ohne Begleitschutz, Herr Kaleu.«

»Mit dreißig Knoten ist er zu schnell dafür. Und als angebliches Lazarettschiff fühlt er sich sicher.«

Aus Entfernung Fünftausend schoß Brandenburg. Von vier Torpedos trafen zwei. Es war, als hätten sie ein Gebirge von Dynamit entzündet. Der Vulkanausbruch drüben beutelte sie, haute sie mit seiner Druckwelle fast um. Minutenlang knatterten und sprühten rote Garben gen Himmel, als würden die Silvesterfeuerwerke der nächsten zehn Jahre in dieser Nacht abgebrannt. »Von wegen Lazarettschiff«, lautete Brandenburgs einziger Kommentar.

Da sie bis auf einen Torpedo für Notfälle leergeschossen waren, befahl er die Rückkehr zum Stützpunkt. Gewiß waren sie jetzt hinter ihnen her wie die Hölle nach einer reinen Seele.

Um sich zu entspannen, erzählte der II WO Marinewitze.

»Was gibt es da zu quatschen?« fuhr Brandenburg ihn an.

»Ich erzählte eben, was los war, als U 99 unterging. Das Boot sank unaufhaltsam. Sie standen bis zum Bauch im Wasser. In der Zentrale sangen sie das Deutschlandlied. Im Heckraum aber schon das Horst-Wessel-Lied. Sie fürchteten, sonst nicht mehr fertig zu werden.«

»Waren Sie dabei?« höhnte ihn Brandenburg an. »Ich verbiete solchen Unsinn auf meinem Boot.«

U-Brandenburg war noch nicht in Lorient zurück, da tobte schon die britische und amerikanische Presse los. Ihre Radiostationen rund um die Erde warfen den Deutschen wegen Versenkung eines Lazarettschiffes mit zehntausend Verwundeten an Bord Barbarei vor.

Das hörte aber schnell auf, als der deutsche Botschafter in Lissabon dem amerikanischen Botschafter Fotos vorlegte. Sie zeigten die *Margatia* an einem Verladekai in Baltimore, als sie Munition übernahm. Daraufhin drehte die deutsche Propaganda den Spieß um.

In der Heimat wurde Brandenburg in den Zeitungen, im Radio und in den Wochenschauen als strahlender Sieger gefeiert wie keiner vor ihm. Die Besatzung reiste zum Führerempfang nach Berlin. In offenen Autos fuhren sie vom Anhalter Bahnhof zur Reichskanzlei. Menschenmassen jubelten ihnen zu.

Beim Führer gab es dann Tee und feines Mürbgebäck, was allerdings nicht die passende Verpflegung für schnapsgetränkte U-Boot-Fahrer war.

Hitler sprach mit Sigurd Brandenburg allein in seinem Arbeitszimmer. Dabei redete er ihn als »mein lieber Junge« an, denn er kannte ihn von klein auf.

»Wie gedenken Sie Ihren Urlaub zu verbringen?« fragte

der Führer. »Was haben Sie vor? Fahren Sie hinauf zu Ihrer Familie?«

Daraufhin behielt Brandenburg die Neuigkeit nicht länger für sich.

»Ich möchte heiraten, mein Führer.«

»Wen?« erkundigte Hitler sich leutselig und neugierig.

»Dorothea von Königsau«, sagte der Kapitänleutnant stolz.

»Ach, diese schöne Baronesse«, bemerkte Hitler. »Ich kenne die Familie. Gute Wahl, mein Junge. Alles Glück.«

Die Trauung fand in der barocken St.-Nikolai-Kirche in Schwerin statt. Der evangelische Landesbischof nahm persönlich die Zeremonie vor. Konteradmiral Dönitz war einer der Trauzeugen. Fortan galt sein Schützling, Kapitänleutnant Sigurd Brandenburg, bei der deutschen U-Boot-Waffe als der Mann sowohl fürs Feine wie fürs Grobe und als erste Wahl für schwierige und geheime Operationen.

Das sollte eines Tages zu seinem Schicksal werden.

16

Beginn des Feldzugs gegen Jugoslawien und Griechenland. Der japanisch-sowjetische Neutralitätsvertrag wird geschlossen.

11. April 1941
Die Schlacht um England tobte. Die deutsche Luftwaffe bombardierte in pausenlosen Tag- und Nachtangriffen London. In den Luftschutzbunkern der Ministerien jagte eine Konferenz die andere.

Selbst der Kronrat hatte sich in den Keller des Hauses Downing Street Nr. 10 begeben. Dort schirmten meterdicke Betonwände und Decken die erlauchte Versammlung ab.

»Und so erinnere ich noch einmal an den dritten September neununddreißig, als wir gezwungen waren, Herrn Hitler den Krieg zu erklären ...«, kam der britische Premierminister zum Schluß seiner Rede, »... schon immer habe ich vor diesem Mann gewarnt. Heute, auf dem Höhepunkt seiner Macht, plant Hitler die Invasion nach England. Seine Vorbereitungen für das Unternehmen »Seelöwe« sind so gut wie abgeschlossen. Die deutsche Marine steht bereit, die deutsche Luftwaffe bombardiert uns sturmreif. Tausende von Schiffen, Booten, Kähnen, Kuttern, Loggern und Prähmen sind seeklar. Sogar Schiffe aus Beton, angetrieben mit Flugzeugpropellern, ließ Hitler bauen. In Frankreich und Belgien sind nahezu eine Million Soldaten aufmarschiert, um über den Ärmelkanal zu setzen. Ohne Hilfe unserer amerikanischen Freunde sind wir verloren, verloren, verloren ...« Noch einmal erhob sich Churchills Stimme, als er zu dem klassischen Ruf ansetzte, mit dem schon Cato Censorius seine Reden vor Senat und Volk von Rom beendet hatte: *»Ceterum censeo Hitlerum esse delendum!«* Schwer atmend setzte sich der Premierminister, wischte mit einem riesigen Taschentuch den Schweiß aus dem Hals und vom Doppelkinn und steckte seine Zigarre wieder in Brand.

Die Gentleman des Kronrats und ihr exklusiver Gast blickten beeindruckt auf den mit grünem Filz bezogenen Rundtisch und blätterten in ihren Akten.

Als erster fand sich der bullige Amerikaner, Sonderbotschafter Henderson, zu einer Stellungnahme bereit.

»Gentleman«, Henderson faßte sich kurz wie immer, »im Namen des Präsidenten der Vereinigten Staaten darf ich Sie versichern, daß wir nicht nur alles tun werden, was in unseren Kräften steht, sondern noch mehr. Also selbst das Unmögliche. Die Einzelheiten müssen bei dem vorgesehenen Treffen zwischen Ihnen, Sir Winston, und Mister Roosevelt, abgeklärt werden.«

Die Vertreter des Kriegsministeriums, der Industrie und der Bank of England präzisierten daraufhin ihre Forderungen, wonach die Lieferungen der USA zu verstärken und auf eine neue Basis zu stellen seien. Jetzt brauche man auch Flugzeuge, Jäger, Bomber und Tanks.

»Man hat mich befugt, Ihnen zu versprechen«, erwiderte Henderson, »daß die USA bis zu einem Punkt gehen werden, der nur noch wenige Millimeter von jener Grenze entfernt liegt, deren Überschreitung den Eintritt in den Krieg bedeuten würde.«

Daraufhin wurde es so still, daß man das Summen des Ventilators und das dumpfe Wummern ferner Flakabschüsse hörte.

Nun ging es um die Durchführung des Treffens zwischen Churchill und Roosevelt. Es führte noch immer die Codebezeichnung »Charta«.

Der Erste Lord der Admiralität war jetzt an der Reihe. Was er erläuterte, klang so, als seien es nur Vorschläge. Dabei hatten Experten seines Stabes wochenlang daran gearbeitet. Admiral Leicester sprach auswendig, ohne Manuskript.

»Gentlemen, für das Treffen von Mister Roosevelt mit unserem Premier wurden vier Möglichkeiten in Erwägung gezogen und überprüft. Als Orte kommen entweder London, Washington oder eine Insel in Betracht.«

Die letzte Möglichkeit, die vierte, behielt er zunächst für sich.

Admiral Leicester fuhr fort: »London fällt aus Gründen, die wir alle kennen, aus. Mister Roosevelt ist nicht von bester Gesundheit. Die Folgen seiner späten Kinderlähmung fesseln ihn an den Rollstuhl. Trotz aller ärztlicher Fürsorge kann er nicht weit reisen. Außerdem ist London zu gefährlich. Es liegt im Waffenberich des Gegners.«

Daß Churchill und nicht Roosevelt der um Hilfe Ersuchende war, ließ der Admiral mit britischer Arroganz unerwähnt. Das wußte ohnehin jeder der Anwesenden. Andererseits wollte Churchill aber auch nicht als Bittsteller nach Washington kriechen.

Mit ruhiger, ein wenig zu fester Stimme sprach Leicester weiter: »Wenn wir also von Washington als Gesprächsort absehen, wo trifft man sich dann? Auf einer Insel. Auf den Azoren? Auf den Bermudas? Die Azoren sind portugiesisch, und Portugal ist neutral.«

»Island?« wurde dazwischengerufen.

Der Lordadmiral nahm die Anregung auf. »Auch Island ist neutral, wenn ich erinnern darf.«

Einem der Zuhörer, dem Befehlshaber der Territorialstreitkräfte, General Ashley, war aufgefallen, daß der Admiral von den vier möglichen Treffpunkten nur drei erwähnt hatte. »Und Ort Nummer vier?« wandte er logischerweise ein.

Nach deutlichem Atemholen kam der Lord nun auch dazu. Sein Vorschlag klang so abenteuerlich, daß er ihn für zuletzt aufgehoben hatte.

»Gentlemen«, er blickte jedem in der Runde einzeln in die Augen, »bitte steinigen Sie mich jetzt nicht, Gentlemen. Aber wir haben analysiert, daß sich der Präsident und der

Premier am besten in der Mitte treffen. Ich weiß, dort ist der Nordatlantik am tiefsten. Dort ist er aber auch am einsamsten, denn er ist bekanntlich kein Dorfteich. Man kann sich da gut verstecken. Um die Gespräche auf einem Panzerkreuzer zu führen, gesichert von Zerstörern, Korvetten und Trägerflugzeugen, wäre das ein absolut optimaler Ort.« Er machte noch eine letzte Bemerkung: »Natürlich strengste Geheimhaltung vorausgesetzt.«

Ein Bombeneinschlag in der Nähe ließ für Sekunden das Licht ausgehen. Als es wiederkam, fragte der Premierminister gelassen: »Tee oder Whisky, Gentlemen?«

Ein schwarzer Bentley rollte durch die brennende City von London Richtung Kensington Palace Gardens. Auf dem Weg zum Marineoberkommando nahm der Stabschef einen Offizier mit, der wenigstens fünf Dienstgrade unter ihm lag. Der Captain würde vermutlich nie Admiral werden. Doch war das gewiß auch nicht seine Absicht. Er war Reserveoffizier, im Zivilberuf Schallplatten- und Filmproduzent.

Eingedenk dessen, daß die gesellschaftliche Position von Captain Kevin Morton eine bedeutend höhere war als die des Admirals, verhielt sich dieser recht leutselig.

»Hier können wir ungestört und unbelauscht reden«, begann Admiral Coster, »die Trennscheibe ist doppelt und schalldicht. Der Fahrer kann nicht mithören, selbst wenn er die Ohren eines Luchses hätte.«

»Darf man rauchen?« fragte Morton und steckte sich eine *Navy Cut* in Brand. Dabei benutzte er ein goldenes, mit Brillanten besetztes Feuerzeug, für das der Admiral ein Jahresgehalt hätte aufbringen müssen. Während der hagere Coster bequem in der Polsterecke des Fonds lehnte, saß Captain Morton wie stets in gerader Haltung da. Dies schon mit Rücksicht auf seine elegante Maßuniform, die aus der Werkstatt des besten Schneiders in der Saville Row stammte.

»Wie geht es Ihrer Frau?« führte Coster das Gespräch weiter.

»Sie befindet sich noch in den Händen der Gestapo, Sir.«

»Damit haben diese Henker ein Druckmittel gegen Sie. Sie erwarten von Ihnen als Abwehroffizier natürlich Informationen.«

»Speziell über ›Charta‹«, bemerkte Morton. »Und sie werden allmählich ungeduldig.«

»Die Amerikaner«, verriet ihm der Admiral, »fürchten, daß es drüben in Washington eine undichte Stelle geben müsse, denn woher sollten die Deutschen das Projekt ›Charta‹ sonst kennen?«

»Zum Glück haben die Deutschen keine genauen Vorstellungen davon, Sir«, erwähnte der Captain.

Längst hatte er sich seinen Vorgesetzten anvertraut und arbeitete nur auf Befehl als Doppelagent.

»Wir müssen es herausfinden«, forderte der Admiral, der gleichzeitig Leiter der Abteilung Gegenspionage war. »Das Loch könnte auch bei uns sein.«

»Aber wie«, gab Morton zu bedenken, »sollen wir vorgehen?«

Zunächst äußerte Coster sich unpräzise. »Machen wir das bekannt infame Spiel, drehen wir das große Rad.« Nach einer Pause fuhr Coster im Klartext fort: »Wir lassen über Sie, Morton, eine Nachricht durchsickern. Dann sehen wir schon, was passiert, ob die Deutschen unserer Information folgen oder einer anderen, möglicherweise der aus ihrer amerikanischen Quelle. Je nachdem also, wie die Jerries reagieren, werden sie sich entlarven und uns den nötigen Hinweis liefern.«

»Eine getürkte Information«, verstand ihn der Geheimdienst-Captain richtig.

»Was also schlagen Sie vor, Morton?«

Morton drückte seine Zigarette im Aschenbecher aus und dachte einige Zeit nach.

»Wir nennen Canaris zunächst das Abreisedatum und

das Ziel Churchills. Aber nicht alles auf einmal, denn das würde sie mißtrauisch machen. Vorerst verrate ich ihnen den Zeitpunkt des Abfluges. Vielleicht dazu als Richtung Island.«

Der Admiral hob beide Hände, als habe er längst eine bessere Lösung.

Der schwarze Bentley mit dem Admiralsstander auf dem Kotflügel mußte unvermittelt anhalten. Die Feuerwehr war dabei, den Schutt eines bombardierten Hauses von der Straße zu räumen. Nur langsam ging es über Ziegelhaufen und Mauerbrocken weiter. Im Wagen begann es nach dem verbrannten Holz von Türen, Fenstern und Dachstühlen zu stinken. Die Insassen achteten nicht darauf.

»Und wie soll das ablaufen, Captain?« erkundigte sich der Admiral. Offenbar hatte er seine eigenen Ideen rasch verworfen.

Am Ende der Straße tauchte das Grün eines Parks auf und nicht weit davon entfernt der rote Backsteinbau der Marineleitung.

»Ich habe eine Adresse in Portugal«, erklärte Captain Morton, eine Telefonnummer. Dort rufe ich an.«

»Bitte umgehend«, drängte der Admiral.

In der Nacht sprach Morton über Seekabel mit Lissabon. Der Teilnehmer meldete sich erst beim zweiten Versuch. Sein Englisch hatte deutschen Akzent. Er nannte seinen Namen nicht und war so mißtrauisch, daß er Mortons Nummer verlangte. Er wollte zurückrufen.

»Wie denn?« fragte Morton. »Seit Tagen werden wir von der deutschen Luftwaffe bombardiert. Die Telefonverbindungen sind zum Teil zerstört. Ich hatte Glück, daß ich überhaupt durchkam. Meine Nachricht ist von allerhöchster Dringlichkeit.«

Allmählich schien der Mann in Lissabon zu begreifen, doch er äußerte Vorbehalte. »Werden Sie nicht abgehört?«

»Nicht bei diesem Chaos.«

»Von wem haben Sie meine Nummer?«

Natürlich wurden alle Gespräche nach Übersee oder zum Kontinent überwacht. Das von Morton war jedoch von der NIC genehmigt. Also gab Morton den Namen preis. »Kennen Sie Oberst Reimers in Paris?« fragte er.

Sofort zeigte sich der andere zugänglich.

»Gibt es ein Codewort?«

»Geben Sie Reimers in Paris den Code ›Charta‹ durch.« Morton buchstabierte das Wort. »Und melden Sie ihm, daß ich über brisante Neuigkeiten verfüge.« Er sagte, er würde sich wieder melden, und legte rasch auf. Morton hatte keinen Zweifel, daß die Neugier der Deutschen nun aufgeheizt sei.

Bei Mortons nächstem Anruf zeigte sich der Kontaktmann in Lissabon erstaunlich gut vorbereitet. Er hatte eine klare Order für Morton. »Unser gemeinsamer Freund in Paris läßt Sie grüßen. Er bittet um Durchgabe Ihrer Nachricht an mich. Ihrer Ehefrau geht es übrigens gut.«

Dies entlockte Captain Morton nur ein Lächeln. »Dann sagen Sie unserem gemeinsamen Freund«, entgegnete er, »daß meine Information nur von Mund zu Ohr, ohne Draht dazwischen, erfolgt. Außerdem verlange ich ein Lebenszeichen meiner Frau und die Bestätigung, daß sie freikommt.«

Morton nahm an, daß es wenigstens achtundvierzig Stunden dauern würde, bis der Mann in Lissabon – vermutlich saß er in der deutschen Botschaft – das Nötige organisiert hatte. Doch er irrte sich. Anscheinend hatten die Deutschen mit Forderungen von seiten ihres Agenten in London gerechnet und entsprechende Vorbereitungen getroffen.

»Kommen Sie nach Irland«, sagte der Mann in Lissabon. »Nach Dublin.«

»Wozu das?«

»Zwecks persönlicher Kontaktaufnahme.«

Morton zögerte. »Ich versuche es.«

»Ab übermorgen wartet in der Kirkpatrick Street im Kildave-Pub jeden Abend ab einundzwanzig Uhr ein Mann auf Sie. Drei Tage lang. Kennzeichen: erstklassiger Dartspieler.«

Diesmal legte der andere rasch auf.

Das alles gefiel Morton nicht. Er mußte also nach Irland, und zwar in den südlichen Teil der Insel, in die freie neutrale Republik.

Bei der Marineleitung sprach er mit Admiral Coster den Einsatz noch einmal durch. Die Navy besorgte ihm einen Platz in der täglich verkehrenden Kuriermaschine, die von Croydon nach Belfast flog.

Am Morgen kleidete Morton sich in Zivil. Mit grauer Flanellhose und dunkelblauem Blazer fühlte er sich weit besser angezogen als in Uniform. Sechs Stunden später war er in Belfast. Ein Dienstwagen der Royal Navy brachte ihn durch die britische Ulsterprovinz bis zur Grenze. Als Geschäftsreisender mit britischem Paß überquerte Morton die Grenze ohne Schwierigkeiten. Für die sechzig Meilen bis zur Hauptstadt Südirlands nahm er den klapprigen Bus.

Auch in Dublin gab es zunächst keine Probleme. Morton quartierte sich privat in einem Bed-and-breakfast-Zimmer ein. Für ein oder zwei Nächte, sagte er zu der Vermieterin.

Bei Dunkelheit marschierte er los. Wie immer um diese Jahreszeit war es an der irischen Ostküste schon sommerlich. Der warme Wind brachte Regen mit. Kurz vor 21 Uhr betrat Morton den Pub an der Kirkpatrick Street. Sein dunkles Bier nahm er mit nach hinten zu der Dartscheibe, wo Arbeiter ihre Pfeile auf die mit Feldern markierte runde Korkplatte warfen. Ein eintöniges Spiel. Wenn einer daneben traf, ging er kopfschüttelnd weg und nahm zu seinem Bier einen Gin. Hatte er gut getroffen, dann ging er ohne Kopfschütteln weg und nahm zum Bier einen doppelten Gin.

Morton wartete bis nach 22 Uhr. Es kam weder zu einem Blickwechsel, noch wurde er angesprochen. Möglicherweise nahm der Kontaktmann nicht an, daß er so schnell von London nach Dublin herüberkäme.

Morton ging also in sein Quartier, schlief lange und

schlenderte am Morgen durch die Stadt von James Joyce, dem weltberühmten Autor des Romans »Ulysses«. – Um 21 Uhr war er wieder in der Kirkpatrick Street. Diesmal löcherte eine andere Gruppe die Dartscheibe. Es dauerte nicht lange, da musterte ihn ein rotgesichtiger Seemann und sprach ihn auch an.

»Sind Sie Morton?«

»Kennwort bitte.«

»›Charta‹.«

Sie setzten sich an einen freien Ecktisch. In der verqualmten Bude ging es laut zu. Iren waren starke Trinker, noch größere Geschichtenerfinder und begeisterte Sänger.

»Erzählen Sie!« drängte der ohne Akzent sprechende Kontakter. »Ehe man uns anquatscht.«

Das Gedränge in dem niedrigen Pub wurde zu einem Schieben und Anrempeln. Mindestens zwei Männer kamen hier auf den Quadratfuß.

»Also«, begann Morton, *»a long story in short.* Churchill trifft Roosevelt. Wann und wo, das erfahre ich noch. Aber so viel steht fest, daß Churchill von London Richtung Neufundland fliegt.«

»Wann?«

»Am fünften Mai.«

Dies war das Datum, das sie in London errechnet hatten.

»Wie?« fragte der Kontaktmann. »Ich meine, womit.«

»Mit einer AVRO *Lancaster*.«

»Einem ihrer schweren Nachtbomber also«, zeigte sich der Ire informiert. »Dachte, Churchill bevorzugt die Handley *Page*.«

Morton hob die Schulter als Zeichen, daß er überfragt sei. »Beide sind Viermotorige, aber die *Lancaster* mit den neuen Rolls-Royce-Motoren ist einen Hauch schneller. Der Bomber wurde, wie man hört, für den Premier umgebaut.«

»Mit Clubsessel, Zigarrenkiste und Whiskybar«, spottete der Ire.

»Und vermutlich Zusatztanks«, ergänzte Morton trokken.

»Nach Neufundland geht es also«, bemerkte der Agent des Amtes Canaris. »Verraten Sie mir noch den Kurs der Maschine. Oder sind es sogar zwei Flugzeuge, zwecks Täuschung des Gegners?«

»Das wäre möglich«, räumte Morton ein. »Doch was den genauen Kurs betrifft, so möchte ich erst meine Frau sprechen und die Bestätigung von Reimers erhalten, daß sie freikommt, ehe ich ihn nenne.«

»Wie stellen Sie sich das vor?« brauste der Ire auf.

»Das ist Ihr Problem«, entgegnete der Captain gelassen. »Die Telefonleitungen von Dublin nach Paris dürften intakt sein. Noch ist Irland neutral.«

Wortlos leerte der Kontaktmann sein Ale-Glas, setzte eine lederne Sixpencemütze auf und erhob sich.

»Bis morgen. Gleiche Zeit, selber Ort.«

Es war Donnerstag, als Captain Morton den Iren noch einmal und zum letzten Mal sah. Wieder wartete der Seemann bei den Spielern und bedeutete Morton mitzukommen. Sie verließen den Pub, gingen um eine Menge Ecken in immer engere Gassen der Altstadt. Schließlich nahmen sie die Treppe im Hinterhof eines alten Hauses.

Die Möblierung der Kammer bestand aus Tisch, Schrank, zwei Stühlen, Bett und Kommode mit Wasserkrug und Waschschüssel. Doch am Boden stand ein schwarzes Telefon. Sie setzten sich und rauchten. Der Ire zog Karten heraus. Nach mehreren Siebzehnundvier-Runden schaute der Ire immer häufiger auf die Uhr. Mit Zeigersprung genau eine Stunde vor Mitternacht schrillte das Telefon.

Der Ire hob ab, meldete sich und reichte den Hörer an Morton weiter. Morton vernahm eine leise, aber ihm vertraute Stimme. Es war die von Nicole. Sie klang gehetzt, offenbar gab man ihr nur wenige Sekunden Zeit.

»Wie geht es dir, Kevin?« ... »Und wie geht es dir, Nicole?« ... »Wann holst du mich da heraus?« ... »Bald, *mon chérie*« ... »Bitte rasch, Kevin« ... »Ich liebe dich.«

Schon wurden sie getrennt. Oberst Reimers war jetzt dran. »Sie sehen, ich halte mich an unsere Abmachungen, Captain.«

»Ihr Teil ist erst erfüllt, wenn meine Frau frei ist«, erklärte Morton.

»Sie kommt frei. Sie können sie in Paris in Empfang nehmen.«

Dies wollte Morton unbedingt vermeiden, denn er wußte, was er von solchen Versprechungen zu halten hatte.

»Mein Ehrenwort«, versicherte Reimers.

»Ich verlange«, forderte Morton, »daß Sie meine Frau nach Irland bringen. Entweder hierher nach Dublin oder meinetwegen auch nach Kork. Von San Sebastian aus geht jede Woche ein Schiff. Es muß Ihnen ein leichtes sein, meine Frau über die Pyrenäen nach Spanien zu schleusen.«

»Irgendwie schaffen wir das«, versprach Reimers. »Aber nun bitte den letzten Teil der Information. Wohin reist Churchill und auf welcher Route?«

»Der Premier fliegt nach Island, um dort zwischenzutanken.«

»Und weiter?«

Von da an sperrte Morton sich.

»Falls Sie ihn kriegen, reist Mister Churchill nirgendwohin weiter. Kriegen Sie ihn bis Reykjavik nicht, dann ist er Ihnen wohl durch die Lappen gegangen«, äußerte er ironisch.

»Sie hören von uns«, sagte Reimers.

Nach einem metallischen Klicken brummte es im Draht.

»Ende?« fragte der irische Kontaktmann.

»Nur für heute«, erwiderte Kevin Morton.

17

Die jugoslawischen Truppen kapitulieren. Roosevelt läßt grönländische Stützpunkte besetzen. Wissenschaftler vermuten sonnenähnliche Wasserstoffmaterie im Erdkern.

13. April 1941
In Schützenlinie, Sichtweite von Mann zu Mann, suchten sie die tundraähnlichen Wälder nördlich der Biebriza-Sümpfe ab. Mit scharfgeschliffenen Spaten schlugen sie sich durch das dichte Unterholz, meist bis zu den Knöcheln im schwarzen Moorwasser wartend, denn es hatte getaut. Vorige Woche war die Eisdecke endlich aufgegangen.

Die Männer der ersten Gruppe des zweiten Zuges im Strafbataillon 99 besaßen als einzige Waffe den Spaten. Nur ihr Gruppenführer, SS-Unterscharführer Benzberg, verfügte über Maschinenpistole und Gewehr. Die MPi gegen plötzlich auftauchende Partisanen, das Gewehr, um jeden Sträfling, der zu fliehen versuchte, auch aus größerer Entfernung noch zu treffen. An seinem Koppel baumelten außerdem mehrere Stielhandgranaten.

»Zusammenbleiben!« schrie er immer wieder die Linie entlang. »Ihr elenden Bastarde!«

Links außen, am nördlichen Flügel, schloß Lützow die Gruppe ab. Die Zusammensetzung der Gruppe war gemischt. Um Flucht- oder Aufstandspläne zu durchkreuzen, hatte man Lützows Besatzung auf den ganzen Zug verteilt. So litten sie, gemeinsam mit Kriminellen, mit Deserteuren und Saboteuren, unter unmenschlichen Bedingungen. Doch immerhin waren LI Behrens und der II WO noch bei dem Haufen. – *Morituri te salutant!*

»Lützow!« schrie der Gruppenführer. »Nicht zurückhängen, du Pflaume. Willst du etwa abhauen? Dann reiße ich dir persönlich den Arsch bis zum Genick auf, Mann. Bis zur Halskrause.«

Flucht war so gut wie unmöglich. Entweder die Feldgendarmerie fing jeden wieder ein und hängte ihn auf, oder man geriet zu den Partisanen. Die hängten einen auch auf, aber nur wenn man Glück hatte. Vorher folterten sie einen brutal, ehe sie ihm den Rest gaben. Sie hatten Kameraden gefunden, nackt, ohne Geschlechtsteile, ohne Augen, ohne Zunge, einen sogar enthäutet.

Lützow hatte es aufgegeben, über seine Lage nachzudenken. Es war sinnlos eingedenk der Zahl jener Männer, die es bereits erwischt hatte. Doch immer öfter spielte man Selbstmordmethoden durch. Jeden Abend beim Zählappell im Lager Dabrowa fehlte einer. Entweder war er von Scharfschützen abgeknallt, von Minen zerfetzt worden oder krank. Krankheit, das bedeutete hier die Ruhr und soviel wie den Tod. Es gab keine Medikamente. Sie gingen mit ihnen um wie mit Vieh, denn an Nachschub bei Gefangenenmaterial mangelte es nicht.

»Lützow!« schrie Benzberg erneut und deutete nach links voraus. »Der dunkle Punkt dort muß eine Hütte sein. Durchsuchen! Aber aufpassen!«

Lützow näherte sich ihr mit aller Vorsicht. Solche primitiven Hütten hatten sich schon als Maschinengewehrnester entpuppt. Wegen der Feuchtigkeit im Boden knackte kein Ast. Als Tür besaß die Hütte nur einen Rupfenvorhang. Er blinzelte hinein und sah, wie sich im gefleckten Licht der Ecke etwas bewegte.

Den Spaten schlagbereit erhoben, ging er hinein. Seine Augen, von der U-Boot-Fahrerei gewohnt, rasch von Hell auf Dunkel zu schalten, erkannten einen Menschen. Ein junges Mädchen kauerte am Lehmboden. Es war fast nackt. Der graue Rock aus wattiertem Tuch reichte gerade bis zu den Schenkeln. Der Pullover war durchlöchert, als hätten Ratten ihn angefressen. Kleine weiße Brüste schimmerten durch. – Trotz des verdreckten Gesichtes erkannte er, daß das Mädchen höchstens sechzehn war. Sie versuchte tiefer in die Ecke zu kriechen. Offenbar hatte sie sich verletzt, denn sie zog einen Fuß nach.

Lützow ließ den Spaten sinken und nahm seine paar Brocken Polnisch zusammen.

»Los, hau ab!« sagte er, und dasselbe noch einmal.

Aus den runden Augen in dem slawisch flachen Gesicht wich für einen Augenblick die Angst. Lützow drehte sich um. Ohne daß ihm in den Rücken geschossen wurde, was alles schon vorgekommen war, trat er ins Freie.

Unterscharführer Benzberg stand nur wenige Meter entfernt.

»Was gibt's?«

»Leer.«

»Mit wem hast du gesprochen?«

»Mit einem Hund. Er haute durch ein Loch in der Bretterwand ab.«

»Sogar Köter sind hier Heckenschützen«, schimpfte der Gruppenführer. »Du mußt alles erschlagen, was kreucht und fleucht.«

Am späten Nachmittag, ehe sie den Rückmarsch zum Dabrowa-Lager antraten, erwischte es den 2. Torpedomixer von U 136. An einem Baum entdeckte er einen Zweig mit sprießenden Palmkätzchen. Er reckte sich hoch, um ihn abzureißen. Aber es war eine Handgranatenfalle. Sekunden später erfolgte die Detonation. Der Ast war vermutlich über eine schwarze Schnur mit einer Eierhandgranate verbunden. Sie hatte in einer Astgabel gelegen. Durch den Zug war sie zu Boden gekollert. Nur zwei Fadenwindungen hatten sich gelöst und den Federbügelabzug freigegeben. Dem Matrosen wurde der Kopf abgerissen.

Der Gruppenführer reagierte eiskalt. »Dieser Blödmann!« sagte Benzberg. »An Birken wachsen keine Weidenzweige. – Was soll's, einer weniger.«

Schon nächtelang dröhnten auf der Rollbahn, die wenige Kilometer vom Lager Dabrowa entfernt zur Grenze verlief, pausenlos Lastwagen, Panzer und motorisierte Artillerie.

»Was haben die vor?« fragte einer von Lützows Leuten, von Schlaflosigkeit geplagt.

»Bestimmt ein Manöver«, meinte ein anderer.

Alle erwarteten sie von Lützow Aufklärung.

»Da läuft ein riesiger Aufmarsch«, vermutete der Exkommandant. »Sieht nach Offensive aus.«

»Gegen wen, Herr Kaleu?«

»Stoßrichtung Rußland.«

»Dachte, Stalin und Hitler seien jetzt dicke Kumpels.«

Von einer oberen Pritsche meldete sich der ehemalige Koch von U 136 zu Wort. »Habt ihr bei der Verpflegung nichts festgestellt?«

»Sie ist beschissen wie immer.«

»Aber die Wurstscheibe war größer. Sonst kriegen wir hundert Gramm Gummipreßsack pro Woche. Diesmal war es die doppelte Ration.«

»Ja, sie päppeln uns auf fürs Massengrab.«

»Genau das ist des Rätsels Lösung«, sagte der Smutje.

»Was ist des Rätsels Lösung, Smut?«

»Mann, Smut, mach die Schnauze auf, oder wir schieben dir einen Fußlappen rein.«

Der Smutje, gelernter Koch und bei der Marine extra noch für U-Boot-Kombüsen ausgebildet, berichtete aus seinem reichen Erfahrungsschatz mit Proviantdepots. »Manchmal trennen sie sich von ihren Brühwürsten und der Frischware.«

»Wann, bitte, ist manchmal?«

»Immer dann, wenn das Lager geräumt werden muß. Entweder, weil sie es verlegen, oder weil neuer Nachschub kommt.«

»Du meinst, damit die alte Ware nicht vergammelt.«

»Und weil sie den Bestand ändern. Bei Wurst gibt es drei Kategorien: Frischwurst, Dauerwurst und Konserven. Die

Brühwurst wird zwar angeräuchert, hält sich aber nicht ewig.«

»Klar, nur im Winter. Und der geht zu Ende.«

»Mag sein«, räumte der Koch ein, »daß das einer der Gründe ist. Ich glaube aber, daß sie die Frischwurstbestände räumen, weil eine Offensive bevorsteht, wie der Kaleu gesagt hat. Einen Angriff, wenn er rasch vorwärtsstürmt, können sie nicht mit Lyoner oder mit Göttinger führen. Da wird die Truppe stets mit Hartwurst, mit Konserven oder geräuchertem Speck versorgt. Und genauso ist es. Glaubt mir. Wir dürfen die Reste auffressen, weil sie Raum für den Nachschub brauchen.«

»Beim Vollfressen bin ich gerne dabei«, meinte einer.

In der nächsten Nacht bekamen sie Alarm.

Vom kilometerweiten Hin- und Rückmarsch zu einem mit polnischen Minen verseuchten Grenzstreifen waren sie todmüde auf die Strohsäcke gefallen. Doch nach Mitternacht pfiff man sie schon wieder heraus.

»Abrücken mit Spaten und Minensonden!« hieß es. »In fünf Minuten.«

Immer kamen blitzartig Gerüchte auf. Diesmal lautete die Latrinenparole, daß Partisanen ein Waffenlager der IX. Armee bei Bialystok überfallen und große Mengen an MGs, Munition und Sprengmitteln erbeutet hätten. Wie stets waren Strafaktionen im Verhältnis eins zu zehn die Folge. So auch in dieser Nacht.

Mitte April wurde die Lage kritisch. Die Partisanen schossen mit Granatwerfern und Haubitzen Transportzüge zusammen. Sie sprengten Brücken und legten kilometerweit die Masten von Telefonleitungen um. Wenn dann Reparatureinheiten anrückten, machten sie diese aus dem Hinterhalt mit Maschinengewehren nieder. Reguläre Truppen, Feldgendarmerie und auch Strafgefangene erlitten schwere Verluste. Meist beim Minenräumen an den Bahnlinien oder auf Flugplätzen.

Die 1. Kompanie des Strafbataillons 99 marschierte nach

Osten, immer auf die mächtige schwarze Wolke zu, die unweit der Demarkationslinie gen Himmel stieg. Dort brannten Polizeieinheiten zur Vergeltung ganze Dörfer nieder. Die Männer der Gruppe Benzberg mußten einen Graben ausheben. Er war fünfzig Meter lang, sechs Meter breit und vier Meter tief.

»Los, Männer! Volle Schaufeln, keine Pause! Nicht müde werden!« trieb der Gruppenführer sie an. »Oder ich trete euch in die Eier.«

»Was wird das?« fragte einer, »wenn es fertig ist?«

»Ein Panzergraben«, meinte LI Behrens. »Er hat die richtige Größe, daß ein T 34 rein, aber nicht mehr herauskommt.«

Wessel, der II WO, schlug mit dem Spaten Wurzelwerk aus dem Humus.

»Irrtum, großer Herr Ingenieur«, sagte er wie immer mit der Feinfühligkeit eines Nashorns, »das wird nämlich kein Panzergraben, sondern ein Massengrab. Panzergräben sind an einer Seite angeschrägt.«

»Und woher weißt du das, du Schlauberger?«

»Aus der Marinedienstvorschrift, das Verhalten auf Segelschiffen betreffend«, witzelte der Exleutnant angestrengt.

»Was sagen Sie dazu?« fragte Behrens den Kaleu.

Lützow schwitzte, daß er in der Kälte dampfte.

»Ich glaubte immer, wir seien die Hexenmeister und er der Zauberlehrling. Fürchte, wir werden umdenken müssen, LI.«

Das war bei Beginn der Abenddämmerung. Sie dachten schon, sie seien für diesen Tag fertig, da kamen die Lastwagen mit den verbrannten, erschossenen und erschlagenen Leichen. Rücksichtslos hatte die SS alle niedergemacht. Männer, Frauen, Kinder und Greise. Viele waren noch nicht einmal tot. – Die Körper wurden von den Lkw-Pritschen einfach in die Grube gekippt. Manche davon fielen nicht ins Massengrab, sondern daneben.

Angeekelt wandte Lützow sich ab und konnte nichts tun. Als er wieder einmal hinsah, glaubte er, die junge Frau aus der Hütte im Wald zu erkennen. Sie hatte eine klaffende Schläfenwunde von einem Kolbenhieb oder von einem Streifschuß. Sie atmete noch.

Im selben Moment schrie Benzberg einen Namen. Er meinte den jüngsten der Truppe, den kaum achtzehn Jahre alten Matrosen Schneider. Mit schierem Wohlgenuß zog der SS-Unterscharführer seine Luger 8 aus der schwarzen Koppeltasche und hielt sie Schneider hin. Gleichzeitig deutete er auf das hübsche Partisanenmädchen.

»Leg sie um! Das wird dein Jungfernschuß.«

Fassungslos stand Schneider da und verstand nichts.

»Mach die Hure kalt!« schrie Benzberg. »Oder ich mache dich kalt. Erst sie, dann dich.«

Schneider hatte die Waffe, streckte den Arm aus, zielte und schaute weg. »Das kann ich nicht«, keuchte er mühsam. »Sie könnte meine Schwester sein.«

Noch einmal befahl ihm Benzberg, es zu tun. Schneider jedoch war wie gelähmt. Wütend entriß ihm Benzberg die 08, zog ihm den Lauf quer über den Schädel und schoß dem Mädchen eine Kugel zwischen die Augen.

Da verlor LI Behrens die Beherrschung. Lützow wollte ihn noch zurückhalten, doch Behrens riß sich los und stürzte sich mit einem Wutschrei auf den Unterscharführer. Der sah ihn mit erhobenem Spaten auf sich zutaumeln. Der Spaten traf den SS-Mann zwischen Stahlhelm und Schulter.

Er blutete noch gar nicht, da schoß er schon. Benzberg feuerte den Rest des Magazins in das linke Bein von Behrens. Der machte noch ein paar Schritte und brach zusammen. Mit schmerzverzerrtem Gesicht lag er im Dreck.

»Schmeißt ihn hinterher!« befahl Benzberg.

»Und was schreiben Sie in die Verlustmeldung?« fragte Lützow. »Es gibt Zeugen.«

»Dann nehmt ihn mit«, entschied der SS-Mann. »Krepiert sowieso, das Aas.«

Der Arzt im Lager Dabrowa, Dr. Weigel, war ein schmieriger, heruntergekommener Typ. Gewöhnlich hatte er bei den siebenhundert Männern der vier Kompanien nur Infektionen von Läusebissen zu kurieren, kleine Wunden, Verstauchungen und die Ruhr. Medikamente standen ihm so gut wie keine zur Verfügung. Er hatte lediglich das, was ihm die medizinischen Armeedepots zuteilten, nämlich Teersalbe, Jodtinktur, ein paar Mullbinden und Aspirin. Als sie LI Behrens zu ihm in die Baracke trugen und auf den Tisch legten, stand der Doktor ratlos da.

Endlich befahl er, dem Verwundeten die Stiefel auszuziehen und die Hose aufzuschneiden. Behrens' Bein zeigte vier Einschüsse. Zwei davon waren ohne Austrittsöffnung. Die Kugeln steckten also noch im Fleisch und hatten dabei Knochen zerstört. Der völlig apathische Doktor schien nicht zu wissen, was zu tun war.

»Wollen Sie die Wunden nicht säubern?« fragte Lützow.

Erstaunt blickte der Arzt ihn an. »Und wer sind Sie, bitte?«

»Los, die Wunden säubern, die Kugeln sondieren und herausholen«, forderte Lützow.

Langsam nahm der Arzt die Drahtbrille ab. »Da gibt es nur eines. Nämlich amputieren.«

»Moment mal. Wollen Sie ihm etwa das Bein . . .?«

»Ja, absägen. Ohne Narkose«, entschied der Mediziner. »Nicht mal Schnaps gibt es zur Betäubung. Wir binden ihn auf den Tisch und schieben ihm einen Holzkeil zwischen die Zähne. Sonst brüllt er wie am Spieß und fährt uns an die Gurgel.«

»Übersteht er das denn, Herr Stabsarzt?«

»Wohl kaum«, antwortete Dr. Weigel.

Lützow nahm ihn beiseite. »Doktor!« beschwor er ihn. »Dann ist der Mann ja zeitlebens ein Krüppel.«

»Im besten Fall.« Der Arzt zeigte seine nikotingelben Zähne. »Garantieren kann ich natürlich nichts, schon gar nicht, daß die Operation gelingt. Ich fürchte sehr, daß es ohne Amputation infolge unzureichender medikamentöser Versorgung zu Sepsis, zu Blutvergiftung, kommen wird. Mit jeder Kugel geraten verschmutzte Gewebefetzen in die Wunde. Das führt unweigerlich zu Gasbrand. Gasbrand ist so gut wie unheilbar. Der Betroffene würde unter höllischen Qualen mit unvorstellbaren Schmerzen krepieren.«

Obgleich gewohnt, daß man sie wie Vieh behandelte, unternahm Lützow noch einen Versuch.

»Herr Stabsarzt, Sie haben keine Ahnung, was für ein Experte dieser Mann ist.«

»Dienstgrade und Dienststellungen bedeuten hier Null«, lautete Dr. Weigels Antwort. »Experten gingen hier schon in Massen vor die Hunde. Jägerpiloten, Panzerfahrer, Wissenschaftler, Dolmetscher, was noch . . .«

»Herr Stabsarzt«, versuchte Lützow es weiter, »dieser Mann ist leitender Ingenieur auf einer der kompliziertesten Waffen, über die wir verfügen, nämlich auf einem U-Boot.«

Müde winkte der Doktor ab. »Nie mehr im Leben werden Sie und Ihre Leute ein U-Boot auch nur aus der Ferne sehen.«

»Seine Ausbildung hat das Reich Hunderttausende gekostet, Herr Stabarzt«, beschwor ihn Lützow.

»Meine Ausbildung hat meine Familie ebensoviel gekostet«, erwiderte der Arzt.

»Oberleutnant Behrens könnte noch einen erstklassigen Lehrer für technisches Personal, etwa für U-Boot-Maschinisten, abgeben.«

»Vorträge halten«, meinte Dr. Weigel, »kann er auch mit einem Bein. – Falls er Glück hat.«

Er schob die Männer hinaus. Lützow hörte noch, wie er sagte: »Das Glied muß ab. Mindestens am Oberschenkel.«

Auf dem Weg zur Baracke holte sie ein Sanitäter, den Lützow schon im Revier gesehen hatte, ein.

»Übrigens, Kapitänleutnant«, sagte er, »unser Doktor ist gar kein Stabsarzt.«

»Wie bitte, nicht einmal Arzt ist er?«

»Arzt schon, nur kein Stabsarzt. Er gehört nicht zur SS.«

»Was treibt er dann hier? Benutzt er das Straflager als Trinkerheilanstalt?«

»Er ist Strafgefangener wie wir alle«, erklärte der Sanitäter.

»Als Chirurg an der Berliner Charité hat der Professor einen Juden operiert, seinen Lehrer, der vor Jahren sein Chefarzt war und ihn ausgebildet hatte. Das kam raus. Er wurde denunziert. Sie machten ihm den Prozeß und verurteilten ihn. Das stand er nicht durch. Er rutschte ab. Erst war es Kokain, dann der Alkohol. So landete er in diesem Staflager.«

Lützow war stehengeblieben. »Warum erzählen Sie mir das?«

»Damit Sie die Hoffnung nicht aufgeben«, sagte der Sani. »Ich glaube, der Professor will etwas versuchen. Notfalls mit einer Sauerstofftherapie.«

»Ohne Armaturen?« zweifelte Lützow.

»Mit primitiven Mitteln, aber mit Ideen«, deutete der Sani an. »Man kann mit zwei Konservendosen und einem Schlauch auch Schnaps brennen. Ikarus flog ohne Motor der Sonne entgegen. Haben Sie Vertrauen.«

»Wann entscheidet er das?« wollte Lützow wissen.

»Morgen.«

Sie mußten weitergehen; schon Zusammenrottungen von zwei Personen in den Lagergassen waren verboten. Da schossen die Posten auf den Wachtürmen sofort.

Morgen, dachte Lützow, was ist morgen? – Der LI kämpfte um sein Leben, und heute schon war morgen ein alter Hut.

18

Deutsche Truppen besetzen Athen. Fallschirmjäger bereiten sich für die Luftlandung auf Kreta vor. Die Briten nehmen die abessinische Hauptstadt Addis Abeba ein – Ende des italienischen Imperiums.

26. April 1941
Der Kurier war von Kiel nach Hamburg unterwegs. Die einstündige Bahnfahrt kam ihm wie eine Weltreise vor. Das lag am geheimen Inhalt seiner Aktentasche. Sie war innen gepanzert. Außerdem hatte er sie mit Kette und Handschelle an seinem rechten Gelenk befestigt.

Als er den Altonaer Bahnhof verließ, wehte ihm kalter Regenwind entgegen. Draußen am Bordstein wartete ein Mercedes 170 der Werft.

»Wohin?« fragte der Fahrer, der sich als junge Frau entpuppte. Wegen der Kälte trug sie Trainingshosen unter dem Rock.

»Zu Blohm und Voss.«

»Helling, Dock oder Ausrüstungskai?«

»Direktionsbüro«, sagte der Kurier. Damit befolgte er seine Anweisungen. Genau dort hatte er den Inhalt des Kurierkoffers abzuliefern, von dem er nur wußte, daß er eines der größten Rüstungsgeheimnisse darstellte.

Der 170 nahm den Weg über die Billhorner Brücke zum Werftgebiet an der Norderelbe. Im Verwaltungsgebäude von B&V übergab der Kurier die Aktenkassette gegen Quittung.

Eigentlich konnte er nun die Rückfahrt nach Kiel antreten. Doch es war angenehm warm hier. Also rauchte er noch eine Zigarette. Währenddessen sah er hohe See- und Ingenieuroffiziere im Konferenzraum verschwinden. Einem älteren Mann, offenbar Invalide, der hinkend die

Post in den Büros verteilte, bot er eine Juno an. Beiläufig fragte er: »Was ist los da drinnen?«

Der Bürodiener erkundigte sich erst, wer er sei. Als er erfuhr, daß der Kurier von der Konstruktionsfirma in Kiel kam, sagte er: »Es geht um das neue U-Boot, den Typ einundzwanzig.«

»Woher wissen Sie das?«

»Ist alles geheime Reichssache. Aber ich höre mehr als die meisten hier. Ich komme im ganzen Haus herum, erfahre dies und jenes.«

Der Kurier tippte vorsichtig: »Das Boot gibt es also schon?«

»Eines liegt in der neuen Halle auf Helling und ist zu neunzig Prozent fertig. Damit werden wir den Engländern endlich was auf die Rübe hauen.«

»Soll ja ein revolutionäres Modell sein«, deutete der Kurier an.

»Und vor allem kein Tauchboot mehr, das mal oben, mal unten schwimmt. Nein, ein richtiges Unterwasserboot. Die Dieselluft wird über ein Rohr angesaugt. Sie nennen es Schnorchel. Es soll zweitausend Tonnen haben und zwanzig Torpedos mitführen. Die Diesel leisten viertausend PS, die E-Maschinen sogar fünftausend. Es läuft unter Wasser schneller als über Wasser. Neunzehn Knoten, dank seiner Stromlinienform.«

»Haben Sie es schon gesehen?« fragte der Kurier verblüfft.

»Ich nicht, aber mein Schwager. Er ist von Beruf Schweißer und baut daran mit. Nächste Woche, so hörte ich, ist die erste Probefahrt.«

»Da möchte ich nicht unbedingt dabeisein.«

»Denken Sie, ich?« erwiderte der Invalide, tippte einen Gruß an die Mütze und humpelte mit seiner Postkarre weiter.

In der Woche darauf lief der neue Typ XXI, der den

U-Boot-Krieg verändern sollte, zu seiner ersten Werftprobefahrt elbabwärts. Blohm & Voss stellte nur einen Teil des Bedienungspersonals, in der Hauptsache Techniker, zur Verfügung. Im übrigen hatte man um die Bereitstellung einer bewährten Frontbesatzung nachgesucht.

»Kapitänleutnant Lützow«, hatte der Generaldirektor von B & V vorgeschlagen.«

»Er steht leider nicht zur Verfügung«, hieß es von seiten der Marineleitung.

Also hatte man ihnen einen anderen Kommandanten geschickt. Nun fuhr Sigurd Brandenburg mit seiner Besatzung das Boot hinaus in die Deutsche Bucht. In zwei Sonderflugzeugen hatte Dönitz die fünfzig Männer von Lorient nach Hamburg mitgenommen und war bei der Probefahrt selbst mit an Bord.

Schon der zweite Tauchversuch verlief glatt. Mit seiner hydrodynamischen Form sowie den starken Batterien stellte das Boot einen Unterwasserrekord von einundzwanzig Knoten auf. Dann wurde geschnorchelt. Die Diesel saugten ihre Luft durch ein hohles Rohr ein, welches das Boot zur Wasseroberfläche hinaufstreckte. Die Gesichtszüge des Weltkrieg-I-Kommandanten Dönitz zeigten Begeisterung. Nur dann, wenn oben eine Welle das Schwimmerventil des Schnorchels zuschlug, wenn die Diesel für Sekunden ihre Luft aus dem Bootsinneren saugten und den Unterdruck soweit fallen ließen, daß die Trommelfelle flatterten, trat ein etwas schmerzhafter Ausdruck in Dönitz' Gesicht.

Auch Torpedoschießen wurde simuliert. Das Nachladen der acht Bugrohre dauerte nur halb so lange wie auf den alten Typen, denn es erfolgte hydraulisch.

»Mit diesem Boot«, sagte der BDU hell begeistert, »haben wir endlich die Waffe gegen das Radar der Engländer, gegen ihr Asdic, gegen ihre Flugzeugpatrouillen, ihre Hunter-Killer-Groups und ihre Foxer-Geräuschboje.«

»Dazu der neue FAT-Torpedo«, ergänzte Brandenburg. »Jetzt drehen wir ihnen die Luft ab.«

Die Versuchsfahrten verliefen so erfolgreich, daß Hitler nach Hamburg kam, sich die Vorzüge des neuen Bootes erläutern ließ und sofort zweihundertneunzig Stück davon in Auftrag gab. Wie immer nervte er die Werftexperten.

»Wann können diese Boote an der Front sein?« wollte er wissen.

»In achtzehn Monaten, mein Führer«, erklärten sie.

Damit belogen sie Hitler und sich selbst. Jeder wußte, daß kein Boot vor 1944 einsatzbereit sein würde. Doch Hitler forschte erstaunlicherweise nicht tiefer nach. Offenbar hatte er längst andere Projekte im Kopf.

»Also Serienbau!« befahl er und flog zurück nach Berlin.

Von der Sonne brachte Prometheus den Menschen das Feuer. In diesen Jahren sollte die alte Sage Wirklichkeit werden.

In der Nähe einer kleinen Schwarzwaldstadt gruben Männer tief in den Stollen eines Berges nach Pecherz. Die Bergleute trugen gestreifte Hosen und Jacken mit Nummern auf dem Rücken. Es waren KZ-Häftlinge. Ihre Bewacher, Soldaten in feldgrauen Uniformen, hatten schwarze Spiegel mit SS-Runen und silberne Totenkopfabzeichen an den Mützen. Das Erz, das die Gefangenen aus dem Berg hackten, enthielt geringe Anteile eines Minerals, das das chemische Zeichen U trug. Es handelte sich um Uran. Die Radioaktivität war schwach und kaum meßbar. Erst durch Ausglühen des Erzes gewann man geringe Mengen Uranoxyd, ein braunes Pulver, durchsetzt mit schwarzen Kristallen. Nach Weiterverarbeitung nahm das Produkt eine gelbliche Farbe an. Mit Hilfe von noch weitgehend primitiven Verfahren stärker gereinigt, gewann man in einer chemischen Fabrik Uran 308.

Vor sieben Monaten hatte Professor Kant, noch auf freiem Fuß, ein Gespräch etwa folgenden Inhalts mit Professor Hahn geführt:

»Es liegt jetzt zwei Jahre zurück, daß Sie die Kernreaktion entdeckt haben und daß die Atomspaltung ungeheure Energien freisetzt.«

»Etwa zehnmillionenmal größer als bei derselben Menge Kohle«, erläuterte Hahn.

»Ich habe berechnet«, sagte Kant, »daß Uran dreihundertacht aus nur einem Kubikmeter Pechblende bei der Kernreaktion genug Energie freisetzt, um eine Milliarde Tonnen, das entspricht dem Gewicht von einem Kubikkilometer Wasser, binnen eines Sekundenbruchteils siebenundzwanzig Kilometer in die Höhe zu wuchten. Die Energie von einem Kilo Reinst-Uran entspricht der von dreitausend Tonnen TNT. Man stelle sich das in Form von Explosivmaterial für eine Bombe vor. Schauderhaft! Da kann man nur eines tun, nämlich es verschweigen.«

»Neben der Prometheussage«, sagte Hahn, »gibt es noch eine andere Geschichte. Zeus, der Göttervater, erschuf die Pandora. Er schickte sie auf die Erde und gab ihr eine Büchse mit Geschenken für die Menschheit mit. Neugierig öffnete Pandora die Büchse vorzeitig, und alle Übel verbreiteten sich über die Welt. Eines dieser Übel dürfte wohl die Kenntnis um die Vorgänge im Atomkern sein.«

Trotzdem begann man sich die Energie der Atomkerne nutzbar zu machen. Eine kleine Gruppe von Forschern ging daran, im Haigerloch in Südwürttemberg eine sogenannte Uranmaschine zu bauen. Dies unter dem Vorwand, man müsse die Übersicht über die Möglichkeiten der technischen Nutzung der Atomenergie behalten.

In der letzten Aprilwoche wurde Professor Hahn ins Führerhauptquartier gerufen.

Zunächst fanden endlose Vorgespräche mit Albert Speer, dem Architekten des Führers und Reichsminister für Bewaffnung und Munition, sowie mit Fritz Todt, dem Erbauer des Westwalls und Gründer der gleichnamigen Organisation, statt. Im Grunde lief es auf eine Befragung des zivilen Wissenschaftlers Hahn durch die hohen Uniformträger hinaus.

»Kann der Energiegehalt der Atomkerne technisch nutzbar gemacht werden?« fragte Speer.

»Durch Herbeiführung einer Reaktionskette«, erwiderte Hahn anstelle längerer Ausführungen.

»Und wie führt man sie herbei?«

»Indem man die kritischen Mengen reinen Urans in einem Paket zusammenbringt.«

»Auf welche Weise?« wollte Todt wissen.

Hahn erläuterte: »Entweder in einer Uranmaschine, wo man die nuklearen Abläufe durch variable Abstände oder Graphitstäbe steuert. Oder durch radikales Zusammenbringen der entsprechenden Uranmengen.«

»Welche Energien werden dabei frei?«

Hahn nannte die Zahlen ohne Inanspruchnahme seines Rechenschiebers. »Ein Kilo Uran zweihundertfünfunddreißig, also hochrein, enthält etwa neuntausend Quadrillionen Atome. Wenn je Atom rund drei Komma zehn hoch zwölf Meterkilogramm frei werden, ergibt das einen Energiebetrag von siebenundzwanzig Komma zehn hoch fünfzehn.«

»Wie rasch läuft das ab?« erkundigte sich Todt, der immerhin promovierter Diplomingenieur war.

Der Wissenschaftler Professor Hahn wußte, daß er von jetzt ab heißes Eisen anfaßte. »Ist die Reaktion erst einmal eingeleitet, dann wird diese Energie im Zeitraum von weniger als einer Tausendstel Sekunde freigesetzt.«

Nun blieben Todt und Speer offenbar die Spucke weg.

»Damit kann man ja«, bemerkte Speer staunend, »Berlin völlig auslöschen.«

»Oder New York«, ergänzte Todt.

»Sofern man das Ganze in die Form einer Bombe bringt«, schränkte Hahn ein. »Natürlich kann man das Uran auch langsam in einem Kraftwerk arbeiten lassen.«

»Was für ein grandioses Machtmittel«, äußerte Speer begeistert. »Aber sprengt so etwas nicht die ganze Welt in die Luft?«

Professor Hahn war sicher, daß außerhalb des hochreinen Urans keine Kettenreaktion möglich sei. »Eine Kettenreaktion in der freien Natur ist unwahrscheinlich, da wir nirgendwo die nötige Anhäufung von spaltbaren Stoffen vorfinden«, versicherte er.

Speer schwärmte weiter. »Nur eine einzige solche Bombe, und der Endsieg ist unser. Ich muß das sofort dem Führer berichten.«

Todt war noch nicht zufrieden. Ihm ging es um das Beschaffungsproblem des Urans. »Wieviel hochreines Uran brauchen Sie für so einen explosionsartigen Ablauf, Professor?«

»Fünf bis sieben Kilo«, schätzte Hahn grob.

»Ist das industriell herstellbar?«

»Bis jetzt nicht. Es fehlen die nötigen Aufbereitungsanlagen.«

»Nach welchem Verfahren läßt sich die Anreicherung des Urans lösen?«

»Durch Gasdiffusion«, erklärte Hahn, »oder durch Isotopentrennung auf zentrifugale Weise. Die großtechnischen Voraussetzungen dafür müssen erst geschaffen werden. Im Labor lassen sich nur Geringstmengen im Mikrogrammbereich gewinnen.«

»Was würde es kosten«, fragte Speer, »so etwas in industriellem Maßstab zu produzieren?«

Hahn lächelte bescheiden. »Dazu fehlen mir Erfahrung und Phantasie«, gestand er. »Der Aufwand würde jedoch um einiges größer sein als der Bau des Volkswagenwerkes in Wolfsburg plus der Kruppstahlwerke im Ruhrgebiet. Nicht nur eine gigantische Milliardeninvestition wäre nötig, sondern auch die Bindung Tausender Ingenieure und Techniker.«

Speer trat ans Fenster und starrte hinaus in den sonnigen Tag, der ihm offenbar immer weniger sonnig vorkam, denn er seufzte mehrmals. »Diese Waffe übersteigt an möglicher Zerstörungskraft unsere kühnsten Vorstellungen, aber auch unsere technischen Möglichkeiten«, sagte er dann. Die Kriegsindustrie wäre dadurch völlig überlastet. Es wäre erforderlich, eine ganze Fabrikstadt, zum Schutz gegen die Luftangriffe der Engländer, unter die Erde zu verlegen.« Er schüttelte den Kopf. »Ich muß das dem Führer vortragen.«

Im Verlauf der nächsten Tage wurde von Prof. Hahn die schwere moralische Entscheidung, die durch den Befehl zum Bau der Bombe auf ihn zugekommen wäre, genommen.

Zunächst hatte Speer Hitler über den Stand der Dinge wie folgt unterrichtet.

»Bei Haigerloch in Württemberg ist der erste Uranmeiler im Bau, mein Führer. Uran gibt es im Schwarzwald genug. In den Kraftwerken in Norwegen wird von Niels Bohr das nötige schwere Wasser produziert. Um genügend reine Mengen Uran für eine Kettenreaktion zusammenzubringen, muß das Uranerz gereinigt, oxydiert und zu gelbem Kuchen verarbeitet werden. Nach weiteren komplizierten Verfahren erhält man Material für eine Bombe von unvorstellbarer Sprengkraft.«

Hitler, zwar ein technischer Laie, aber mit großer Ingenieurbegabung ausgestattet, hakte sofort ein. »Was kostet das?«

»Mehrere Milliarden, mein Führer.«

»Und wie lange dauert es, bis ich über dieses Wunderding ... verfüge?«

»Mindestens fünf Jahre, mein Führer.«

In seiner typischen Haltung, mit straff angezogenem Kinn, bemerkte Hitler: »Bis dahin, Speer, gehört mir die halbe Welt.«

Laut »Führerbefehl« wurde die Forschung und Konstruktion neuer Waffensysteme, die nicht in spätestens zwei Jahren frontreif waren, eingestellt. Die Führung konzentrierte sich im Grunde nur noch auf ein Projekt, nämlich auf den Plan »Barbarossa«, den Krieg gegen Rußland. Der Aufmarsch in Ostpolen war so gut wie abgeschlossen. Nach Beurteilung des Gegners rechnete man höchstens mit einem Jahr bis zum Zusammenbruch der Sowjetunion und dem Fall seiner Hauptstadt Moskau. Dann, so kalkulierte man, würde der Krieg zu Ende sein.

Hieraus wiederum zog Hitler seine Konsequenzen. »Ich fordere«, entschied er, »ab dem Jahr 1943 schon die allmähliche Umstellung der Rüstungsindustrie auf Friedensproduktion.«

In diesen Apriltagen des Jahres 1941 fielen eine Reihe folgenschwerer Fehlentscheidungen, die Großdeutschland von der absoluten Höhe seiner Macht in den Abgrund reißen sollten.

19

Deutsche Fallschirmjäger landen auf Kreta. Die Iraker erheben sich gegen die Engländer. Hitler trifft den Außenminister der Regierung Pétain, Admiral Darlan, wegen der Nahostfrage.

4. Mai 1941
Auf der Fernschreiberlinie Berlin – Nordnorwegen lief am Abend ein Geheimbefehl, der als Gekados gekennzeichnet und verschlüsselt war.

Der Militärkommandeur im Raum Narvik – Kirkenes, General Harald Nordstein, hatte seine Nachrichtenoffiziere angewiesen, jeden Funkspruch, jedes Telegramm und jedes FS, das aus dem Reich in seinen Militärbezirk ging, abzufangen. Auch solche an Marine und Luftwaffe waren ihm vorzulegen. So erhielt General Nordstein vom Einsatzbefehl für das KG 200 früher Kenntnis als die Besatzung der Ju 390.

Sofort telefonierte er mit dem Kommandanten des Fliegerhorstes in Kirkenes, einem Oberst von Greifenhahn.

»Muß Sie sofort treffen«, wünschte Nordstein.

»Ich ahne, um was es geht, Herr General.«

»Um so besser, Greifenhahn. Doch wir können es keiner Drahtleitung anvertrauen.«

Der Kommandeur des nördlichsten Platzes, auf dem sich deutsche Flugzeuge befanden, ließ seine Kuriermaschine volltanken. Um 20 Uhr deutscher Sommerzeit startete der *Fieseler Storch* zu dem fünfhundert Kilometer langen Flug nach Narvik. Um diese Jahreszeit waren die Nächte schon so hell, daß man um Mitternacht im Freien Zeitung lesen konnte. Deshalb vermied es Oberst Greifenhahn, jenseits der Tundra schwedisches Territorium zu berühren.

Gegen Mitternacht traf er General Nordstein am Flugplatz Fanernes bei Narvik. Nordstein zog ihn in seine Horch-Limousine.

Nachdem er den Fahrer weggeschickt hatte, begann er: »Nur hier können wir offen reden. Was halten sie davon, Greifenhahn?«

Der Luftwaffenoberst, ebenso wie Nordstein aktiver Offizier und zum Widerstand innerhalb der Wehrmacht gehörend, versuchte sich eine Zigarre anzustecken. Sie zog nicht, denn das Deckblatt war gesplittert. Also brach er die Hälfte davon ab. »Die Sechs-Mot-Ju soll sich startklar machen. Auftanken, Bombe laden, Munitionieren«, erklärte er im Luftwaffenjargon, »Sitzbereitschaft für die Besatzung ist befohlen.«

»Was bedeutet das im Klartext?«

»Vermutlich einen Start innerhalb der nächsten zwölf Stunden.«

Nordstein überlegte halblaut. »Ein Fernbomber mit einem Tausend-Kilo-Ei voll TNT an Bord. Was steckt dahinter?«

»Das erfahren wir, sobald Kurs und Zielpunkt durchkommen, Herr General.«

»Dann kann es für manches zu spät sein«, fürchtete Nordstein. »Was vermuten Sie, Oberst?«

»Erst würde ich gerne hören, was Sie vermuten, Herr General«, erwiderte der Luftwaffenoffizier.

Zweifellos wußte der General mehr, sonst hätte er Greifenhahn nicht nach Narvik beordert. »Man hört so einiges aus Berlin.«

»Vom OKW?«

»Von Canaris«, eröffnete ihm der General.

»Stichwort Churchill?« tippte der Luftwaffenoberst vorsichtig.

Mit angehobenen Brauen musterte ihn der General. Dann lachte er komplizenhaft. »Die Abwehr in Paris soll einen Englandkontakt aufgebaut haben, über den Canaris erfuhr, daß Churchill den amerikanischen Präsidenten in

Washington besuchen will. Es geht um verstärkte Hilfslieferungen. Churchill fliegt über Island und Neufundland in die USA. Und dies offenbar in den nächsten zwanzig Stunden. Um ihn abzufangen und auszuschalten, hat man den Fernbomber hier oben bei uns geparkt.«

»Demnach weiß man schon länger von diesem Staatsbesuch Churchills.«

Der General fragte: »Kann man das Unternehmen verhindern?«

»Mit Erfolg wohl kaum.«

»Ist Sabotage an der Ju 390 möglich?«

»Die Spezialbesatzung hat ihren eigenen Mechaniker dabei. Der achtet wie ein Luchs auf seine Maschine. Er läßt keinen Fremden auch nur in ihre Nähe.«

»Das Fernschreiben mit dem endgültigen Einsatzbefehl kann man leider nicht verzögern«, bedauerte der General. »Bei Gekados fordert Berlin immer sofortige Rückbestätigung.«

»Wenn dieses Flugzeug nicht zur vorgesehenen Minute einsatzklar vom Boden hochkommt«, äußerte Greifenhahn, »dann rollen Köpfe. Und wer wird zur Verantwortung gezogen? Erst ich, dann Sie, Herr General.«

»Und beide haben wir im Reichssicherheitshauptamt leider keinen Stein im Brett.«

»Ich würde nach Norwegisch Sibirien versetzt, weil ich auf Heydrichs schwarzer Liste stehe«, gestand der Oberst.

»Was glauben Sie, warum ich hier sitze«, wandte der General ein. »Nein, offiziell geht gar nichts. Das RSHA beobachtet uns mit Argusaugen. Sie halten uns für unsichere Kantonisten, können es nur nicht beweisen.«

»Sie hätten aber gern Beweise«, fürchtete der Oberst, »und sie konstruieren sich einen, wenn durch unsere Schuld der Bombereinsatz danebengeht.«

»Es wäre verteufelt günstig gewesen«, meinte der General, »bei späteren Waffenstillstandsverhandlungen sagen zu können: Schaut her, Gentlemen, wir haben vor Jahren schon Churchills Kopf gerettet. Ein fabelhaftes Plus wäre das für uns.«

Der Oberst nahm einen letzten Zug aus seiner verstümmelten Zigarre, kurbelte das Fondfenster der Generalslimousine herab und warf den noch glühenden Strunk hinaus, wo er in einer Pfütze verzischte. Mit kognakrauher Stimme sagte er: »Der Chefmeteorologe vom Kirkenes-Abschnitt gehört zu uns. Ich muß mit ihm reden. Vielleicht läßt sich etwas mit der Wettervorhersage drehen. Eine Stunde Verspätung würde schon genügen.«

Sie schwiegen lange.

»Versuchen Sie es, Greifenhahn«, bat der General. »Viel Glück und guten Rückflug.«

Der Flugplatz bei Kirkenes war seit wenigen Tagen schnee- und eisfrei. Die sechsmotorige *Junkers*-Maschine wurde mit 31250 Litern Flugbenzin – stark verbleit, um es klopffest zu machen – aufgetankt. Der Bordmechaniker, ein Feldwebel, prüfte alle Anlagen noch einmal durch. – Unwillig sprangen die unterkühlten BMW-Sternmotoren an. Erst kamen nur ein paar Zylinder von vierzehn, dann allmählich die anderen. Der Bordwart ließ sie warmlaufen. Er kontrollierte Drehzahlen, Temperaturen, die Luftschraubenautomatik, den Ladedruck, später die Generatoren, die ganze Elektrik, die Umpumpanlage der verschiedenen Treibstofftanks, die Hydraulik, die Navigationsinstrumente und die Waffen. Ein Tieflader kam mit der Bombe aus dem Munitionsbunker herübergerollt. Die 1000-Kilo-Luftmine wurde bei geöffneter Bodenklappe eingehängt und in den Schacht gezogen.

Inzwischen fand in der Baracke die Einsatzbesprechung statt. Anwesend war der Rest der Besatzung, insgesamt sechs Mann. Der Major las das Fernschreiben den KG-200-Leuten vor und erläuterte es.

»Einsatz-Endpunkt ist Island, Flugplatz Kirkenes. Wir müssen präzise um siebzehn Uhr dreißig Greenwichzeit über dem Ziel stehen. Distanz dreitausendneunhundert Kilometer. Das bedeutet bei fünfhundertfünfzig km/h acht Stunden. – Wir fliegen in Maximalhöhe sechzehntausend Meter, wo die *Spitfires* nicht hinkommen.« Der Major wandte sich an seinen Navigator, einen Leutnant: »Sie haben dreißig Minuten Zeit, um die Großkreis-Schnittkurse zu berechnen. Das Wetter holt der zweite Pilot bei den Wetterfröschen ein.«

»Start wann?« fragte der Funker.

Der Major schaute auf seine Fliegeruhr. »Zehn Uhr deutsche Sommerzeit. Das läßt uns einigen Spielraum.«

Der Bordwart kam mit dem VW Kübel herüber und meldete die Maschine einsatzklar.

»Ist sie wirklich klar?« fragte Major Rößner mißtrauisch. »Was verschweigen Sie mir diesmal wieder, Feldwebel?«

»Nur Schnee lag auf den Flügeln, Herr Major. Den hat der Propellerwind weggepustet wie Staubzucker.«

»Zum Frühstück«, erklärte der Kommandant, »bitte ich mir keinerlei blähende Nahrung aus. Rührei, Weißbrot, wenig Kaffee. Mit halbvollem Magen übersteht man Bauchschüsse leichter.« Damit hatte er sich in einen Zynismus verstiegen, der selten bei ihm vorkam. Major Rößner, ein einsilbiger Typ ohne Witz und Charme, hatte seine Drögheit längst auf die Besatzung übertragen. Sie funktionierten wie Roboter, lustlos, aber perfekt.

Bei der Wetterstelle erfuhr der zweite Pilot vom Meteorologen, daß sich vor der nordnorwegischen Küste ein starkes Sturmtief mit Gewittern zusammenbraue. Der Meteorologe riet zu späterem Start oder zu einem Umweg.

»Direkter Durchflug scheint mir wenig ratsam«, sagte er.

»Lassen Sie das unsere Sorge sein, Doktor«, erwiderte der Hauptmann. »Wir sind mit Druckkabine ausgerüstet. Damit kommen wir bis auf eine Höhe von sechzehntausend Metern. Da oben herrschen keine Gewitter mehr.«

Mit Zeigersprung zehn Uhr schob der erste Pilot die sechs Gashebel auf der Konsole nach vorn. Die insgesamt

12000 PS der BMW-Motoren brausten wie eine Orkanbö. Die sechzig Tonnen schwere Maschine zitterte, bis sich die acht Reifen des Fahrwerks aus dem Matsch gelöst hatten und die Maschine rollte. Weit draußen auf Startposition schien sie noch einmal Atem zu schöpfen. Dann startete sie. Bei einer Geschwindigkeit von neunzig Stundenkilometern zündete der Major die Zusatzraketen. Ohne sie wäre die überladene Ju 390 nie von der Erde weggekommen. Mit langem Feuerstrahl beschleunigten die Starthilfen das riesige Flugzeug und drückten es himmelwärts.

Bald geriet es in der Wolkendecke des aschgrauen Polartages außer Sicht.

Der II. Pilot stellte die automatische Kurssteuerung auf 255 Grad und schaltete sie ein. Noch überflogen sie gebirgiges Land. Doch bald kam das grüne Nordmeer.

»Erster Anlaufpunkt Jan Mayen«, meldete der Navigator. Damit meinte er die kleinen Inseln weit draußen im Eismeer. »Flugzeit zwohundertzehn Minuten.«

An Bord der Ju 390 wurde kein unnötiges Wort gesprochen. Major Rößner beobachtete den Kompaß, die Instrumente für die sechs Motoren, den Treibstoffverbrauch, die Öltemperaturen sowie den Höhenmesser. Ab und zu blinkte eine Lampe auf. Flughöhe jetzt 9000 Meter. Fortan atmeten sie das Sauerstoffluftgemisch der Druckkabine.

Unter ihnen und um sie herum war nichts, absolut gar nichts. Kein Mensch, kein Geist, kein Ort, keine Straße, kein Licht. Nach Erreichen der Marschflughöhe hatte der Fahrtmesser sich auf 545 km/h eingependelt. Der Major trimmte das Höhenruder präzise aus. Die Stellhebel der Triebwerke nahm er um eine Spur zurück. Die Kühlerklappen wurden nur so weit gespreizt, daß die Motoren nicht unter Betriebswärme absanken.

»Vereisung!« meldete der II. Pilot. »Leichte.«

Die linke Tragfläche zeigte weiße Stellen. Das Eis war nur zu brechen, wenn sie heruntergingen. Doch lieber nahmen sie es hin. Der Navigator arbeitete wie stets ohne Pause. Immer wieder kletterte er in sein Astronom, eine halbkugelförmige Kuppel aus Plexiglas. Dort schoß er jene Sterne, die hier auch bei Tag zu sehen waren, und errechnete seine Standlinie. Gekreuzt mit der Funkpeilung, ergab das den Ort des Flugzeugs.

»Noch dreitausend Kilometer.«

Sie hielten absolute Funkstille. Einsam hingen sie hoch über den Wolken am Rand der Stratosphäre. Die Augen fanden keinen Bezugspunkt mehr. Es schien, als hätten sie endlos Zeit, als liefe alles langsamer ab als auf der Erde. Manchmal glaubten sie in den Himmel zu steigen, dann wieder steil nach unten zu stürzen. Alles nur eine Täuschung der Sinne. Die Instrumente bestätigten die korrekte Lage der Maschine.

Es gab keinen Horizont, nur dunkles Blaugrau. Sie kamen sich vor wie blind. Eine blaßgelbe Kugel tauchte auf. Der Mond. Träge flossen die Stunden dahin.

Endlich meldete der Navigator: »Zielraum in vierzig Minuten.« Dazu nannte er die Kursänderung.

Die Temperatur von Motor Nr. 4 gefiel dem Major nicht. Sie stieg an, sank ab, kletterte wieder und war auf Dauer zu hoch. Rößner wollte schon den Motor abstellen, als von hinten eine Durchsage erfolgte. »Zielraum erreicht!«

Major Rößner drosselte die Triebwerke. Er schloß die Kühlerklappen und verringerte die Geschwindigkeit auf vierhundertfünfzig ... vierhundert ... dreihundertfünfzig ...

Weit unten, durch Wolkenlöcher, wo die Küste sich mit weißem Dünungsgischt der See entgegenstemmte, war Land zu sehen.

Island.

Der Navigator nannte die Kurse bis zum Zielablauf, dazu laufend die nötigen Höhen. Sie mußten auf weniger als tausend Meter herunter – zweifellos die gefährlichste Phase ihres Einsatzes.

»Jetzt wird es ernst«, sagte der Major. »Ruhe bewahren, Leute. Auf Island gibt es weder Flak noch Jäger.«

Sie bekamen Peilung vom Radiosender Reykjavik. Tiefer gehend, stießen sie durch die lockere Wolkendecke. Trotz Dunst machten sie die Bucht, den Hafen und die Stadt aus.

Sie waren nur wenige Minuten zu spät, also nahezu pünktlich. Ihr Ziel, der britische AVRO-*Lancaster*-Bomber mußte bereits gelandet sein und auf dem Rollfeld stehen.

In weitem Bogen kurvte Major Rößner zum Endanflug auf die Piste von Reykjavik ein. In neunhundert Meter Höhe donnerten sie auf den Flugplatz zu. Über dem Rollfeld drückte der Major noch tiefer. Die Sicht betrug achtzig Prozent. Doch den angekündigten AVRO-*Lancaster*-Bomber konnten sie weder auf der Landebahn noch auf dem Vorfeld ausmachen.

Um ihn in einem Hangar zu verstecken, waren die Hallen zu klein.

»Das war der berühmte Schuß in den Ofen«, bemerkte der II. Pilot.

Major Rößner schob die Gashebel wieder vor. Die Motoren heulten auf. Startleistung! Er zog die Ju 390 hoch.

»Was jetzt?« überlegte er laut genug zum Mithören in der Bordverständigungsanlage. »Kann er sich verspätet haben?«

»Von London bis Island schon möglich«, sagte der Navigator, »das ist eine Wetterfrage.«

»Der für uns am schnellsten erreichbare Heimatflughafen«, fragte der Major, »ist . . .?«

»Nach wie vor Oslo.«

»Flugzeit und Spritverbrauch bis Oslo?«

Der Navigator hatte es in seiner Tabelle stehen. »Dreitausendachthundert Kilometer. Verbrauch knapp siebentausend Liter.«

»Einschließlich Reserve?«

»Ohne Reserve. Mit Reserve achttausend Liter.«

»Wieviel haben wir noch in den Tanks?«

Die Peilung nahm mehrere Sekunden in Anspruch. »Dreizehntausend Liter«, meldete der Bordwart.

»Also genug, um eine Stunde zu kurven und noch mal wiederzukommen«, entschied der Kommandant und ging weiter auf Höhe.

Unerreichbar für Flugabwehrgeschütze oder Jäger blieben sie bis 18.45 Uhr Greenwichzeit oben. Erneut leitete Major Rößner Sink- und Anflug ein. Sie drosselten die Motoren, fuhren die Klappen aus. Der Bombenschütze kniete am Zielgerät, bereit, die Luftmine zu werfen.

Es war nahezu die gleiche Prozedur wie siebzig Minuten zuvor. Nur war es jetzt etwas dunkler und diesiger geworden. In Reykjavik waren die Lichter angegangen. Am Flugplatz brannte sogar die Landebahnbefeuerung. In 800 Meter Höhe raste die sechsmotorige *Junkers* über den Platz. Mit ihren Zeissgläsern starrten sie nach unten.

»Fehlanzeige!« meldete der Bordschütze aus der Bodenwanne. »Absolute Fehlanzeige!«

Landebahn und Vorfeld waren leer bis auf kleine Sportflugzeuge. Kommentarlos zog Rößner wieder hoch und nahm Kurs Ost. Auf 96 Grad kamen sie direkt nach Oslo.

»Fertigmachen zum Notwurf!« befahl Rößner dem Bombenschützen.

»Mit dem dicken Brocken an Bord können wir nicht landen.«

Draußen über dem Nordatlantik wurde der Bombenschacht geöffnet und die Luftmine ausgelöst. Sie trudelte in die Tiefe. Weit unter ihnen schlug sie im Meer auf. Dabei erzeugte sie nur einen kleinen Gischtkreis, denn der Zünder war nicht aktiviert worden.

Noch im Steigflug begriffen, wandte Rößner sich an den Funker. »Meldung an Leitstelle KG 200 Berlin: Nach zweimaligem Überflug Zielobjekt nicht erkennbar. Bombennotwurf über See. Treten Rückflug Oslo an.«

Überlegungen zur Lage waren müßig, fanden aber trotzdem statt.

»Unser Agent in London soll die Startvorbereitungen der *Lancaster* beobachtet haben. Sonst hätten sie uns nicht losgejagt«, äußerte der II. Pilot.

Der Bordwart sagte: »Man hätte ihnen die Bombe aufs Haupt werfen sollen.«

»Wem? Den Isländern? Das wäre Neutralitätsverletzung gewesen.«

»Wenn ein britischer Bomber bei ihnen landet, ist das etwa keine Neutralitätsverletzung, Herr Major?«

Die Diskussion fand ein rasches Ende. Der Navigator meldete aus seinem Astronom: »Feindliche Jäger im Anflug!«

»Aus welcher Richtung und wie viele?«

»In vier Uhr. Ich erkenne eine Rotte.«

Vier Uhr, das war von schräg rechts hinten.

»*Spitfires!*« fügte der Navigator noch hinzu.

Das schien unmöglich zu sein. Wo kamen die her? Außer auf Island gab es hier keine Startplätze.

»Es muß sich um Trägerflugzeuge handeln.«

»Verdammt, haben die etwa auf uns gewartet?«

Die Worte wurden ihnen von den Lippen gefetzt. Schon fing die Ballerei an. Die Jäger schossen aus allen Rohren. Das deutsche Zwillings-MG und die 2-cm-Oerlikon antworteten. Als die 104-Einzelschußkanone, die *Münchhausen*, loslegte und eine *Spitfire* voll erwischte, bebte der ganze Bomber.

»Treffer!« schrie der Bordschütze.

Aber auch die *Junkers* hatte es erwischt. Die MG-Garben der *Spitfires* schlugen in Rumpf und Flächen. Verkleidungsbleche rissen weg.

Major Rößner gab Vollgas und versuchte sich auf Maximalhöhe zu retten. Der kranke Motor Nr. 4 überhitzte rasch. Rößner achtete nicht darauf . . . Um sie herum zischten Leuchtspurbahnen, Schatten tänzelten, Einschläge peitschten. Der Bordschütze im Heck schrie getroffen auf. Und dann erwischte das Geschoß einer *Spitfire*-Kanone den linken Außenmotor. Sofort fing er zu brennen an. Flammenzungen wehten wie rotgelbe Feuerfahnen nach hinten; schwarz quoll Ölrauch heraus. Einige Treffer hatten auch die Kabine durchlöchert. Der Überdruck zischte weg.

Der Besatzung wurde übel bis zur Kotzgrenze. Sie setzten Sauerstoffmasken auf. Das Feuer an Motor 6 breitete sich aus und griff auf den Flächentank über. Sie versuchten noch umzupumpen. – Zu Spät. Im Rumpf verbreitete sich der Gestank von Flugsprit. Der Bordmechaniker kletterte nach hinten und taumelte, völlig von Benzin durchnäßt, wieder nach vorn.

»Einer der Zusatztanks, Herr Major!« keuchte er.

»Dachte, die seien selbstschließend.«

»Er schließt aber nicht, Herr Major.«

Rößner fluchte. »Dieses elendige Scheißhaus von einem Flugzeug!«

Auf viertausend Meter Höhe bemerkte Rößner voll Entsetzen, daß die Maschine immer unsteuerbarer wurde.

»Funkspruch!« schrie er. »Notruf! Angriff von *Spitfires*. Vermutlich Trägermaschinen . . .«

Seine letzten Worte gingen unter. Eine Sauerstoffflasche war explodiert. Die Luftfeuchtigkeit in der Kanzel kondensierte schlagartig zu Wasserdampf. Es war wie in einer Waschküche. Sie konnten nichts mehr sehen.

Die Ju 390 ging in unkontrollierten Sturzflug über. Um 20.58 Uhr DSZ schlug sie bei 62 Grad Nord und 19 Grad Ost auf. Erst rissen die Motoren ab, dann die Flächen. Anschließend brach der Rumpf in mehrere Stücke. Der größte zu dieser Zeit gebaute Fernbomber fand binnen weniger Minuten sein Grab im kalten Nordmeer.

Keiner der sieben Mann Besatzung kam lebend heraus. Nur der Bordwart trieb noch einige Stunden tot in seiner Schwimmweste, ehe auch er absoff.

Der Ju-390-Fernbomber kehrte von seinem geheimen Island-Einsatz nie zurück. Eine norwegische Küstenfunkstation der Wehrmacht hatte noch einen stark verstümmelten Funkspruch aufgefangen. Aber der klang schon stark nach Weltuntergang. Weder vierundzwanzig noch achtundvierzig, noch zweiundsiebzig Stunden später erreichte ein Lebenszeichen der Besatzung Rößner irgendeine Insel oder Küstenstellung. Seenotrettungsflugzeuge der Staffeln in Bergen und Christiansand suchten bis weit hinaus zu den Faröer- und Shetland-Inseln das Meer ab.

»Man muß davon ausgehen«, bedauerte der Kommandeur des KG 200 bei der Lagebesprechung im Amt Canaris zu Berlin, »daß wir sie auf die Vermißtenliste setzen.«

Der letzte Funkspruch der Ju 390 war längst ausgewertet. Admiral Canaris persönlich erläuterte die Analyse.

»Auf dem Rollfeld in Reykjavik stand also mit Sicherheit nicht Churchills Flugzeug.«

»Vielleicht wurde die Startzeit geändert. Die *Lancaster* war entweder schon aufgetankt und wieder fort oder noch nicht da.«

»Oder Churchill hatte gar nicht die Absicht, über Island und Neufundland weiter in die USA zu fliegen«, lautete seine Erklärung.

»Dann wäre das Ganze eine Finte gewesen«, meinte ein Offizier aus dem Stab des Admirals.

»Finte, Falle, wofür? Zu welchem Zweck? – Um einen einzigen deutschen Bomber plus Besatzung abzufangen? Wo liegt da der Witz, bitte«, wandte der Kommandeur des KG 200 ein.

»Der Sinn liegt in dem Versuch, etwas herauszufinden, etwas ganz Bestimmtes, nämlich wieweit wir bereit sind, uns auf dubiose Agentenmeldungen einzulassen«, mutmaßte Canaris.

»Und wo kamen die *Spitfires* so schnell her?« wurde eingeworfen.

»Es können nur Trägerflugzeuge gewesen sein. Selbst die Entfernung zu den westlichsten Faröer-Inseln schafft eine *Spitfire* nicht einmal mit Zusatztanks.«

»Also Trägermaschinen«, kommentierte der Admiral. »Wo standen die Träger? Auf wen, auf was warteten sie? – Um unseren Bomber abzuschießen, damit der Doppelagent in London geschützt bleibt?«

Dazu gab es mehrere Meinungen. Der Diskussion müde, faßte Canaris zusammen: »Meine Herren, wir sind offenbar einer Falschinformation aufgesessen. Man ließ uns ins offene Messer laufen in der Hoffnung, das Messer würde lautlos töten. Nun, so fürchte ich, werden wir dem RSHA gegenüber einiges erklären müssen. Und das fällt uns verdammt schwer.«

Der Admiral beendete die Sitzung, um sich nach Paris zu begeben.

20

Rudolf Heß fliegt mit einer Me-110 nach England, angeblich um Friedensvorschläge zu unterbreiten. Britische Truppen ziehen in Bagdad ein. Picasso schreibt sein einziges Bühnenstück. Titel: »Der Wunsch beim Schwanz ergriffen.«

11. Mai 1941
Die militärische Grundausbildung des Matrosen Jakob Baureis in Holland ging zu Ende. Daß Baureis die Funkerlaufbahn einschlagen würde, stand fest.

Schon Wochen vorher erhielten die Reserveoffiziersanwärter Gelegenheit, sich Bordkommandos auszusuchen. Angeboten wurden: Vorpostenboote, Mienensucheinheiten, Sperrbrecher und U-Boote. Die feinen Zerstörer, Schnellboote und Dickschiffe, wie Panzerkreuzer etwa, blieben für die Aktiven reserviert.

Baureis bevorzugte den lässigen Gammel auf einem zum Vorpostenboot umgebauten Fischdampfer. Wenn für ihn etwas nicht in Frage kam, war es ein Todeskommando auf U-Booten. Obwohl man seine hohe Qualifikation erwähnte und andeutete, daß er bei entsprechender Einsatzfreude in fünfzehn Monaten zum Leutnant befördert würde, lehnte er ab.

Nachts, wenn er nicht schlafen konnte, wanderten die Bilder wie in einem rückwärts laufenden Filmprojektor bis in den Winter. Baureis sah sich vor dem großen Kasernentor stehen, dem Tor seiner Schiffsstammabteilung, irgendwo in den weiten Ebenen Hollands.

Sein kleiner Koffer enthielt dasselbe, was auch die Koffer, Taschen und Pappkartons der anderen bargen: letzte Erinnerungen an das Leben eines Zivilisten, etwas Wäsche, Rasierzeug, einige unnütze Dinge, weil jeder etwas Unnützes am meisten liebt . . . Man stellte sich in Reihe auf, wurde namentlich verlesen, registriert, der Größe nach eingeteilt. Zug eins, zwo, drei, vier. Die Gruppe eins von Zug zwei bekam den Bootsmaat Rohleder zugeteilt. Rohleder kam, sah und besiegte sie, dank des Umstandes, daß er ihr Ausbilder wurde.

Mittelgroß, den Kopf vorgeneigt, die Hände meist in die Seiten gestützt, wirkte er drahtig und hart. – Zur Begrüßung erst einmal: Hinlegen! Aufstehn! Hinlegen! – Es hatte geregnet. Wasserpfützen standen auf dem Kompanieplatz. Ihre Anzüge waren einheitlich dreckig beige. Die erste Uniform.

»Wegtreten!«

»Da haben wir einen echten Humanisten erwischt. Prost Mahlzeit«, meinte einer.

Die anderen Gruppen schliefen längst. Gruppe eins machte noch Reinschiff.

»Abiturienten sind immer die saudümmsten!« schrie Rohleder und goß noch zwei Eimer Wasser in die Gänge.

Aufwischen und trocknen bis zum Umfallen. – Macht Spaß, Soldat zu sein. – Warum bist du eigentlich Soldat? – Warum ist Krieg? – »Damit die Germanen die Welt salonfähig machen«, meinte Baureis.

»Gute Nacht, Kamerad. Wie heißt du?«

Der andere schnarchte schon.

Die nächsten Wochen zeigten, daß der erste Tag eine sanfte Einstimmung war. Drill wie in Friedenszeiten. Gewehrgriffe: Präsentiert das Gewehr! Gewehr ab! Gewehr über! Links schwenkt marsch! Rechts um! – Erlernen der Dienstgradabzeichen, das Grüßen Vorgesetzter, das Benehmen an Land. – Das Zerlegen des Maschinengewehrs achtunddreißig mit verbundenen Augen. Gasalarm. Immer im Laufschritt. – Morgens um sechs, reise reise aufstehn! Schrilles Pfeifen. Rohleder in Turnhose. Sport. Marsch ins Gelände. Tiefflieger von links. Schützenreihe. Angriff. Deckung.

»Ich springe, du schießt!«

Schweiß, Erschöpfung, Verzweiflung. Singen unter Gasmaske. Pause. Eine Zigarette lang. Bootsmaat Rohleder beobachtet seine Gruppe, wie sie geschunden im Heidekraut liegt. – Die Matrosen lachen.

»Was gibt es zu lachen?«

Einer hat einen Witz gerissen.

»Los, erzählen Sie, Baureis.«

»Was ist das? Es hängt an der Wand, macht ticktack, und wenn es runterfällt, ist die Uhr kaputt.«

Rohleder überlegt.

»Weiß ich nicht. Was ich nicht weiß, kann es auch nicht geben. Wollt ihr mich verarschen?«

Die Gruppe feixt und brüllt vor Lachen.

»Gruppe eins fertigmachen!«

Jetzt geht es rund. Im Laufschritt! Singen! Gasalarm. Stundenlang.

Wenn es runterfällt, ist die Uhr kaputt, und Rohleder ist in Hochform. Er schreit Kommandos. Als seine heisere Stimme müde wird, nimmt er die Pfeife. Ein Pfiff: hinlegen. Zwei Pfiffe: aufstehn. Drei Pfiffe: Laufschritt und so weiter, bis zum Nachmittag.

»Ich könnte ihn umlegen«, jammert einer.

»Wir haben nur Platzpatronen.«

»Leider.«

Keuchen, Quälen, Schweiß überall. Es wird dunkel vor den Augen. Ein Fußtritt und drei Pfiffe, schon geht es weiter.

»Aber wir kriegen ihn dran. Ganz bestimmt. Intelligenz gegen Sadismus.«

Sie rennen bis zum Umfallen.

»Wenn das meine Mutter wüßte.«

»Sei froh, daß sie keine Ahnung hat.«

»Diesem Schwein kotze ich morgen beim Kaffeeholen in die Kanne.«

»Für mich auch eine Portion mit.«

»Ein Lied!«

»Es ist so schön Soldat zu sein ...«

Exerzierdienst. Gewehr in Vorhalte! Hüpfen! Hüpfen im Kreis, dazu Sprechchor:

»Mit mir hat die Marine einen guten Fang gemacht.«

Vierzig Männerstimmen. Wie der Chor der Rachegöttinnen in der griechischen Tragödie:

»Mit uns hat die Marine einen guten Fang gemacht!«

»Heute ist er reif, das Rohlederschwein.«

Da will einer nicht so recht. Er lacht beim Häschen-hüpf-Spiel.

»Lachen Sie mich an oder aus, Sie Würstchen?« schreit Rohleder.

»Ich lache Sie aus. Verzeihung – an, natürlich, Herr Bootsmaat.«

»Die ganze Gruppe Laufschritt! Hinlegen! Auf marsch marsch bis zum Horizont! Halt! Weiter! Halt! Weiter ...«

Des Bootsmaats Stimme wird leiser. Sie ist kaum noch zu vernehmen. Außerdem haben sie Gegenwind.

»Hast du was gehört?«

»Ich? Nein. Von wem?«

»Wie lautet der Befehl?«

»Laufschritt bis zum Horizont.«

»Horizont, wo ist der?«

»Los, vorwärts!«

Heute bekommen sie ihn dran. Sie laufen und rennen ohne Pause bis zu den Pappeln. Einer will haltmachen.

»Weiter, Kumpel, wir führen nur Befehle aus. Wo der deutsche Soldat steht, da steht er. Und wo er läuft, da läuft er.«

Der Weg zum Horizont wird unterbrochen. Ein Kanal liegt dazwischen. Hinein und durch. Das Gewehr in Hochhalte.

Das ist die erste richtige Gaudi bei dem Haufen. – Der Kanal ist tief. Sie schwimmen.

»Ein Lied!«

»Du kannst mich mal.«

Weiter! Endlich kommt der Horizont. – Denkste!

Mit triefendnassen Klamotten verschnaufen sie drüben am anderen Ufer.

»Was mag Rohleder wohl machen?«

»Es hat ihn zerrissen.«

»Phantastisch! Ich werde mir ein Stück von ihm besorgen, ein Stückchen Rohleder, und als Absatz verwenden.«

Dann kommt er angekeucht, weit drunten über die Kanalbrücke. Er hat sich ein Fahrrad besorgt. Rohleder tritt in die Pedale. Fuchtelt wild mit der freien Hand ...

Die Kompanie steht längst auf dem Kasernenhof. Peinlich. Macht aber nichts. Eins zu null für uns.

Seine Zigarre vom Kompaniechef hat er weg.

Rohleder wird noch härter, sein Zug härter im Nehmen. Der passive Widerstand wächst. Rohleder überschlägt sich schier und läuft sich dabei tot. Seine Drillmethoden werden immer ausgeklügelter, scheitern aber an der Zuggemeinschaft. An einem dienstfreien Nachmittag erfindet er eine neue Perversität. Rohleder hat auf dem Speicher der vierstöckigen holländischen Kaserne ein altes Klavier von sieben oder acht Zentnern Gewicht entdeckt. Gruppe eins, die immer auffällt, wird in die Mache genommen.

»Gruppe eins, raustreten zum Sinfoniekonzert!«

Sie steigen auf den Dachboden, holen das Klavier, schleppen es treppab bis in den Keller. Gute Arbeit. Achtzehn Minuten. – Dann wieder rauf mit dem Klavier unter das Dach. Fünfundzwanzig Minuten. –

»Eine Mundharmonika wäre leichter.«

»Aber ein Klavier ist vornehmer.«

»Wenn es um Vornehmheit geht, dann ist eine Orgel nicht zu schlagen.«

»Wäre aber jammerschade um eine Orgel, wenn sie kaputtgeht.«

»Wieso kaputtgeht?«

»Wart's nur ab«, sagt Baureis.

Rohleder wandert hinter dem Klavier her vom Dach in den Keller, vom Keller ins Dachgeschoß.

»Ihr wachsweichen Wichser, das geht mir zu langsam. Das nächste Mal schaffen wir es in der halben Zeit.«

Zwanzig Mann an einem Klavier: Hau ruck! Halt, meine Finger! Mensch paß doch auf! Mein Fuß ist dazwischen! Ich kann nicht mehr! Jetzt schon die vierte Runde!

Sie schnaufen und asten, heben und drücken, schieben und rollen.

»Aufpassen, sonst macht sich der Vogel selbständig!«

»Soll er doch!«

Wieder runter in den Keller. Die halbe Kompanie steht dabei und sieht kopfschüttelnd zu.

»Dieser Rohleder ist verrückt geworden.«

»Ein Glück, daß der Kompaniechef nicht im Hause ist.«

Die anderen gehen an Land.

Dachboden, vierter Stock, dritter Stock. Noch eine halbe Treppe.

»Wir können nicht mehr, Herr Bootsmaat.«

»Schlappschwänze! Jetzt erst recht.«

Weiter! Anheben! Gemeinsam: Hau ruck!

Treppenabsatz. Rollen! Abwärts mit der Kiste! Fünfte Sinfonie ... Da passiert es.

Rohleder ist nur kurz in seiner Stube verschwunden, um Zigaretten zu holen. Das Klavier steht an der Treppenkante zum zweiten Stock. Sie lehnen erschöpft an der Wand. Schweißnaß tropfend, geschunden, mit blutenden Abschürfungen. Keiner kann mehr lachen. Keiner hat mehr einen Witz drauf. Nur Baureis hat noch einen, einen letzten Klavierwitz.

»Geh mal aus der Bahn, Kumpel!«

»Warum?«

»Was kostet so ein Klavier?«

»Vielleicht um zweitausend.«

Baureis stemmt sich gegen die Wand, den Rücken am Klavier.

»Dann nehme ich das hier. Bahn frei!« Er schiebt an.

»Bahn frei! Wahrschau ihr Seeleute!« Ein Druck. Es will nicht. Noch ein Druck. Das Klavier kantet auf der obersten Stufe. Hände helfen nach, anonyme Männerarme. Dann ist der Kasten frei. Er bewegt sich endlich mal von allein. Er schlittert, nimmt Fahrt auf, trudelt, taumelt, fällt in die Tiefe.

»Bahn frei!«

Krachen, splittern, schrille Töne. Das schöne alte Mahagoniklavier fällt in Zeitlupe auseinander. Erst bauen die Deckel ab, die Seitenwände. Die Tasten regnen ins Parterre. Dann wird der schwere Gußrahmen sichtbar. Saiten wimmern ihren letzten Ton, ehe sie springen. Ein höllisches Konzert. Neunte Sinfonie. – Noch nie ist sie so wunderbar erklungen.

Putz bröckelt ab. Die Mauer bekommt Schrammen. Staub wirbelt.

Endlich Stille und hurra!

Auftritt Rohleder.

Der Bootsmaat ist kalkweiß, voll Entsetzen. Die Zigarette fällt ihm aus dem Gesicht.

»Wer war das?« ächzt er.

»Die Physik, Herr Bootsmaat.«

»Wer?«

»Das Gesetz der Schwerkraft«, antwortet Baureis.

»Das Gesetz der Schwerkraft waren Sie, Matrose Baureis.«

Baureis lacht mühsam.

»Die Schwerkraft, auch Massenanziehung genannt, ist die Kraft, die auf jedweden Körper infolge der Anziehung der Erde ausgeübt wird.«

Blind vor Wut glotzt Rohleder Baureis an. Jetzt hat er endlich seinen Gegner. Die Gruppe als Ganzes ist eine gleichwertige Macht. Aber nun hat er einen einzelnen Gegner vor sich, auf den sein ganzer Haß sich konzentrieren kann: den Matrosen Baureis.

Holland. Vierzehnte Schiffsstammabteilung. Rosendaal/ Bergen op Zoom. Windmühlen, Kanäle, Pappelalleen, Musikautomaten. Sie dudeln immer: *»Ich kannte einst 'ne Señorita, oh, oh, oh, Aurora . . .«* Die Tage der Auseinandersetzung mit Rohleder sind gekommen. Wer verholt sich auf Reinschiffstation? – Matrose Baureis. Wer klappt nach bei »Gewehr über!«? – Matrose Baureis. Immer Baureis, der Sündenbock der ersten Gruppe. – Aber Baureis' Sturheit wächst im Quadrat zu Rohleders Schikanen.

Eine neue Gemeinheit wird trainiert: Das sogenannte »Flagge-Luzi-System«. – Was das ist? Die Signalflagge L, oder auch Luzi, ist quergestreift blau-weiß-blau. In der Praxis sieht das so aus: Man nimmt eine Gruppe Matrosen. Rohleder hat eine davon. Er pfeift sie auf den Kompanieplatz. Bei der Marine wird alles gepfiffen.

»Wir spielen jetzt ›Flagge Luzi‹, weil ihr so saudumme Aborenten seid und ein vergammelter Haufen, der keinen Admiral von 'nem Portier unterscheiden kann.«

»Ist auch schön schwer bei soviel Gold mit etwas Blau.«

»Wenn ich pfeife, dann stürmt ihr auf die Stube. Jeder zieht folgendes an: Sportanzug, einmal weißes Arbeitszeug, dann Ausgehanzug blau darüber.«

Pfiff. Wegtreten! Nach Minuten erneut Pfiff. Raustreten! Kontrolle. Blau-weiß-blau. Stimmt. Nur einer hat gemogelt. Er hat die Turnhose vergessen. Drei Tage Ausgangssperre. Mindestens.

»Jetzt genauso wie eben, nur Sportzeug über Blau.«

Man muß sich total umziehen, das Sportzeug als letztes über den Ausgehanzug streifen.

In fünf Minuten raustreten. Pfiff!

Dann Arbeitsanzug über Blau. Dann Feldgrau über Schlafanzug. Dann Feldgrau über Schlafanzug, Arbeitszeug und Blau. Wie soll man sich da noch auskennen.

In fünf Minuten raustreten!

Und das eine Stunde lang oder zwei. »Flagge Luzi« ist zermürbender als alles. Und die Klamotten gehen kaputt. Deshalb ist »Flaggi Luzi« eigentlich auch verboten. Aber wer kümmert sich darum.

»Herr Bootsmaat, ich bitte melden zu dürfen, daß ›Flagge Luzi‹ verboten ist«, sagte Baureis.

»Schnauze halten, Sie müde Träne!«

Noch eine Stunde extra. Und das am Samstagnachmittag. Ein Mädchen wartet, oder man wollte Billard spielen. Statt dessen »Flagge Luzi« bis zur Vergasung. Von dreizehn bis sechzehn Uhr. – Wer jetzt noch Lust hat, der darf sich eine Urlaubskarte holen. Keiner hat Lust. – Nur Matrose Baureis. Er meldet sich beim U. v. D. Er wird dreimal zurückgeschickt. Neues Taschentuch, der Kamm ist nicht sauber, die Schuhsohlen nicht geputzt. – So stur wie ich können die gar nicht sein, denkt er. Dann endlich die Urlaubskarte.

Durch das Tor. Einmal tief geatmet. Spaziergang in die Stadt. Plötzlich hat er keine Lust mehr. Irgend etwas fehlt heute. Sind es die Kameraden, oder ist es so, daß man eine Sache nicht mehr begehrt, wenn man zu lange um sie kämpfen mußte?

Baureis schlendert planlos durch die Straßen. In Finders Cafeteria ist Betrieb wie in einem Bienenhaus. Eine Bumskneipe ist das, denkt er, eine Kneipe wie eine Westernbar. Wenn man reinmarschiert, dann rechte Hand auf die Nullacht, die Linke an der Brieftasche.

Matrosen, Gefreite, Unteroffiziere. Mädchen aller Kaliber und Musik. Genever, Palaver an den Tischen. Einer schüttet sich Dünnbier über die Hose und schreit: »Hochwasser!«

Baureis hat genug. Um sechs wird es Nacht. – Er geht ins Kino. »Jud Süß« läuft. Auch nicht das Richtige. Kaum ist der Film halb vorbei, hat er schon die Nase voll. Er zwängt sich durch die engen Reihen. Nur raus. – Nacht ist es und windig. Was tun mit dem angebrochenen Abend, der schon am Nachmittag eine Fehlgeburt war. – Was soll man aufreißen. Ein Mädchen? – Die netten sind daheim und sperren die Türen zu. Die anderen? Mein Gott, die anderen sind ebenso arme Luder, wie du selbst eines bist, und haben meist den Tripper.

»Dann gehen wir essen, Baureis«, sagte er zu sich.

Das Essen, Kartoffeln mit Rührei, ist schäbig. Der einsame Abend wird dadurch nicht besser. Ein ganz mittelprächtiger verkorkster Abend ohne Charakter.

Er wandert zum Ende der kleinen Stadt, durch irgendeine Straße. Er hört Schritte. Es sind die eigenen. Eine Gaslaterne. Eine Gegend wie in Soho. Nur der Nebel fehlt.

Aus einer Kneipe dringt Licht, mit dem Licht auch leise Musik. Er tastet nach der Tür, findet sie, drückt und tritt ein.

Eine Bar. Gedämpfte Beleuchtung. Zwei Mädchen warten auf Gäste oder auf nichts. Die eine strickt, die andere rasiert ihre Beine. Wie kann man sich in einer Vorstadtbar verstecken und so nett aussehen. – Sie ist blond, trägt weiße Bluse und einen engen schwarzen Rock, von einem Lackgürtel unterbrochen. Ihr Haar fällt wie eine Welle zur Nakkenrolle.

»Einen Genever . . . bitte!«

Sie serviert stumm. Sie sind höflich, aber sie sehen Deutsche nicht gern.

Aus dem Plattenspieler ein Slowfox. »Bel-ami.« Er würde gerne tanzen.

»Noch einen Genever, bitte!«

Er trinkt.

»Haben Sie Sekt?«

»Nein.«

»Mögen Sie welchen?«

»Nein.«

»Eine Zigarette?«

Sie schaut sich um. Er ist der einzige Gast. »Eine Zigarette schon. – Danke.«

Nach einer Woche kommt er wieder. Meist ist er der einzige Gast. Er kommt öfter. Sooft es geht. Er bestellt seinen Genever, trinkt, raucht eine Zigarette und geht wieder. Immer wieder erklingt ein neuer Slowfox. »C'est si bon!« Einmal fragt er die Blonde, ob sie mit ihm tanzen will. Sie schaut sich um wie immer, ob es auch keiner sieht. Wer schon? – Dann sagt sie ja.

Sie tanzen wie ein gutes Paar. Langsam, eng und aufeinander abgestimmt.

»Danke, es war wundervoll, Meisje.«

Sie nickt nur.

Die nächste Platte. Eine Rumba. Dann ein Swing. Ein Tango. Wieder ein Slowfox.

Sie sehen sich an. Er fragt nicht mehr. Kaum merklich ist ihr Kopfnicken. Sie tanzen wieder. Er ist beglückt. Etwas Gemeinsames ist für ihn und das Mädchen entstanden. Ein kaum hörbares »Ja«, wenn sie tanzen will.

Sie tun es nur, wenn keine anderen Gäste in der Bar sind. Sie tanzen heimlich miteinander. Es ist wie heimliche Liebe, die den Tag scheuen muß.

Er denkt öfter an Sigrid als an Augi in München. Kaum Erinnerungen tauchen auf. Keine Gefühle. Keine Erinnerung an Gefühle. Wenn er an Land geht, dann eilt er zu Sigrid. Er hofft, daß sie ihn erwartet.

Gäste sind in der Bar. Sie können heute nicht tanzen. Das wäre ja Kooperation mit dem Feind. Als sie ihm seinen Genever einschenkt, fragt sie: »Hast du schon mal geliebt?«

Er ist überrascht. »Ja, ab und zu.« Was sollte er auch sagen. »Nein« war eine Lüge und »ja« war auch eine Lüge.

Es dauert lange, bis die paar Gäste verschwinden. Der stille deutsche Matrose, der Junge, der in der Ecke auf einem Barhocker sitzt und trinkt, fällt schon gar nicht mehr auf. – Der letzte Holländer ist nach Hause gegangen. Sie verschließen die Tür. Das Mädchen, das immer strickt, ist müde, gähnt und geht schlafen.

Seit zwei Tagen haben sie nicht miteinander getanzt. Jetzt wollen sie es nachholen.

»Um Mitternacht muß ich weg«, bedauert Baureis.

»Das ist noch eine Stunde«, sagt Sigrid.

Ihre Schatten wandern langsam über die roten Tapetenwände.

»Ich sag dir etwas, wenn du darüber schweigst«, flüstert sie.

»Ich verspreche es dir«, antwortet er.

»Ich liebe dich.«

Sie löschen das Licht. Sie zieht ihn durch das Dunkel über eine Treppe in den ersten Stock.

In ihrem Zimmer glimmt Holz im Kamin. Schon den ganzen Abend scheint er gebrannt zu haben. Sektgläser stehen auf dem niedrigen Tisch zwischen den Sesseln. Er weiß, daß sie ihn in dieser Nacht erwartet hat. Das macht ihn glücklich.

Sie zieht sich aus, dann ihn. Sie ist die erste Frau in seinem Leben. Sie zeigt ihm alles, was man mit heißen Körpern tun kann, alles, was es gibt.

Vor Morgengrauen klettert er über die Kasernenmauer und gelangt unbemerkt in seine Stube.

Zwei Stunden später ist Wecken. – Reise, reise aufstehn! Dienst. Rohleder.

Von Auguste Lorenzo aus München kommt ein Telegramm. Ihr anfangs reger Briefwechsel ist nicht eingeschlafen, er hat sich nur normalisiert. Doch immer schreibt sie, wie sehr sie ihn vermisse und begehre. Körperlich. Nun hat sie Gelegenheit, nach Amsterdam zu fliegen. Ihr Vater hat dort geschäftlich zu tun.

Die Lufthansa Ju 52 landet gegen Mittag in Schiphol. Mit dem Zug kann sie am Nachmittag in Breda und bis zum frühen Abend in Rosendaal sein. Sie kommt pünktlich an. Baureis hat Urlaub bekommen und holt sie ab. Am Bahnhof eilt sie auf ihn zu, fällt in seine Arme. Endlose Küsserei.

Wie geht es dir? Du siehst gut aus. Aber du bist mager geworden, Jack. Das miese Hotel, wo er ein Zimmer reserviert hat, liegt nur eine Straße stadteinwärts am Kanal. Augi hat kaum Gepäck. Nur eine Reisetasche. Die wirft sie oben im Zimmer aufs Bett, verschwindet im Bad, kommt erfrischt, gekämmt und parfümiert wieder.

»Da bin ich. – Und jetzt?«

Wortlos hängt sie an seinem Hals, preßt sich von den Knien bis zur Stirn an ihn. Dazu sagt sie: »Ich möchte nicht mehr warten, Jack.«

»Auf was?«

»Auf das, weshalb ich gekommen bin.«

Sie nimmt seine Hand und streift damit ihren schottisch gemusterten Rock hoch. Baureis fühlt die nackten Schenkel, den nackten Po und vorn das entblößte krause Schamhaar.

»Du trägst kein Höschen. Es ist erst Anfang Mai.«

»Ich hab es schon im Zug ausgezogen«, gesteht sie. »Ich weiß nicht, wie man das nennt. Vielleicht Geilheit. Ich bin wild auf dich.«

Sie tritt zurück, zieht die Vorhänge zu, macht Licht und entkleidet sich. Erst die Bluse, dann den BH, den Rock, die Strümpfe. Sie legt sich hin und öffnet sich wie eine Kamerablende bei schwachem Licht. – Baureis kann nicht mehr anders. Was sie bisher nur steif gefühlt hat, das sieht sie jetzt, als er die letzten Marineklamotten ablegt. Das Ding enttäuscht sie nicht. Im Gegenteil, es kommt ihr bedrohlich groß vor.

»Du bist noch Jungfrau«, stottert er. »Wir dürfen das Laken nicht beschmutzen. Ich hole ein Handtuch zum Unterschieben.«

»Vergiß das«, sagt die vollreife schöne Großbürgerstochter aus München, »das habe ich vorsichtshalber schon besorgt.«

»Was?«

»Meine Defloration.«

»Wie denn?«

»Selbst«, sagt sie.

Als er in sie eindringt, stöhnt sie wollüstig wie beim Erleben eines bisher nie gekannten Gefühls. Sie treiben es bis zur Dunkelheit, dann die ganze Nacht, bis zur Erschöpfung. Als es dämmert, hat Augi immer noch Lust auf ihn.

Baureis hat seinen Urlaub um sechs Stunden überzogen. Am Morgen klettert er draußen bei der Exerzierhalle wieder über den Zaun des Kasernengeländes. Am Abend treffen sie sich noch einmal zum Tee. Sie halten sich bei den Händen und schwören sich ewige Treue . . .

Augi muß den Abendzug nach Amsterdam kriegen.

Zwei Tage später spürt Baureis beim morgendlichen Urinlassen ein Brennen. Er meldet sich im Revier. Der Stabsarzt untersucht ihn und diagnostiziert grinsend: »Eine Träne klar wie Gold dem Seemann aus der Nülle rollt. Haben Sie gegen den Wind gepißt, Matrose Baureis?«

»Nein, eigentlich wie immer«, antwortet Baureis verdattert.

»Dann haben Sie schlichtweg den Tripper. Ganz einfach Gonorrhöe. Geschlechtsverkehr ausgeübt? Wenn ja, wann und mit wem?«

Daß er Augi nennt, ist unmöglich.

»Mit einer Holländerin, Herr Stabsarzt.«

»Bravo! Abschuß mit leichter Feindeinwirkung«, spottet der junge Stabsarzt und schiebt Baureis ein streichholzdünnes dunkelbraunes Stäbchen tief in die Harnröhre. Es brennt so ungeheuer, daß es Baureis schier die Wände hochtreibt.

»Das ist alle sechs Stunden zu wiederholen«, befiehlt der Arzt, »der nächste Herr, dasselbe Leiden!«

Baureis ist erschüttert, tief unglücklich, nahezu verzweifelt. Die blonde Holländerin hat ihm den Tripper verpaßt, und er hat ihn an Augi weitergereicht. Darüber besteht kein Zweifel. In seiner seelischen Not trifft er einen verheerenden Entschluß. Wie, um sich selbst zu kasteien und zu bestrafen, meldet er sich freiwillig zur U-Boot-Waffe. Das findet der Kompaniechef so prima, daß er Baureis kommen läßt.

»Tapfer, Baureis«, sagt er. »Hätten wir bloß mehr solcher Leute. Gerade von Ihnen habe ich das erwartet, denn Ihr Hobby ist Kryptologie. Sie werden zu einem Funklehrgang nach Aurich in Friesland abkommandiert, verbunden mit einem Spezialkurs für Entschlüsselung. Danach geht es weiter nach Flensburg auf die U-Boot-Schule. Dort findet das übliche Exerzitium statt. Übung im Tauchtopf, am Tauchretter, Ausbildung in Erster Hilfe, Einweisung auf U-Boot-Funk. Wenn Sie sich am Riemen reißen, sind sie in zwei Jahren Offizier.«

Wenn ich es überlebe, setzt Baureis in Gedanken hinzu.

In einem langen Brief versucht er Auguste Lorenzo alles zu erklären. Wie es zu der Ansteckung gekommen sei und daß er, vor die Wahl gestellt, Selbstmord zu begehen oder den Tod bei der U-Boot-Waffe zu suchen, sich für letzteres entschieden habe. Sie möge ihm verzeihen und vergeben. Bitte!

Jakob Baureis hört nie mehr etwas aus München.

21

Der Schlachtkreuzer Bismarck wird versenkt. Der Soldatensender Belgrad spielt zum ersten Mal das Lied: »Lili Marleen«, gesungen von der unbekannten Lale Andersen.

14. Mai 1941
Die Bantry Bay lag an der irischen Südwestküste. Auch bei Springtide, einem Wasserstandsunterschied von fünfzehn Metern zwischen Ebbe und Flut, war das Fahrwasser immer noch tief genug. Laut Segelhandbuch war die Bay problemlos bis Bantry zu befahren. Auch nachts. Die Küstenbefeuerung brannte friedensmäßig.

Deshalb wurde die Bantry Bay für diese Operation ausgewählt. Captain Morton sollte in einer bestimmten Bucht zu einer bestimmen Uhrzeit zur Stelle sein. Und zwar ab Donnerstag.

Morton fuhr von Cork aus hin. Im Dunkeln wartete er von 23.00 bis 2.00 Uhr. Als die Flut kenterte, zog er sich zurück. – In der Nacht zum Samstag wartete er wieder. Abermals vergebens. An Aufgeben dachte er aber nicht.

Die Deutschen hatten versprochen, ihm Nicole zu bringen. Auf welche Weise dies geschehen sollte, hatten sie nicht erwähnt. Morton nahm an, daß es mit einem Unterseeboot erfolgen würde. Vertraut mit den Unabwägbarkeiten des Krieges und der See, wartete er auch in der dritten Nacht. Vom Sonntag zum Montag wurde seine Ausdauer belohnt. Das stürmische Wetter hatte sich gebessert. Über der lang auslaufenden Atlantikdünung schaukelte ein trübes Licht näher. Den ungestümen Bewegungen nach zu urteilen, mußte es ein kleineres Fahrzeug sein. Vermutlich ein Schlauchboot.

Es dauerte endlos, bis Morton in der Dunkelheit die Umrisse rudernder Männer erkannte, deren Oberkörper über einen dicken schwarzen Gummiwulst ragten. Von dem Boot, das sich nun dem Strand näherte, kam ein Blinksignal herüber. Kurz, lang, kurz, in unverwechselbarer Folge.

Captain Morton antwortete wie verabredet mit zweimal kurz und zweimal lang. – Das Boot hatte offenbar draußen verharrt. Nun wurde erneut kräftig gepullt. Als er das Klatschen der Paddel hörte, knirschte das Boot schon auf den kiesigen Sandstrand. Ein Mann sprang heraus, einer blieb im Boot.

Warum, fragte sich Morton, sind es nur zwei?

Der erste aus dem Boot, er trug Offiziersepauletten an der knielangen Lederjacke, watete aufs Trockene.

»Captain Morton?«

»Der bin ich.«

»Sind Sie allein?«

»Keine Frage. Wo ist meine Frau?«

»Ich bin Leutnant Seegers, II WO. Wir trauten Ihnen nicht und waren nicht sicher, ob Sie sich an die Konditionen halten. Ihre Frau befindet sich an Bord. Kommen Sie mit uns.«

»Ich denke nicht dran«, erwiderte Morton mißtrauisch.

»Ich weiß, Captain, daß die Lieferung frei Strand vereinbart war. Doch es hat sich einiges geändert.«

»Das ist Ihre Sache«, antwortete Morton scharf. »Ich bestehe auf Erfüllung der Abmachung.«

Der Offizier lachte leise, aber hörbar. »Mein Befehl lautet, Sie an Bord zu bringen. Oder wir nehmen Nicole Pinette wieder mit zurück nach Frankreich. Es ist Ihre Entscheidung, Sir.«

»Ich halte das für äußerst unfair«, keuchte Morton.

»Fairneß gegen Verräter«, erwiderte der junge Offizier. »Was erwarten Sie eigentlich von uns?«

Morton bluffte. Rasch wandte er sich um und ging weg. Da hörte er den Spannschieber einer Pistole knacken. Mit wenigen Schritten war der Offizier hinter ihm und stieß ihm den Lauf ins Kreuz.

»Mitkommen, Morton, oder ich knalle Sie ab.«

Da wußte Kevin Morton, daß er diese Runde verloren hatte. Mit Gegnern, die mehr Mittel hatten als der liebe Gott, durfte man sich eben nicht einlassen.

An Bord des ölmiefigen U-Bootes begrüßte ihn der Kommandant. Sein Mützenbezug war graufleckig, aber sein Ritterkreuz blitzte wie nagelneu.

»Mein Name ist Brandenburg«, schnarrte er. »Betrachten Sie sich als mein Gefangener.«

»Wo ist meine Frau?« begehrte der Engländer auf und riß sich aus dem Polizeigriff des stämmigen Maates los.

Brandenburg hob nur kurz die blonden Brauen.

»An Bord befindet sich kein weibliches Wesen.«

»Man hat mich betrogen!« schrie Morton. »Ich verlange sofort die Aufnahme von Funkkontakt mit der Abwehr in Paris.«

Brandenburg würdigte ihn keines weiteren Blickes, sondern erteilte eine Reihe von Kommandos. In einem eleganten Manöver drehte er das Boot nach Süden.

»Kurs eins-neun-null! Maschine langsame Fahrt voraus. Frage: Wassertiefe?«

»Dreißig Meter«, wurde vom Echolot gemeldet. »Jetzt vierzig und zunehmend.«

Der Ebbstrom, in den sie jetzt gerieten, erhöhte die Geschwindigkeit des Bootes nahezu auf das Doppelte.

»Bear-Leuchtfeuer in Sicht. Kommt querab auf«, meldete der WO vom Turm.

»Klarmachen zum Tauchen!«

Die Diesel wurden abgeschaltet. Nach kurzer Stille setzte das Summen der E-Maschinen ein. An den Regel- und Trimmventilen bezog der Zentralmaat seine Positionen. Die Zentralegasten standen bei den Entlüftungshebeln bereit, um sie nach Befehl aufzureißen.

»Brückenwache einsteigen!«

Vom Turm glitten die Männer an der Leiter so schnell herab, als ließen sie sich fallen. Der WO schlug das Turmluk zu und drehte es dicht.

»Tauchen!«

Die übliche Hektik setzte ein. Luft entwich aus den Tauchtanks, Wasser drückte nach und machte das Boot schwer.

»Tiefenruder beide unten!«

»Boot schneidet unter! Turm schneidet unter! Vierzehn Meter«, wurde gemeldet.

»Auf dreißig Meter abfangen.«

Der Pabenberg – der Feintiefenmesser – zeigte knapp neunundzwanzig Meter, da wurde die Lage des Bootes wieder waagerecht.

Meldung des I: »Boot ist durchgependelt!«

Morton nahm an, daß Kapitänleutnant Brandenburg jetzt ansprechbar sei, und verschärfte seinen Ton.

»Ich bin deutscher Geheimagent«, behauptete er.

»Sie sind in erster Linie Engländer«, entgegnete Brandenburg. Als genüge ihm diese Tatsache, befahl er, den Captain zu fesseln und auf seiner Koje in der O-Messe hinter dem Vorhang festzubinden. Dort hatte Morton Gelegenheit, wie noch kein britischer Navy-Offizier vor ihm, den Einsatzablauf auf einem deutschen U-Boot zu beobachten. Wie es aussah, ließ sich U-Brandenburg auf keine Kriegsspielchen ein. Es nahm direkten Kurs auf die bretonische Küste, als handle es sich bei dem Gefangenen um ein Wertpaket mit Eilzustellung.

Morton hatte die Distanz ungefähr im Kopf. Er schätzte sie auf sechshundert Seemeilen. Einmal lief U-Brandenburg getaucht, dann wieder im Überwassermarsch. Dabei mochte ein Schnitt von zwölf Knoten herauskommen. Gesamtfahrzeit also zwei Tage.

Morton beschloß, kein Wort mehr zu sagen, bei diesem Brandenburg half nur noch ignorieren, dafür hieß es, um so mehr aufzupassen. Auf diese Weise bekam er eine Menge mit. Durch den Vorhangspalt sah er, wie der II WO an der Enigma – der Schlüsselmaschine – saß, wie er die gezahnten Walzen herausnahm, die Tageseinstellung vornahm und ein FT dechiffrierte. Vermutlich handelte es sich um einen Offiziers-Funkspruch.

Bei Tauchvorgängen zählte Morton die Sekunden, um die Manöverzeiten in Erfahrung zu bringen. Er merkte sich alle Befehle. So brachte er in achtundvierzig Stunden einiges an Informationen zusammen. Einmal konnte er mit der Armbanduhr-Kamera schräg in den Funkraum fotografieren, denn zum Essen wurden ihm die Fesseln abgenommen. Er bekam Tee oder Apfelsaft zu trinken, zu essen Kommißbrot mit kalter Wurst, die angenehm würzig schmeckte. Zweimal pro Tag durfte er auf das WC. Darüber hinaus kümmerte sich niemand um ihn.

Einige Male mußte das Boot alarmtauchen. Vermutlich wegen britischer Aufklärungsflugzeuge. Am Morgen des dritten Tages nach Verlassen der Bantry Bay stoppte das Boot. Dümpelnd wartete es mehrere Stunden, über Sprechfunk fand ein Wortwechsel statt. Offenbar nahm Geleitschutz das U-Boot auf und brachte es in einen Hafen. Es wurde durchgeschleust. Nach dem Festmachen holten sie Morton. Mit verbundenen Augen wurde er auf den Turm bugsiert, von dort an Deck und über die Stelling auf die Pier, wo ein Fahrzeug wartete.

Der Wagen fuhr sieben Stunden. Als er endlich hielt, stand er vor dem Hotel Lutetia in Paris, dem Sitz der deutschen Abwehr.

Dasselbe Zimmer im selben Stockwerk, derselbe Mann. Es war der beamtenhafte Oberst Reimers. Doch diesmal fehlte sein Assistent, Hauptmann Lang. Im Hintergrund stand ein Offizier in schwarzer SS-Uniform. Offenbar übte die Gestapo zunehmend mehr Einfluß auf die Organisation Canaris aus.

Überraschend hart packte Reimers den Engländer an.

»Sie sind nicht nur Doppelagent«, begann der Oberst, »Sie sind auch ein Doppelverräter. Nur haben Sie uns das Falsche verraten.«

Morton suchte automatisch nach Zigaretten, bis ihm einfiel, daß man sie ihm weggenommen hatte. Weder Reimers noch der SS-Offizier boten ihm eine an.

»Ich war immer loyal zu Ihnen«, erklärte er standhaft.

»Seitdem wir Nicole Pinette haben«, höhnte der kleine Reimers.

»Sie versprachen meine Frau nach Irland zu bringen, Colonel.«

»Doch wohl nicht als Gegenleistung für eine so verlogene Information. Oder glauben Sie das im Ernst?« erwiderte Reimers. »Was Sie uns durchgaben, war nicht nur Bockmist, es war eine absichtliche Falschmeldung.«

Morton stellte sich überrascht und unschuldig. »In bezug auf was, Herr Oberst?«

»Stichwort Island.«

»Ich gab Ihrem Kontaktmann weiter, was ich wußte.«

»Was man Ihnen zu wissen befahl und weiterzuleiten erlaubte, Captain Morton.«

»Wie, bitte, darf ich das verstehen, Herr Oberst?«

Reimers blickte zu dem im Halbdunkel stehenden SS-Obersturmführer hin, als suche er bei ihm Rat. Dann wandte er sich wieder an den Engländer: »Churchill flog nie nach Island.«

»Ich nahm Einblick in die Reiselogistik«, versicherte Morton.

Reimers öffnete eine Akte und schloß sie wieder.

»Churchill war am fünften Mai, die Tage vorher und die nachher in London. Leider erfuhren wir es zu spät. Was in aller Welt wollte CIC London damit erreichen, daß man uns in die Irre führte?«

»Das alles ist mir ein absolutes Rätsel«, verteidigte sich Morton, gut gespielt, worauf Reimers lostobte: »Wollte man uns zu einem Neutralitätsbruch gegen Island provozieren? Wollte man eine der neuen Ju 390 in die Hand bekommen? Wollte man herausfinden, wie weit wir zu gehen bereit sind, um das Haupt unseres gefährlichsten Gegners auszuschalten, oder wie weit wir blindlings auf Informationen reagieren?«

Morton gab sich den Anschein totaler Ahnungslosigkeit. »Ich bin fassungslos, Herr Oberst.«

»Man hat uns getürktes Material geliefert«, fuhr Reimers wütend fort.

»Vielleicht hegte man schon einen Verdacht gegen mich«, machte Morton den Versuch einer Erklärung. »Möglicherweise wußte man in London, daß Sie meine Frau haben oder daß Sie mich abfingen. Wenn man in London befürchtete, daß Sie mich umdrehten, dann allerdings ...«

»Was dann, Captain?«

»Dann hat man mich drüben enttarnt. Man wird mich anklagen, verurteilen und hängen, wenn ich zurückkehre.«

Nun äußerte der SS-Mann in der dunklen Ecke zum ersten Male ein Wort. In korrektem Englisch bemerkte er: »Keine Bange. Sie werden niemals zurückkehren, Captain Morton.«

Sie brachten Morton in den Keller des Hotels Lutetia. In der Nacht hörte er die Schreie von Gefolterten. Aber wie er die trickreichen Deutschen einschätzte, konnte es sich auch um Tonaufnahmen handeln, die man zur Abschreckung per Lautsprecher in die Kellergänge übertrug.

Nach zwei Tagen in Dunkelhaft, ohne Essen und Trinken, brachten sie Morton durch Paris zum Gefängnis von Frèsnes, wo die Gefangenen der Résistance auf ihre Hinrichtung warteten. Schattenhaft sah Morton sie hinter den Fenstergittern ihrer Zellen stehen, mit verhärmten, unrasierten Gesichtern und Haß in den Augen.

Die Bewacher führten Morton durch Höfe in einen Parterreraum der weitläufigen Anlage. Hinter ihm trat Oberst Reimers ein. Als sie Licht machten, erschrak Morton bis ins Innerste. Der kahle Raum enthielt nichts als ein etwa fünf Meter hohes Gestell aus dunklem Holz. Von einem massiven Block am Boden ragten zwei Balken senkrecht empor. An den Innenseiten hatten die Balken gefräste Führungen. Oben zwischen ihnen hing etwas metallisch Glänzendes, ein schweres Stück Eisen mit um fünfundvierzig Grad abgeschrägter Kante. Die Kante war messerscharf geschliffen. Seitlich führte ein Seil nach oben zu einem Mechanismus, mit dem man das Eisen hochziehen und auslösen konnte. Es war ein Fallbeil und das Ganze eine Guillotine. Unten am Block hatte man zwecks Aufnahme des Halses der Todeskandidaten eine Kerbe ausgespart. Davor stand ein Korb, in den das Haupt des Geköpften zu rollen hatte.

»Mit diesem klassischen Gerät«, sagte Oberst Reimers, »wurden schon französische Könige geköpft und auch Dreyfus, wenn Sie sich an diese Affäre erinnern. Sie alle haben hier ihr kostbares Blut verspritzt. Im Grunde ist es für jeden Delinquenten eine Ehre, sich hier das Haupt vom Rumpfe trennen zu lassen. Sie, Captain Morton, werden nicht dieses Vorzugs teilhaftig werden. Sie werden wir schlichtweg aufhängen. Eine andere Person hingegen wurde zum Tod unter dem Fallbeil begnadigt.«

Auf Reimers Zeichen hin öffnete sich eine zweite Tür. Wächter stießen eine Frau herein. Sie war barfuß und trug ein graues, sackähnliches Kleid. Man hatte sie kahlgeschoren. In der verdreckten übel zugerichteten Gefangenen war Nicole Pinette fast nicht mehr zu erkennen.

»Mein Gott!« keuchte Morton.

Sie blickte auf, sah ihn an und versuchte unter Tränen zu lächeln. Der Henker riß den Ausschnitt des Gewandes bis zu den Brüsten auf, so daß er weit genug war, um den langen Hals freizulegen.

»Damit das Fallbeil keinen Widerstand findet«, erklärte

Reimers zynisch. »Sonst kommt es zu einer äußerst schmerzhaften Prozedur. Es gab schon Fälle, da mußte wegen des Haares oder des Stoffgewebes das Fallbeil dreimal zuschlagen.«

Nach einem letzten verzweifelten Blick auf ihren Ehemann wurden der Pinette die Augen verbunden, und sie wurde zu dem Block geführt. Sie mußte sich hinknien und den Hals in die Kerbe legen, die rot war von den Blutpigmenten unzähliger Opfer.

Nun schien alles auf das Zeichen von Reimers zu warten.

Der steckte sich erst noch eine R6 an und wandte sich noch einmal an Morton. »Sie haben es in der Hand, Captain. Erst den Tod der Pinette, dann Ihrer.«

»Oder ich rede«, verstand ihn der Engländer.

»Sie haben eine Minute Zeit, Mister.«

Schon Sekunden später hatte Morton sich entschieden.

»Kooperation«, schlug er vor.

»Rückhaltlos?« zweifelte der Oberst.

Morton taumelte. Ihm wurde schwarz vor Augen. Sie mußten ihn stützen. Er bekam noch mit, wie sie Nicole in ihre Zelle zurückbrachten, ehe man ihn wieder ins Hotel Lutetia fuhr. Dort ging das Verhör sofort weiter. Die Deutschen wollten seinen Schockzustand ausnutzen.

»Legen Sie ein Geständnis ab!« forderte der Oberst. »Noch einmal gibt es keine solche Alternative.«

Mühsam sammelte Morton seine Kräfte. »Welche Garantien habe ich in bezug auf meine Frau?«

»Folgende«, erklärte Reimers. »Bei meiner Ehre als Oberst der Abwehr. Zwar haben Sie beide die Freiheit verwirkt, aber gemeinsam mit Ihrer Ehefrau kommen Sie in ein Internierungslager nördlich der Vichy-Linie.«

»Akzeptiert«.

Oberst Reimers begann nun dort zu sondieren, wo die Wurzeln seines Verdachtes lagen.

»Ihre Dienststelle in London weiß, daß Sie in Paris nur

freikamen, wenn Sie fortan mit uns zusammenarbeiteten«, stellte er klar.

»Diese Meldung war meine Pflicht«, antwortete Morton sichtlich erschöpft.

»Als Rückversicherung. Dabei dachten Sie weniger an Ihre Ehefrau, denn früher oder später mußten wir Ihr Doppelspiel herausfinden.«

»Darin bestand mein Risiko«, antwortete Morton. In kleinen Tropfen trat kalter Schweiß auf seine Stirn.

»Sie arbeiteten also lustig weiter gegen uns und ersannen diese Islandgeschichte, um unsere Neugier bezüglich ›Charta‹ zu bedienen.«

Morton nickte nur.

»Das kostete sieben unserer besten Flieger das Leben«, ließ Reimers nicht unerwähnt.

»Krieg ist Krieg«, entgegnete Morton weniger resignierend als trotzig.

»Und Hinterlist ist Hinterlist. Für diese Falschmeldung, hofften Sie, würde ich Ihnen die Pinette auf einem silbernen Tablett servieren. Denn diese Deutschen sind ja so dämlich. Aber es ging daneben, Sir. Ich stelle Ihnen jetzt Fragen, Morton. Sofern mir Ihre Antworten annehmbar erscheinen, bleiben Sie und Madame am Leben. Andernfalls . . .«

»Los, fragen Sie!« keuchte Morton tonlos.

Reimers spitzte den Bleistift für seine Notizen.

»Was bedeutet ›Charta‹?«

»Ein Treffen Churchills mit Roosevelt. Daran hat sich nichts geändert.«

»Wo treffen sie sich?«

»Churchill wird sich mit einem Kreuzer der Royal Navy zu einem bestimmten Punkt im Nordatlantik begeben.«

»Und Roosevelt?«

»Er benutzt seine bequeme Staatsjacht.«

»Was ist Ihnen über die Koordination des Treffpunkts bekannt?«

Morton zuckte mit den Schultern. »Man spricht von einer Bay vor Neufundland. Darüber wird mit den USA noch verhandelt. Dabei gibt es verschiedene Gesichtspunkte abzuwägen.«

»Wann wird das Treffen stattfinden?« bohrte Reimers.

Es war das letzte As, das Morton im Spiel hatte. Er stach damit nur zögernd.

»Im August.«

»Der August hat einunddreißig Tage«, wandte Reimers ungehalten ein.

»Im August, wenn das Wetter günstig ist, Herr Oberst.«

»Was bedeutet günstiges Wetter bei euch?«

»Ungünstiges«, vermutete Morton, »für Flugzeuge und U-Boote.«

Immer wieder fing Reimers von vorne an. Er stellte Quer- und Fangfragen. Das Verhör dauerte Stunden, bis zum Nachmittag. Der SS-Offizier war stets als Zeuge anwesend. Schließlich glaubte Oberst Reimers alle Untiefen bei seinem Exagenten ausgelotet zu haben. Er schloß die Akte mit den Notizen und blickte zu dem SS-Sturmführer hin.

Aus den Augenwinkeln sah Morton, daß der Gestapo-Mann die rechte Faust ballte und den Daumen nach unten hielt.

Mit dieser Geste hatten schon römische Kaiser den Tod von Gladiatoren gefordert.

Captain Kevin Morton war als Agent unbrauchbar geworden. Bei der Abwehr nannten sie das »verbrannt«.

Gemeinsam mit seiner Ehefrau wurde er zwei Tage später abgeschoben. Sie saßen sich in dem klapprigen Renault-Gefangenentransporter gegenüber. Beide waren sie gefesselt. Sie durften aber miteinander sprechen. Die Transportbegleiter, zwei ältere deutsche Soldaten, spendierten ihnen sogar einen Schluck Kaffee und eine Zigarette.

Nicole Pinette trug das Abendkleid, in dem man sie verhaftet hatte, nur wirkte es jetzt so schäbig wie die abgewetzte Uniform eines Ausschreiers in einem Wanderzirkus. Nicole versuchte sich durch die vergitterten Fenster zu orientieren. Die Fahrt ging am Bois du Boulogne, dann ein Stück an der Seine entlang durch die Vororte Sèvres und Chaville.«

»Richtung Versailles«, sagte Nicole. »Ile de France.«

»Nach Westen also.«

»Rouen oder Chartres«, vermutete die Sängerin. Wenn sie lächelte, fiel auf, daß man ihr einen der perlmuttweißen Schneidezähne ausgeschlagen hatte.

Der grauhaarige Landser schien Nicoles letzte Worte verstanden zu haben.

»Rennes«, sagte er und meinte damit wohl ihr Ziel.

»Mon dieu!« entfuhr es der Sängerin. »Das Todeslager.«

»Bist du sicher?« fragte Morton.

»Leider ja.«

Natürlich kannte Nicole das Lager Rennes. Lange genug hatte sie mit der Résistance zusammengearbeitet. Morton beugte sich vor, um mit seinen gefesselten Händen ihre Hände berühren zu können.

»Wir überstehen auch das«, tröstete er sie.

»Das nicht«, erwiderte sie ohne Hoffnung.

»Übrigens«, flüsterte Morton, »ein Wagen folgt uns.«

»Seit wann?«

»Schon seit Paris. Ein grüner.«

»Niemand weiß von unserer Verlegung«, gab Nicole zu bedenken.

»Sie wissen doch immer alles«, sagte Morton, ohne selbst daran zu glauben.

Er schien sich geirrt zu haben. Auf einer langen pappelgesäumten Geraden, zwischen Le Mans und Lavalle, überholte sie der Lieferwagen und geriet außer Sicht. Doch wenig später traten bei dem Gefangenentransporter, so plötzlich wie Donner aus heiterem Himmel, Schwierigkeiten auf. Es lag nicht am Motor, der lief rauh und dröhnend, aber der Kastenaufbau schwankte heftig. Der Wagen fuhr

Schlangenlinien. Der Fahrer hatte Mühe, ihn zu halten. Er und sein Beifahrer stiegen aus. Bald hörte man sie fluchen. Offenbar hatte der Wagen einen Plattfuß. Sie gingen nach hinten und klopften, bis die Begleiter die Tür des Kabinetts öffneten.

Der Fahrer sagte: »Wagenheber und Ersatzreifen. Wir haben einen Stahldorn aufgesammelt. Los, macht schon und helft uns gefälligst.«

Es dämmerte bereits. Der Fahrer und zwei Mann bockten den Transporter auf und machten sich an den Radwechsel. Der vierte Soldat sicherte, das Gewehr schußbereit auf den Unterarm gelegt, die Umgebung. Es war abendlich still. Kaum Verkehr. Ein sanfter Luftzug wehte würzig von den Feldern herüber. Ein Vogel zwitscherte. Der Soldat mit dem Gewehr mußte austreten und verschwand im Gebüsch. Er kam nicht wieder.

Einer der Radwechsler rief: »He, Oskar, pennst du, Alter?«

Da keine Antwort erfolgte, suchte er ihn. – Auch er kam nicht zurück. Plötzlich knallte es zweimal peitschend.

»Gewehrschüsse«, sagte Morton, »dem Klang nach Gewehrschüsse.«

Schon tauchten bärtige Gesichter unter Baskenmützen auf.

»Kommando René, Madame«, stellte einer der Untergrundkämpfer sich vor und schnitt die Fesseln der Gefangenen auf. Sie sprangen ins Freie. Im Wegrennen sahen sie, daß die zwei deutschen Soldaten vorne, nahe der Wagenachse, am Boden lagen. Blut sickerte aus ihnen.

»Die anderen haben wir im Wald erledigt«, erklärte der Chef vom Kommando René. »Die Stahldorne stammen übrigens von uns. Bewegen Sie sich bitte so schnell, wie Sie können. Bei Saint-Jean-sur-Erve steht ein Auto. Es bringt Sie zur Küste.«

Mit letzten Kräften erreichten sie den Peugeot. Inzwischen war es dunkel geworden. Der Chef des Kommandos

René küßte der Chansonette die Hand und sagte höflich: »Wir danken Ihnen, Madame, für Ihre Lieder, für alles. Au revoir bis nach dem Krieg. Bewahren Sie Ihre Schönheit, Ihren Mut und Ihre Kunst.«

Vor Morton salutierte er nur. »Sir!«

Schon war er verschwunden.

Normannische Fischer brachten einige Nächte später das Ehepaar Morton bei schwerer See mit Gewitterregen von der Seine-Mündung hinüber zur Isle of Wight. Die Sturmfahrt über den Ärmelkanal dauerte sieben Stunden. Im Hafen von Rhyde holte sie dann ein Schnellboot der US-Navy ab.

Tagelang blieb Nicole Pinette-Morton allein in der Londoner Wohnung. Der Captain hatte pausenlos zu tun. Es ging um seine Erfahrungen während der Überfahrt auf U-Brandenburg. Jede Einzelheit wurde notiert, analysiert und ausgewertet.

In den kurzen Nächten, die dem Ehepaar blieben, sagte Morton immer wieder: »Ich liebe dich, Darling. Erhole dich, pflege dich. Außerdem ist Arbeitslosigkeit ja auch nicht so übel, wenn man nicht am Hungertuch nagt.«

Immer wieder fanden Gespräche mit Admiral Coster im Ziegelbau der Admiralität in Whitehall statt.

»Wie es aussieht«, meinte der Admiral, »dürfte die amerikanische Quelle der deutschen Abwehr versiegt sein. Hätten sie sich sonst auf das Island-Abenteuer eingelassen?«

»Sie meinen also, Sir, die undichte Stelle in Washington gäbe es gar nicht.«

»Wir wollen es«, sagte der Admiral, »zum Besten unserer Freunde drüben hoffen.«

Captain Morton warnte vor voreiligen Schlüssen. Sein Rat lautete, die Amerikaner noch stärker auf Geheimhaltung einzuschwören. Doch der Admiral winkte ab.

»Die hören sowieso nicht auf uns.« Er zuckte die Achseln. »Im übrigen, wie geht es Ihrer schönen Frau? Vor kurzem fand ich in einem Musikladen in Mayfair die neueste Platte von ihr. *C'est si bon.* Ich bin hingerissen. Darf ich Sie und Madame an einem der nächsten Weekends auf mein Landgut bitten?«

Obwohl Morton ahnte, daß Nicole als Berühmtheit nur den alten Tanten vom Landadel vorgeführt werden sollte, heuchelte er Begeisterung.

»Madame wird entzückt sein, Herr Admiral.«

22

Kroatien gründet einen neuen Staat. Der erste elektronische Digitalrechner wird gebaut. Das Lied »We will hang our washing on the Siegfried Line« ist britischer Topschlager.

22. Mai 1941

Binnen weniger warmer Tage hatten sich in den Biebriza-Sümpfen Milliarden von Stechmücken entwickelt. Nordwestwind trieb sie in dunklen Schwärmen auf das Lager Dabrowa zu, wo sie die Gefangenen des Strafbataillons 99 bei Tag und Nacht peinigten. Um der Infektionen Herr zu werden, fuhr der Lagerarzt unter Bewachung zum Medizinaldepot der 4. Armee. Er kannte dort den Generalarzt.

Trotzdem teilte man ihm nur das Allernötigste an Medikamenten und Material zu, und dies noch aus überlagerten Beständen. »Jodtinktur«, zählte der dünnhaarige Professor Doktor Weigel mit den gelben Nikotinzähnen auf. »Albucid gegen Furunkel, schwarze Schuhcreme, Ichthyolsalbe genannt, gegen Entzündungen, viel zuwenig Morphium für den Fall, daß ich operieren muß, ein paar Mullbinden, Watte, Aspirin und ein Kanister Lysol. Können Sie das verantworten?«

Der Generalarzt war in Berlin einst Chirurgiekollege des berühmten Professor Weigel gewesen. Entsprechend loyal fiel seine Antwort aus: »Mann, Weigel, du weißt doch, wie mir die Hände gebunden sind. Leute in den Strafbataillonen sollen arbeiten und nicht krankfeiern.«

»Und sollen auch nicht operiert werden, sondern krepieren.«

Weigel bekam zusätzlich noch ein paar Liter reinen Alkohol. »Aber nicht zum Saufen«, drohte der Generalarzt spöttisch.

»Bitte noch ein paar Spritzampullen Chloraethyl für Wundvereisung.«

»Ein Gefangener spürt keinen Schmerz. Chloraethyl nur für die Feldlazarette der kämpfenden Truppe.«

»Und wo kämpft sie, bitte?«

»Das darf ich dir nicht verraten, Weigel«, sagte der Generalarzt. »Wir rechnen aber bald mit sehr hohen Verlusten.«

Eigentlich wollte der Generalarzt den Kollegen, der auch nur Strafgefangener war, loswerden, doch Professor Weigel hatte noch ein besonderes Anliegen: »In meinem Krankenrevier in Dabrowa liegt ein Mann mit Gasbrand am Bein.«

»Dann schenke ihm einen sanften Tod«, riet der Generalarzt.

»Er ist ein hochqualifizierter U-Boot-Ingenieur, hat alle Auszeichnungen bis zum Deutschen Kreuz in Gold. So ein Offizier kann, wenn es mal anders wird, sehr wichtig sein.«

»Es wird niemals anders werden«, resignierte der Generalarzt, sein Monokel polierend. »Und gegen Gasbrand, das weißt du doch, Weigel, gibt es keine Therapie.«

»Ich habe es mit Sauerstoff versucht. Was fehlt, ist Perubalsam.«

»Nicht verfügbar«, bedauerte der Generalarzt. »Wann tritt heutzutage schon noch Gasbrand auf.«

Weigel zeigte sich äußerst hartnäckig. »Ich würde dem Mann gerne helfen.«

Seufzend erhob sich der Generalarzt, ging zu seinem privaten Medikamentensafe, sperrte ihn auf und entnahm ihm eine weiße Schachtel ohne Aufdruck. »Das Neueste von Bayer Leverkusen.«

Der Inhalt bestand aus einer braunen Flasche mit weißen Tabletten. Weigel entstöpselte sie und roch hinein. »Stinkt nicht, duftet nicht. Was ist das?«

»Sulfonamide«, sagte der Generalarzt, »gegen kaputte Immunabwehr infolge stark toxischer Vergiftungen. Das

Medikament ist streng geheim und noch gar nicht auf dem Markt.«

»Hilft es gegen Wundbrand?«

»Versuch es.«

»Und die Anwendung?«

»Oral«, sagte der Generalarzt, was soviel wie durch den Mund bedeutete, »oder in Aqua destillata aufgelöst als Infusion. Du kannst es auch spritzen. Intravenös. Dazu fehlt es aber an klinischen Erfahrungen.«

Weigel wußte, daß er seine kollegiale Verbindung damit bis zur Grenze ausgereizt hatte. Er bedankte sich.

»Falls du den Patienten durchbringst, schreib mir einen kurzen Bericht«, bat der Generalarzt noch.

Mit zwei Kartons Material, sie hatten ihm noch einiges gegen Ruhr und grippale Infekte dazugelegt, fuhr Dr. Weigel von Bialystok ins Sumpflager zurück. Sofort machte er sich bei Behrens an die Anwendung der Sulfonamide. Die Wunde knisterte schon. Ein Zeichen von Gasbildung und Absterben des Gewebes.

Alle zwei Tage schaute Lützow im Revier vorbei. Wie immer stellten seine Augen die gleiche stumme Frage.

»Ein Wunder«, erklärte der Lagerarzt, »es geht ihm besser. Nicht viel, aber einen kleinen Zacken.«

Lützow durfte Behrens sehen. Er war weitgehend fieberfrei und schöpfte Hoffnung.

»In einer Woche darf ich austehn«, krächzte der LI.

»Lassen Sie sich Zeit«, riet ihm Lützow aus bestimmten Gründen, die er nicht näher erwähnte.

»Ich kann schon sitzen.«

»Lassen Sie sich Zeit«, sagte Lützow noch einmal.

Bald wurden Lützows Befürchtungen bestätigt. Beim morgendlichen Zählappell, bevor die Kompanien zur Arbeit ausrückten, verlas der Lagerkommandant noch einen Zusatz zum Tagesbefehl. Er lautete:

»Aufgrund mir übertragener Disziplinargewalt habe ich den Gefangenen Nummer neunfünfundvierzig, Behrens,

zum Tode durch Erschießen verurteilt. Dies wegen eines tätlichen Angriffs auf das Wachpersonal. Das Urteil wird nach Genesung des Gefangenen vollstreckt.«
Stillgestanden! Rechtsum marsch! Ein Lied! –
Sie sangen »Auf der Heide blüht ein kleines Blümelein.«

In dem Zug, der aus Gefangenen von U 136 gebildet war, dachte man ständig darüber nach, wie dem LI zu helfen sei. Fluchtpläne wurden geschmiedet und als undurchführbar verworfen, neue wurden erdacht.

»Er müßte tagelang durch die Tundra rennen«, gab Lützow zu bedenken. »Vielleicht schafft das ein olympischer Marathonläufer. Behrens gewiß nicht.«

Einmal am Abend sprang plötzlich die Tür auf. Mitten in der Baracke stand ein SS-Sturmführer. Sein Unternasenbart erinnerte ein wenig an Hitler. Mit schnarrender Stimme legte er los: »Sieg Heil, mein Volk! Sieg Heil, Kameraden!« Mit vorgerecktem Kinn fuhr er fort: »Ich war das älteste von neun Kindern und das blödeste von allen. Deshalb habe ich mich entschlossen, Politiker zu werden. Heute bin ich der Führer des Großdeutschen Reiches. Sieg Heil!«

Erst allmählich erkannten sie ihn. Er riß den Bart ab und verbeugte sich lässig.

»Gestatten, mein Name ist Wessel, nicht Horst, sondern einfach Wessel, ohne Fahne hoch.«

Alle applaudierten begeistert.

»Mann, Zwei-WO«, staunte Lützow, »das ist ja wohl das heißeste Ding, seitdem sich Hitler die Hakenkreuzbinde an den Ärmel genäht hat.«

»Alles für den LI«, betonte Wessel.

»Woher haben Sie die Uniform?«

»Klaumeister und Söhne. Ich bin Aufklarer in der Wachbaracke.«

Er hatte die Klamotten mitgehen lassen und entwickelte nun seinen Plan.

»Mit dieser feinen Garderobe kann Behrens glatt durch das Lagertor marschieren.«

Lützow hätte ihm gerne zugestimmt, aber er mußte Wessel enttäuschen.

»Marschieren? Sie Optimist. Behrens kann nicht länger als eine Minute ohne Krücken auch nur stehen.«

»Die paar Schritte wird er schon schaffen.«

»Das wäre für ihn wie ein Marsch durch dicke Butter.«

»Scheiße! Dann wird er die Sonne nicht mehr oft aufgehen sehn.« Wessel ließ sich auf die Pritsche fallen. »Eine echte Nullidee war das, wie mir scheint.«

»Die Idee war bestens«, tröstete ihn Lützow.

Noch einmal sprach er mit dem Arzt.

»Halten Sie mich nicht für plemplem«, bat Lützow, »aber jetzt müssen wir die Genesung von Behrens verzögern. Theoretisch meine ich.«

»Wie lange?«

»Sobald er genesen ist, erschießen sie ihn.«

»Erst wenn er allein stehen kann. Sie erschießen keinen Mann im Rollstuhl oder auf einem Hocker, wie die Russen es tun. Er muß gerade und aufrecht am Rande seines Grabes verharren. Doch das wird er, so fürchte ich, noch für längere Zeit nicht können.«

Als der LI Lützow sah, winkte er ihm, stand auf und warf die Krücken weg.

»Was sagen Sie jetzt, Herr Kaleu!« rief er, immer noch leichenblaß, aber mit neuer Energie und voller Hoffnung.

»Lassen Sie sich Zeit«, sagte Lützow wieder einmal.

Anfang Juni füllte sich der Abschnitt nahe der polnisch-russischen Grenze bis zum Bersten. In einem Streifen von dreißig Kilometern Tiefe, angeblich reichte er vom Baltikum bis ans Schwarze Meer, war die größte Truppenansammlung aller Zeiten aufmarschiert. Vier Millionen Soldaten, 600000 Pferde, 500000 Kraftfahrzeuge, Pioniermaterial, Munition und Verpflegung waren mit 17000 Eisenbahnzügen aus dem Reich nach Osten gekarrt worden. Dazu kamen Panzer, Flugzeuge und Artillerie in unvorstellbaren Massen. 126 kriegsstarke Divisionen, aufgeteilt in Heeresgruppen, Panzergruppen und Luftwaffengeschwader, waren zur Offensive bereit. Die Artillerie stand Rohr bei Rohr. Die Generäle hatten Namen wie Leeb und Rundstedt, Höppner, Guderian, Hoth und Kesselring. Die Flügel der römischen Schlachtordnung bildeten jeweils die Hilfsvölker auf Karelien und Rumänien sowie 28 verbündete Divisionen. Die Operation Barbarossa wartete nur noch auf den Startschuß aus Berlin. Doch der verzögerte sich aus strategischen und politischen Gründen.

Endlich, am Sonntag, dem 22. Juni, morgens um fünf Uhr dreißig, tönte die Stimme von Joseph Goebbels aus allen Lautsprechern. Der Reichspropagandaminister verlas eine Erklärung Hitlers, in der dieser die Gründe für seinen Angriff auf Rußland darlegte. Sie endete: »Und so habe ich mich entschlossen, das Schicksal des deutschen Reiches wiederum in die Hände unserer Soldaten zu legen.«

Das Aufmarschgebiet entleerte sich wie ein durch Überdruck berstender Kessel. Die deutschen Armeen wälzten sich hinein in die endlosen Steppen Rußlands.

Der Kommandant des Strafbataillons 99 erhielt Befehl, das Lager für eine Verlegung nach Osten vorzubereiten. Darüber hinaus gab es noch einen weiteren Befehl.

Wegen der hohen Anfangsverluste der kämpfenden Truppe brauchte man jetzt jeden Mann. Dies auch bei den Strafkommandos. Denn Rollbahnen mußten gebaut, das Hinterland mußte von Partisanen gesäubert werden. Neuerdings bestand das OKW auch auf Schonung besonders hochspezialisierter Gefangener.

Damit war die Vollstreckung des Urteils an Behrens

ausgesetzt. Der um sein Vergnügen gebrachte Lagerkommandant warf Behrens daraufhin in Einzelhaft. Dort lag der kaum Genesene in einem Käfig von zwei Quadratmetern Fläche.

23

Der deutsche Angriff auf die Sowjetunion beginnt mit Anfangserfolgen. Zeiss Jena entwikkelt das Elektronenmikroskop mit bis zu millionenfacher Vergrößerung.

25. Juni 1941

Auf der Party, die Senatorin Gloria Capland in Georgetown gab, herrschte ein Thema vor.

Seit achtundvierzig Stunden wurde in den Salons und Zirkeln von Washington, in den Redaktionen der Zeitungen und Rundfunksender, in den Ministerien und bis hinauf zu den höchsten Regierungsspitzen im Weißen Haus von nichts anderem gesprochen als von Hitlers Überfall auf Rußland. So auch in der Villa Capland.

»Leider lügen die Russen in ihren Frontberichten«, sagte ein General. »Die Rote Armee ist überall auf der Flucht. Hitlers Offensive kommt gut voran. Sie erreicht alle Tagesziele.«

»Wie konnte Hitler das nur tun?« fragte eine pummelige Diplomatenfrau die elegante Senatorin von Texas. »Kam er etwa Stalin nur zuvor?«

»Beide sind Hasardeure«, sagte Gloria Capland und kümmerte sich um einen Kreis von Schriftstellern und Schauspielern, in dem es heute auffällig gedämpft zuging. Niemand schien sich noch für Hollywood-Klatsch, für die Affären der Stars oder für Bücher, die demnächst erscheinen sollten, zu interessieren.

Einer der Künstler, ein Maler, so abstrakt wie schwul, hielt die Senatorin am Ellbogen fest. »Gloria, Darling, Ihre Meinung bitte. Wird das alles zu einem Zweiten Weltkrieg führen? O Gott, doch bitte nein.«

»Der Präsident versichert, daß keiner unserer Boys in

Europa auch nur einen Tropfen Blut vergießen wird«, erklärte sie.

»Das hat Wilson 1917 auch versprochen«, bemerkte ein Journalist zynisch.

»Kein Tropfen Blut unserer Boys in Europa«, schränkte ein junger Komponist, der aussah wie Beethoven, ein. »Doch wie wird es in Asien? Angenommen, die Japaner brechen bis China, bis Südsibirien durch und vereinigen sich östlich des Urals mit den deutschen Armeen.«

»Das sind doch nur wilde Theorien«, tat es die Senatorin ab.

Ein als allgemein gut informierter Reporter von der *Washington Post* entgegnete jedoch: »Immerhin ist zu spüren, wie Japan die Lage im Pazifik absichtlich zuspitzt. Dazu die Truppenkonzentrationen und Bewegungen in Fernost. Geheimagenten wollen beobachtet haben, daß riesige Transportflotten zusammengezogen werden.«

»Wo?« fragte die Senatorin ungläubig.

»In den unzugänglichen Buchten der japanischen Inseln. Hokkaido, Hondo und so weiter.«

»Welche Agenten welchen Landes«, hinterfragte die Senatorin, »verbreiten solchen Schwachsinn?«

Da lächelte der Reporter nur. »Wer von uns beiden ist eigentlich Mitglied des Nationalen Sicherheitsrates, Madam?«

Mit der Behauptung, sie wisse nichts von solchem Quatsch, zog sich Gloria Capland aus der Klemme.

Inzwischen war der weißhaarige Senator Jim Bayswater angekommen. Rechts das Glas bis obenhin voll Scotch, zog er die Gastgeberin in eine Ecke und berichtete aufgeregt.

»Diese Rußlandgeschichte macht alle verrückt, bis hinauf ins Oval Office. Jetzt hat Roosevelt vor, Edward Stettinius zum neuen Außenminister zu ernennen.«

»Erst muß er den alten Außenminister absetzen«, wandte Gloria Capland innerlich beklommen, aber lächelnd ein.

»Das wird er tun, fürchte ich. Und mit Stettinius, diesem Arschloch, werden wir den schlechtesten Außenminister in der Geschichte der Vereinigten Staaten kriegen.«

»Warum hat der Präsident es dann vor?«

»Angeblich, weil es dem Secretary of State bisher nicht gelang, die politische Entwicklung vorherzusehen und mit diplomatischen Mitteln zu konterkarieren. Dazu kommen Animositäten und Kungeleien der First Lady, Madam Eleanor.«

»Unglaublich!« entgegnete Gloria mit Wut im Bauch, doch immer noch lächelnd.

»Sie könnten das verhindern, Gloria«, forderte der Senator.

»Wie denn?«

»Sie sitzen im Nationalen Sicherheitsrat und im Strategieausschuß. Überzeugen Sie Ihre konservativen Freunde, und verhindern Sie es. Sonst sehe ich schwarz.«

»Wofür?«

»Daß Roosevelt uns doch noch in diesen Scheißkrieg hineinziehen läßt.«

»Wir befinden uns bereits auf dem Weg dahin«, bemerkte die Senatorin, beruhigte dann aber sofort ihren alten Freund Bayswater. »Sie können auf uns zählen, Jim. Wenn der Präsident Stettinius zum Außenminister beruft, verweigern wir ihm die nötigen Mittel für andere Programme. Und was Japan und Rußland betrifft, in dieser Richtung wird bereits etwas unternommen.«

Bayswater setzte sein Glas an und schüttete den harten Drink in einem Zug hinunter. Die Gäste begannen nach Goodman-Swing zu tanzen. Trotz viel Alkohols kam nicht die richtige Stimmung auf. Schon vor 24 Uhr verabschiedeten sich die meisten Gäste.

Gloria Capland war es nur recht. Sie hatte noch viel vor in dieser Nacht.

Sie ging nach oben in ihr Schlafzimmer und wechselte das kleine Schwarze gegen einen weißen Segelrock, weißen

Pullover und marineblauen Blazer. Im Bad machte sie sich frisch. Sie legte Make-up nach und bürstete die blonde Prinz-Eisenherz-Frisur glatt, die Arie so sehr an ihr liebte. Dann holte sie den Cadillac aus der Garage und fuhr hinunter zum Potomac, wo ihre Jacht lag.

Auf schleichende Weise hatte Glorias Liebhaber, Arie Goldstern, sich verändert. Sie versuchte herauszufinden, woran es lag. Zwar war er aufmerksam wie immer, im Bett klappte es besser denn je, doch er war ernster geworden. Mit seinem charmanten deutschen Akzent versprühte er nicht mehr soviel Witz und ironischen Spott wie einst.

An Bord ihrer 90-Tonnen-Motorjacht nahm sie Arie stumm in die Arme. Sie küßten sich, bissen sich die Lippen blutig. Sie leckten sich geradezu ab, rieben ihre Körper aneinander. Gloria holte eine neue Flasche Champagner aus dem Frigidaire, denn eine war bereits leer.

»Hast du dich gelangweilt?« fragte sie besorgt.

Arie trug ein buntes Holzfällerhemd, abgewetzte Cordhosen und Slipper. Sein Tweedjackett hing über dem Sessel, der Trenchcoat draußen am Niedergang zum Salon. »Ich habe gearbeitet.« Dabei deutete er auf beschriebene Notizblätter.

»An deinem Roman?«

»Das Ende schreibe ich schon zum neunten Male.«

Gloria wußte, daß er damit Probleme hatte. Es lag am Stoff, der Liebesgeschichte zwischen einem preußischen König und der Ehefrau eines seiner Minister. Sie handelte in Berlin und Mecklenburg. Das Schreiben daran erinnerte Arie an seine Heimat, die er als Jude hatte verlassen müssen.

»Bald ist es geschafft«, tröstete sie ihn.

Um ihn abzulenken und aufzuheitern, fädelte sie einen Film in den Tonprojektor. Während er die Flasche öffnete, schob sie über dem Kamin ein Holzpaneel zur Seite. Darunter befand sich die Leinwand.

»Was ist es für ein Film?« fragte er. »Marke Hollywood?«

»Mehr Marke Frankreich.«

»Mit wem?«

»Alles unbekannte Darsteller. Du wirst gleich sehen, warum.« Noch erwähnte sie nicht, daß es einer jener verbotenen und heimlich ins Land geschmuggelten Sexfilme war. Zwischen den einzelnen Spulen des perversen Streifens, der alle nur denkbaren Praktiken der Liebe deutlich zeigte, tranken und tanzten sie. Dabei heizten sich ihre Körper auf wie ein Lincolnofen.

Einmal fragte er verwundert: »Wie lange hältst du das noch aus, Darling?«

»Schon längst nicht mehr«, gestand die schöne Senatorin. »Aber schaun wir uns erst noch die letzte Rolle an.«

Während sie lief – der Film zeigte in Details die von Marquis de Sade beschriebenen masochistischen und sadistischen Spiele –, saß sie auf seinem Schoß. Ihre Hand tastete in seinem Hemd bis unter die Gürtellinie. Längst hatte er ihren Slip heruntergestreift und wühlte tief zwischen ihren Schenkeln.

Die letzte 16-mm-Spule war zu Ende. Gloria ließ den Projektor weiterlaufen und flüsterte: »Heute darfst du mit mir treiben, was du willst.«

»Und was immer *du* willst«, verbesserte er sie.

»Auch das. Wir sehen uns viel zu selten. Ich brauche dich eigentlich jede Nacht ... Ich leide schon unter animalischen Träumen.«

»Und genießt sie«, vermutete Arie.

»Neulich ging es ganz besonders schlimm zu.«

»Erzähl mir«, bat er.

Sie zögerte, zierte sich nur zum Schein. »Es ist kaum in Worte zu fassen«, flüsterte sie.

»Liebst du nicht solche Worte?«

»Du lagst in der Badewanne«, begann sie zu erzählen, »ganz nackt. Ich stieg in die Wanne, kniete über dir und habe auf dich gepinkelt. Dabei wurde dein Glied so groß wie eine rosa Runkelrübe.«

»Gefiel es dir?« wollte er wissen.

»Es hat mich fürchterlich hochgepeitscht«, gestand sie, »erst recht dann, als wir die Positionen wechselten. Ich lag jetzt in der Wanne, du standest über mir und hast ...«

»Und eine Blume wuchs aus deiner Möse«, sagte er.

Sie stöhnte: »Schau doch nach.«

Es gab nur noch wenig auszuziehen. Dann waren sie nackt, sie mit ihren langen Schenkeln und dem kleinen Busen, und er, schlank wie ein Fisch, trotzdem muskulös, mit schwarzen Locken überall. Sie vollführten ihre Rituale. Die Senatorin mochte es hart und zunehmend härter. Sie genoß sein Zustoßen bis zur Schmerzgrenze ohne Ende. Danach schliefen sie ein, erwachten, tranken, begannen von neuem bis zum Morgen.

Bei Sonnenaufgang fuhren sie den Fluß hinunter zur Chesapeake Bay. Ohne Badeanzüge schwammen sie weit hinaus und wieder zurück. Dann gab es Frühstück. Rührei mit Speck, körnigen Weichkäse, alle möglichen Sorten Kuchen und Brot, Marmelade, Saft, dazu Unmengen von Kaffee.

Arie, der emigrierte Jude aus Berlin, kaute lustlos und sprach wenig.

»Ich weiß, unser Kaffee ist eine lapprige Brühe gegen den im Romanischen Café in Berlin.«

Arie reagierte verlegen.

»Oder liegt es an der Heimlichkeit unseres Verhältnisses?« fragte sie.

»Du weißt, daß es so besser ist«, erwiderte er.

»Ich würde dich heiraten, Arie, auf der Stelle.«

»Die Senatorin Capland, reichste Frau von Texas, ehelicht einen emigrierten armen jüdischen Schriftsteller aus Nazi-Deutschland. Das geht nicht gut. Außerdem bringt ein schlechter Wurf keinen guten Wolf hervor.«

Er schwieg so lange nachdenklich, bis sie sagte: »Es wird nicht ewig so bleiben, Darling.«

Offenbar hatte sie damit jenen Punkt getroffen, der seine Aufmerksamkeit erregte.

»Niemals werde ich meine Heimat wiedersehen. Hitler kommt in der Ukraine verdammt gut voran. Wenn nichts gegen ihn unternommen wird, sitzt er eines Tages auf dem Thron dieser Welt.«

Sie führten die gleiche Debatte wie jedesmal.

»Die amerikanische Rüstungsindustrie ist bereit anzulaufen«, erklärte die Senatorin.

»Die deutsche Rüstungsindustrie läuft schon seit acht Jahren«, entgegnete Arie.

»Wir werden auf der Hut sein. Der Krieg darf sich nicht weiter ausbreiten.«

»Hitler und die Japaner vergrößern längst ihre Einflußgebiete.«

Nervös steckte Gloria sich eine Zigarette an. »Eigentlich darf ich nicht darüber sprechen«, sagte sie, »aber im Strategieausschuß gibt es Pläne für eine gigantische Waffenhilfe. Erst helfen wir den Engländern, dann Stalin. Wir haben ja Zeit. Der Krieg wird nicht am kommenden Dienstag zu Ende sein.«

»Gibt es schon Konkretes?« tippte Arie vorsichtig.

Erst zögerte die Senatorin noch, dann gab sie ein Geheimnis preis: »Roosevelt trifft Churchill.«

»Das will er schon seit dem Winter.«

»Im August. Endgültig.«

»Erst war es für Mai vorgesehen, jetzt im August.«

Vertrauensvoll fuhr Gloria Capland fort, Staatsgeheimnisse auszuplaudern: »Ich habe dir von ›Charta‹ erzählt. Jetzt ist es soweit. Es geht um einen Waffenlieferungs- und Beistandspakt in Milliarden-Dollar-Höhe. Wir werden England die Kredite zinslos gewähren und die Rückzahlung fünfzig Jahre lang stunden. Die Paragraphen sind in Arbeit. Roosevelt und Churchill werden persönlich den Feinschliff daran vornehmen.«

»Roosevelt kann wegen seiner Lähmung nicht reisen«,

wandte Arie ein. »Churchill wird also nach Washington kommen müssen.«

Gloria tupfte Marmelade von den Lippen. »Das kann man den Briten nicht antun. Als kniefällige Bittsteller in gebückter Haltung zu kommen, das würde ihren Stolz verletzen. Deshalb wird Roosevelt die Staatsjacht nehmen und Churchill zu dem Treffpunkt entgegenfahren. Der britische Premier reist auf dem Kreuzer Prince of Wales.«

»Hat den der Kampf mit der Bismarck nicht schwer beschädigt?«

»Man versicherte uns, er würde bis Anfang August klar sein und die Fahrt von Schottland bis Halifax wohl auch schaffen. Sie bauen schon eine Kabine für Churchill ein.«

In den Morgenstunden des Montags brachte Gloria Capland ihren Latin Lover, wie sie Arie Goldstein zärtlich nannte, zum Schnellzug nach New York. Beim Abschied hatte sie wie immer feuchte Augen.

Zurück in seiner Wohnung im New Yorker Stadtteil Greenwich Village, schlief Arie Goldstein bis zum Abend. Dann kochte er einen Topf Chiligemüse, in das er Corned beef schnitt. Später baute er mit geübten Handgriffen sein Radio zum Sender um, verband ihn mit der Hochantenne und wartete die Kontaktzeit ab. Sie lag bei 23.00 Uhr US-Ostküstenzeit. – Am Tirpitzufer in Berlin war es jetzt 6.00 Uhr morgens.

Den Text hatte der deutsche Spion bereits komprimiert und verschlüsselt. Doch er bekam keine Verbindung mit der Relaisstation. Meist lag über der Frequenz starkes Rauschen. Er versuchte es über die Notfrequenz, erhielt aber auch hier kein Signal, daß sie empfangsbereit sei.

Am nächsten Abend probierte er es wieder. Die Störung hatte sich nicht gebessert.

Nun gab es mehrere Möglichkeiten einer Erklärung. Entweder amerikanische Abhörstellen hatten seine Funkverbindung geortet und störten sie ihrerseits, oder die Relaisstation auf dem Fischdampfer vor Island existierte nicht mehr. – In solchen Fällen blieb ihm nur der zweite Weg: das Telefon.

Obwohl die Gefahr bestand, daß man ihm auf den Fersen war, schlenderte er am nächsten Morgen hinunter nach Manhattan. Auf dem Weg zur Ecke First Avenue/22nd Street achtete er darauf, ob er verfolgt oder beschattet wurde, konnte jedoch nichts Derartiges erkennen. Also betrat er das Post Office und bestellte ein Transatlantikgespräch nach Lissabon.

»Eine Stunde Wartezeit«, sagte die nuttig Geschminkte am Schalter. »Sie werden aufgerufen, Sir.«

Ferngespräche nach Europa liefen über Seekabel. Um diese Zeit drängten sich die Anmelder. Deshalb hatte Arie Goldstein auch die Hauptgeschäftszeit gewählt. Zweifellos hörte die Abwehr in die Fernleitungen hinein. Auch wenn sie von einem neutralen Land in ein anderes neutrales Land liefen.

Es dauerte nur fünfundvierzig Minuten.

»Mister Goldstein, Kabine sechs!« wurde ausgerufen.

Kaum hatte er abgenommen, meldete sich der achttausend Kilometer entfernte Teilnehmer. Zwar lag ein Brummen im Draht, aber die Stimme der Frau kam deutlich.

»Hallo, Cousine Lolita! Wie geht's?« fragte er auf englisch.

Lolita war sein Erkennungszeichen.

Offenbar hatte sie mit seinem Anruf gerechnet.

»Besonders schlecht geht es mir«, sagte die deutsche Canaris-Agentin. »Ich habe fast keine Verbindung zur Außenwelt. Hochwasser hat die Brücke zu meinem Haus weggerissen.«

»Brücke« bedeutete »Funkfrequenz«.

»Das tut mir leid«, bedauerte er.

»Und was treibst du so in New York, Cousin Arie?«

»Ich war in Virginia. Soll dich von Onkel Frank und Tante Winnie grüßen.«

Frank bedeutete Roosevelt und Winnie war Churchill.

»Was machen die zwei Alten?«

Goldstein hielt sich weiter an den vorgefertigten verklausulierten Text, in dem das Wichtigste von dem, was er auf dem Potomac erfahren hatte, zusammengefaßt war.

»Frank und Winnie fahren um den zehnten August herum in Urlaub«, erzählte er in der Hoffnung, sie würde das Datum richtig verstehen. »Um sich zu beschäftigen, nehmen sie ihren Hund, den Neufundländer, mit.«

Damit war Neufundland gemeint.

»Die alte Reykja?«

Reykja stand für die isländische Hauptstadt Reykjavik.

»Nein, Reykja ist tot. Sie mußten sie einschläfern lassen. Jetzt haben sie einen anderen. Sie rufen ihn Hallo-Fox, weil er ungehorsam ist.«

Mit Hallo-Fox hatte Goldstein Halifax umschrieben. Er hoffte, daß sie dahinterkommen würden.

»Nehmen sie ihn im Auto mit?« erkundigte sich die Agentin in Lissabon klugerweise.

»Sogar in Onkel Franks eigenem Kahn. Er ist gar nicht wasserscheu. Aber Tante Winnie, nun, du kennst sie ja, spart wie immer mit jedem Kreuzer. Da ist sie wie die Prinzessin auf der Walnuß.«

Trotz angestrengten Nachdenkens war Goldstein nichts Besseres eingefallen. Sein letzter Satz stellte für die Dechiffrierabteilung zweifellos den härtesten Brocken dar. Aber sie würden schon herausfinden, daß das Wort Kreuzer nicht in den Text paßte. In Amerika hieß das Dollar oder Greenback, Cent oder Dime. Mit der Prinzessin auf der Walnuß war der Kreuzer *Prince of Wales* gemeint.

Cousin Arie und Cousine Lolita tauschten noch Familientratsch aus. Zum Schluß bemerkte die Agentin in Lissabon: »Ich will hoffen, daß die Brücke über den Fluß bald wieder befahrbar ist. Sie bauen schon daran. Laß es dir gutgehn, Cousin Arie. Ich höre gerne wieder von dir. Hoffen wir, daß dieser Krieg bald zu Ende geht.«

Einigermaßen zufrieden bezahlte Goldstein die Gebühr, verließ das Post Office und wanderte Richtung Central Park. Es war ein sonniger Tag mit fröhlichen Menschen auf den Straßen.

III. TEIL

Gegenmaßnahmen

24

Deutsche Truppen nehmen Minsk sowie Teile von Litauen ein. Churchill hält eine Durchhalteansprache im Radio.

11. Juli 1941

Mitten im Nordatlantik stank es nach Gegrilltem. Es kam von den Tausenden von Schweinehälften, die im Benzinfeuer der auslaufenden Tanker schmorten.

Auf der Brücke seines neuen Bootes stehend, hatte Kapitänleutnant Brandenburg im Nachtglas das Inferno beobachtet. Ohne Zeichen von Erschütterung kommentierte er: »Schiffe, das sind Lebewesen. Benzintanker explodieren wie Choleriker. Die Schweröltanker hingegen sind wahre Wunderknaben. Man schießt ihnen Löcher in den Bauch. Danach werden sie erst einmal größer. Sie strecken sich aus dem Meer heraus, weil das auslaufende Öl sie leichter macht. Später fangen sie irgendwann Feuer. Ganz stumm sterben die, die Eisenpulver geladen haben. Sie saufen beinah lautlos ab wie echte Sanguiniker. Am längsten kämpfen die Kühlfrachter. Die sind zäh. Oft brauchen sie mehrere Overcuts.«

»Dämmerungsbeginn in zwanzig Minuten«, meldete der Obersteuermann.

Wenig später sichtete der Achterausguck einen alleinfahrenden Dampfer weit draußen an der Geleitzugflanke. Brandenburg rechnete. Bis er ihn erreicht und Schußposition hatte, konnten die britischen Bewacher zur Stelle sein.

»Auf Tauchstation!« befahl er.

Während die Besatzung von U-Brandenburg in vierzig Metern Tiefe ungestört ihr Frühstück verzehrte, trieben in der ölverpesteten Wasserwüste über ihnen Hunderte britischer Seeleute der torpedierten Geleitzugschiffe. Meist waren es Engländer. Sie verbrannten, erstickten im Öl, starben vor Erschöpfung oder ertranken. – Der Atlantik war grausam.

Der Verlust ihrer Schiffe bedeutete für die Seeleute fast immer den einsamen Tod.

Die Sonne stand tief über dem dunstigen Westhorizont. Sturm peitschte die See zu schmutziggelber Gischt. U-Brandenburg verfolgte den Geleitzug den ganzen Tag über. Dabei hatte es sich, mit großer Fahrt laufend, an dessen äußerster Steuerbordseite gehalten. Brandenburg achtete nur darauf, daß Rauch und Mastspitzen in Sicht blieben. Das entsprach einer Entfernung von zwölf Seemeilen.

In der Abenddämmerung ging er bis auf vier Seemeilen an den Konvoi heran. Als er zum Angriff ansetzte, mußte Brandenburg feststellen, daß er die Geschwindigkeit des Geleits falsch eingeschätzt hatte und daß er sich nicht vor, sondern fast auf gleicher Höhe mit ihm befand. Trotzdem beschloß er anzugreifen.

Mit seiner schmalen Silhouette aus etwa 90 Grad näherte er sich dem Konvoi. Im Nachtglas sah er ein ziemlich fettes Schiff, wählte einen Tanker als zweites Ziel und noch einen Frachter in der rechten Kolonne aus. Brandenburg riskierte vier Torpedos. Nach dem Schuß drehte er nach Süden weg und lief davon.

Lange kam es zu keiner Detonation. Dann knallte es in rascher Folge viermal. Offenbar waren die FAT-Torpedos in das Geleit hineingelaufen, hatten einen Halbkreis beschrieben und – kurz bevor die Batterien leer waren – doch noch getroffen.

Mit Höchstfahrt umkreisten die Bewacher nun das Geleit. Trotzdem versuchte Brandenburg noch einmal heranzukommen. Es war 00.15 Uhr, als er Feuererlaubnis gab. Der WO betätigte den Torpedoabschußknopf.

»Rohr eins . . . los! – Rohr zwei . . . los! Rohr drei . . . los! Rohr vier . . . los!«

Die Motoren der Torpedos sprangen an. Ein Preßluftschwall warf sie aus den Rohren. Mit achtundzwanzig Knoten machten sie sich auf den Weg.

In diesem Augenblick vollführte der Geleitzug eine Wendung. Er zackte auf Nord. Die U-Boot-Leute starrten ihre Stoppuhren an. Von dem Viererfächer trafen immerhin drei Torpedos.

Inzwischen hatte es weiter aufgebrist, und es wurde noch einmal sehr dunkel. Da entdeckte ein Turmausguck Licht, wenn auch nur für wenige Sekunden. Er machte sofort Meldung.

»Da steckt sich einer an Deck seines Dampfers eine Zigarette an«, vermutete der II WO.

»Turbinengeräusch näher kommend!« gab der Horchraum von oben.

»Alarmtauchen!« befahl Brandenburg. »Von wegen Zigarette!«

Das Licht mußte von einem schnellen Bewacher, von einer Korvette oder einem Zerstörer, stammen. Trotz mancher Vorteile seines neuen Bootes gab es auch Nachteile. Bis die zweitausend Tonnen unter Wasser gedrückt waren, vergingen sechsunddreißig Sekunden. Das alte VII-C schaffte es in neunzehn. – Doch nicht umsonst hatte man Brandenburg das dritte Typ-XXI-Elektroboot aus der Vorserie anvertraut. Elektroboote nannte man sie, weil sie unter Wasser länger und schneller operieren konnten als die herkömmlichen. Brandenburg sollte mit diesem Typ erste Einsatzerfahrungen sammeln, die dann noch in die Serie einfließen konnten.

Kaum waren sie auf vierzig Meter Tiefe, fielen schon die ersten Wasserbomben. Aber ziemlich weit ab. Der Verfolger hatte wohl einen zu großen Wendekreis.

»Es muß sich um einen der alten Zerstörer handeln, die die Amerikaner den Briten aufs Auge drückten«, vermutete der Obersteuermann. »Alle, die je auf diesen Schiffen fuhren, hassen sie wegen ihrer offenen Brücken, den weit nach achtern ragenden Schraubenwellen und der damit verbundenen miserablen Manövrierbarkeit.«

»Unser Glück.«

Brandenburg gelang es, den Zerstörer auszutricksen. Nach drei Stunden gab der Verfolger auf.

Der LI meldete: »Batterien erschöpft. Wir müssen nachladen.«

»Schnorcheltiefe!« befahl Brandenburg. »Luftmast ausfahren!«

Einer der Diesel sprang an und lieferte seine Umdrehungen für Schraube und Generator. Indessen wurde in der Zentrale zusammengezählt.

»Sieben Frachter und Tanker mit mindestens sechzigtausend Tonnen«, sagte der I WO. »Das bedeutet das Eichenlaub zum Ritterkreuz, Herr Kaleu.«

»Bestand bei Treibstoff und Torpedos melden!« forderte Brandenburg, ohne Anzeichen von Freude oder Stolz. Pflichterfüllung war alles, was ihn beherrschte.

Wie es aussah, würden sie bald den Rückmarsch antreten müssen.

»Kurs eins-eins-null«, errechnete der Obersteuermann.

Der Funker holte den Soldatensender Calais herein. So weit draußen im Atlantik bekam er ihn nur schwach. Aber was sie in Calais spielten, war besser als die abgenudelten Schallplatten aus dem Bestand des Funkmaats.

Vom Befehlshaber der U-Boote, der seine Fronteinheiten bis auf die letzte Tonne Treibstoff und die letzte Dose Blutwurst stets unter Kontrolle hatte, erreichte U-Brandenburg am 15. Juli ein Funkspruch. Der I WO weckte den schlafenden Kommandanten. »Von Kernevel, Herr Kaleu.«

»Vorlesen!« bat Brandenburg, noch nicht hellwach.

»An U-Brandenburg. – Sofort von Geleitzug lösen. Anlaufen Position dreißig-fünfzehn West, vierzig-null-drei Nord. Ab 20. Juli Treff mit U-Tanker zwecks Nachbunkern und T-Übernahme.«

Brandenburg gähnte. »Na dann los!«

»Wird nichts mit ›Heimat deine Sterne‹«, schätzte der Oberleutnant, »und lockeren Mädchen.«

Brandenburg, jetzt voll da, überflog noch einmal das Blatt. Dabei begann sein Gehirn zu rechnen. Die eigene Position und die des U-Tankers hatte er ungefähr im Kopf. »Das schaffen wir leicht in vier Tagen. LI und Obersteuermann zu mir.«

Mit dem Navigator und dem Leitenden wurden Geschwindigkeit und Kurs, ferner die nötige Taktik abgesprochen. Tagsüber wollten sie schnorcheln, bei Nacht aufgetaucht mit hoher Geschwindigkeit das Zielquadrat anlaufen.

Auf U-Brandenburg stellte sich die übliche Routine ein. Die Besatzung beseitigte kleinere Schäden, und der Kommandant widmete sich dem zweiten Teil seiner Aufgabe. Bei diesem Einsatz ging es nicht nur um das Versenken von Schiffen des Gegners, sondern auch um einen detaillierten Bericht, was die Tauglichkeit des Typ-XXI-Bootes im Kampf betraf.

Brandenburg schrieb alles nieder und nahm die Erfahrungen der auf den verschiedenen Stationen tätigen Maate und Maschinisten auf. – Wie verhielt sich das Boot bei Sturm und schwerer See, wie beim Tauchen, wie beim Auftauchen? Wie reagierte es beim Torpedoabschuß? Wie war die Manövrierbarkeit, was konnte man ändern oder verbessern? – Am Ende war die Liste der versenkten Tonnage beigefügt.

Brandenburg rief den I WO: »Erst durchlesen, dann unterschreiben.«

»Sie nennen neun Schiffe als versenkt, Herr Kaleu«, sagte der Oberleutnant.

»Stimmt das etwa nicht?«

»Fehlt da nicht eines, Herr Kaleu. Waren es nicht zehn?«

»Denken Sie, ich unterschlage eines?« herrschte ihn Brandenburg an.

»Beim Stapellauf in Hamburg kappten die Werftleute aus Versehen zu früh eine Bremstrosse«, erinnerte ihn der Offizier. »Das Boot rutschte unprogrammgemäß von der Helling und versenkte ein Fahrzeug der Wasserschutzpolizei, das ihm im Wege war.«

Brandenburg lächelte, was selten bei ihm vorkam. »Das zählt nicht«, sagte er.

Sie trafen U 463 in der Luftüberwachungslücke südlich der Konvoi-Route. Die Milchkuh, wie die Tanker genannt wurden, war ein Typ XIV. Über Sprechfunk lotsten sie sich gegenseitig auf Position. Das Nachbunkern stellte höchste Ansprüche an die Seemannschaft. Zum Glück war das Meer relativ ruhig.

Treibstoffschläuche, mit Korkringen schwimmfähig gemacht, wurden vom Tanker zu U-Brandenburg verholt. Während die Pumpen Dieselöl in die fast leeren Tankzellen jagten, wurden dick eingefettete Torpedos herübergeschwommen und an Bord gehievt.

Darauf folgten Frischproviant aus den Kühlräumen von U 463, Verschleißteile wie Wasserstandsgläser, Dichtungen, Glühlampen, Spezialöle, Röhren und Notbatterien für Funk sowie Medikamente und weiterer Nachschub.

Brandenburg übergab dem Kommandanten der »Milchkuh« seinen Erfahrungsbericht. Dafür erhielt er eine rote Gekados-Mappe mit den neuen Einsatzbefehlen.

Noch bevor die Betankung beendet war, gab es Fliegeralarm. Aus einem Wolkenloch näherte sich ein viermotoriger Bomber, der sofort in Tiefflug überging.

»Teufel! Er muß das neue Radar haben«, fluchte Brandenburg. »Feuer frei erst auf meinen Befehl.«

Es war eine *Wellington*. Ihre hohe Reichweite ließ es zu, daß sie weit draußen im Atlantik patrouillierte. Der Bomber näherte sich den beiden U-Booten bis auf eine Meile. Wegen der späten Dämmerung schaltete er sein Searchlight ein. Der starke Scheinwerfer erhellte in weitem Umkreis die Oberfläche des Meeres. In höchster Eile kappte der U-Tanker die Ölschläuche und tauchte weg.

Für U-Brandenburg, bei dem ein Aal noch halb im Torpedoluk steckte, war dies unmöglich. Schon beschoß der Bomber sie. U-Brandenburg feuerte aus allen Rohren und empfing den Bomber mit einem Hagel aus den 2-cm-Flakrohren der Vierling.

Obwohl die Schützen von dem Scheinwerfer geblendet wurden, schienen sie Treffer erzielt zu haben. Jedenfalls drehte die *Wellington* ab. Ihre Bomben detonierten mehrere Kabellängen entfernt.

»Jetzt haben sie uns«, fürchtete Brandenburg. »Zwar wissen sie nicht, wohin wir fahren, aber aus Blödmännern ist die britische Admiralität nicht zusammengesetzt. Nun wissen sie, daß wir auf See nachgebunkert haben und näher an der amerikanischen Küste als an unserem Heimathafen stehen. Von jetzt ab sollten wir noch verdammt viel besser aufpassen.«

Sie hatten kaum Treffer, aber einen Verwundeten. Ein Geschoßsplitter hatte die Preßluftflasche der Schwimmweste eines Matrosen erwischt und sie zur Explosion gebracht. Diese wiederum hatte seinen Unterleib aufgerissen. Als sie ihn unten auf der Koje hatten, sah Brandenburg, daß er ihm nur Morphium geben konnte, um die Schmerzen des Matrosen zu lindern.

Er hatte die Spritze noch nicht angesetzt, da flüsterte der Matrose, ein Junge von vielleicht neunzehn Jahren: »Ich bin müde, Herr Kaleu, möchte schlafen.« Und wenig später: »Ich muß jetzt schlafen.«

Sein Kopf fiel zur Seite. Er war tot.

In seinem Schapp, das größer war als auf den 7-C-Booten und eine echte Kammer, öffnete Brandenburg den Geheimbefehl. Er lautete lapidar:

BDU an U-Brandenburg. – Laufen Sie amerikanische Ostküste an. Versuchen Sie bis spätestens 1. August auf 76

Grad West und 37 Grad Nord zu stehen. Position Chesapeake Bay. Beziehen Sie dort Wartestellung. – Bewegung aller Kriegsfahrzeuge ist zu melden. – Besondere Aufmerksamkeit auf eine Hochseejacht laut beiliegendem Foto ist zu richten. – Unsichtbar bleiben. – Jede Gefechtshandlung ist zu vermeiden. – gez. Dönitz.

Brandenburg betrachtete das Schiff auf dem reichlich unscharfen Foto so lange, bis sich ihm Rumpfform, Buglinie, Brücke, Aufbauten, Schornstein, die Masten, das Heck, die laufende Länge eingeprägt hatten. Die Luxusjacht maß grob geschätzt und über alles mindestens siebzig Meter. Sie hatte helle Aufbauten und einen dunklen Rumpf mit gelbem Strich unterhalb der Reling. Über die derzeitige Bemalung sagte das jedoch wenig aus.

»Kurs zwei-vier-null Grad!« befahl Brandenburg. »Beide Diesel halbe Fahrt voraus!«

Nach dem Abendessen – es gab ungeliebten Spinat mit Rührei – bat Brandenburg den I WO und den Obersteuermann in seine Kammer. Dort las er ihnen den Geheimbefehl vor.

»Das bedeutet Warteposition«, sagte der Oberleutnant. »Ein ziemlich ermüdender Törn.«

Der Obersteuermann bemerkte: »Sechsundsiebzig West und siebenunddreißig Nord, ist das nicht mitten auf dem Capitol-Platz in Washington?«

»Es ist die Ansteuerungstonne Chesapeake Bay«, erwiderte Brandenburg, »vor Kap Hatteras. Bei dem fotografierten Schiff handelt es sich um die Jacht des Präsidenten der Vereinigten Staaten.«

Dann setzte er noch einen seiner markigen Sprüche drauf: »Der Feind ist, wie, wann und wo er sich zeigt, immer herzlich willkommen.«

25

Der deutsche Exkaiser Wilhelm II. stirbt in Holland. Die Westukraine wird erobert. Kesselschlacht bei Smolensk. Die Russen verlegen 1400 Rüstungsbetriebe aus den Kriegsgebieten nach Sibirien.

17. Juli 1941

Zu unchristlicher Morgenstunde, um 08.30 Uhr, trat Captain Kevin Morton durch die ledergepolsterte Tür in einen mit dunklem Holz getäfelten Raum. Die Wände zierten Bücherregale und ein Schlachtengemälde Indianer gegen US-Kavallerie. Hinten hing eine Fahne, die *Stars and Stripes.* Um einen mit grünem Filz bezogenen Tisch saßen drei hohe Offiziere und ein grauhaariger Mann in Zivil.

Der Raum lag im zweiten Stock des linken Flügels des Weißen Hauses in Washington.

Auf Wunsch der Amerikaner war Captain Morton mit einem Langstrecken-Begleitjäger, einer Mosquito, von London in die USA geflogen. Nun stand er vor dem Beraterstab des Präsidenten, um seine Theorie zu begründen.

Erfahren in Verhandlungen, legte er nicht sofort alle Fakten auf den Tisch. Zunächst entnahm er seiner Mappe nur ein Foto. Es zeigte ein Schiff, das jeder der Anwesenden kannte, weil er gewiß schon einmal an Bord eingeladen war.

»Die Staatsjacht des Präsidenten«, sagte der Senator. »Und was soll das bitte?«

Auf seine smarte, lässige Art fragte Morton: »Darf ich mich vielleicht setzen, Gentlemen?«

Stumm bot ihm der Vorsitzende, der Zivilist, einen Stuhl an. Morton verzichtete jetzt allerdings darauf. Die Hände auf die Polsterlehne gestützt, beantwortete er die Frage: »Unsere Mittelsleute im von den Deutschen besetzten Holland stellten fest, daß sowohl in Amsterdam als auch in Rotterdam nach diesem Foto gesucht wurde. Man bekommt es nicht überall. Aber es gelang wohl, eines davon aufzustöbern.«

»Wem gelang das?« unterbrach ihn der Armeegeneral.

»Deutschen Agenten.« Morton fuhr fort: »Inzwischen dürfte Admiral Canaris, dessen Persönlichkeit und Funktion auch Ihnen bekannt ist, das Foto in Händen haben.«

»Na und«, wurde eingeworfen, »wo sehen Sie das Problem, Captain?«

Nun legte Morton einige Aufzeichnungen vor. Es handelte sich um deutsche Funksprüche in englischer Übersetzung.

Die Gentlemen aus dem Beraterstab des Präsidenten lasen und staunten. »Das ist zum Teil Agentenfunkverkehr. Wie kommen Sie da heran, Morton?«

»Und U-Boot-Funkverkehr«, ergänzte der britische Navy-Offizier. »Daraus geht eindeutig hervor, daß die Deutschen nicht nur den Begriff ›Charta‹ benutzen, sondern inzwischen erheblich mehr darüber wissen. Wahrscheinlich werden sie sogar U-Boote zum Treffpunkt von Ihrem Präsidenten Roosevelt und unserem Premierminister Churchill beordern.«

Diese Schlußfolgerung schien die Amerikaner in keiner Weise zu schrecken.

»Wie kommen Sie zu diesem Klartext von zweifellos mehrfach verschlüsselten deutschen Funksprüchen?« bohrte Senator Watkins.

Morton fühlte sich wie verhört und fürchtete, daß man ihm keinen Glauben schenkte. Entsprechend arrogant reagierte er. »Wir können binnen achtundvierzig Stunden jeden Funkspruch der Deutschen dechiffrieren.«

»Wie, bitte, soll das möglich sein?« wollte ein Air-Force-General wissen.

»Wir haben die deutsche Schlüsselmaschine, die Enigma, nachgebaut, nachdem uns ein defektes Exemplar aus einem gesunkenen U-Boot in die Hände fiel. Leider wird die Enigma jeden Tag neu codiert. Aber jetzt, wo wir ihre Funktionsweise kennen, schaffen es drei Dutzend Experten, die geheime Tageseinstellung binnen achtundvierzig Stunden zu knacken. – So sind wir nur zwei Tage später über die aktuelle Befehlslage der deutschen Wehrmacht und der deutschen diplomatischen Vertretungen im Ausland orientiert.«

Morton erwartete keinen Beifall, aber auch nicht, daß sie ihn so kühl abfertigten.

»Wir werden das prüfen«, erklärte der Army-General. »Danke, Morton, Sie hören wieder von uns.«

Als Morton gegangen war, lehnte sich Senator Watkins in seinen Stuhl zurück und steckte die Pfeife an. »Wer ist dieser Stenz eigentlich?«

»Im Zivilberuf war er Film- oder Schallplattenproduzent, oder beides.«

»Trotzdem mag ich ihn nicht«, betonte der Zivilist. Und der Admiral fügte hinzu: »In ihrer Notlage übertreiben diese Engländer gerne.«

Im Hotel Chester wartete Captain Morton zwei Tage, daß man ihn noch einmal zum Vortrag rief. Doch hörte er weder vom Weißen Haus noch vom Verteidigungsministerium etwas.

In der Nacht rief London an. Das Gespräch lief über Seekabel und war höchstens von seiten der Amerikaner abhörbar.

»Wir konnten neue Funksprüche entschlüsseln«, unterrichtete ihn sein Vorgesetzter, Admiral Coster, »unter anderem die Standortmeldungen von U-Booten. Eines davon steht sehr weit westlich.«

»Wo genau?«

»Vor der Chesapeake Bay. Offenbar wartet es dort auf das Erscheinen des Erzengels Gabriel.«

»Oder auf die Jacht, die auf der Amsterdamer Postkarte abgebildet ist.«

»Allem Anschein nach handelt es sich um das U-Boot Ihres Freundes Brandenburg. Die Konsequenz dürfte klar sein.«

»Aber machen Sie das mal diesen blauäugigen, starrköpfigen Yankees klar, Sir«, entgegnete Morton aufgebracht.

»Sie kennen Brandenburg«, erwähnte der Admiral.

»Er ist ein Durchstecher.«

»Dann wissen Sie, was von ihm zu erwarten und wie gefährlich er ist. Die Amerikaner sollten unbedingt die Reisepläne ihres Präsidenten ändern.«

»Ich habe alles versucht«, versicherte Morton. »Ich telefoniere herum, klopfe an, werde vorstellig, aber diese Blödmänner vom Beraterstab lassen sich Zeit. Keiner ist erreichbar. Bitte versuchen Sie über Ihre Kanäle etwas zu bewirken, Sir.«

»Es gibt nur noch einen Weg«, befürchtete der Admiral. »Man muß ihnen klarmachen, daß es eine undichte Stelle gibt. Nicht bei uns, sondern in Washington. Gewiß machen sie sich deshalb nicht gleich in die Hosen, aber es irritiert sie. Diese Amerikaner wollen doch immer die Allergrößten und die Allerschlauesten sein.«

»Ich höre von Ihnen, Sir«, hoffte Morton.

Captain Kevin Morton hörte nichts Neues aus London, aber vom Nationalen Sicherheitsrat. Er sollte im Senat ein Referat zur Lage halten.

Am Abend vor dem Termin rief die Sekretärin eines Regierungsbüros an. »Senator Capland läßt fragen, ob Sie heute abend frei sind, Sir.«

»Frei, wie meinen Sie das? Ich habe nichts Besonderes vor.«

»Dann bittet man Sie zu einem privaten Essen.«

Die Sekretärin nannte das Restaurant. »Bei Jerôme. Ein Wagen holt Sie um zwanzig Uhr im Hotel Chester ab, Sir.«

Nicht nur die Einladung, auch zwei weitere Umstände machten Morton stutzig: nämlich daß der Senator eine bild-

bildhübsche elegante Frau war, sowie ihre Mitteilung, sein Vortrag im Strategieausschuß sei auf unbestimmte Zeit verschoben worden. Das Kerzenlicht in der Nische machte diese Frau noch attraktiver. Sie war mehr als eine der üblichen sportiven Amerikanerinnen mit blonder Bubikopffrisur. Sie hatte den Charme und die Ausstrahlung einer Diva. Morton besaß den geschulten Blick dafür.

»Nun wissen Sie, wer ich bin«, sagte die Senatorin Gloria Capland aus Texas. »In Anbetracht dessen, daß Sie nur Reserveoffizier sind, hat man Sie mit einer äußerst heiklen Mission betraut. – Nun, unsere Freunde in London werden zu beurteilen vermögen, wen sie uns herüberschicken. Ich höre, Commander. Was schlagen Sie in der Sache vor?«

Morton genoß die Horsd'œuvres. Es gab rosa Krabbenfleisch auf dünnen gedünsteten Kartoffelscheiben.

»Ihr Präsident möge seine Reise durchaus wie vorgesehen antreten, Madam.«

»Das läßt sich auch gar nicht mehr ändern. Alles ist vorbereitet«, erwiderte die Senatorin.

»Aber die Staatsjacht«, erklärte Morton, »sollte ohne ihn auslaufen, meinetwegen zum Fischfang nach Florida.«

Gloria Capland nahm einen Schluck von dem kalifornischen Weißwein.

»Und wie erreicht Roosevelt dann Halifax, bitte?«

»Auf einem Fahrzeug, das sicherer ist als eine Jacht. Möglicherweise auf einem Kriegsschiff. Ich denke, für die nötige Bequemlichkeit Roosevelts läßt sich sorgen. Sein Kreuzer könnte ebenfalls nach Süden laufen, dann aber bei Nacht und Nebel abdrehen und Richtung Norden dampfen. Selbstverständlich innerhalb der amerikanischen Hoheitsgewässer, denn draußen lauern ganze Rudel von U-Booten.«

Beim Fleischgang, dem üblichen, noch blutigen Rindersteak, ging es nicht mehr allein um die Sicherheit oder Bequemlichkeit des US-Präsidenten. Die Senatorin von Texas fragte indigniert: »Woher haben die Deutschen, verdammt noch einmal, diese Informationen, um so etwas zu organisieren?«

Hier konnte Morton nur vermuten. »Irgendwo ist die Administration durchlässig, Madam.«

»Bei Ihnen«, entgegnete die Senatorin scharf.

Da winkte Morton nur müde lächelnd ab. »Es muß in Washington sein. Die Deutschen wußten bereits von ›Charta‹, da hatten wir noch nie etwas davon gehört.«

Entrüstet tat die Senatorin diesen Vorwurf ab. In Washington gebe es keinerlei Art von Geheimnisverrat, dafür sorge schon das FBI, behauptete sie.

Doch Morton kannte die Frauen. Diese Gloria Capland, Senatorin von Texas, gab sich äußerlich, als bestehe sie aus Pennsylvania-Stahl. Das überzeugte ihn nicht. Morton hielt sie für sehr sinnlich, für gefühlvoll und auf irgendeine Weise beunruhigtend ...

Ein Zwischenfall an der Küste vor Virginia versetzte der Unentschlossenheit der Amerikaner kräftige Stöße. Korvetten des Küstenschutzes meldeten Kontakt mit einem U-Boot. Zwar kamen solche Begegnungen des öfteren vor, deutsche U-Boote setzten häufig Agenten ab, trotzdem wurde der Kreuzer *Augusta* vom Flottenstützpunkt Norfolk an den Potomac beordert. In Tag- und Nachtarbeit bereitete man die Kommandantenkajüte für die Aufnahme des kranken Präsidenten Roosevelt vor.

Als Morton davon hörte, betrachtete er seine Aufgabe für erfolgreich beendet. Er meldete sich für zehn Tage ab und reiste nach Kalifornien.

In Hollywood traf er einen befreundeten amerikanischen Filmproduzenten.

»Ich habe Maurice Chevalier für einen Operettenfilm unter Vertrag«, eröffnete ihm Sam Goldwyn. »Nun brauche ich noch eine gleichrangige Partnerin, die singen und tanzen kann. Ich denke, falls du gestattest, an Nicole Pinette.«

»Was zahlst du, Sam?« fragte Morton geschäftstüchtig wie immer.

Der Amerikaner kalkulierte die Besetzung durch. Er kannte die Situation der Pinette und begann mit einer Gage von dreihunderttausend Dollar. Nach vielen Drinks einigten sie sich bei vierhundertfünfzigtausend.

»Es gibt nur noch ein Problem«, erwähnte Goldwyn, »wie bringst du sie nach Hollywood?«

»Von Portugal«, sagte Kevin Morton, »fliegt jede Woche einmal der Boeing-*Clipper* ab Lissabon zu den Bermudas.«

»Noch«, schränkte Sam Goldwyn ein. »Kannst du deine Frau überhaupt so lange entbehren, Kevin?«

»Nein«, gestand der Engländer, »aber ich bin auch schon drei Wochen fort.« Dann fügte er noch hinzu: »So ist eben das Künstlerleben im Kriege.«

26

Japan beschließt den weiteren Vormarsch in Indochina. Deutsche Truppen stehen in Rußland am Luga-Fluß. Die Schweiz verbietet die Kommunistische Partei.

18. Juli 1941

Den ganzen Frühsommer über herrschte in Salzburg eine Grippeepidemie. Durch aufopfernde Arbeit an ihren Patienten verdrängte Dr. Rothild die Sorge um Toni Lützow.

Seit Mitte Februar hatte sie nichts mehr von ihm gehört. Inzwischen waren fünf Monate verstrichen. Bei seinem letzten Urlaub hatte noch Schnee gelegen. Jetzt blühte es überall längs der Salzach und draußen im Park der Villa in Anif. Aber fünf Monate keine Nachricht, kein Lebenszeichen, so lange war er noch nie auf See gewesen. – Es mußte etwas passiert sein.

Immer wieder schaute sie in der alten Wohnung vorbei. Auch dort lag kein Brief im Kasten.

So tat sie weiter ihre Pflicht und ertrug die Nachstellungen von Großmann, dem Krankenhausdirektor.

»Wie geht es unserem Helden?« fragte er stereotyp spöttisch. »Ist er stramm am Schiffchenversenken? Wann liest man wieder etwas in den Zeitungen?«

Dr. Rothild arbeitete oft bis zur Erschöpfung. Meist fuhr sie mit dem letzten Postbus hinaus nach Anif. Dann kümmerte sie sich noch um den Flieder, die Rosen und das Unkraut im Park der Rotschild-Villa. Mit dem Handmäher schnitt sie jeden Tag ein Stück Rasen.

Eines Abends, als sie nach Hause kam, saß auf der Treppe zum Eingang ein junger, nicht sonderlich gepflegter Mann im Kleppermantel. Er blickte sie an und sie ihn. Noch hatte sie Zweifel über seine Identität. Sie sperrte auf, drehte sich um und fragte: »Bist du nicht David Schlesinger?«

Er stand auf. Sein unrasiertes Gesicht drückte Erleichterung aus. »Sams Bruder bin ich.«

»Der Musiker?«

»Ja, der versumpfte Gitarrist.«

Sie ließ ihn ins Haus schlüpfen, bereitete ihm oben ein Bad und gab ihm zu essen, Rührei mit Kartoffeln und etwas Speck. David kam aus Berlin und erzählte.

»Sie sind hinter uns her«, berichtete er. »Erst das Kristallnachtprogramm, jetzt die gelben Sterne. Jeder Jude muß sich registrieren lassen. Einige verschwanden schon spurlos. Von heute auf morgen sind sie nicht mehr da. – Alle deportiert. Professor Nelkentaler, die Mohnheims, die ganze Silberschnitt-Familie.«

»Die auch?« bemerkte Ditta entsetzt. – Die Silberschnitts gehörten zu den reichsten und einflußreichsten Familien in Preußen.

»Mein Bruder hält noch durch. Aber ich fühle mich nicht mehr sicher, seitdem mich die Berliner Symphoniker entlassen haben. Still und leise haute ich ab. Möchte gern nach Israel. Ein Gitarrist kommt immer durch. Und wenn ich im Bordell aufzupfe.«

»Nach Israel?« fragte Ditta erstaunt.

»Über Triest. Dort versuche ich ein Schiff nach Athen zu kriegen. Notfalls marschiere ich quer durch den Balkan bis Istanbul. Irgendwie wird es schon weitergehen.«

David Schlesinger wirkte sehr erschöpft. Er aß wenig und langsam. Offenbar hatte er Probleme mit den Zähnen. Ditta machte ihm ein Bett zurecht. Bevor sie schlafen gingen, sagte er noch: »Die Nazis bereiten die systematische Ausrottung der Juden vor. In Polen bauen sie riesige Tötungsfabriken. Man spricht von Massenverbrennungsöfen. Vorher bringen sie uns mit Gas oder mit Säure um.«

»Sind das nicht nur wilde Gerüchte, David? Sie können nicht zehn Millionen Juden einfach abschlachten.«

»Du solltest ebenfalls an deine Sicherheit denken, Ditta«, riet Schlesinger.

»Einfach weggehen? Wie denn und wohin?«

»Du hast einen reichen Onkel in Paris.«

»Auch dort sitzen die Nazis.«

»Ja, wohin dann«, überlegte David nachdenklich. »Wohin noch?«

Am Morgen, als Ditta das Frühstück zubereitete, kam er nicht herunter. Sein Bett war leer. Er war frühzeitig weitergezogen. Hinterlassen hatte er einen Zettel mit vier Worten.

Danke für alles. David.

Nachdem die Grippeepidemie abgeklungen war, peinigte sie die Sorge um Toni Lützow noch mehr.

Dr. Rothild stand am Bett eines schwerkranken Mädchens, als Direktor Großmann hereinkam und dicht an sie herantrat.

»Was hat die Kleine denn?« fragte er in seiner schleimigen Art.

»Pneumonie.«

»Sieht nicht aus, als käme sie durch, Doktor.«

»Sie wird sterben«, bestätigte Ditta Rothild.

Großmann packte sie am Ellbogen und zog sie mit sich.

»Wenn der Patient sowieso sterben muß, sollten Sie gleich mitkommen und Ihre eigene Rettung versuchen, Doktor.«

Das ängstigte sie. Allein mit Großmann im Verwaltungsbüro, sah sie zu, wie er die Schreibtischschublade aufzog und ihr ein Papier entnahm. Es war ein abfotografiertes und vergrößertes Dokument. Beinah genußvoll reichte er es ihr.

Sie warf nur einen Blick darauf. Ihr Herzschlag geriet aus dem Takt. Großmann hatte nachgeforscht und in Tübingen ihre Immatrikulationspapiere ausgegraben. Darauf stand unter der Rubrik Religion: mosaischen Glaubens.

»Dürfte ich Sie bitten, mir die Freundlichkeit zu erweisen und endlich das zu tun, was ich verlange? Wann liegt Ihr arischer Nachweis vor, Doktor?« fragte Großmann zynisch.

Sie warf das Blatt auf seinen Schreibtisch. »Das da ist meine Antwort.«

»Sie sind Jüdin, ich wußte es.« Großmann fuhr sich über sein verschwitztes, wanzenplattes Gesicht. »Dafür hab ich einen Riecher. Leider müssen wir Sie fristlos entlassen.«

In Großmanns wäßrigen Augen stand Genugtuung.

Beherrscht nahm Dr. Rothild das Stethoskop vom Hals und zog den weißen Arztmantel aus.

»Die Nürnberger Gesetze«, bemerkte Großmann eiskalt, »verbieten die Tätigkeit von Juden an öffentlichen Anstalten und Einrichtungen. Anders wäre es, wenn es sich hier um ein jüdisches Hospital handelte ...«

»Oder?« fragte Dr. Rothild.

Großmann stand auf und näherte sich ihr so weit, daß sie seinen nach Schnaps stinkenden Atem wahrnahm.

»Oder was? Sie wissen genau, Ditta, wie ich Sie mag. Wenn Sie mir entgegenkommen, dann komme ich Ihnen entgegen und könnte einiges vergessen. Auch eine Anzeige wegen Falschbeurkundung. Immerhin gaben Sie sich bei uns als Katholikin aus.«

Ihr schwindelte, als er mit dem Handrücken über ihre Brust strich.

»Denken Sie nach, schöne Freundin, aber nicht allzulange.«

Sie drehte sich um und ging. An der Tür holte sie Großmanns Säuferstimme ein.

»Bis Montag spätestens!« Dazu sein üblicher Zynismus: »Wie geht es denn Ihrem Alibi-Verlobten, diesem Ritterkreuzträger – wie war doch schnell sein Name?«

Sie hatte die Tür geöffnet, war hinausgegangen und hatte sie hinter sich zugeschlagen.

Das war am Freitag.

Am Wochenende hatte sie dienstfrei. Am Samstag lag im

Postkasten der Rotschild-Villa ein Brief für sie. Absender: Polizeipräsidium Salzburg/Gestapo Außenstelle. Sie sollte sich binnen drei Tagen melden.

Ditta Rothild versuchte zu telefonieren. Die Leitung war wieder einmal tot. Abgeschaltet. Also war man schon hinter ihr her und beobachtete sie.

In der Nacht packte sie das Nötigste in die Reisetasche, blondierte das Haar nach und fuhr mit dem ersten Bus ins Salzkammergut Richtung Attersee.

Hoch über Nußdorf lag ein einsamer Bauernhof. Dort hatte sie schon kurze Urlaubstage verbracht. Die Familie würde sie gewiß aufnehmen. Immerhin hatte sie einmal den jungen Bauern gerettet, als ein Stier ihn angriff und ein Horn zwischen seine Rippen bohrte. Ohne sachkundige Hilfe wäre er noch vor dem Transport ins Hospital gestorben. – Das war im letzten Sommer gewesen.

Die Bauern gaben ihr das alte Balkonzimmer und stellten keine Fragen. Am Montag vormittag ging sie hinunter nach Parschallen. Dort gab es ein Postamt. Sie telefonierte nach Berlin. Wie David Schlesinger gesagt hatte, waren alle Freunde fort oder nicht erreichbar. In ihrer Not rief sie Onkel Charles, den Weltbankier in Paris, an. Weder in seinem Büro noch in seiner Stadtvilla auf der Seine-Insel war es möglich, ihn zu sprechen. Noch einmal versuchte sie es in Berlin.

Endlich erreichte sie Josi Lindenbaum, der sich schon seit langem Josef Linde nannte und untergetaucht war. Mit hastigen Worten schilderte sie ihre Lage.

Er hatte nur einen Rat für sie: »Nichts wie weg, Ditta.«

»Ich bin schon fort.«

»Weg aus dem Gau Salzburg, da kriegen sie dich schnell. Komm nach Berlin. In einer Großstadt hast du bessere Chancen.«

»Da kann ich auch nicht ewig bleiben.«

»Von Berlin aus gelangst du leichter ins Ausland. Nach Schweden etwa.«

»Ohne Paß? Ruf meinen Onkel in Paris an«, bat sie. »Du kennst dich aus, du weißt, wie man das macht.«

Josef Linde versprach es zu versuchen. Aber erst müsse sie nach Berlin kommen, auch wenn es die Höhle des Löwen sei. »Im Auge des Taifuns bist du am sichersten«, erwähnte er noch, »und nie hat ein Hai einen Fisch gefressen, der ihm vor dem Maul herumschwamm. Wann kannst du hiersein?«

»In zwei Tagen«, schätzte sie.

»Dann am Donnerstag, Ditta. Treffpunkt Kellerbar im Haus Vaterland. Jeden Abend ab zweiundzwanzig Uhr.«

»Kann da eine anständige Frau allein hingehen?« Es fiel ihr nichts Besseres ein.

»Nein«, antwortete ihr Freund, »das ist ein ziemlicher Rummelplatz dort. Immer voll mit tausend Soldaten, Nutten und Schiebern. Versuch einen Platz an der Bar zu erhalten. Alles weitere überlasse mir.«

Dr. Rothild verließ den D-Zug am Anhalter Bahnhof. Trotz der Zugkontrollen zwischen München und Berlin war sie durchgeschlüpft. Nur zu essen hatte sie nichts. Die österreichischen Lebensmittelmarken besaßen in Berlin keine Gültigkeit.

In einem Hotel, einer Art Absteige hinter dem Alexanderplatz, mietete sie ein Zimmer. Getarnt durch ihr blondiertes Haar, wartete sie ab Donnerstag, 22 Uhr, in der Kellerbar von Haus Vaterland. Es war schwierig, sich der Zudringlichkeiten zu erwehren. Einmal fragte sie der Barmixer: »Warum sitzt du rum und gehst mit keinem mit, Mädchen?«

»Wegen deines extrastarken Malzkaffees«, sagte sie. »Ich warte auf einen blauäugigen Nibelungen.«

»Bist was Besseres, he?«

Sie wartete auch am Freitag vergebens. Endlich, am Samstag, kurz vor Mitternacht, stand ein älterer Mann im hellen Staubmantel hinter ihr und flüsterte: »Dr. Rothild?«

Er mochte Mitte der Fünfzig sein, hatte schon weißes Haar und wirkte ein wenig korpulent. Seine Haut war großporig, wie wettergegerbt. Trotz unbewegter Gesichtszüge wirkten seine Augen gütig. Er trug ein weißes Hemd mit schwarzer Krawatte. Unter dem Mantel schauten dunkelblaue Hosen und blankgewienerte Schuhe hervor. Sie zog die Schultern abwehrend hoch.

»Wer bitte sind Sie?«

Der Mann legte den Zeigefinger senkrecht an den Mund. Am Mittelfinger trug er einen goldenen Siegelring mit der Gravur eines Ankers. Im Schutz der Bartheke schob er ihr einen dicken Umschlag zu.

»Lebensmittelmarken, Reisemarken, Mitgliedskarte für Arbeitsfront und NSDAP... und«, fügte er noch hinzu, »ein Parteiabzeichen.«

Sie steckte den Umschlag in die Handtasche.

»Haben Sie Geld?« fragte der ältere Herr, sich immer wieder umblickend.

»Deutsches genug.«

Er drängte sich neben sie, ohne sich zu setzen.

»Devisen kriegen Sie von mir, sobald ich weiß, was wir mit Ihnen anstellen, ebenso einen Paß mit Visum für Schweden, Spanien oder die Schweiz.«

»Warum tun Sie das für mich?« fragte sie ängstlich, als ende gleich ein schöner Traum.

Väterlich nahm der alte Herr ihre Hand. »Kindchen, ich kenne deinen Onkel. Charles Rotschild in Paris ist ein guter Freund von mir. Wir tätigen Geschäfte.«

Da wußte sie, daß sie nicht in eine plumpe Falle stolperte. »Kennen Sie auch«, wagte sie zu fragen, »Kapitänleutnant Lützow?«

Es schien, als ginge ein Licht, welches das Gesicht des Fremden beleuchtet hatte, plötzlich aus. Er nickte zögernd. »Ich kenne ihn«, äußerte er, »mehr darf ich nicht sagen. Nur soviel: Er lebt.«

»Brauchen Sie meine Adresse, Herr...?«

»Wozu? Ich finde Sie schon, mein Kind.«

Der Mann mit den eiskalten Gesichtszügen und den freundlichen Augen legte zehn Mark für ein nicht getrunkenes Bier auf die Theke und verschwand.

Der Barmixer blickte ihm verwundert nach. »Verdammt, war das nicht Canaris?«

»Wer bitte?« reagierte Ditta Rothild, als habe sie nicht verstanden.

»Na, Admiral Canaris.«

»Dann bin ich Lilian Harvey«, antwortete sie geistesgegenwärtig.

27

Stalin verkündet im Rundfunk den britisch-russischen Beistandspakt. Er ernennt sich selbst zum Staatschef mit allen Vollmachten. Der Film »Reitet für Deutschland«, Hauptrolle Willy Birgel, wird in Berlin uraufgeführt.

27. Juli 1941
U-Brandenburg wagte sich nur bei Dunkelheit aus der Tiefe des Meeres. Nach vierzehn Stunden Tauchfahrt war es dringend nötig, das Boot durchzulüften und die Batterien aufzuladen.

Die Nächte waren sehr warm. Der Turmwache klebten die Tropenhemden an den schweißnassen Körpern.

»Aufpassen, Leute!« forderte Brandenburg immer wieder. »Die Klüsen offenhalten!«

Der BDU-Befehl lautete unverändert, alles zu vermeiden, was ihre Anwesenheit verraten könnte. Das bedeutete, auf jeden Angriff zu verzichten. – *Sofern die Beute nicht fett genug ist,* fügte Brandenburg in Gedanken hinzu.

Nichts hätte sich bisher gelohnt. Zwar herrschte in der buchtenreichen Chesapeake Bay, der Einfahrt zum Potomac-Fluß, starker Schiffsverkehr, aber es waren nur Frachter, Fischdampfer, ein paar Kolcher. Ab und zu kam ein Bäderdampfer vorbei und vereinzelt Küstenschutzfahrzeuge.

Wie ein Schatten glitt das U-Boot durch fahles Mondlicht. Die Diesel sprangen an. Der große 200-Watt-Sender war immer noch defekt. Auch in achtundvierzig Stunden hatte ihn der erste Funkmaat Hilpert nicht klarbekommen. Nur der Notsender war in Betrieb.

Brandenburg ließ die Tagesmeldung an den BDU absetzen. Hilpert gab ihn auf Kurzwelle im 18-m-Band durch. Sie erhielten keine Antwort. Fraglich, ob man sie auf die weite Distanz gehört hatte.

Wenig später erschien Maat Hilpert auf dem Turm.

»Wir haben da etwas aufgefangen, Herr Kaleu, von einer Marinefunkstelle. Alles in Klartext, aber englisch.«

»Zeigen Sie her!«

Brandenburg übersetzte mit Hilfe seiner Schulkenntnisse.

Marinebefehlshaber Virginia an Küstenschutzdivision Norfolk. Auslaufen NNO und Augusta 28. mit Abendflut.

Brandenburg besprach sich mit seinem I WO.

»Unklar ist nur, was *NNO* und *Augusta* bedeuten. Blättern Sie im Flottenkalender nach.«

Wenig später fand der Wachoffizier etwas. »SS *Augusta*, schwerer Kreuzer, vierzehntausend Tonnen«, meldete er nach oben.

»Und *NNO* dürfte *Navy Number One* bedeuten. Vermutlich der Code für die Staatsjacht Roosevelts.«

»Auf die warten wir ja«, setzte der I WO hinzu.

Zunächst war Brandenburg unsicher. Handelte es sich vielleicht um eine Falle? Hatte man sie entdeckt und versuchte nun, sie anzulocken? – Wieso kam der Befehl unverschlüsselt durch? – Aber warum auch nicht. Die Amerikaner waren neutral und wußten nicht, daß ein deutsches U-Boot ihren Funkverkehr auf 600 m abhörte.

Über die großformatige Seekarte gebeugt, suchte Brandenburg eine Lauschposition, möglichst weit drinnen in der Bay, gut geschützt, möglichst nahe der am meisten benutzten Fahrrinne und nicht allzu tief. Sie fanden eine passende Stelle.

Gegen Morgen kam Dunst auf. Trotzdem wurden sie angeblinkt. Im Abstand von einer Seemeile näherte sich an Backbord ein schnelles Fahrzeug.

»Turbinenantrieb«, meldete der Horcher.

»Also zweifellos fast so gut wie ein Kriegsfahrzeug.«

Es lief jedoch vorbei, ohne den Antwortblink abzuwarten.

»Die halten uns für einen Krabbenfischer.«

Von der Zentrale bat ein Mann, an Deck kommen zu dürfen. Es war der Koch mit zwei Kübeln voll Abfall. Er wollte sie gerade über Bord kippen, als Brandenburg ihn anfuhr: »Sind Sie wahnsinnig, Smut, sind Sie noch zu retten! Wollen Sie, daß Ihre Kartoffelschalen, die Gemüseblätter und Wursthäute uns verraten? Ganz zu schweigen von den Kommißbrotresten. Mann, wir schippern nicht draußen auf dem Atlantik.«

»Wohin damit, Herr Kaleu?« fragte der Kochmaat verdattert.

»Kleinhacken und durchs WC pumpen. Aber erst bei dreißig Meter Tiefe.«

Benommen verschwand der Koch mit seinen Abfalleimern.

»Tauchen!« befahl Brandenburg, weil es zu hell wurde.

Das U-Boot lag auf sechzig Meter Tiefe neben dem Hauptfahrwasser in einem Schlickloch. Die Freiwache schlief. Nur die Grundwache, ein Offizier und der Horcher, hielten sich mit Kaffee frisch. Jedes aufkommende, passierende und ablaufende Fahrzeug wurde registriert und nach dem Maschinengeräusch beurteilt.

Gegen 23.00 Uhr amerikanischer Ostküstenzeit näherte sich Schraubenschlagen. Der überlagerten Frequenz nach zu urteilen, kam es von zwei Schiffen mit Doppelschraubenantrieb.

»Einmal Diesel, einmal Turbine«, schätzte der Horcher.

»Sind Sie sicher?«

»Absolut. Kein Zweifel.«

»Entfernung?«

»Dreißighundert in acht Uhr.«

Das war, vom Boot aus gesehen, in etwa 230 Grad.

Die Schiffe näherten sich der Lauschposition von U-Brandenburg. Der Kommandant wurde gewahrschaut.

»Beide laufen um zwölf bis vierzehn Knoten«, schätzte der erfahrene Horcher.

»Klarmachen zum Auftauchen!« befahl Brandenburg.

Vorsichtig bekam das Boot so viel Auftrieb, daß es sich vom Grund löste. Dann wurde voll angeblasen. Während die zwei Schiffe südöstlich vorbeiliefen, schnitt U-Brandenburg durch.

»Turm kommt frei!« meldete der WO.

»Frage: Diesel?« kam es von achtern.

»Abwarten, noch auf E-Maschine bleiben.«

Brandenburg wußte nicht, wie es oben aussah und ob er die Nase nicht wieder rasch wegstecken mußte. Er nahm Rundblick durch das Sehrohr. Immer noch Nebel. Er kippte die Optik hoch. Kein Stern zu sehen. Doch schien es ihm, als zögen an Steuerbord die Lichter eines Musikdampfers vorbei.

»Sehrohr ein. Auftauchen!«

Die Diesel sprangen an. Die Tauchtanks wurden mit den Dieselabgasen ausgeblasen. Brandenburg drehte das Boot in Richtung Kap Hatteras.

»Brückenwache sich klarmachen!«

Die hellen Lichter des Dampfers gerieten außer Sicht. Dafür tauchten über dem Dunst die Gittermasten eines Kreuzers auf. Brandenburg und der WO blickten sich an.

»Holzauge«, sagte Brandenburg und entschied: »Wir hängen uns dran. Wie die Doofen.«

Die zwei Schiffe – Brandenburg war sicher, daß es sich um die Staatsjacht *NNO* und den Kreuzer *Augusta* handelte – änderten ihren Kurs allmählich weiter auf Süd. Nach drei Stunden hatten sie die freie See erreicht. Immer in der Dreimeilenzone bleibend, umrundeten sie Kap Hatteras.

»Komisch«, bemerkte der Obersteuermann, »laut BDU-Funk sollten sie nach Norden, Richtung Neufundland/Halifax laufen.«

»Wieder so ein mieser Trick.«

»Sie nehmen den Weg nach Florida: Charleston, Jacksonville.«

»Ob sie Barrakudas fischen wollen?«

»Wohl kaum. Der Präsident sitzt im Rollstuhl und kann nicht mal einen Kinderluftballon halten«, lästerte der I WO.

Bald wurde es Tag. Sie tauchten. Das bedeutete, sie mußten den zwei Schiffen unter Wasser folgen. Und das mit zwölf Knoten. Mit Kummermiene erschien der LI in der Zentrale.

»Die Batterien sind halb leer.«

Nervös entgegnete Brandenburg: »Dachte, ein XXI-Boot macht das locker mit.«

»Aber nicht bei zwölf Knoten, Herr Kaleu.«

»Wie lange reicht der Saft noch, LI?«

»Drei Stunden.«

»Auf Schnorcheltiefe gehen!« befahl Brandenburg. »Luftmast ausfahren, selbst wenn uns die Trommelfelle flattern.«

Trotzdem verloren sie die zwei Fahrzeuge in den Nachmittagsstunden. Bei Schnorchelbetrieb konnten sie nur acht Knoten laufen. Um die Schiffe einzuholen, befahl Brandenburg, jede Vorsicht außer acht lassend, noch vor Sonnenuntergang aufzutauchen.

Mit AK-Fahrstufe blieb Brandenburg dem kleinen Geleit auf den Fersen. Vierzig Minuten später gab es Fliegeralarm. Eine Zweimotorige flog an der Küste entlang.

Brandenburg blieb oben, denn es war kein Bomber.

»Die Abendpatrouille vom Dienst«, schätzte der WO.

»Fraglich, ob er uns gesehen hat. Die Amerikaner verfügen in ihren Maschinen noch nicht über Radar.«

Die *Douglas* ging nicht höher und nicht tiefer. Sie behielt ihren Nordkurs bei.

Immer wieder kletterte Brandenburg ins Bootsinnere und stülpte im Horchraum die Hörer auf die Ohren. Das, worauf sie lauschten, ließ jedoch auf sich warten.

Vom Turm erfolgte eine Durchsage: »Fahrzeuge voraus!«

Die See war ruhig. Als Brandenburg auf den Turm gehetzt kam, hing im Westen noch ein schmaler Streifen Licht. Brandenburg ließ das Zeiss-Glas polieren und richtete es küstenwärts. Dicht am Horizont glaubte er etwas zu erkennen, aber die Umrisse zerflossen grau in schwarz.

»Heinrich auf den Turm!« befahl er.

Der Matrosenobergefreite Heinrich galt an Bord als der Mann mit den Falkenaugen. Brandenburg reichte ihm sein Glas und deutete die Richtung an. »Wofür halten Sie das?«

Heinrich hörte auf, sein Abendbrot zu kauen, und kniff die Augen zusammen. Zwischendurch setzte er das Glas ab, nahm dann den Gummischutz des Okulars wieder vor die Nase. Lächelnd und voll Stolz sagte er schließlich: »Das ist ein Gittermast, Herr Kaleu.«

»Zerstörer?«

»Größer, Herr Kaleu.«

Mit dreimal äußerster Kraft begann Brandenburg das Schiff in leichtem Backbordbogen zu überholen. Wie ein Delphin glitt das Boot durch die ruhige See. Etwa drei Meilen vor ihnen kam jetzt wieder der über die Toppen beleuchtete Musikdampfer in Sicht. Sie gingen so nah heran, bis er eindeutig zu identifizieren war.

»Die US-Staatsjacht«, erklärte Brandenburg. »Sie verläßt jetzt die Dreimeilenzone.«

Das bedeutete, daß sie sich in internationale Gewässer begab. Eine hundertprozentige Chance, sie zu versenken. Doch Brandenburg war unsicher.

»Was will sie hier? Baut man uns eine Falle? – Funkspruch an BDU: Staatsjacht und Kreuzer *Augusta* laufen Kurs Süd-Süd-Ost. Bleiben weiter dran.«

Minuten später erschien der erste Funkmaat im Luk und meldete in Klartext: »Die Funkstation von Befehlshaber West in Vannes bestätigt den Empfang.« Seine letzten Worte wurden von einem Schrei übertönt.

»Zerstörer an Backbord! Abstand zwölfhundert. Rammkurs!«

Alles starrte in die angegebene Richtung. Sie erkannten

die schmale Silhouette eines mit Höchstfahrt und weißer Bugwelle heranrasenden Zerstörers.

»Mein Gott!« rief Brandenburg entsetzt. »Alarmtauchen!«

Er wußte nicht, ob es noch Sinn hatte, aber was hatte jetzt noch Sinn. Kampf mit den Fla-Waffen gegen die 12- und 15-cm-Geschütze des Zerstörers? Bis er einen Torpedo aus dem Rohr hatte, das dauerte viel zu lange. Reichten die sechsunddreißig Sekunden, bis das Boot getaucht war, und die Minute, bis es mindestens fünfzig Meter erreichte, zu seiner Rettung?

U-Brandenburg brachte noch eine Seemeile hinter sich. Der Kommandant war der letzte, der im Turmluk verschwand. Er warf noch einen Blick zu den Sternen, als ahne er, daß er sie nie wiedersehen würde.

Drinnen am Handrad hängend, drehte er es bis zum Anschlag. Schon hörte man die Luft aus den Tauchtanks zischen und die Wellen über dem Deck zusammenklatschen. In der nächsten halben Minute geschah noch nichts. Das Boot bekam die übliche Neigung.

»Turm schneidet unter«, las der WO vom Pabenberg ab.

»Fünf Meter ... sieben Meter ...«

Dann das Schraubengeratter des Gegners so nah und deutlich wie selten eines zuvor. Schrecken trat in die bärtigen Gesichter. Plötzlich schwang ein schriller Ton auf, wie wenn Seide zerreißt, gefolgt vom Geräusch einer Baumsäge. Die Ankündigung des Todes lähmte sie.

»Zehn Meter ...«

Dann der fürchterliche Schlag, als sei der Kopf ein Amboß und der Hammer treffe ihn. – Der erste Rammstoß.

Das Boot benahm sich, als versuche es, eine tödliche Umklammerung abzuschütteln. Brandenburg hatte das Gefühl, die Zentrale würde unter seinen Füßen wegsakken. Er suchte nach Halt. Das Licht flackerte und ging aus.

Bloß nicht aufgeben wie der feige Kommodore Langhoff des Schlachtkreuzers Graf Spee vor Montevideo in Uru-

guay, dachte er und rief: »Alle Stationen Schäden melden!«

Aber wozu noch dieser Befehl. Von überallher gurgelte Wasser herein. Erneut ein Keulenschlag. Die gigantische Stahlsäge über ihnen setzte erneut an. Ein polterndes Schrammen folgte. Brandenburg wußte nicht, wie lange es noch dauern würde, bis sie wie die Ratten absoffen.

Taschenlampen blitzten auf. Im Rundschott zur Zentrale stand der LI wie ein Gespenst.

»Im Dieselraum«, keuchte er, »Wasser bis zu den Knien.«

»Tauchretter!« befahl Brandenburg. »Klarmachen zum Aussteigen. Obersteuermann, Frage: Wassertiefe bis zum Grund?«

»Neunhundert Meter, Herr Kaleu.«

»Boot sinkt rasch«, kam es von links. »Keine Ruderwirkung.«

Die Hauptlenzpumpe sprang an.

»Maschine dreimal AK zurück! Tiefenruder beide hart oben! Anblasen!«

Die letzten Kommandos konnten schon nicht mehr ausgeführt werden.

»Licht! Mehr Licht!«

Mit dem Heck voraus sackte das Boot weiter ab und raste in die Tiefe.

Brandenburg musterte seine Männer in der Zentrale. Ihre Lippen waren zusammengepreßt, die Hände um irgend etwas geklammert.

So warteten sie auf das Ende.

Das Boot hatte jetzt fünfunddreißig Grad Neigung. Geschirr fiel auf die eisernen Flurplatten und zerbrach. Gläser und andere Gegenstände folgten. Jeder Befehl, den Brandenburg jetzt noch gab, war sinnlos.

»Aufhören!« schrie einer verzweifelt. »Aufhören!«

Der Zentralemaat stürzte in die schon brusthohe Brühe aus Wasser und Öl und kam nicht mehr hoch. – Doch damit starb er nur wenige Sekunden vor seinen Kameraden. Unaufhaltsam schoß das Boot in die Tiefe.

»Hundertachtzig«, sagte der Mann am Gerät noch an, »zwohundertzehn. Boot sinkt weiter.«

Die Luft wurde zusammengepreßt. Sie konnten nichts tun, rein gar nichts mehr.

Kurz bevor die Nieten platzten, die Spanten barsten, die Wände des Druckkörpers sich bogen und sie vom Wasserdruck zerquetscht wurden, sagte Brandenburg noch: »Zum Teufel, warum muß so was eigentlich immer sonntags passieren!«

Am Morgen wurden an der Sinkstelle des deutschen U-Bootes Ölspuren entdeckt. Die Küstenschutzeinheiten fischten Trümmer von Bootsinnereien heraus. Holzverschläge, Matratzen, Dosenbrot, Obstkisten und auch einige Leichen.

Die amerikanische Regierung war nun endgültig davon überzeugt, daß es richtig gewesen war, dem Rat der Engländer zu folgen.

28

Deutsche Panzerspitzen marschieren auf Moskau. Franco-Spanien stellt die Blaue Division gegen Rußland auf. Die ersten Gewebe aus Perlonseide werden hergestellt.

29. Juli 1941
Das Kurierflugzeug kam in Baumwipfelhöhe über die Wälder und Sümpfe.

Um 14.00 Uhr war der Pilot in Warschau gestartet. Für die 220 Kilometer brauchte der langsame *Fieseler Storch* gut achtzig Minuten. Immer an der Bahnlinie nach Bialystok bleibend, hatte er sich orientiert. Dann war er nach Norden abgebogen, bis endlich das umzäunte Rechteck des Straflagers Dabrowa in Sicht kam.

Zweimal mußte er zur Landung ansetzen, denn auf der Lagerstraße zwischen den Baracken wimmelte es von Menschen und Fahrzeugen. Lastwagen standen herum, zusammen mit Pferdefuhrwerken und Handkarren wurden sie in Eile verladen.

Nachdem der Pilot seine Landeabsicht zu erkennen gegeben hatte, wurde eine Gasse freigeräumt. Dreißig Meter breit und hundertfünfzig Meter lang, reichte sie aus, um mit dem Storch glatt herunterzukommen. Beim dritten Anflug setzte der Pilot den Hochdecker auf. Er schmiß ihn ziemlich hart hin, bremste scharf und brachte ihn nach sechzig Metern zum Stehen.

Der Propeller schwang aus. Der Pilot, in schwarzer Fliegerkombi, flankte aus der Kabine, sprang zu Boden und winkte einen Posten heran.

»Hol mir den Lagerkommandanten! Aber mit Kondensstreifen gefälligst.«

Im Laufschritt eilte der Soldat zur Verwaltungsbaracke.

Wenig später stolzierte ein blitzblanker SS-Obersturmführer herüber. Barsch fuhr er den Piloten an: »Sind Sie verrückt geworden? Das ist Straflager neunundneunzig. Was fällt Ihnen ein, hier zu landen? Das gibt einen Tatbericht. Name, Dienstgrad, Einheit?«

Mit unbewegtem Gesicht öffnete der Pilot den Reißverschluß der schwarzen Kombination. Unter dem Schal kamen die Kragenspiegel eines SS-Standartenführers zum Vorschein. Er stellte sich vor: »Hackmann!«

»Sie sind nicht gemeldet, Herr . . .«, stotterte der feiste Lagerkommandant.

Hackmann stemmte die Fäuste in die Hüften und schaute sich um. »Was geht hier vor? Ergreifen Sie die Flucht oder was?«

»Die Flucht nach vorn«, meldete der Obersturmführer. »Wir verlegen Richtung Baranowitschi.«

»Dort sammeln sich versprengte russische Einheiten zu Partisanenverbänden, hört man.«

»Von den Bäumen herunter schießen sie unsere Leute ab.«

»Ja, die Polizei soll bis zu siebzig Prozent Ausfälle haben«, ergänzte Hackmann sachlich.

»Aber nicht mehr lange. Jetzt sind wir dran«, protzte der offensichtlich angetrunkene Lagerkommandant.

»Sie mit Ihrem Sauhaufen«, bemerkte Hackmann zweifelnd.

»Nur eine Armee von Hoffnungslosen, Herr Standartenführer, aber wir werden die Pripjetsümpfe ausputzen wie einen vermisteten Schweinestall. Darin sind wir geübt.«

Auf dem Weg zur Verwaltungsbaracke sah Hackmann links vom Exerzierplatz einen kastenförmigen Lattenverschlag von etwa zwei Meter Kantenlänge.

»Und was stellt das dar?« erkundigte er sich.

»Unseren Käfig.«

»Halten Sie hier Raubtiere?«

»Alle hier sind Raubtiere«, antwortete der Lagerkommandant. »Ab und zu muß man ein abschreckendes Beispiel liefern, sonst hören die Widerstände nie auf.«

»Was hat der Kerl verbrochen?«

»Tätlicher Angriff auf einen Wachposten. Ich habe ihn zum Tode verurteilt. Das Urteil wurde aufgehoben. Wir brauchen jetzt jeden Mann.«

»Und da lassen Sie ihn so krepieren?«

Hinter dem Lagerkommandanten betrat der hohe SS-Offizier die Schreibstube. Eilfertig bot ihm der Obersturmführer Erfrischungen an.

»Kaffee, Wodka, Zigarre oder einen Imbiß, Herr Standartenführer?«

Hackmann lehnte alles ab, entnahm aber seiner Overalltasche ein Dokument. Es handelte sich um Vollmachten des Generalkommandos Warschau und des Chefs der Geheimpolizei Ostpolen. Sie besagten, daß den Anordnungen Hackmanns sofort und unter allen Bedingungen Folge zu leisten sei.

»Wie lauten Ihre Befehle?« fragte der Lagerkommandant in schleimiger Unterwürfigkeit.

»Sie haben hier die ehemalige Besatzung eines U-Bootes.«

»Ja, diese widerspenstigen U-136-Leute.«

»Die sollen sich in einer Baracke versammeln. Ich muß mir den Haufen vornehmen. Stellen Sie Posten vor die Tür. Keiner kommt heraus und keiner herein.«

»Auch die Offiziere?« fragte der Lagerkommandant. »Die sind besonders schlimme Finger.«

»Ohne die Offiziere«, forderte Hackmann zunächst.

Als die U-Boot-Leute anwesend gemeldet wurden, ging Hackmann hinüber. Dabei überlegte er noch einmal, wie er es anstellen mußte, um sie für sich zu gewinnen. Denn mit Befehlen allein ging hier nichts.

Standartenführer Hackmann, im Range eines Wehrmachtgenerals, verteilte erst Zigaretten, drei Packungen aktive

Juno. Dann begann er seinen Vortrag vor den neununddreißig U-Boot-Leuten. Er sprach etwa eine Viertelstunde auf sie ein.

Kaum war seine Rede beendet, verließ ein Gefangener heimlich die Baracke. Hinter einer Pritsche hob er Bodenbretter an, schlüpfte hindurch und robbte in dem schmalen Spalt zwischen Balken und Erde entlang. Der Spalt war so schmal, daß nur eine fette Ratte oder ein dürrer Gefangener hindurchkam.

An der Längsseite wartete der Exmaat, bis sich die Stiefel eines Postens fortbewegt hatten. Rasch rollte er ins Freie und rannte zur Baracke vier, wo sie Lützow von seinen Leuten isoliert hatten. Lützow sah ihn kommen und öffnete das Fenster. Der Torpedomaat flankte hinein. Schwer atmend berichtete er: »Dieser SS-Arsch versucht es mit allen Mitteln, Herr Kaleu.«

»Was versucht er?«

»Das ist rein psychologische Kriegführung, ist das, Herr Kaleu. Dieser Mensch mimt Jupp Goebbels hoch drei. Noch nie habe ich einen Standartenführer der Gestapo so frommen Quatsch predigen hören. Er redet wie mit Engelszungen.« Der Maat holte mehrmals tief Luft.

»Komm zur Sache«, bat Lützow.

»Also«, setzte der Maat neu an, »er hat uns antreten lassen und vorsichtshalber die Offiziere abgesondert, wie Sie wissen. Dann unterbreitete er uns sein unkeusches Angebot für eine letzte Bewährung, wie er es nannte.«

»Die genießen wir hier schon. Bewährung bis zum baldigen Tod«, äußerte Lützow.

Mit gesenkter Stimme fuhr der Maat fort: »Es handelt sich um einen Einsatz mit unserem alten Boot.«

Lützow war so verblüfft, daß er auf den Hocker sank. »Einsatz welcher Art?«

»Fragen waren nicht erlaubt, Herr Kaleu. Vermutlich ist es eine so heiße Unternehmung, daß sie dafür keine anderen Idioten rankriegten.«

»Oder keine besseren Idioten als uns«, verbesserte Lützow ahnungsvoll.

»Der SS-Arsch behauptet, der Einsatz könne vielleicht tödlich enden, aber hier hätten wir absolut null Überlebenschancen. Wenn wir es schaffen, so verspricht er, kann er eine Menge für uns tun.«

»In Richtung Begnadigung etwa?«

»Wir sollen sogar Orden und Dienstrang zurückkriegen.«

Lützow hatte sich eine selbstgedrehte Zigarette angesteckt, rauchte tief ein und blickte auf. »Und?«

»Er läßt uns eine Stunde Frist zum Nachdenken.«

»Was gibt es da noch zu überlegen. Das ist eure Rettung«, erklärte Lützow.

»Wir stellen eine Bedingung, Herr Kaleu. Wir fahren den Einsatz nur unter unserem bewährten Kommandanten mit LI Behrens und den anderen Offizieren.«

»Schminkt euch das ab«, riet Lützow, »das werden sie nicht akzeptieren. In Gottes Namen, tut bloß alles, was sie verlangen. Wenn ihr erst von hier weg seid, findet sich das Weitere.«

»Herr Kaleu«, erwiderte der Maat jetzt leise, denn von draußen schaute ein Posten herein, »würden Sie notfalls mitmachen?«

»Wohl kaum«, äußerte Lützow. »Für diese Saubande ziehe ich nicht mehr in den Krieg. Und schon gar nicht ohne Behrens.«

»Vielleicht kommt er aus dem Käfig frei. Manchmal muß man auch Glück haben, Herr Kaleu.«

»Glück«, sagte Lützow resignierend, »ist immer nur die Abwesenheit von Unglück.«

»Und jetzt die Offiziere von U 136!« forderte Hackmann, als er hoffte, die Besatzung weichgekocht zu haben.

»Das ist eine elende Bande«, warnte ihn der Lagerkommandant, »von Verrätern, Deserteuren und Drahtziehern für passiven Widerstand. Sie zetteln Aufstände an und hekken Fluchtpläne aus. Angeblich halten sie damit die Moral ihrer Männer hoch.«

»Sie versuchen es auf ihre Weise«, zeigte Hackmann Verständnis. Am Fenster stehend deutete er noch einmal auf den Käfig. Als ahne er etwas, fragte er: »Wie heißt der Kerl da drin?«

»Behrens.« Der Lagerkommandant wußte sogar die Gefangenennummer.

»Die Nummer interessiert mich nicht. Wie lange steckt er schon dort?«

»Dreißig Tage, Herr Standartenführer.«

»Und lebt noch?«

»Dieses Ungeziefer ist zäh und schier unausrottbar.«

»Gehört er zu den U-Boot-Leuten?« wollte Hackmann wissen.

»Er ist einer der Offiziere.«

»Seemann?«

»Der Leitende Ingenieur. Zumindest steht es so in seinen Papieren.«

Hackmann, der bewußt kaum etwas berührte, um nicht von Läusen befallen zu werden, wandte sich wieder um. »Es liegt nun einmal in der Mentalität von Gefangenen, daß sie sich unschuldig verurteilt fühlen. Wo ist dieser Lützow?«

»Sie kennen seinen Namen?« staunte der Lagerkommandant.

»Er war ein Ritterkreuz-As.«

»Und ist mit äußerster Vorsicht zu genießen, Herr Standartenführer.«

»Ich muß ihn plattmachen«, deutete Hackmann an. »Ohne ihn geht nichts. Die Besatzung macht nur unter Führung ihrer alten Offiziere mit.«

»Dann viel Erfolg«, wünschte der Lagerkommandant höhnisch.

Unter der Tür blieb der ranke, einhundertfünfundachtzig Zentimeter lange Hackmann stehen. »Keine Sorge, ich kriege ihn. Sie werden sehen.«

»Lützow ist ein Mann, stur wie ein Block aus Granit.«

»Ich kenne ihn«, erwähnte Hackmann. »Außerdem steckt Lützow in meiner Schuld.«

Auch wenn er nichts davon ahnt, setzte Hackmann in Gedanken hinzu.

29

Deutsche U-Boote erleiden schwerste Verluste im Nordatlantik. Die schnelle Entwicklung der Dezimeterwellentechnik führt zur Radarortung. U-Boote werden auch bei Nacht erkannt.

30. Juli 1941
Der dunkelblaue BMW 326 trug eine Staubschicht. Seit Wochen hatte es nicht geregnet. Die Straßen nach Schlesien hinein waren trocken. Die viertürige Limousine kam aus Berlin.

Bei Guben hatte der Wagen die Lausitzer Neiße überquert, war weiter nach Osten gefahren und dann durch das Tal der Bober nach Süden. Von Wäldern und Hügeln umgeben, lag dort eine kleine Stadt. Früher hatten hier Wasserräder die Hammerwerke von Goldschlägern angetrieben. Jetzt gab es nur noch eine Fabrik. Mit ihren Turbinen holte sie die Energie aus dem Fluß und wandelte sie in elektrischen Strom um.

Als der BMW an der roten Ziegelmauer entlangfuhr, dröhnte durch die offenen Fenster das Stampfen der Tiefziehpressen, das helle Sägen der Metallschneidemaschinen und das Summen der Glühofenlüfter.

Der BMW bog durch das Fabriktor. Der Regierungsrat des Propagandaministeriums wurde bereits vom Direktor erwartet. Der bullige Schlesier fühte den Besucher durch die Werkshallen und erklärte ihm kurz den Produktionsablauf.

»Wir stellen seit hundertfünfzig Jahren Orden her. Aus Blech, Metall, gepreßtem Kohlenstaub und Spritzguß. Wir machen alles, vom Faschingsorden bis zum Pour le mérite, vom Mutterkreuz bis zum Ritterkreuz.«

Er deutete auf eine meterlange Maschine, die Aluminiumscheiben ausspuckte.

»Hier wird die rohe Form aus dem Material gestanzt, und da drüben unter fünfzig Atü geprägt. In der nächsten Halle kommen wir zur Lackiererei und Emaillierererei.«

»Und wozu die Öfen?« fragte der Mann aus Berlin.

»Für die Feuervergoldung von Dolchen, Uniformknöpfen, niederen Orden und so weiter.«

Ein Stockwerk höher lag die Konstruktionsabteilung.

»So ein Orden«, erläuterte der Direktor, »wird nicht einfach ratsch-bumm hergestellt. Dazu braucht man Entwürfe, Konstruktionszeichnungen, Material- und Produktionspläne. Allein vom Verwundetenabzeichen fertigten wir bisher mehrere Millionen Stück. Bei den Kosten zählt da ein Zehntelpfennig.«

Ein älterer Mann im weißen Mantel kam auf sie zu.

»Unser Chefzeichner«, stellte der Direktor vor.

Der Graphiker führte sie in sein Büro und vor ein Zeichenbrett. Dort war schon ein Bogen angeklemmt worden. Er zeigte die zwei neuen Orden, im Größenverhältnis eins zu drei und in Farbe ausgeführt. Stolz präsentierte es der Zeichner: »Das neue Ritterkreuz in Gold mit Lorbeerkranz.«

»Oder auch Großkreuz genannt«, ergänzte ihn der Beamte aus Berlin. »Doch das steht noch nicht fest.«

Jedenfalls hatte der neue Orden das bekannte Aussehen des Eisernen Kreuzes, nur etwas größer und mit Lorbeerkranz. Einmal lief der goldene Kranz außen um die Ecken, einmal etwas innerhalb der Kreuzflügel.

Der Beamte aus Berlin schaute sich die Zeichnungen lange an, dann meinte er: »Das linke sieht aus wie die Felge eines Lastwagens, das rechte erinnert mich an oberbayerischen Grabschmuck.«

Verstohlen wechselte der Zeichner mit dem Direktor Blicke. Daraufhin gestand dieser, sich räuspernd: »Alles geht auf persönliche Entwürfe des Führers zurück. Er hat die Skizzen mit Künstlerhand und Stilgefühl selbst gezeichnet.«

»Dann will ich nichts gesagt haben«, erwiderte der Beamte aus Berlin ironisch. »Bitte löschen Sie meine letzte Bemerkung aus dem Protokoll.«

Sie gingen weiter zur Mustermacherei. Dort stellten sie in Handarbeit die Vormodelle her. Auf beiden Seiten eines Ganges standen Regale. Hinter Glas lagen sämtliche Orden, die von diesem Familienbetrieb je fabriziert worden waren. Auch solche vom Roten Kreuz, vom Winterhilfswerk, von der Partei und den ihr angegliederten Organisationen. Es gab Dutzende Sonderabzeichen, Fliegerspangen, Nahkampfspangen, darunter auch Ausführungen in Edelmetall.

»Das feinste Material bisher ist Silber«, bemerkte der Direktor. »Aber der neue Orden soll in echtem Gold ausgeführt werden. In vierzehn Karat.«

Der Regierungsrat aus Berlin deutete auf ein Eichenlaub mit Brillanten. »Sind die echt?«

»Ganz billige«, gestand der Direktor. »Meist verwenden wir nur Similisteine.«

In der Mustermacherei lagen die zwei einzigen fertigen Ausführungen des größten deutschen Ordens bereit. Beide waren sie auf Hochglanz poliert. Ein Kreuz lag in einem Etui aus rotem, das andere in einem Etui aus blauem Saffianleder.

»Sind die Dinger nicht ein bißchen schwer geworden?« fragte der Beamte den Direktor. »Möchten Sie so was am Halse tragen?«

Der Fabrikant lächelte säuerlich. »Dazu fällt mir ein Spruch meines Gemüsehändlers ein«, gab er zum besten. »Der sagt immer: Wir handeln mit Kartoffeln, essen sie aber nicht. – Und wir, wir stellen Orden her, tragen aber keine.«

Der Beamte aus Berlin fuhr weiter nach Ostpreußen. Im Führerhauptquartier Rastenburg war für den nächsten Morgen die Präsentation vorgesehen.

Die neuen Orden lagen auf einem schlichten Barackentisch. Die Sonne schien herein, die Orden wirkten großartig, fast ein wenig protzig. Auf jeden Fall glitzerten und blitzten sie.

Pünktlich kam Hitler von seinem Wohnbunker herüber, einen Schwarm von Offizieren hinter sich herziehend. Obwohl rheumatisch hinkend, stürmte er herein und betrachtete die Handmodelle. Er reagierte zufrieden, aber auch etwas nervös.

»Großartig!« schnarrte er und akzeptierte sie ohne Änderungswünsche. Allerdings bestellte er nur hundert Stück. Er begründete es mit den Verleihbedingungen.

»Dieses Deutsche Großkreuz in Gold mit Lorbeerkranz wird nur von mir persönlich vergeben« – ein Stenograph notierte jedes der kostbaren Führerworte mit –, »und zwar auf Vorschlag des Reichsmarschalls für besonders hervorragende Verdienste an Volk und Vaterland.«

»Und«, wagte General Keitel den Führer zu unterbrechen, »wenn der Empfänger möglichst schon den Heldentod starb. Er darf nicht alt und feige werden. Wie oft haben wir da schon Enttäuschungen erlebt, mein Führer.«

»Ja, so sei es«, entschied Hitler.

Da das Ganze nur Heldenspielzeug war, verließ Hitler rasch die Präsentation. Er hatte wohl andere Sorgen. Die Mittagslage, der Vortrag der Generalstäbler zur Situation an allen Fronten, stand an.

Der Vormarsch in den riesigen Räumen Rußlands und hohe eigene Verluste bereiteten schon Nachschubprobleme.

30

Die USA beschließen wirtschaftliche Maßnahmen gegen Japan. Die japanischen Guthaben auf amerikanischen Banken werden eingefroren. Die USA bilden ein Armeeoberkommando Ost-Pazifik. Steers (USA) stellt mit 2,11 Metern einen neuen Weltrekord im Hochsprung auf.

30. Juli 1941

Der schwedische Filmstar zeigte bei den Dreharbeiten in der UFA-Stadt Babelsberg ungewöhnliche Nervosität. An diesem Montag bat sie den Regisseur, etwas früher Schluß zu machen. Im Regen fuhr sie in ihre Wohnung. Dort telefonierte sie, bekam aber nicht die gewünschte Verbindung.

Zur Ablenkung nahm sie ein Glas Champagner und lud sich junge Fliegeroffiziere ein. Ritterkreuzträger der Luftwaffe waren ihr Hobby.

An diesem Abend sprach sie dem Champagner besonders zu. Sie plauderte überdreht, flirtete heftig. Man tanzte zu amerikanischen Swingplatten.

Bald wurde ihr heiß. Sie knöpfte die Bluse auf und genoß es, wenn die Gäste verstohlen ihren üppigen Busen bewunderten. Später kam ein kleiner fixer Zivilist hinzu. Er setzte sich an den Bechstein-Flügel, spielte ein paar Schlager an, und die Leander sang dazu. »Bel Ami« war der Gassenhauer des Sommers.

Mit ihrer Altstimme gab sie der ersten Textzeile »Du hast Glück bei den Fraun« einen stark erotischen Touch. Zwei Leutnants standen abseits. Der eine, schon mehrmals zu Gast bei der Leander, hatte seinen Kameraden mitgebracht.

»Wer ist der Knilch am Flügel?« fragte dieser neugierig.

»Peter Kreuder. Komponist.«

»Ihr Liebhaber?«

Der andere verneinte.

»Den würde sie glatt einatmen«, spottete der Leutnant. »Zwar sagt Kreuder, er habe mit allen Frauen von Berlin geschlafen, aber daß er seine Melodien Haydn, Bach und Mozart klaut, das sagt er nicht. Er ist der größte Windmacher der Musikgeschichte. Ich habe ihn noch nie bei einem wahren Wort ertappt.«

Die Leander war mit der ersten Strophe durch und setzte zur zweiten an. Der neue Gast wandte sich wieder an seinen Kameraden. »Um ihren Büstenhalter aufzukriegen, braucht man dazu das Abitur?«

Sein Kamerad verneinte. »Sie trägt keinen. Das siehst du doch.«

»Und wie ist es mit dem Schlüpfer?«

»Trägt sie auch keinen. Nur ein Korsett.«

»Ich bin Jagdflieger«, erwiderte der neue Gast grinsend, »und kein Diplomingenieur für Stahlkonstruktionen.«

»Kennst du den neuesten Leander-Witz? Die Leander kommt von Filmaufnahmen erschöpft nach Hause in ihre Wohnung. Im Schlafzimmer warten zehn Fliegerleutnants. Sagt die Leander: Also Jungs, ich bin heute sehr müde. Zwei von euch müssen gehn.«

»Offenbar wie im wahren Leben. Übrigens, woher weißt du das alles so genau?«

Der andere Leutnant deutete mit der Zigarette auf einen Hauptmann, der an einer Säule lehnte und die schöne Schwedin schier mit den Augen auffraß.

»Vom Staffelkapitän?«

»Ja, von Friedhelm.«

Die Leander hatte den Vortrag beendet. Man bat sie weiterzusingen. Sie aber erklärte, sie müsse erst mal Pipi machen und dann telefonieren. Sie schwebte hinaus.

Hauptmann Friedhelm folgte ihr bis ins Schlafzimmer. Dort empfing sie ihn mit ihrem bekannten Lächeln.

»Jetzt bitte nicht, Friedhelm, Darling.«

Der Hauptmann nickte kurz und verschwand.

Kaum war die Tür zu, hob die Leander das elfenbeinfarbene Telefon ab und wählte. Diesmal bekam sie die gewünschte Verbindung. Sie lehnte sich im Sessel zurück, zog die Beine unter den Po und sagte: »Hier Leander. Wie geht es Ihnen, Willi?«

»Bis auf Kleinigkeiten«, antwortete der Mann am anderen Drahtende, »schlecht.«

»Ich habe Ihnen Lachs mitgebracht.«

Das schien den Mann zu überraschen. Gleich wirkte er aktiver, so als sei »Lachs« ein bestimmtes Signal.

»Danke«, sagte er, »aber Lachs hält sich.«

»Diesmal ist er nicht geräuchert, Willi.«

»Was, bitte, sagten Sie, Zarah? Ihr Telefon ist irgendwie gestört.«

Die Schwedin wiederholte es. »Haben Sie mich jetzt verstanden, Willi?«

»Der Lachs ist also frisch gefangen.«

Natürlich war auch dies nur eine Andeutung, ebenso wie die Erwähnung ihrer Telefonstörung. Der Angerufene schwieg eine Weile, um sich etwas auszudenken. Dann fragte er unerwartet: »Darf ich Sie zu meinem Geburtstag einladen, Zarah?«

»Ich komme gerne, bei Ihnen war es immer sehr lustig.«

»Am Zweiundzwanzigsten«, erwähnte der Mann. »Wenn es regnet, lasse ich Sie mit meinem Horch abholen.«

Nach kurzer Pause reagierte die Diva: »Ich freue mich, Willi. Dann bis bald.«

Sie legte auf, ging hinüber ins Ankleidezimmer und riß Trenchcoat, Schal, Hut und Sonnenbrille aus dem Schrank ...

Der Mann, mit dem Zarah Leander telefoniert hatte, legte ebenfalls auf und trat ans Fenster seiner Grunewald-Villa. Draußen, ein wenig abseits zwischen den Platanen auf der anderen Straßenseite, parkte ein Automobil. Es stand dort tagaus, tagein, immer wenn Canaris zu Hause war. Nur die

Besatzung wechselte. Seit langem wußte der Admiral, daß er überwacht wurde. Aber offiziell tat es die Gestapo erst seit wenigen Wochen.

Canaris sah Schwierigkeiten auf sich zukommen. Man traute ihm nicht mehr. In erster Linie war es sein Intimfeind Heydrich. Gerüchteweise wurde Canaris mit dem Widerstand gegen Hitler in Verbindung gebracht. Man wollte ihn als Chef der Abwehr loswerden.

»Nicht mit mir, Freunde«, murmelte der trickreiche Admiral, »und wenn schon, dann nicht so schnell.«

Sein Privattelefon wurde seit langem abgehört. Das der Leander auch. Deshalb war es schwierig gewesen, sich mit ihr zu verabreden. Canaris hoffte, daß sie ihn richtig verstanden hatte. Zwar kam es vor, daß sie sich in der Öffentlichkeit begegneten, bei Festen, bei Empfängen, bei Premieren, einmal beim Minister, dann bei einem hohen Würdenträger, der irgend etwas feierte. Aber dort stand die Leander stets im Mittelpunkt. Ein längeres Gespräch zwischen ihr und dem Chef der Abwehr wäre aufgefallen. Deshalb hatte er sie zu seinem Geburtstag eingeladen. Allerdings war der am 1. Januar. Doch das war der Leander bekannt. Also mußte sie auch wissen, was das Datum besagte. Nämlich, daß sie ihn ab 22 Uhr erreichen konnte. Der Regen sollte auf den heutigen Abend hindeuten. Zudem fuhr Canaris als Dienstwagen keinen Horch, sondern einen Mercedes. Mit Horch konnte also nur sein Lieblingsspeiselokal, das »Horcher«, gemeint sein. Ihr Telefon hatte auch gar keine Störung gehabt. Es sollte nur eine Warnung sein. Telefonzellen auf der Straße wurden nicht abgehört.

Sie ist eine kluge Frau, dachte der Admiral und überlegte, wie er jetzt so rasch wie möglich zum »Horcher« kam. Seinen Fahrer mit dem Dienstwagen hatte er schon weggeschickt. Taxis gab es jetzt nur noch wenige.

Trotz des Regens verzichtete er auf den Mantel. Er setzte die goldbestickte Admiralsmütze auf und schnallte den Offiziersdolch um. So verließ er das Haus und ging rasch auf den Wagen der Gestapo zu. Kräftig klopfte er ans Fenster. Der Zivilist am Lenkrad kurbelte die Scheibe herunter.

»Ich gehe jetzt essen«, sagte Canaris. »Damit Sie keine Mühe haben, mir zu folgen, schlage ich vor, Sie bringen mich in die Stadt zu ›Horcher‹.«

Überrascht und verdattert reagierte der SS-Mann. »Steigen Sie ein, Herr Admiral.«

Bei »Horcher« nahm Canaris einen späten Imbiß. Dem Oberkellner erklärte er, daß er einen Anruf erwarte. Man möge ihm ein diskretes Zeichen geben.

Es dauerte auch nicht lange, und die Leander ließ ihn ans Telefon bitten.

Gegen Mitternacht trafen sie sich am Rand des Grunewalds am Hohenzollerndamm bei der S-Bahn-Brücke. Die Leander hängte sich bei Canaris ein. Sofort bogen sie in einen von Fliederbüschen gesäumten Weg ab. Der Admiral hielt den Regenschirm hoch über die Diva. So spät herrschte kaum noch Verkehr. Das verdunkelte Berlin wirkte wie ein schwarzes Loch.

»Es war schwierig«, sagte die Schwedin mit ihren rollenden R.

»Verzeihung, daß ich Sie warten ließ, meine Teuerste«, entschuldigte sich der Kavalier alter Schule, »ich mußte erst ein Auto organisieren.«

»Dachte, Sie besäßen gar keinen Führerschein.«

»Dafür kann ich ein Schlachtschiff fahren«, entgegnete der Admiral.

Rasch tauschten sie Informationen aus.

»Im Pazifischen Ozean«, berichtete die Leander, »wächst die Kriegsgefahr. Amerikanische Politiker rechnen mit einem Angriff der Japaner noch in diesem Jahr. Nur wie und wo er erfolgen wird, daran knobeln die Militärs noch herum.«

»Die Japaner fangen immer erst bei den Inseln an«, bemerkte Canaris, »also wird es auf Hawaii passieren.«

»Nun, die Amerikaner richten sich darauf ein. Ebenso auf eine Ausweitung des Krieges in Europa. Erwogen werden bereits Hilfslieferungen für Rußland. Doch darüber verhandeln Roosevelt und Churchill, wenn sie sich in zwei Wochen treffen. Jedenfalls kurbeln die Amerikaner auf gigantische Weise ihre Rüstungsindustrie an.«

Sie waren stehengeblieben. Canaris fragte: »Und woher wissen Sie das alles, Gnädigste?«

»Von unserer bekannten Quelle.«

»Bodo von Zelitsch meinen Sie.«

»Zelitsch hält engen Kontakt zu amerikanischen Diplomatenkreisen in Stockholm. Über Zelitsch wird nun eine ganz große Bitte an Sie herangetragen, Herr Admiral.«

Solche Botschaften, überbracht von einer Filmdiva, machten Canaris immer angst.

»Worum geht es?« fragte er, äußerlich unbewegt.

Sie standen jetzt unter einem Ahornbaum, dessen dichte Krone den Regen abhielt.

»In den USA hat man erkannt«, fuhr die Leander fort, »daß mit herkömmlichen Waffen dieser Krieg nicht zu gewinnen sein wird. Man plant den Bau einer geheimnisvollen Superwaffe.«

»Genannt die Nuklearbombe oder der große Weltzerstörer«, zeigte Canaris sich informiert.

»Und dazu«, ergänzte die Schwedin, »braucht man kurioserweise einen deutschen Wissenschaftler, einen Experten für Kernphysik.«

Der Körper von Canaris versteifte sich. »Von mir aus sollen sie ihn haben. Aber was kann ich dabei tun?«

»Es handelt sich um Professor Siegmund Kant. Man versuchte ihn ausfindig zu machen, auch vom Schwedischen Roten Kreuz aus. Doch Kant ist verschwunden.«

Canaris kannte den Fall. »In einem Konzentrationslager ist man immer ziemlich unauffindbar«, erklärte er zynisch.

»In welchem KZ sitzt er?«

»In Oranienburg, wie ich von meinem Kontaktmann bei

der Gestapo hörte. Kant zeigt sich in keiner Weise kooperativ. Er spielt den beleidigten großen Wissenschaftler. Natürlich zu seinem Schaden.«

»Wie geht es ihm sonst?« wollte die Leander wissen.

Canaris drückte sich vorsichtig aus. »Nun, er lebt noch.«

Sie gingen jetzt langsam weiter. Es hatte zu regnen aufgehört. Nur noch dicke Tropfen fielen von den Blättern. Es duftete stark nach Blüten und Gras.

»Wie könnte man Kant freikriegen?« fragte die Schwedin, ziemlich ahnungslos über die Verhältnisse im Polizeistaat Großdeutschland.

»Niemals«, fürchtete Canaris, »es sei denn . . .«

»Es sei denn was?«

»Es gibt da ein Lied aus einem Ihrer Filme, Gnädigste.«

»Ich weiß, es wird einmal ein Wunder geschehn«, stimmte sie an, »aber Wunder dauern lange. Und so lange wollen die Amerikaner nicht warten. Können wir nichts unternehmen, Admiral?«

»Mein Kontaktmann bei der Gestapo, von dem ich vieles weiß und mit dem ich zusammenarbeite, ist derzeit leider unerreichbar«, bedauerte Canaris, »aber wir werden die Hände nicht in den Schoß legen.«

»Es eilt!« drängte die Schwedin.

»Das wissen wir.«

»Man nennt Sie doch nicht umsonst den Mann mit den tausend Tricks, Admiral.«

»Und Sie bezeichnet man als die schönste Frau, die Schweden je hervorgebracht hat, meine Teuerste.«

»Sie sind ein unverbesserlicher Charmeur, Willi.«

Später setzte Zarah wieder ihre Sonnenbrille auf, damit man sie nicht erkannte, und nahm am Westkreuz die letzte S-Bahn.

31

Deutsche Panzerspitzen müssen, zu weit vor den Nachschublinien stehend, gestoppt werden. Hinter der Front formieren sich russische Partisaneneinheiten. Im Elektronenmikroskop werden zum ersten Mal Viren sichtbar gemacht.

30. Juli 1941
Die Sonne versank hinter den Birkenwäldern. Die Nacht fiel rasch über das Lager Dabrowa herein.

Ein Posten führte den Gefangenen Lützow in einen leeren Barackenraum. Es stank wie überall nach Kohl, Schweiß, Wanzen und Latrine.

Am Fenster stand, nur in Umrissen erkennbar, ein Mann. Er blickte hinaus zum Appellplatz.

»Gefangener Lützow zur Stelle.«

Ohne sich umzudrehen, befahl der Mann am Fenster: »Mach Licht!«

Lützow trat zum Tisch. Dort stand eine der üblichen Petroleumlampen. Strom gab es nur in der Wachbaracke für den Funksender, das Radio, den Kühlschrank und für die Scheinwerfer auf den Wachtürmen. Das Aggregat lieferte kaum fünf Kilowatt, und Benzin war knapp.

Lützow riß ein Streichholz an, hob den Lampenzylinder und brachte den Docht zum Brennen.

Der Mann am Fenster trug, jetzt erkennbar, die Uniform der schwarzen SS und war mindestens Standartenführer. Noch immer zeigte er nicht sein Gesicht.

»Erinnerst du dich an den fünfundzwanzigsten Februar, Lützow?« fragte er nach einer Weile.

Diesen Tag würde Lützow nie vergessen. »Danzig?«

»Der Lokschuppen, der Kohlenberg, der Schnee, das Erschießungskommando«, fuhr der SS-Offizier fort. »Du bist mir einen Dienst schuldig, Lützow.« Langsam drehte der

SS-Mann sich um und forderte: »Also, mach mir keine Schwierigkeiten.«

»Welchen Dienst schulde ich Ihnen?« fragte Lützow.

Der andere versuchte seinem ockerfarbenen Marmorgesicht ein Lächeln zu entlocken. »Mach kein Theater, Toni!«

Er bot Lützow Zigaretten an. Lützow lehnte sie ab, denn plötzlich hatte er den Mann erkannt. Jetzt wußte er, wer er war. Das war Hackmann, sein alter Schulfreund Erich Hackmann.

»Erinnerst du dich?« Hackmann trat näher. »Realgymnasium in Hagen, Westfalen, Oberprima.«

»In Hagen, wo die Damen, wenn es läutet, rasch die Schuhe mit den hohen Absätzen anziehen, bevor sie die Tür öffnen«, spottete Lützow, »es könnte ja der Briefträger sein.«

Hackmann ging auf den ironischen Ton nicht ein. »Beim Abitur habe ich bei dir abgeschrieben, Toni, in Mathematik und Chemie. Ohne dich wäre ich durchgerauscht. Allerdings hätte ich es auch ohne Abitur geschafft. Es steht also immer noch eins zu null für mich.«

»Du warst schon damals ein hohes Tier bei der Hitlerjugend, Hackmann.«

»Und du warst ein Lackschuhstenz und bei den Swing-Boys. Du kamst nie zu HJ-Übungen oder zu einem Heimabend. Ich wußte, wo du dich herumtriebst, nämlich bei Jazzern, bei Weibern, bei Schnaps und Billard. Doch ich habe dich nie angeschwärzt.«

»Du weißt auch, warum«, erwiderte Lützow. Zu spät erkannte er seine Unvorsichtigkeit.

Hackmann warf die Kippe weg und trat die Glut in ein Fußbodenbrett. »Nein, weiß ich nicht«, tat er ahnungslos.

Diesmal war Lützow so schlau, es nicht zu erwähnen. Es gab nichts Dümmeres, als den Stolz eines Emporkömmlings zu verletzen. Lützow hatte mehr für Hackmann getan, als nur ihn abschreiben zu lassen. Damals, im letzten Schuljahr, war es zu Diebstählen gekommen. Oft fehlte den Klassenkameraden Geld. Einmal beobachtete er Hackmann, wie er sich unter dem Vorwand, zur Toilette zu müssen, bei den Kleiderständern zu schaffen machte. Hackmann tastete die Mäntel nach Geldbörsen ab und leerte sie aus. Unsicher, was zu tun sei, ob er Hackmann im Direktorat anzeigen sollte, war Lützow auf ihn zugegangen. »Steck das wieder zurück, Hackmann«, hatte er gesagt, »und tu es nie wieder!« Hackmann hatte den Zwischenfall gewiß vergessen. Solche Peinlichkeiten pflegten Leute wie er zu verdrängen.

»Wir haben damals des Führers ›Mein Kampf‹ gelesen«, erinnerte Hackmann, »und du Tom Shark, König der Detektive.«

»Und Jack London«, fügte Lützow hinzu.

»Ja, und Vandervelde, dieses Judenschwein.«

»›Mein Kampf‹ hebe ich mir auf. Bis nach meinem Tode.«

Schon damals war Hackmann ein glühender Nazi gewesen. Genau das hatte Lützow davon abgehalten, auch einer zu werden. – Nun nahm er doch eine von Hackmanns Zigaretten.

»Einverstanden«, sagte Lützow diplomatisch, »ich stehe unendlich in deiner Schuld. Culpa hoch drei. Wegen Danzig, wegen Hagen in Westfalen und weil du mich davon abbrachtest, ein Hitleranhänger zu werden. Gute Beispiele verderben schlechte Sitten.«

»Spar dir den Sarkasmus«, äußerte Hackmann. »Jetzt geht es schlicht um deinen Hals. Aber ich kann ihn retten.«

»Und wenn ich mir gar nichts daraus machen sollte?« erwiderte Lützow trotzig.

Hackmann lachte tief im Hals. »Der feine Toni Lützow war immer etwas Besseres. Wir bauten Deutschland auf, und er hörte Jazz. So einer läßt sich nicht von den Wanzen auffressen.«

»Damals haben wir Dixie, Blues und Swing nur nachgespielt, um immun zu sein gegen Hitlers kernige Sprüche«, entgegnete Lützow.

»Und heute, wo er sich in diesem Todeslager befindet, um

zu krepieren, kann Toni Lützow seine Arroganz noch immer nicht lassen«, staunte Hackmann. »Toni Lützow, der immer den leichtesten Weg ging.«

»Was weißt du schon.«

»Alles«, sagte Hackmann. Er ging zur Tür, riß sie auf und schrie nach dem Posten.

Wieder in der Baracke, machte Hackmann im selben Ton weiter.

»Der feine Toni Lützow hatte nach dem Abitur nichts Eiligeres zu tun, als sich aus Deutschland wegzustehlen. Dafür bot sich die Handelsmarine an. Fahrenszeit als Matrose, dann Seefahrtsschule, Patent A-5, später A-6, Steuermann und Kapitän für Große Fahrt. Angeheuert hast du immer nur bei britischen oder amerikanischen Reedereien. Als Zweiter Offizier auf dem Bananendampfer *Queen Star* hast du alle Häfen nördlich und südlich des Äquators kennengelernt. Westindien, Panama, Ostasien, Australien.«

»Afrika, Indien und Arabien nicht zu vergessen«, ergänzte Lützow. »Rio und Buenos Aires. Es waren auch Kap Hoorn dabei, das Rote Meer und Suez.«

»Eines Tages«, erwähnte Hackmann nicht ohne Schadenfreude, »es muß im Jahr 1938 gewesen sein, lief dein Frachter Bremerhaven an. Sie holten dich von Bord. Du wurdest zur Kriegsmarine eingezogen. Aber der smarte Toni Lützow hatte wie immer Glück. Einen seebefahrenen Mann mit Kapitänspatent beförderten sie rasch zum Leutnant. Weil er gar soviel über ferne Meere wußte und weil er überaus clever war, kommandierten sie ihn zu jener Waffe ab, die gerade mit Hochdruck aufgebaut wurde – zu den U-Booten.«

»Die SS war ebenfalls im Aufbau«, erwiderte Lützow. »Ich brachte es nur bis zum Kapitänleutnant. Standartenführer hingegen ist soviel wie General.«

Hackmann reagierte nicht darauf. Darüber wunderte Lützow sich. Aber noch mehr kam hinzu. Was hatte Hackmann, sein Intimfeind, an ihm gefressen? Es gab kaum zwei Männer mit unteschiedlicheren Anlagen, Charakter und Interessen.

»Und auch noch das Ritterkreuz«, höhnte Hackmann. »Tapfer, tapfer, unser Toni Lützow.«

Es wurde geklopft. Der Posten brachte auf einem Tablett zwei Tassen, eine Kanne, aus der es nach Kaffee duftete, und eine Flasche Wodka. Sie war eisverkrustet.

»Den Kaffee mit Zucker?« fragte Hackmann.

»Und mit einem doppelten Klaren«, bat Lützow.

Wenn man lange genug hinsah, dann machte der sportliche Hackmann den Eindruck eines Kranken. Seine Haut schimmerte fleckig, die Augen waren dunkel umschattet.

Vom Kaffee eher beruhigt, sprach Hackmann langsam weiter. Dabei blickte er Lützow nicht an, sondern redete gegen die Wand. »Ich hatte dich aus den Augen verloren. Später wurde ich wieder auf dich aufmerksam. Erst dein Ruhm als Held des Vaterlandes, dann plötzlich Stille. Wie paßte das zusammen? Über meinen Schreibtisch liefen Meldungen, Papiere, Informationen. Ereignisse, die wir beide kennen, traten ein: in Frankreich, in Ostpreußen, in Danzig, und jetzt hier. Ereignisse, auf Grund deren . . .«

»Um was geht es, Erich?« wollte Lützow ihm helfen, daß er endlich zur Sache kam.

Bald kippte Hackmann nur noch Wodka in die Tasse und äußerte in einem Schwall von Worten: »Wir brauchen nicht den Tapfersten, nicht den Obernazi, nicht den Hitlerjungen Quex der U-Boote, sondern den schlauesten, den erfahrensten, den gerissensten aller U-Boot-Kommandanten.«

»Nehmt doch Brandenburg«, riet Lützow. »Er erfüllt rundherum sämtliche Bedingungen.«

Hackmann machte eine Geste des Bedauerns. »U-Brandenburg ist vor der amerikanischen Ostküste abgesoffen.«

Lützow war zu keinerlei Mitleid fähig. Er hob nur die Schultern. »Schicksal. Um was also geht es?«

Hackmann formulierte wie stets ein wenig übertrieben: »Es geht um den kompliziertesten Einsatz, den es je für ein Unterseeboot gab.« Er suchte nach einem weiteren passenden Vergleich. »Dieser Einsatz wird, wie man mir gegenüber andeutete, den Verlauf des Krieges entscheidend ändern und eine völlig neue strategische und politische Situation herbeiführen. Falls er gelingt. – Und dafür bist du mein Garant, Toni.«

»Schon immer«, erwiderte Lützow, »hast du große Worte gelassen ausgesprochen. Ich brauche Einzelheiten.«

Die konnte ihm Hackmann nicht liefern. »Nicht einmal mir hat man sie anvertraut. Alle Details erhältst du per Gedakdos-Order auf See.«

»Also: Kauf die Katze im Sack.«

»Nicht die Katze, sondern dein Leben«, entgegnete Hackmann, »ist drinnen in dem Sack. Los, schnür ihn auf.«

Lützow war noch nicht soweit, er fühlte aber, daß ihn Hackmann allmählich kriegen würde. Und Hackmann wählte jetzt die richtigen Formulierungen.

»Fünfzig Prozent Überlebenschance. Irgendwo da draußen in der eisigen See bei Neufundland kannst du mit deinen Männern vor die Hunde gehn ... oder auch davonkommen.«

In Lützow brach eine Menge zusammen. Seine Wut, sein Stolz, sein Schwur, nie mehr für diese Hitlerbande eine Hand zu rühren, auch wenn sie ihn deswegen umbrachten, wurden zum Trümmerhaufen. Denn er dachte an seine Männer, an LI Behrens und auch an Ditta, seine geliebte Ditta. Nach minutenlangem Schweigen sagte er: »Eine Bedingung!«

»Keine!« schnitt ihm Hackmann das Wort ab.

»Ohne das mache ich nicht mit. Keiner macht dann mit.« Hackmann ahnte, um was es ging, und sprach es aus.

»Den LI Behrens meinst du.«

»Laßt ihn frei.«

Hackmann winkte Lützow. Sie traten vor die Baracke.

Hackmann deutete zu dem Käfig am Exerzierplatz. Er war leer.

»Hältst du mich für einen so sturen Idioten, Toni?«

Betroffen stand Lützow da. Hackmann reichte ihm die Hand. »Abgemacht?«

Zögernd schlug Lützow ein.

»Danke, Toni«, sagte der Standartenführer weniger im Ton des Siegers, als resignierend.

»Haltet euch bereit«, war das letzte, was Lützow je von ihm hörte.

Wenig später startete Hackmann mit dem *Storch* aus der Lagerstraße heraus zu seinem nächtlichen Rückflug.

32

Trotz planmäßigen Vormarschs deutscher Einheiten im Osten verteidigen sich die russischen Truppen heftiger als vom Geheimdienst vorhergesagt.

1. August 1941
Ein 5000-PS-Hochseeschlepper der Marine dampfte, von Stavanger kommend, den Lysefjord hinauf. An Haken und Trosse zog er ein undefinierbares Etwas von Schiff hinter sich her.

Was davon aus dem blaugrünen Fjordwasser ragte, war etwa sechzig Meter lang, geformt wie eine riesige Zigarre oder wie der Rücken eines toten Wals. Etwa aus der Mitte erhob sich ein turmartiges Gebilde, von dem noch einige Röhren emporragten. Das geschleppte Fahrzeug hatte eigentlich gar keine Farbe. Es war rostbraun mit gelben und grauen Flecken. Weder am Bug noch anderswo trug es taktische Kennzeichen, sei es ein Name oder eine Nummer.

In stundenlanger Fahrt brachte der Schlepper die zwanzig Seemeilen des schlauchartigen, von steilen Bergen umsäumten Fjords hinter sich.

Am Nachmittag verkürzte die Schleppermannschaft die Trosse und machte am Kai des Marinestützpunktes Lysebotn fest.

Dieser versteckte Ort war vom Oberkommando deshalb ausgewählt worden, weil ihn britische Aufklärer und Bomber so gut wie nie entdeckten. In Lysebotn befand sich eine Reparaturwerft mit Dock. Hier wurden kleinere Schäden an Kampfbooten behoben. Außerdem konnten sie neu ausgerüstet werden. Dafür gab es genug Tankkapazität für Treiböl sowie Torpedo- und Proviantdepots.

Nachdem der Schlepper und der Havarist festgemacht

waren, begab sich der Kapitän zum Stützpunktkommandeur. Dieser, ein Korvettenkapitän, hatte vom Bürofenster aus das Anlegemanöver beobachtet und wartete schon ungeduldig auf die Übergabepapiere. »Sie wurden uns über Funk avisiert.« Er kam dem Mann im speckigen Kulani entgegen. »Wir haben schon vor zwei Tagen mit Ihnen gerechnet.«

»Schwere See im Skagerrak«, erklärte der Schlepperkapitän. »Ab Christiansand sollten wir nur noch nachts schleppen.«

»Wissen Sie überhaupt, was Sie da an der Trosse haben?« fragte der Stützpunktkommandeur.

»Vielleicht ein U-Boot«, spottete der Schlepperkapitän absolut unmilitärisch. »Wenn man scharf hinsieht, ist am Turm etwas zu erkennen. U 136 oder so.«

»Wo haben Sie das Schleppgut übernommen?«

»An der Nord-Ostsee-Kanalschleuse in Holtenau. Dort packten wir den Schrott auf den Haken und dampften erst mal durch die Kieler Förde und den Kleinen Belt ins Kattegatt. Von da ab nahmen wir direkt Kurs Norwegen. Tschä, nu sin wer hier.«

Der Stützpunktkommandeur mit den drei goldenen Ärmelstreifen auf dem marineblauen Jackett war wieder ans Fenster getreten. Lange schaute er sich das verrottete Monster an.

»Haben Sie sich je Gedanken gemacht, wo das Ding herkommt, warum und weshalb Sie es über den weiten Weg zu ziehen hatten?«

»Wissen Sie, Herr Kapitän«, antwortete daraufhin der Schlepperführer, »so was gewöhnt man sich in meinem Beruf ab. Wir nehmen alles auf den Haken, was gerade mal eben noch schwimmt und was man uns dranhängt. Egal, ob es ein auf Grund gelaufener Frachter ist, ein leckgeschlagener M-Bock oder ein U-Boot. Das kostet mich keine schlaflosen Nächte.«

Der Stützpunktkommandeur nahm sein Fernglas, betrachtete fachmännisch das U-Boot und stellte das Glas zurück auf das Fensterbrett.

»Sieht aus, als sei es völlig intakt, bis auf die Farbgebung.«

»Darüber wird Ihnen Werftmeister Hildebrand mehr sagen können«, erklärte der Mann vom Schlepper. »Hildebrand pennt noch an Bord in seiner Koje. Er ist total fertig, ganz schlapp und grün. Er wurde mächtig seekrank bei dem Sturm. Das ist nun mal der Unterschied. Die Werftleute können ein Schiff in Ordnung bringen, und unsereiner fährt damit zur See. Das sind zweierlei Sachen.«

»Er soll sich bei mir melden«, bat der Stützpunktkommandeur, »sobald er wieder auf den Beinen steht.«

Noch am Abend meldete sich Werkmeister Hildebrand mit einem Segeltuchbeutel voller Pläne und Dokumente. Der Stützpunktkommandeur, ein gemütlicher Reserveoffizier, im Zivilberuf Rechtsanwalt, lehnte sich in seinem Sessel zurück.

»Na, was gibt's denn zu erzählen, Meister?« fragte er jovial.

Hildebrand hatte sich rasiert, sein Äußeres in Ordnung gebracht und ein frisches Hemd angezogen. Zögernd berichtete er.

»Drei Monate haben wir an U 136 gearbeitet und es noch einmal zusammengeflickt. Es sah so böse aus, daß man schon daran dachte, es zu verschrotten. Nun, wir bekamen es wieder hin. Aber viel taugt es wohl immer noch nicht. Es ist mehr ein Selbstmord- als ein Mordinstrument.«

»Was wurde daran gemacht?« wollte der Fregattenkapitän wissen.

»Neuer Diesel, neue Magnetmutter, neue Hauptlenzpumpe, neuer Ju-Verdichter, neue Backbordschraube, neues Sehrohr«, zählte der erfahrene Krupp-Germania-Mann auf. »Natürlich nicht alles neu. Die meisten Ersatzteile stammen von anderen Totalschäden. Viel ist also nicht los damit. Aber für einen Einsatz wird die Farbe sie schon noch zusammenhalten. Die Tauch- und Druckerprobung haben wir im Keroman-Bunker in Lorient durchgeführt.«

Der Stützpunktkommandeur überflog die Reparaturlisten, die Pläne und die Prüfberichte. Die schmale Lesebrille abnehmend, blickte er auf. »Sie haben das Boot nur begleitet, Hildebrand.«

»Nur?« wandte der Werkmeister ein. »Das war eine mühsame, drei Wochen lange Pilgerfahrt. Erst von Lorient im Küstenschlepp bis St-Nazaire an der Loiremündung. Die Loire rauf bis hinter Orleans. Über den Loire-Seine-Kanal bis zur Marne. Die Marne längs und durch den Marne-Rhein-Kanal bis Straßburg. Von da den Rhein runter zum Dortmund-Ems-Kanal und rüber zum Ems-Jade-Kanal. Küstenschlepp bis Cuxhaven, rein in den Ostseekanal und danach diese fürchterliche Sturmfahrt im Skagerrak.«

»Davon hat mir der Schlepperführer erzählt«, sagte der Korvettenkapitän, »aber wozu das alles wegen eines offenbar zusammengenagelten U-Bootes ohne Anstrich?«

Der Meister konnte nur Vermutungen anstellen. »Irgend etwas hat man mit dem Kahn noch vor«, meinte er. »In Lorient sollte es wohl so aussehen, als würde er zum Abwrakken verholt. In Lorient sitzen überall Spione und funken jedes Paddelboot, das dort rausgeht, nach London.«

»Und dann die Reise durch halb Frankreich«, bemerkte der Korvettenkapitän verwundert. »Warum?«

»Technisch gesehen, war das kein Problem. In Frankreich gibt es sechstausend Kilometer Kanäle«, erläuterte Hildebrand, »da können Sie locker von Osten nach Westen oder von Belgien bis an die Riviera schippern. Nur in den Schleusen hatten wir Schwierigkeiten.«

»Ein U-Boot ist nicht größer als ein Fünfhundert-Tonnen-Kohlenkahn«, wandte der Korvettenkapitän ein.

»Wir haben ein Notruder eingebaut. Man konnte es von Deck aus bedienen. Leider ging es bei der Sturmfahrt verloren.«

Der Stützpunktkommandeur von Lysebotn hatte noch eine letzte Frage: »Und was zum Teufel soll ich hier mit dem Zossen? Ihn etwa anpönen lassen?«

Der Meister sagte: »Er kriegt noch AOF.«

»Und was, bitte, ist AOF?«

»Keine Ahnung«, gestand der Werkmeister, »wohl so eine geheime Neuentwicklung.«

»Und dann?«

»Ich hörte was von einsatzmäßiger Ausrüstung. Vielleicht gibt es einen verrückten Kommandanten, der noch eine Kampferprobung damit fährt.«

»Der möchte ich verdammt nicht sein«, äußerte der Stützpunktkommandeur des Fjordhafens.

»Ich auch nicht«, gestand Meister Hildebrand.

Bei Dunkelheit wurde U 136 in das Dock verholt. Sie paßte knapp hinein. Am Morgen stand ein Lastwagen, beladen mit Eisenfässern, an der Werftpier. Auf den Fässern stand: AOF – Vorsicht Gift. Und darunter ein Totenkopf. Die Drums wurden ins Dock gerollt, wo man ihren Inhalt, eine zementgraue gummiartige Masse, entleerte. Der Lkw-Begleiter, ein Zivilist, kannte sich offensichtlich mit AOF aus.

»Das Zeug muß sofort aufgetragen werden«, drängte er die vorwiegend aus Norwegern bestehende Pön-Mannschaft. »Vorher Gasmasken aufsetzen, das Lösungsmittel ist ätzend.«

Ohne den Rumpf von U 136 vorher zu entrosten, wurde die graue gummiartige Masse mit harten Bürsten draufgeschmiert. Dort, wo AOF zu klumpen begann, wurden spatenbreite Spachtel zu Hilfe genommen. Binnen sechsunddreißig Stunden hatten sie das ganze Boot damit beschichtet. Am Ende wurden mit einem Gartenrechen noch Rillen in die Schicht gezogen, bis sie aussah wie ein frischgeharkter Kiesweg. Als sie am Heck anlangten, war die graue Schmiere vorne am Bug und am Turm längst getrocknet.

Sie fühlte sich an wie weiche Schlangenhaut und sah auch so aus.

Während der Arbeit erkrankten zwei der Hilfskräfte. Sie kamen mit Kreislaufzusammenbruch ins Krankenhaus. Dort erhielten sie eine Sonderration Milch.

Der Experte des Farbherstellers, eines deutschen Chemiekonzerns in Leverkusen, meldete die Aktion als beendet.

»Was bedeutet eigentlich AOF?« fragte der Standortkommandeur.

»Eine Abkürzung.«

»Nun, die Hälfte der Marinesprache besteht aus Kürzeln.«

»Es heißt soviel wie Anti-Ortungs-Farbe, Herr Fregattenkapitän.«

»Und woraus besteht sie?«

»Es ist ein Gemisch aus Buna, also Kunstgummi, Zement, Glasfasern und Klebstoff.«

Der Korvettenkapitän hatte seine Zweifel. »Und das soll gegen die britischen Dezimeterwellen wirken?«

»Gummi reflektiert elektronische Ortungsstrahlen nur unzureichend.«

»Wird das Zeug von der See nicht abgewaschen oder abgerissen?«

»Schon möglich«, räumte der Chemiker ein, »aber was versucht man nicht alles.«

Laut Fernschreiben des Marinekommandos Oslo wurde U 136 seeklar ausgerüstet. Es bekam Proviant, Munition, Frischwasser, Treibstoff und die neuen T-5-Lut-Torpedos, die der Stützpunktkommandeur wie seinen Augapfel hütete.

Noch immer war kein einziger Mann der Besatzung von U 136 an Bord oder auch nur in Sicht.

Wie ein Geisterboot lag sie an der Pier. Im Stützpunkt Lysebotn lief schon das Gerücht von einer »Fliegender-Holländer-Operation« um.

33

Im Raum Uman wird eine russische Armee vernichtet. James Joyce, der Autor von Ulysses, des längsten Romans aller Zeiten, stirbt.

3. August 1941
Admiral Canaris schätzte es nicht, Zivil zu tragen. Trotzdem zog er heute seinen Smoking an.

Eigentlich machte er sich auch nichts aus Opern, trotzdem fuhr er zu der um 19 Uhr beginnenden Neuinszenierung. Wenn überhaupt Opern, dann mochte er italienische. Verdi akzeptierte er noch. Seine Lieblingsoper aber war Carmen. Wen er nicht ausstehen konnte, war Richard Wagner und dessen geschwollenes Helden-Götter-Walhall- Getue. Um nicht als Antigermane zu gelten, verschwieg er das klugerweise, doch das half ihm wenig. Heute waren die »Meistersinger« dran.

Sein Platz im ersten Rang, vordere Sitzreihe, lag nur wenige Meter von der Führerloge entfernt. Gewöhnlich begann die Vorstellung erst, wenn Hitler eingetroffen war. Heute blieb seine Loge leer. Pünktlich um 19 Uhr – die langen Wagneropern begannen früher – versickerte langsam das Licht der Kronleuchter. Vorhang auf. Das Innere der Katharinenkirche. – Sofort stellte sich bei Canaris Schlafbedürfnis ein. Trotz der blondgezopften Eva, trotz Sachs, Stolzing, Pogner und all den anderen, die aus voller Brust Töne von sich gaben. Ab und zu machten ihn Paukenwirbel und Posaunenstöße wieder wach.

Bis vor drei Tagen hatte Oper nicht auf seinem Terminkalender gestanden. Dann war ihm durch Boten diese Einladung überbracht worden. Auf der Rückseite stand eine Uhrzeit und die Worte: Herrentoilette.

Canaris glaubte zu wissen, wer ihn sprechen wollte. Nämlich ein Mann, der den direkten Kontakt aus Tarnungsgründen vermied.

Endlich war der erste Akt vorbei. Dreißig Minuten Pause. Canaris traf Bekannte und trank ein Glas Sekt. Beim Bühnenbild des zweiten Aktes wurde applaudiert. Es zeigte ein mittelalterliches Eckhaus mit Sachsens Schusterwerkstatt und eine Gasse, die weiter zu einem Platz führte. Magdalena trat auf, Pogner mit Eva. Hans Sachs hämmerte singend auf Schuhsohlen herum, während Canaris immer öfter auf die Uhr schaute.

Die Aktmitte lag etwa bei 21.45 Uhr. Eine Minute vorher erhob sich Canaris und ging hinaus. Das Foyer im ersten Rang war leer. Logendiener standen in einer Gruppe herum, rauchten und redeten leise miteinander.

Canaris überlegte, welche Toilette gemeint sein mochte, die linke oder die rechte. Gefühlsmäßig nahm er die linke. Sie lag am Ende des halbrunden Foyers, dessen tiefe Teppiche jedes Schrittgeräusch schluckten. Musik und Gesang waren nur noch gedämpft zu hören.

In der weißgefliesten Herrentoilette stank es nach Desinfektionsmittel. Durch einen Vorraum mit Spiegel und Waschbecken sah man rechts die Klokabinen, gegenüber die Pissoirs. Dazwischen, an der Außenwand, war das Fenster. Ein Mann im Frack lehnte rauchend daran. Der Frack stand ihm mindetens so gut wie die Uniform eines SS-Standartenführers. Schließlich kamen beide von einem der besten Schneider Berlins.

»Sie haben sich das ja fein ausgerechnet, Hackmann«, sagte der Admiral.

»Und Sie sind pünktlich wie immer.«

»Bei der Flotte lernt man so was«, bemerkte Canaris. »Gesund zurück aus Polen?«

»Seit gestern.«

»Alles glatt verlaufen?«

»Ich hoffe.« Hackmann warf die halbgerauchte Zigarette ins Pißbecken.

Sie standen jetzt nahe zusammen und flüsterten trotzdem. Canaris deutete auf die Klokabinette.

»Leer?«

»Sogar versperrt«, sagte Hackmann, »wegen Reparaturarbeiten.«

Sie sprachen schnell und leise. Dabei fielen Namen wie Zelitsch, Lützow, Leander und Kant.

»Kant sitzt in Oranienburg«, erwähnte Hackmann.

»Wie kriegt man ihn da raus?«

Hackmann steckte sich die nächste Zigarette an. »Ich sorge dafür, daß Kant in ein anderes Lager gebracht wird. Anlaß dazu, ihn nach Dachau zu verlegen, liefert er täglich. Dort herrscht ein schärferer Umgangston. Gegen Dachau ist Oranienburg ein Sanatorium.«

»Weiß Kant schon etwas?«

»Nur andeutungsweise. Wir ließen ihm eine Nachricht zugehen. Ob sie ihn erreichte und ob er sie verstand, ist ungewiß.«

»Die Zeit drängt«, erwähnte Canaris. »Wann ist es soweit?«

»Spätestens übermorgen«, versprach Hackmann. »Noch etwas, Canaris, was wissen Sie über ›Manhattan‹, das ›Projekt Manhattan‹?«

Ehe Canaris antworten konnte, vernahmen sie draußen ein Husten. Vermutlich war es einer der Logenschließer. Da man sie nicht zusammen sehen sollte, wollte Hackmann verschwinden. Die Türen der zwei Kabinette waren aber zu. Entschlossen öffnete Hackmann das Fenster, turnte hinaus und war nicht mehr zu sehen.

Der Logenschließer kam herein, verrichtete seine Notdurft und wandte sich an Canaris, der noch seine Hände wusch. »Immer Ärger mit den Fenstern«, schimpfte er. »Sie sind geschlossen zu halten. Zumindest während der Vorstellung. Strenge Anordnung vom Sicherheitsdienst.«

Er verriegelte das Fenster und wartete, bis Canaris mit dem Händewaschen fertig war und hinausging.

In der Berliner Staatsoper hob sich der Vorhang zum dritten Akt der »Meistersinger«. Später verwandelte sich die Szene zur Bürgerwiese an der Pegnitz. Um das Johannisfest zu feiern, traten die Zünfte auf. Mädchen mischten sich unter sie. Die Meistersinger zogen ein.

Noch einmal verließ Canaris die Loge und eilte zur Herrentoilette. Auch diesmal war sie leer. Rasch entriegelte er das Fenster, öffnete es und schaute hinaus. Hackmann stand noch auf dem halbmeterschmalen Sims, an die Hauswand gepreßt. Tief unter ihm lag der gepflasterte Theaterhof.

Canaris reichte ihm die Hand und half ihm herein.

»Allmählich verlor ich das Gefühl für Balance«, gestand der SS-Standartenführer. »Es wurde höchste Zeit.«

»Ob der Logenschließer ein Spitzel ist?« mutmaßte Canaris.

»Das müßte ich wissen. Es ging ja noch mal gut. Meine letzte Frage übrigens ...« Hackmann richtete den Frack und die weiße Fliege. Dem zähen sportlichen Burschen war kaum anzumerken, daß er eine geschlagene Stunde, ohne zu wissen, wie er hereinkommen würde, da draußen gestanden hatte, »... was bedeutet Manhattan?«

Canaris mußte lächeln. »Und wenn ich nicht mehr gekommen wäre?«

»Dann hätte ich wohl das Fenster eingeschlagen.«

»Also betreffs ›Manhattan‹«, kam der Abwehrchef zur Sache. »›Manhattan‹ ist der Deckname für ein amerikanisches Waffenprojekt. Irgend etwas Hochgeheimes auf physikalischer Basis.«

»Auf Basis Sprengstoffphysik?«

»So kann man es nennen, aber mit Dynamit, mit TNT oder dem neuen britischen Knetgummisprengstoff hat es nichts zu tun. Offenbar geht es um Atome.«

»Ich hörte davon, aber keiner weiß Bescheid. Danke, Canaris. Ich marschiere jetzt als erster raus. Lassen Sie sich Zeit. Wenn man uns zusammen sieht, wäre das wohl ein

Verdachtsmoment, einen gewissen Sinneswandel betreffend.«

»Nicht bei mir«, schränkte Canaris ein und stellte jene Frage, die ihn von dem Tag an, als er Kontakt mit Hackmann bekommen hatte, beschäftigte. »Warum tun Sie das, Hackmann? Sie als SS-General, ein Mann mit glänzender Zukunft im Dritten Reich.«

»Private Gründe«, tat es Hackmann rasch ab.

»Frauen?«

»Welche Frau wäre das wert.« Hackmann wollte gehen, verhielt aber noch einmal den Schritt, denn Canaris hatte nicht lockergelassen.

»Also keine Frau, sondern?«

Hackmann blickte ihn aus seinen merkwürdig umschatteten, aber durchdringenden Augen an und erklärte überraschend: »Wir sind nicht gerade Freunde, Canaris, nur Verbündete. Da Sie schweigen können, sollen Sie es erfahren. Es ist wegen Gauleiter Frank. Er hat mir ein wunderschönes Landgut im Sauerland – dort, wo ich herkomme – vor der Nase weggeschnappt. Es gehörte einem emigrierten jüdischen Teppichfabrikanten aus Düsseldorf. Natürlich wollte ich es billig kriegen. Aber Himmler verhalf dem Scheiß-Gauleiter dazu und leider nicht mir. Bei materiellen Einbußen wird ein Hackmann stets furchtbar böse. Außerdem bin ich ein Rückversicherer. Wer weiß schon, wofür es eines Tages gut sein wird, was wir beide da auskungeln.«

»Möglicherweise ist es gut für den Henkerstrick«, urteilte Canaris.

»Dann würden auch Sie mit hängen«, erwiderte Hackmann. »Noch angenehmen Genuß bei den ›Meistersingern‹. Guten Abend, Admiral.«

»Und Ihnen viel Glück morgen.«

»Glück habe ich nie«, antwortete der Standartenführer schon unter der Tür, »und ich brauche es auch nicht. Ich will nur Erfolg haben. Erfolg ist kluge Planung plus harte Arbeit.« Damit verschwand er.

Canaris wusch sich noch einmal die Hände. Nicht weil es notwendig war, sondern weil er das Bedürfnis hatte.

IV. TEIL

Der zweite Versuch

34

Britische und russische Truppen marschieren im Iran ein. Henry Moore zeichnet schlafende Menschen in Londoner U-Bahnschächten bei Fliegerangriff.

3. August 1941

Eine Ju-52-Transportmaschine brachte die Restbesatzung des U-Lützow von Bialystok nach Westen. Mit ihren Lagerklamotten hockten die Männer im leergeräumten Rumpf der Dreimotorigen. Es gab weder Sitze noch Fallschirme oder Gurte. Von Verpflegung nicht zu reden.

Die behäbige »Tante Ju« flog vier Stunden, bis die Tanks nahezu leer waren. Lützow schätzte, daß sie gut und gern siebenhundert Kilometer hinter sich gebracht hatten. Gegen Mittag schwebten sie über einer Stadt, die an einem Meeresarm lag, ein.

»Wo sind wir?« fragte der Zentralmaat. »Waren Sie schon mal hier, Herr Kaleu?«

»Könnte Kiel sein«, meinte Lützow.

»Dachte, unser Boot liegt in Lorient.«

»Weder hier noch in Frankreich. Ich hörte etwas von Norwegen.«

Die Ju landete holpernd. Am Fliegerhorst wartete schon ein Bus und fuhr sie durch die Stadt zum Marineausrüstungsdepot. Dort mußten sie ihre geflickten Uniformen auf einen Haufen werfen. Erst ging es nackt zur Entlausung, dann unter die Duschen.

Anschließend empfingen sie neue Klamotten. Sie faßten auch warmes Unterzeug, Lederzeug, dicke Pullover, Wachmäntel mit Fellfutter, U-Boot-Stiefel mit Korksohle.

Lützow wandte sich an den Maat der Kleiderkammer. »Wir haben August, bald Hochsommer.«

»Handschuhe«, sagte der Unteroffizier nur, »Pulswärmer und Ohrenschützer.«

»He, geht es etwa an den Nordpol?«

»Keine Ahnung.«

»Was steht noch auf Ihrer Liste?«

»Nur Ausrüstung für nördlichen Einsatzbereich.«

»Und von wem stammt die Anforderung?«

»Direkt vom OKM«, antwortete der Maat einsilbig.

»Also nicht vom BDU, sondern vom Marineoberkommando?« vergewisserte Lützow sich.

»So steht es hier.«

Sie zogen die frischen abzeichenlosen Uniformen an. Der Rest wurde in Seesäcke gestopft. Nach einem ordentlichen Essen – es gab Sauerbraten mit Pellkartoffeln – brachte sie der Bus wieder zum Flugplatz. Dort stand die Ju, inzwischen aufgetankt und gewartet.

Vor der Maschine lungerten sieben Gestalten in picobello Blau mit Rangabzeichen herum.

»Der Nachschub«, sagte Lützow zu dem noch immer humpelnden Behrens.

»Ganz schön krumme Lords.«

»Nehmen Sie sich die Heizer vor, Behrens, ich schnappe mir die Seeleute und die Funker.«

Die sieben Neuen, Ersatz für die Ausfälle in Lorient und im Straflager, übergaben ihre Marschpapiere. Ein ganz Junger meldete sich zackig als »an Bord kommandiert«.

Lützow schaute ihn nur an. »Wo an Bord. Sehen Sie irgendwo ein Schiff?«

»Nein, Herr Kaleu.«

»Und trage ich irgendwelche Rangabzeichen?«

»Man sagte mir, Sie seien der Kommandant.«

»Ihr Name?«

»Seekadett Jakob Baureis. Funker.«

Lützow musterte den Milchbart. »Wie alt?«

»Achtzehn, Herr Kaleu.«

»Schon mal Bootsplanken unter den Füßen gehabt?«

»Nur einen Kahn auf dem Starnberger See, Herr Kaleu.«

In einem Kahn auf dem Wolfgangsee im Salzkammergut mit Ditta, durchfuhr es Lützow schmerzhaft.

»Sagen Sie nicht ›Herr Kaleu‹ zu mir«, verlangte Lützow. »Ich bin nur Kommandant eines U-Bootes und nichts sonst. Dienstgradmäßig stehen Sie weit über mir. Dienstgradmäßig sind Sie nach dem neuen Oberfunkmaat der Rangälteste hier.«

»Das muß ein Irrtum sein, Herr Kaleu«, beharrte Baureis.

Da nahm ihn Wessel zur Seite und flüsterte: »Hör gut zu, Seemann! Ich bin der II WO. Früher war ich mal Leutnant, aber das kannst du vergessen. Und noch was: Merk dir folgendes: Es gibt nur zwei Paragraphen auf U 136, die du dir scharf einprägen mußt. Paragraph eins: Der Kommandant irrt sich nie und hat immer recht. Paragraph zwei: Sollte der Kommandant sich doch einmal irren oder unrecht haben, tritt automatisch Paragraph eins in Kraft. – Und jetzt such dir eine Ecke in diesem feudalen Vogel und halt die Klappe.«

Mit den sieben Neuen waren sie fünfzig Mann und komplett und die Ju bis an die Grenze ihrer Tragfähigkeit beladen. Lützow kletterte über die Männer und Seesäcke nach vorn zu den Piloten. »Wohin geht es jetzt?«

»Norwegen.«

»Das ist ein Stück größer als Schleswig-Holstein. Wohin dort?«

»Wir erhalten nur Flugbefehle von Horst zu Horst. Wir sollen Sie nach Oslo bringen.«

Die Flugrichtung paßte ungefähr mit dem Gerücht überein, U 136 liege in einem Fjord.

»Gefällt Ihnen Oslo nicht?« fragte der I. Pilot, ein Hauptmann, »ist doch 'ne Menge besser als zurück nach Rußland.«

»Das wäre erst noch zu prüfen.« Damit zog Lützow sich zurück.

Die Ju startete und kam mit einiger Mühe hoch. Sofort nahm sie Kurs Nord.

In Oslo, das sie noch bei Tageslicht erreichten, begann die große Geheimhaltungsorgie.

Weit draußen am Rollfeld mußten sie in eine *Condor* umsteigen. Die Piloten der Viermotorigen gaben über das Ziel keinerlei Auskunft. Sie behandelten den Transport gemäß Befehl des OKM als geheime Kommandosache.

Um 20 Uhr war es noch hell. Um diese Jahreszeit ging die Sonne nie ganz unter. Angeblich konnte man in diesen Breiten um Mitternacht ohne Lampenlicht noch die Zeitung lesen. Die U-Boot-Männer sahen deutlich, daß die schwere Maschine nach Norden hielt. I WO Rahn, der schon in Norwegen stationiert gewesen war, schaute kopfschüttelnd nach unten.

»Wir fliegen das Gudbrands-Tal entlang«, stellte er fest.

»Das ist nicht der direkte Weg ans Meer«, meinte der Obersteuermann.

»Ans Meer kommen wir bei diesem Kurs erst nördlich vom Polarkreis.«

»Deshalb die Winterausrüstung.«

Ihre Mutmaßungen hielten den Tatsachen nicht lange stand. Kaum hatte die *Condor* genug Höhe, um über die Berge zu kommen, bog sie nach links ab. Mit weiter Kurve nahm sie Kurs Südwest.

»Wenn sie so weiterdreht«, befürchtete Wessel, »sind wir bald wieder über dem Oslo-Fjord.«

Plötzlich flog die *Condor* keinen erkennbaren Kurs mehr, sondern hüpfte von Wolke zu Wolke, als wolle sie sich darin verstecken. Dunstfetzen jagten vorbei. Kaum aus einer Wolke heraus, erkannten sie den Grund. Dunkle Schatten zischten über sie hinweg, begleitet von fremdartigem Motorengeräusch. Ein zweimotoriges Flugzeug schoß mit hoher Geschwindigkeit auf die *Condor* zu, kippte zu einem Törn ab, um erneut anzufliegen.

»Engländer!« schrie einer.

»Das sind *Mosquitos*.«

Entsetzen machte sich breit. *Mosquitos* waren derzeit die schnellsten Flugzeuge der Welt. Der Gegner setzte sie als Langstreckenjäger ein. Ihre Rolls-Royce-Motoren klangen anders als die deutschen, irgendwie seidiger.

Schon fing die Ballerei an. Es waren zwei oder drei *Mosquitos*. Sie flogen an, schossen, daß die Leuchtspuren nur so um die *Condor* schwirrten. Einschläge fetzten ins Blech von Zelle und Flächen der *Condor*.

Die U-Boot-Männer hockten da, verbittert, weil sie nichts tun konnten. Dafür waren die Piloten um so mehr beansprucht. Mit abenteuerlichen Flugbewegungen versuchten sie den Jägern zu entkommen. Aber die *Condor* war wie ein Elefant, gehetzt von hungrigen Leoparden. Die *Mosquitos* zischten nacheinander heran, ein Ringelpiez ohne Pausen. Sie feuerten, was ihre MGs hergaben. Eine Garbe sägte in den äußeren linken Motor der *Condor*. Er qualmte sofort. Auslaufendes Öl brannte. Er wurde abgestellt.

»Die haben auf uns gelauert«, fürchtete Lützow.

»Dann wurde unser Flug verraten.«

»Von wegen Geheimeinsatz!«

»Seit dem letzten Buch Moses gibt es keine Geheimnisse mehr.«

Für Minuten sah es verteufelt schlecht aus. Dann änderte sich blitzartig die Situation. Zum tödlichen Tanz der drei Engländer gesellte sich der einer Rotte Einmotoriger. Sie trugen das schwarzweiße Balkenkreuz auf Rumpf und Flächen. Ihre Motoren klangen rauher und ihre Bordkanonen dumpfer. Sie warfen sich auf die *Mosquitos*, kurvten sie aus und schossen sich ein.

»Messerschmitts!« schrie Wessel, an einem der Bulleyes kniend. »Das sind unsere! Wie die mit den Tommys umgehen, betont gefühlsarm!«

Die deutschen Jäger waren den britischen zwei zu eins überlegen und kämpften verbissen. Sie beharkten die *Mos-*

quitos, bis eine brennend zur Erde trudelte. Die anderen kippten ab und suchten das Weite. Die Me 109 begleiteten die *Condor* noch ein Stück und empfahlen sich dann mit einem Wackeln der Tragflächen.

»Das war mächtig knapp«, meinte Obersteuermann Klein, »knapp bis haarscharf. Da fehlte fast schon die Handbreit Wasser unter dem Kiel.«

Mit drei Motoren setzte die *Condor* ihren Flug fort. Jenseits der Berge, auf das Meer und eine Stadt zu, ging sie tiefer. Das mußte Bergen sein oder Egersund.

Nach der Landung erfuhren sie, daß es Stavanger war.

Ein alter norwegischer Linienbus nahm sie auf und brachte sie über schlechte Straßen, erst durch flaches Küstenland, dann über Flüsse, hinein ins Gebirge. Auf Serpentinen kroch der Bus mehrere Pässe hinauf. Nach vier Stunden erreichten sie einen Ort namens Lysebotn. Er lag am Ende eines Fjords, hatte einen armseligen Hafen und Werfteinrichtungen.

Der Bus hielt vor dem Tor des Marinestützpunktes. Der O. v. D. überprüfte die Papiere. Der Bus durfte weiter. Vor einem Schlafbunker, wie es ihn auch in Lorient gab, mußten alle aussteigen. Jeder bekam eine Pritsche zugewiesen. Später gab es noch Tee, Brot, Margarine und Streichwurst.

Ein Oberleutnant kam herein. Er fragte sich zu Lützow durch, besprach sich mit ihm und verschwand wieder.

»In zehn Minuten Licht aus, Ruhe im Schiff!« sagte der Kommandant. »Wecken in vier Stunden.«

Nach so langer Zeit erkannten sie ihr altes U 136 an der Pier kaum wieder. Die Frühsonne schien darauf.

Einer der Maate sagte: »Wie ein ondulierter Brathering.«

»Das soll unser Zossen sein?«

»Schaut aus wie 'ne Nutte unterm Weihnachtsbaum.«

Der Stützpunktadjutant erschien zur Bootsübergabe. Als erster ging er über die Stelling, hakte die Namen aller

Besatzungsmitglieder von einer Liste ab und gestattete dann, daß sie durch die Luken einstiegen.

Unten in der Zentrale hielt er einen von keinerlei Sachkenntnis getrübten Vortrag.

»Meine Herren, das ist U 136, Ihre neue Heimat. Hinten befinden sich die Motoren, vorne die Torpedoanlage. Dies hier ist das Sehrohr, das da der Kompaß. Links liegt der Funkraum, rechts die Kombüse.«

Lützow unterbrach ihn höflich. »Danke, aber eigentlich waren wir schon mal da.«

Der Oberleutnant hob die Brauen. »Dann sind Sie also kundig?«

»Ich habe das Boot in Dienst gestellt«, bemerkte Lützow, »und damit über hunderttausend Tonnen versenkt.«

Daraufhin wirkte der Stützpunktadjutant ungeheuer erleichtert. »Ich verstehe nicht allzuviel von U-Booten. Die interessieren mich auch gar nicht. Sie müssen wissen, im Zivilberuf bin ich Barpianist.«

Es gab noch eine Menge Papiere zu unterschreiben und Akten entgegenzunehmen. Kaum war der Oberleutnant verschwunden, setzte die Bordroutine ein.

Wegen der leeren Batterien glühten die Lampen nur schwach. Achtern warfen sie den Ju-Verdichter an. Kaum war Preßluft vorhanden, startete der LI den neueingebauten Diesel. Mit Generatorschaltung lud er die Batterien. Die Tanks wurden gepeilt, Treibstoff-, Frischwasser-, Schmierölstand ermittelt. Der Koch kontrollierte die Vorräte an Brot, Gemüse, Obst, Konserven, Dauerwurst und Apfelsaft. Der Torpedomaat kümmerte sich um seine Aale.

Immer wieder hetzte der LI von achtern nach vorn und zurück. »Scheint alles einigermaßen . . .«

»Was?«

»Na ja, zur Not in Ordnung zu sein.«

Mehr erwartete Lützow gar nicht, denn Behrens war nie zufrieden.

»Sie haben alles schön mit Farbe überpinselt«, sagte der LI vorbeihumpelnd, »Farbe hält Schiffe zusammen. Ohne mich zu brüsten, möchte ich das Boot mit meinem derzeitigen Gesundheitszustand vergleichen. Es wird laufen, aber nicht wie einst im Mai.« Schon war er wieder weg. Er kletterte unter die Flurplatten, schaute sich bei den Batterien, bei den Lenzpumpen und dem Tiefenruderantrieb um.

Die Funker prüften ihre Sender und das Horchgerät. Der I WO meldete die Verschlußsachen vollständig. »Signalbuch, Enigma, der ganze Geheimkram, alles vorhanden. Nur die Daten für die Tageseinstellung der Enigma und ES fehlen.«

»Das kriegen wir mit dem Einsatzbefehl«, hoffte Lützow und wandte sich an den Obersteuermann. »Seekarten, Gezeitentabellen, Segelhandbücher, nautische Tabellen. Fehlt was?«

»Komplett«, meldete Klein. »Die Seekarten reichen bis in den Südatlantik. Sogar ein SOLD ist neu an Bord.«

Später fragte der Steuermannsgast den Navigator: »Was ist ein SOLD, Herr Obersteuermann?«

Klein deutete auf den schuhkartongroßen grauen Kasten, der, mit Okularen versehen, wie ein Epidiaskop aussah. »SOLD bedeutet Sextant-Oktant-Libelle-Durchschnittswerte.«

»Den hatten wir auf dem Lehrgang nicht«, entschuldigte sich der Gefreite.

»Der SOLD ist ganz neu«, erklärte der Obersteuermann. »Damit kannst du Sterne ohne Horizont schießen. Die Libelle liefert einen künstlichen Horizont und das Uhrwerk den Mittelwert.«

»Wozu braucht man das?«

»Wenn du nicht auftauchen kannst, um das Besteck zu nehmen, du Dussel.«

»Ohne Auftauchen, wie soll ich dann die Sonne oder den Nordstern runterholen, Herr Obersteuermann?«

»Wo hast du deinen Kurs gemacht?« fragte der Obersteuermann kopfschüttelnd. »Bei den Wikingern oder bei Christopher Kolumbus? Du kannst die Sterne nämlich auch durch das Sehrohr anpeilen. Noch nie davon gehört, du Trantüte?«

Allmählich liefen die Klarmeldungen sämtlicher Stationen ein. U 136 war auslaufbereit.

»Ich würde gerne mit dem Ebbstrom rausgehen«, sagte Lützow zum Obersteuermann.

»Das wäre um zweiundzwanzig Uhr.«

»Aber der Einsatzbefehl ist noch nicht da.«

Kurz vor 19 Uhr fuhr eine marinegraue Limousine am Pier vor. Sie war mit drei Mann besetzt. Mit dem Chauffeur, einem Offizier und einem Zivilisten. Der Offizier eilte an Bord von U 136 und übergab im O-Raum eine plombierte Aktentasche aus rotem Kunstleder.

»Enthält sämtliche Einzelheiten«, sagte der Oberleutnant. »Erst auf hoher See zu öffnen.«

»Auch die neuen Funkfrequenzen, den Enigma-Code und ES?« vergewisserte Lützow sich.

»Alles, legte man mir in Berlin ans Herz, und alles bedeutet alles«, betonte der Offizier.

»Kommen Sie direkt aus der Heimat?« staunte Lützow.

»Nahezu nonstop. Man wollte die Befehle keiner Funklinie und keinem Fernschreiber anvertrauen. Außerdem war es nötig, die letzten Agentenmeldungen abzuwarten.«

Der völlig übermüdete Kurieroffizier ließ sich den Empfang bestätigen, salutierte, stieg nach oben und fuhr weg. Es wurde Zeit zum Ablegen.

Vom Turm aus sah Lützow einen Mann auf dem Poller sitzen. Neben ihm standen zwei schwere Koffer. Er mochte um die Fünfzig sein, hatte graues Haar, einen grauen Tirpitzbart und schielte über eine randlose Brille zu ihm herüber. Kaum hatte er die weiße Kommandantenmütze entdeckt, stand er auf und versuchte an Bord zu gehen.

Lützow rief den Posten an. »Was will der Komiker?«

Der ältere hagere Mann hatte jetzt das Ende der Stelling erreicht. Als Lützow vor ihm stand, entnahm er der Manteltasche seinen Marschbefehl.

»Ich muß leider bei Ihnen . . . wie nennt man das . . . mitfahren?« stotterte er.

»Davon weiß ich nichts. Wir sind weder darauf eingerichtet, noch legen wir irgendwelchen Wert darauf«, fuhr ihn Lützow an. Dabei überflog er die Papiere des Fremden. Sie kamen vom OKM, waren von der zuständigen Dienststelle gestempelt, von den maßgebenden Leuten unterzeichnet und trugen sogar einen ovalen Sonderstempel: *f. d. R. Geheime Staatspolizei.*

»Na fabelhaft!« Lützow seufzte. »Sie haben uns gerade noch gefehlt.«

»Der Name des Komikers ist Huber«, stellte der Mann im Staubmantel mit Hut, Anzug, Hemd und Krawatte sich vor.

»Huber und?« fragte Lützow noch.

»Erwin.«

»Herr Huber«, fragte Lützow mißtrauisch, »hat man Sie etwa als Aufpasser geschickt? Kommen Sie von der SS, von Standartenführer Hackmann, damit wir nicht ausbüxen, im Sinne von ›das Weite suchen‹?«

Der Zivilist mit den ausgemergelten Zügen nahm die Brille ab, hauchte ein paar Seewasserspritzer weg und setzte sie wieder auf.

»Denken Sie doch, was Sie wollen«, erwiderte er verärgert. »Kümmert sich jemand um mein Gepäck?«

»Erledigen Sie das gefälligst selbst«, schnaubte Lützow, »wir sind hier kein Hotel, Monsieur.«

Das alles gefiel Lützow nicht. Aber er würde noch herausfinden, was hier lief. Im Augenblick hatte er andere Probleme.

Er ließ dem Bordgast eine Koje im Unteroffiziersraum anweisen. Dann kümmerte er sich um das Ablegemanöver. Diesmal fand es ohne Musik und ohne Blumenmädchen statt. Nur der Stützpunktkommandeur grüßte aus seinem Bürofenster herüber.

Wenig später liefen sie mit halber Fahrt durch den Lysefjord. Das Fahrwasser war tief genug. Man brauchte keinen Lotsen.

Nach einer Stunde kam der Funker auf den Turm.

»Der BDU bestätigt Auslaufmeldung, Herr Kaleu.«

»Ist das alles?«

»Neuer Funkspruch vom BDU, Herr Kaleu.«

»Wie kommen Sie bis Lorient durch?«

»Über Station Angermünde, Herr Kaleu.«

»Wo liegt das? Es gibt so viele Angermündes wie Neustadts.«

»Bei Frankfurt, Herr Kaleu.«

»Davon haben wir auch ein Dutzend.«

»Frankfurt an der Oder, Herr Kaleu.«

Lützow überflog den Wisch in der Kladde.

Der BDU wünschte Erfolg und wohlbehaltene Rückkehr. Ersterer mochte eintreten, letztere nicht unbedingt.

Der Funker Baureis stand immer noch da, als warte er auf etwas. Lützow fragte: »Wie rasieren Sie sich, Baureis? Mit dem nassen Handtuch?«

»Mit dem Radiergummi«, wagte Baureis zu scherzen.

Baureis trat ab. Der II WO rief hinter ihm her: »Paragraph eins. Der Kommandant hat immer recht!«

Die Fahrt nach Stavanger dauerte bis weit über Mitternacht. Ganz allmählich spürten sie die Dünung der näher kommenden See. Die ganze Zeit war Lützow so schweigsam gewesen, daß Wessel eine Frage wagte. »Kaffee, Herr Kaleu?«

»Kein Bedarf.«

»Kann ich sonst etwas für Sie tun?«

Lützow nahm das Glas, setzte es an und wieder ab und sagte: »Welches Datum haben wir heute?«

»Fünfter August.«

»Neunzehnhunderteinundvierzig. Stimmt's?«

»Richtig, Herr Kaleu.«

Nach langer Pause sagte Lützow: »Manchmal weiß ich schon nicht mehr genau, ist es nun Freitag oder Winter.«

35

An der Ostfront wird Nikolajew eingenommen. Uraufführung des Films »Frauen sind doch bessere Diplomaten« mit Marika Rökk.

5. August 1941
Die Berge zwischen dem Serefjord und der Finnmark waren so hoch, daß auf dem Paß Schnee lag.

Der VW-Kübelwagen arbeitete sich mit seinen Stollenreifen mühsam hindurch. Der Mann am Lenkrad war ein sicherer Fahrer. Nach Stunden in der eisig nebligen Höhe rollte er hinunter ins Signaldalen.

Hier schien die Sonne, die Wiesen waren grün, überall blühte es. Der Polarsommer kam spät und war kurz.

Der Mann im dicken Offizierspelz bewegte seinen offenen Kübelwagen am Fluß entlang und hinter der Ortschaft Styggallen so weiter, wie man ihm den Weg beschrieben hatte. Erst kamen Wälder, dann almenartige Hochflächen. Von weitem sah er auf der Anhöhe über dem Fluß das einsame Blockhaus. Es wirkte breit und massiv mit seinem buntbemalten Giebel und der vorgezogenen Terrasse.

Eine Quelle nahe beim Haus durchnäßte die Wiesen. Es gab kaum etwas Schwierigeres, als auf nassem Gras bergauf zu fahren. Aber der VW-Kübel arbeitete sich nach oben. Der Mann war gerade dabei, sein Angelzeug, die Gewehre und den ledernen Packsack auszuladen, als eine Frau vor ihm stand. Eigentlich war sie mehr ein Mädchen, blond, hellhäutig, ungewöhnlich schön für eine Norwegerin und hochgewachsen wie eine nordische Göttin.

Kühl nickte sie ihm zu, nahm kraftvoll die Gewehre und die schwere Tasche und trug beides ins Haus. Dort war der Gastgeber auf die Terrasse getreten.

»Hallo, Greifenhahn!« rief der Ankömmling.

»Darf ich bekannt machen«, stellte der Luftwaffenoberst vor, »Arnhild Bergeland – General Nordstein.«

Wieder nickte das Mädchen nur kurz und schleppte das Gepäck des Gastes durch die Kaminhalle über die offene Treppe ins Obergeschoß.

»Wo haben Sie diese Schönheit aufgetan?« staunte der General.

»Sie ist mir zugelaufen«, scherzte Greifenhahn.

»Sie haben sie gekauft, Sie Lustmolch.«

Der Oberst goß Cognac ein. Sie stießen auf eine gute Jagd an.

»Nein, ich bekam sie geschenkt«, witzelte Greifenhahn. »Frauen kann man in Norwegen nicht einfach kaufen wie in Afrika.«

Sie tranken, rauchten und redeten. Der General goß Quellwasser in seinen zweiten Cognac.

»Für Cognac pur ist es noch ziemlich früh am Tag«, stellte Nordstein fest. »Sie ist also ein Geschenk, diese Dame Arnhild.«

»Nicht ganz so«, erklärte der Oberst. »Ihre Familie bekam Probleme. Ihr Vater hat ein paar Fischkutter laufen und keinen Dieseltreibstoff dafür. Ich half ihm aus und er mir. – Nur ein Geschäft. Arnhild hält meinen Junggesellenhaushalt in Kirkenes in Ordnung. Sie arbeitet sauber und zuverlässig.«

»Ebenso später im Bett«, ergänzte Nordstein anzüglich, »was ich Ihnen aufs Wort glaube.«

Die Norwegerin kam von oben herunter. Sie hatte einen wundervollen leichten Gang aus der Hüfte. Ohne die Lautstärke zu senken, fuhr Greifenhahn fort: »Im Bett ist sie Klasse. Ganz im Gegensatz zu dem, was man von Norwegerinnen allgemein behauptet, nämlich daß sie einen Mann nur mit geschlossenen Augen erdulden würden.« Auf Nordsteins unausgesprochene Bedenken reagierend, setzte der Oberst hinzu: »Keine Sorge, sie versteht kein Wort Deutsch.«

Obwohl es erst Nachmittag war, goß sich der General einen dritten Cognac ein. »Und wie kommunizieren Sie dann?« fragte er, schon etwas angeheitert.

»Auf englisch«, entgegnete der Oberst. »Ich spreche es recht gut, war ja mal Lufthansapilot auf der London-Strecke. Arnhild hat ein Jahr lang in Gloucester als Haus- oder Kindermädchen gearbeitet.«

Die Norwegerin fragte, ob sie einen Imbiß wünschten. Nordstein winkte ab. »Not for me.«

Oberst Greifenhahn schlug vor, daß sie lospirschen und versuchen sollten, diesen alten Elchbullen zu kriegen. Die Lachse für das Abendessen könnten sie später aus dem Bach holen. Oben beim Wehr sprangen sie angeblich meterhoch.

Wenn der General und der Oberst sich trafen, dann meist an verschwiegenen Plätzen. Zum Austausch von Nachrichten erwies sich das Telefon immer weniger als geeignet.

Sie beobachteten den Elch im Jagdglas, als er vom Wald hinauf in die Felsenregion wechselte. Nordstein erlegte ihn mit einem Blattschuß aus dem Zielfernrohr-Scharfschützenkarabiner 98. Sie brachen ihn weidmännisch auf. Den Abtransport würden Bauern aus dem Tal besorgen.

»Wie wollen Sie das Geweih?« fragte Greifenhahn. »Nur die Schaufeln oder den ganzen Schädel?«

»Wenn schon, denn schon«, bat der General. »Immer möglichst komplett. An der Wand über meinem Kamin in Thüringen wird er sich höchst gravitätisch ausnehmen.«

Zurück im Jagdhaus, wo die Norwegerin für sie Kaffee und Gewürzkuchen bereithielt, ging es auf achtzehn Uhr. Die Lachse für das Abendessen fingen sie binnen weniger Minuten mit dem Kescher.

»Gebraten oder gesotten?« übersetzte Greifenhahn Arnhilds Frage.

Der General überlegte nicht lange. »Wenn möglich beides. Den einen blau, den andern aus dem Backrohr.«

Greifenhahn übersetzte für Arnhild ins Englische. Später gingen sie in die vorgeheizte Sauna. Nackt hockten sie auf der Bank. Ab und zu goß der Oberst einen Schöpflöffel voll Wasser auf die im Eisenkorb glühenden Steine. Es dauerte nicht lange, dann gesellte sich die Norwegerin zu ihnen. Sie war splitternackt und hatte, bei Gott, einen vollendeten Körper.

Ungeniert setzte sich Arnhild zu ihnen. Wenn der Oberst darum bat, schlug sie ihm den Rücken mit Holunderzweigen. Obwohl sie fürchterlich schwitzten, kam der General jetzt zur Sache.

»Bei Stavanger ist heimlich ein U-Boot ausgelaufen.«

»Ich hörte davon.«

»Habe es an Zelitsch in Stockholm weitergegeben.«

»Wie geht es unserem schwulen Barönchen?«

»Derzeit stellt er unseren einzigen Kontakt nach draußen dar.«

Der Oberst sagte: »Kant soll aus dem KZ Oranienburg verschwunden sein, hört man.«

General Nordstein reagierte überrascht. »Im Sinne von ›auf der Flucht erschossen‹?«

Greifenhahn schwitzte. Das Wasser rann ihm in Bächen vom Gesicht. »Nein, im Sinne von ›auf der Flucht entkommen‹.«

»Wie, wann und wohin?«

Der Oberst zuckte mit den Schultern, daß Schweißtropfen wegspritzten. »Keine Ahnung. Was macht der Widerstand?«

»Davon später«, antwortete der General. »Ich habe genug von dieser teuflischen Hitze.«

Draußen tauchten sie in einen Zuber mit eiskaltem Wasser. Nach ihnen sprang die Norwegerin hinein und massierte wohlig schaudernd ihre kräftigen Brüste.

General Nordstein betrachtete sie nicht ohne Begehrlichkeit. »Was für ein Anblick«, schwärmte er entzückt, »und gar nicht alltäglich.«

»Möchten Sie mit ihr schlafen?« fragte Greifenhahn. »Gewiß läßt sich das arrangieren. Ich würde versuchen, es ihr schmackhaft zu machen. Sie gehört zu jenen Frauen, die es gern mit starken Männern von Rang treiben. Und Sieger sind ja immer stark.«

»Heute nicht«, äußerte der General. »Im Moment habe ich andere Sorgen.«

Beim Abendessen mit Kerzenlicht und Kaminfeuer unterhielten sie sich weiter. Nordstein träufelte Zitronensaft auf den Fisch und erwähnte den Vorfall in Stavanger.

»Soll das U-Boot etwa zu Ende bringen, was dem Junkers-Bomber mißlang?«

»Das wäre schon möglich.«

»Was macht unser Projekt Nummer eins?« Der General bezeichnete es nicht näher, hielt nur den Daumen der rechten Hand nach unten.

»Geplant ist ein Bombenanschlag«, führte der Oberst aus, »wenn der Herr und Meister im Zeughaus in Berlin die neuen Wehrmachtsuniformen begutachtet. Falls das nicht klappt, soll es auf einem Flug nach Rastenburg stattfinden. Der Herr und Meister geruhen ja nur noch von Berlin aus zu seinem Hauptquartier in Ostpreußen oder nach Reichenhall zu fliegen. Wenn er am Obersalzberg die Ärsche von Staatsmännern, diese Verbündetenärsche, empfängt. Entweder ist er droben im Gebirge oder in seinem Bunker unter der Erde in Rastenburg. Es gibt nur die zwei erwähnten Möglichkeiten. Sonst kriegen wir ihn nie.«

»Und wer soll es machen?« erkundigte sich Nordstein.

»Zunächst ist Oberst Trutz von Rudolfberg damit befaßt.«

Sie sprachen über Einzelheiten des sich stärker formierenden Widerstandes sowie von Kontakten mit London über Bodo von Zelitsch. Dabei fielen eine Menge Namen.

Zwei Tage später fuhr der General wieder zurück nach Narvik. Am Tag darauf wurde der Befehlshaber des Polarabschnitts, General Harald Nordstein, verhaftet.

Gestapo-Männer, begleitet von Soldaten einer Waffen-SS-Einheit, nahmen ihn in seiner Villa in Narvik fest. Sie taten dies ohne Angabe von Gründen, nur aufgrund eines Fernschreibens aus Berlin. Doch es war von Heydrich unterzeichnet.

In einem geschlossenen Lieferwagen brachten sie Nordstein weg. Beim Einsteigen konnte er noch einen Blick schräg über die Straße werfen. Dort stand unter Bäumen eine erbeutete Chrysler-Limousine. Die Sonne fiel schräg ins Innere. Für den Bruchteil einer Sekunde glaubte Nordstein darin eine Frau zu erkennen, eine kühle Schönheit mit zum Kranz geflochtenem blondem Haar. Kein Zweifel, das war Arnhild Bergeland.

Verstand sie die deutsche Sprache doch besser, als sie zugab?

Mein Gott, dachte der General, was wird aus Greifenhahn? Um ihn zu warnen, war es zu spät.

Im Gestapo-Hauptquartier in der Prinz-Albrecht-Straße zu Berlin fetzten sie Nordstein erst die Generalslitzen von den Schultern, danach rissen sie ihm die Orden weg. Sofort fing das Verhör an. Es waren immer die gleichen Fragen.

»Was wissen Sie über den Einsatz von U 136?«

»Nichts«, kam es knapp und eindeutig.

»Sie haben die Operation der Ju 390 nach Island verraten. Geben Sie es doch zu. Sie und Ihr Mitverschwörer Oberst Greifenhahn meldeten es an den Gegner.«

»Wovon sprechen Sie überhaupt?« stellte der General sich unwissend.

»Von Ihrer Sabotage zum Schaden des Reiches, von Ihrem Kontakt zu dem geflohenen Verräter Bodo von Zelitsch.«

»Zelitsch ist nur ein entfernter Bekannter von mir«, erwiderte Nordstein, noch einigermaßen Herr seiner Sinne.

»Und Ihr Freund, der Physiker Kant? Ihm gelang es, unterstützt von Fluchthelfern, zu entkommen.«

»Wie, bitte, soll das in einem Polizeistaat möglich sein?« fragte Nordstein zynisch.

»Mit Ihrer Hilfe. – Wer sind diese Leute?«

»Ich war die ganze Zeit in Narvik, meine Herren«, beteuerte der General.

Sie spielten ihm die Igephon-Aufzeichnung eines Telefongespräches vor. Die Wachsplatte lief kratzend ab. Offensichtlich ging es dabei um ein Attentat auf Hitler.

»Wer war Ihr Gesprächspartner?« wurde Nordstein angeschrien.

Allmählich in die Enge getrieben, reagierte der General entsprechend trotzig: »Das müssen Sie besser wissen. Sie sind die Gestapo, nicht ich.«

Das war dem Verhöroffizier zuviel. Er ließ Nordstein wegbringen. Im Keller wurde der General von vier Mann mit Knüppeln, Eisenstangen und Fahrradketten bearbeitet. Anschließend warfen sie ihn in eine dunkle Zelle. Sie hatte nur Steinboden. Vor Schmerzen konnte er nicht schlafen.

In der Nacht holten sie ihn erneut zum Verhör. Monoton ging es weiter.

»Wie oft hatten Sie Kontakt zu Admiral Canaris?«

»Nie«, behauptete Nordstein.

Nun legten sie ihm ein Foto vor, das ihn neben dem Geheimdienstchef zeigte. »Was sagen Sie dazu?«

»Reiner Zufall. Das war auf irgendeinem Staatsempfang.« Mehr fiel Nordstein dazu nicht ein.

»Noch andere Leute sind dabei. Alles Verdächtige. Potentielle Verräter und Saboteure. Goerdeler, der Oberbürgermeister von Leipzig, ein Sozi und unsicherer Kantonist. Auch General Beck, Ihr Kamerad von der Kriegsschule in Potsdam.«

Mit letzter Energie entgegnete der General ironisch: »Auf den Fotos ist auch Adolf Hitler zu sehen. Und der sabotiert sich gewiß nicht selbst.«

»Stopft ihm das Lästermaul!« schrie der Verhöroffizier empört.

Sie schlugen zu, bis Nordstein Blut aus Nase und Mundwinkeln lief.

Ein hoher SS-Offizier war hereingekommen, schaute eine Weile zu und erklärte: »Ihr Freund, Oberst Greifenhahn, ging uns leider durch die Lappen, Nordstein. Ehe wir ihn verhaften konnten, explodierte sein Schädel durch eine Handgranate, die er selbst abzog.«

Danach wandte sich der Offizier an den Verhörexperten.

»Nehmen Sie ihn nicht so tierisch ran«, sagte er. »Mit Gewalt holen Sie aus dem nichts heraus.«

»Zu Befehl, Herr Standartenführer.«

Kaum war der Standartenführer gegangen, versuchte es der Verhöroffizier psychologisch.

»Sie sind ein Lügner, Nordstein. Aber nicht mehr lange. Wir haben Mittel, um Steine zum Sprechen zu bringen. In drei Tagen werden Sie uns auf Knien bitten, Ihre Aussage machen zu dürfen.« Da begriff Nordstein, daß er ihnen völlig ausgeliefert war und daß er die Foltern und Schmerzen nur schwer würde ertragen können.

In der Nacht erhängte sich General Harald Nordstein in der Zelle an seinem in vier Teile zerfetzten und zusammengeknoteten Hemd. Als sie ihn am Morgen zum Verhör abholen wollten, hing er tot am Zellengitter.

36

Der indische Dichter Rabindranath Tagore (Nobelpreis für Literatur 1913) stirbt im Alter von 80 Jahren. Die Engländer bauen das erste Düsenflugzeug.

5. August 1941

Was für traurige Zeiten. U 136 schlich durch den Stavanger-Sund wie ein Dieb in der Nacht, wie ein alter räudiger Wolf, der das Rudel verläßt, um in der Einsamkeit zu sterben.

Was für fröhliche Zeiten waren das noch vor einem halben Jahr gewesen. Lützow erinnerte sich. Beim Auslaufen in Lorient war der Flottillenchef von seinem Büro im Lager Lemp herübergekommen. Als Kommandant hatte Lützow das Boot auslaufklar gemeldet, daß es von den Betonmauern zurückhallte. Mit langsamster Dieselfahrt ging es dann aus dem Bunker um die Sperre herum in die Schleuse. Dort blies eine Kapelle »Heut geht's in See« oder »Blau ist das Meer«. Dazu waren Mädchen mit Blumen und Winkewinke aufgeboten. Meist war es dann dunkel geworden. Schlepper zogen die Stahlnetze, mit denen die Hafeneinfahrt abgesperrt war, einen Spalt auf. Der schlanke graue Leib des Bootes schlüpfte hindurch. Draußen, an der Hundert-Meter-Linie, nahmen Sicherungsfahrzeuge das Boot in Empfang. An Bord war alles spitzenklassig, vom Flottilleningenieur abgenommen. Der Druckkörper, die Tanks, die Maschinen, die Waffen.

Und heute? Alles Schifferscheiße! Querab von Skudeneshaven ließ Lützow tauchen. Bis hier herauf und noch weiter trieben sich englische Zerstörer und Schnellboote herum. Aufklärungsflugzeuge sowieso. Die norwegischen Kutterleute funkten jeden Hering, der unter deutscher Flagge schwamm, nach London.

U 136 lief Schleichfahrt auf sechzig Meter Tiefe.

Jenseits fünf Grad Ost verschwand Lützow hinter dem Filzvorhang, der sein Kommandantenschapp von der O-Messe trennte. Nun löste er die Siegel von der roten Mappe mit den Einsatzbefehlen. Nicht ohne Herzklopfen nahm er die Unterlagen heraus. Erst schlitzte er die dünneren Umschläge mit den Operationsbefehlen auf. Die dikken mit den Seekarten und den Tabellen ließ er noch zu. Atemlos überflog er die Blätter. Sein Herzmuskel zuckte einen Augenblick, dann pumpte er wieder normal ... Kein Wunder. Dieses Geheimunternehmen war nichts anderes als der letzte Einsatz vor dem endgültigen Aus.

Sie hatten Neufundland anzulaufen und dort die Placentia-Bucht. – Lützow prägte sich jede Einzelheit des Befehls ein. Alles im Kopf bereit zu haben bedeutete ein Stück von dem, was der Berliner als »Schangs« bezeichnete.

Nach zwei Stunden und einer Kanne Kaffee rief Lützow den Obersteuermann zu sich.

»Neufundland«, sagte er. »Das alte Avalon.«

»Was von hier aus ziemlich genau Kurs zwo-fünf-null wäre«, bemerkte der nordmeererfahrene Fischdampferkapitän.

»Es hat nur einen Haken«, weihte ihn Lützow tiefer ein. »Aus Geheimhaltungsgründen müssen wir, wie jeder Hase, hinter dem der Jagdhund her ist, einen Haken schlagen. Und zwar um Island herum, an Grönland vorbei, durch die Dänemarkstraße.«

Fast tonlos pfiff Obersteuermann Klein über die Zähne. »Dann sind das nicht zweitausend Seemeilen, sondern mindestens zwo acht.«

Lützow fügte noch weitere erschwerende Punkte hinzu. »Bis spätestens dreizehnten August müssen wir vor dem Feind stehen.«

»Das bedeutet«, der Obersteuermann rechnete im Kopf, »dreihundertfünfzig Meilen pro Tag. Also vierzehn in der Stunde. Ein hoher Schnitt und kaum zu schaffen.«

»Ich höre den LI schon jammern«, kommentierte Lützow, »der hohe Treibstoffverbrauch, die alten Diesel.«

»Plus dem Zeitverlust bei Tauchfahrt.«

»Wir müssen garantiert mal runter«, bestätigte Lützow, »denn so wundervoll schlechtes Wetter gibt es gar nicht.«

In diesem Punkt zeigte sich der Obersteuermann als sehr erfahren. »Vor Grönland herrscht um diese Jahreszeit meist Nebellage. Das kommt vom Treibeis. Es bricht im Sommer vom Schelf ab und schwimmt herunter. Der Temperaturunterschied erzeugt den Nebel.«

»Hoffen wir's«, sagte Lützow.

Der Obersteuermann, der Unerschütterliche, riskierte noch eine Frage: »Und warum ausgerechnet Neufundland, Herr Kaleu? Was sollen wir da?«

»Das erfahrt ihr früh genug«, wich Lützow aus. »Informieren Sie den I WO und Wessel.«

»Die Besatzung erfährt es ja doch.«

»Die Gerüchteküche soll ruhig ein bißchen brodeln«, wünschte Lützow, »das bringt Schwung ins Gemächte.«

Wenn möglich, lief das Boot auch bei Tag aufgetaucht. Nur mit großer Dieselfahrt-Stufe ließ sich die Strecke bis zum Ziel termingemäß schaffen. Doch immer wieder kamen Flugzeuge in Sicht, Fischdampfer, schnelle Frachter und sogar Zerstörer. Dann ließ Lützow rechtzeitig fluten. Der langsame Unterwassermarsch mußte dann mit zweihundert Dieselumdrehungen wieder aufgeholt werden.

Der LI schlich durch das Boot, als habe ihn seine Geliebte verlassen. Immer wieder hörte man von ihm Sätze wie: »Das geht nicht ...« – »So geht das nicht gut ...«

»Was liegt an, Behrens?« fragte Lützow, obwohl er die Antwort auswendig kannte.

»Der Treibölverbrauch, die hohe Beanspruchung.«

»Sonst wären es wohl keine U-Boot-Motoren geworden«, bemerkte Lützow trocken. »Herzlichen Gruß an Herrn MAN, seine Dinger müssen das eben abkönnen.«

Beim Essen sagte der II WO: »Schöner sind wir durch den grauen Gummishitanstrich nicht geworden, aber . . .«

». . . aber langsamer«, unterbrach ihn der LI.

»Aber wir hatten bisher keine Ortung«, ergänzte Wessel.

»Das ist so wahr, wie Scheiße Scheiße ist. – Pardon.«

Stets saß ihr Bordgast Huber stumm dabei. Allerdings mit gespitzten Ohren und einem Gesicht, als schreibe sein Gehirn jedes Wort, das in dieser Runde fiel, mit. An keiner Diskussion beteiligte er sich. Darauf legten sie auch gar keinen Wert.

Einmal fragte der II WO: »Wo bleibt denn heute unser Herr Moltke geborener Huber, der große Schweiger? Beim Futtern ist er doch immer der erste.«

Huber stand schon da, das Klappbesteck in der Hand. Er nahm Platz, löffelte, schnitt, gabelte, kaute, trank und ging wieder nach achtern, wo er seine Koje bestieg und weiterschlief.

Ein andermal, auf Nachtwache, sprach der Torpedomixer den LI Behrens an. »Wenn alles pennt«, flüsterte er, »schleicht der alte Knacker wie ein Geist durch das Boot. Ich glaube, der klaut Torpedoöl.«

»Fehlt was?«

»Ja.«

»Oder habt ihr wieder mal Bratkartoffeln damit geschmurgelt?« scherzte der LI.

»Im Fett auf einem der Aale fand ich Fingerabdrücke, Herr Oberleutnant. Sie müssen von seinen Stinkpfoten stammen, die sind lang und schmal.«

»Sonst noch was?«

»Auch der Tiefensteuerapparat an einem der T-5 war verstellt, glaube ich.«

»Glauben heißt nicht wissen«, entgegnete der LI. »Aber weiter aufpassen!«

Später sprach der LI mit dem I WO darüber. Rahn durchsuchte mit Lützows Einwilligung das Gepäck des Bordgastes. Ohne Protest, verbissen schweigend, wie immer mit

Maske vierzehn »undurchdringlich«, ließ Huber es über sich ergehen.

Später, auf Turmwache, meldete Rahn dem Kommandanten das Ergebnis: »Nichts von Belang . . . Wäsche, Klamotten, ein paar Familienfotos.«

»Was haben Sie erwartet?«

»Beweise, daß er ein Spitzel ist«, sagte Rahn. »Koscher ist er jedenfalls nicht. Ob SS, Gestapo oder die Abwehr dahinterstecken, kann ich nicht sagen. Aber irgend etwas steckt . . .«

Bedächtig wie immer hakte Lützow nach: »Warum sollte er irgend etwas sabotieren? Das Boot, die Aale, den Lokus, was bitte?«

»Warum treibt er sich nachts immer herum, Herr Kaleu?«

»Weil er nicht schlafen kann.«

»Jetzt passen wir auf«, versicherte Rahn, »den kriegen wir schon.«

Die Augen seiner Männer hingen am Kommandanten wie die junger Hunde an der Mutter. Noch verlor er kein Wort über die bevorstehende Operation. Sie war unvorstellbar gefährlich, und er wollte seine Besatzung nicht beunruhigen. Noch zehrten sie davon, daß sie aus dem Straflager entkommen waren und wieder auf ihrem alten Boot fuhren. Daß es wahrscheinlich nur eine Verschiebung der Todesstunde war, damit wollte er sie nicht belasten.

Am Eingang zur Dänemarkstraße zwangen nördlich operierende britische Verbände sie zum Tauchen. Es war Nachmittag. Sie liefen mit drei Knoten Schleichfahrt auf achtzig Meter Tiefe.

Lützow hatte jeden entbehrlichen Mann in die Kojen geschickt. Nur die Zentralwache, der WO, der Tiefenrudergänger, hinten im Maschinenraum ein Maat und ein Heizer, schoben Dienst. Auch Lützow hatte sich hingelegt, schlief aber nicht tief. U-Boot-Traumtanzen nannte er dieses halbe Wachsein.

Am frühen Abend weckte ihn der Funker Baureis. Vorsichtig hatte er Lützows Bordschuh berührt. »Ein Signal im Horchgerät«, meldete er.

Lützow zwängte sich ins enge Horchschapp und stülpte sich den zweiten Hörer des Hydrophons auf. Sie warteten. Nichts tat sich.

»Wie kommt das Geräusch?«

»Mit Klick . . . klick . . ., Herr Kaleu.«

»Maschinen?«

»Kein Maschinengeräusch, nur klick-klick.«

Lützow blätterte in den Büchern, die Baureis auf dem Klapptisch liegen hatte. Es waren Bücher über Ägyptologie, die Mayakultur, die Völker in Mesopotamien, alles aus längst vergangenen Zeiten.

»Ist das Ihr Beruf, Baureis?«

»Er soll es werden, Herr Kaleu.«

»Und wie nennt sich das?«

»Ich will Kryptologie studieren.«

»Ist das nicht irgend etwas mit Geheimschriften?«

»Unentzifferte Schriften, Herr Kaleu. Einmal möchte ich die ägyptischen Hieroglyphen enträtseln, die Bildertexte der Mayas, die Aufzeichnungen auf den Tontafeln der Sumerer und des Gilgamesch, die man in Höhlen im Euphrattal fand.«

Lützow nickte ein wenig irritiert. »Aha, klar, so was muß es auch geben. Nun kryptologieren Sie mal weiter, Baureis.«

Im selben Moment ertönte das Klick . . . klickklick . . . klick.

»Asdic! Herr Kaleu«, rief Baureis aufgeregt.

Auf dem Funker-Horcher-Lehrgang hatte er viel über Asdic erfahren, aber noch nie hatte er gehört, wie es gegen die Stahlhaut eines U-Bootes pingte.

Lützow lauschte lange und traf dann seine Entscheidung. »Kein Asdic.«

»Was dann, Herr Kaleu? Wir sind auf hoher See.«

»Wale schwimmen auch auf hoher See«, erklärte Lützow, »das ist ein Pottwal, mein Junge.«

»Ein Wal?« staunte der Funker.

»Achtzehn Meter lang«, witzelte Lützow todernst, »vierzig Tonnen schwer, fünfundsechzig Jahre alt. Name Karlheinz.« Lützow erhob sich vom Hocker und sagte noch: »Weitermachen! Aufpassen, bloß aufpassen!«

Drüben legte er sich wieder hin. An Schlaf war nicht zu denken, auch wenn die E-Maschine so einschläfernd summte wie das Gemurmel ferner Mönche beim Gebet.

37

An der Ostfront wird Dnjepropetrowsk eingenommen. Botschafter von Papen unterzeichnet einen deutsch-türkischen Freundschaftsvertrag auf zehn Jahre.

6. August 1941

Die dreizehn Tage in Berlin erschienen Dr. Judith Rothild wie dreizehn Jahre Gefängnis. Sie lebte in ständiger Angst, erkannt oder kontrolliert zu werden. Dazu kamen die Sorgen um Toni Lützow.

Ohne Arbeitspapiere bekam sie vom Wohnungsamt kein Zimmer zugewiesen und auf Dauer auch keine Hotelunterkunft. So zog sie von einer Pension in die andere. Zweimal mußte sie sogar im Freien nächtigen, da sie keine Bleibe fand. Zum Glück war es ein warmer Sommer.

Am Wedding war sie in eine Kontrolle geraten. Die Polizei suchte wieder einmal einen Spion oder Agenten. Vielleicht machten sie auch Jagd auf Juden, die ohne den gelben Stern herumliefen.

Ihr Herz pochte bis zur Stirn. Den Arbeitsfrontausweis hielt sie in der linken Hand. Mit der rechten deutete sie in einem Anflug von verzweifelter Dreistigkeit auf das Parteiabzeichen an der Bluse. Dazu lächelte sie krampfhaft. Der alte Polizist winkte sie weiter. Er sah wohl die Angst in ihren Augen.

Um von der Straße wegzukommen, ging sie häufig ins Kino. Auch dort fanden Kontrollen statt. Meist wurden sie vom Streifendienst der Hitlerjugend durchgeführt. Sie galten aber nur Minderjährigen in Filmen für Erwachsene und erfolgten erst nach einundzwanzig Uhr.

Bei Fliegeralarm suchte sie brav den nächsten Luftschutzkeller auf. Im Bus bot sie alten Leuten und verwundeten Soldaten ihren Platz an. – *Nur nicht anecken, bloß nicht auffallen,* dachte sie bei Schritt und Tritt.

Einmal am Tag kaufte sie Brot, etwas Käse und Wurst, was eben auf Reisemarken zu kriegen war. Buttermilch trank sie an einem der Kioske. Immer wieder dachte sie an den Mann im Haus Vaterland, der ihr Papiere versprochen hatte. Aber wie sollte er sie in dieser Riesenstadt finden?

In dem kleinen Hotel hinter dem Alexanderplatz, wo sie für die ersten Nächte untergekommen war, fragte sie immer wieder nach einer Nachricht. Leider vergebens. Schon nahe daran aufzugeben, sich zu stellen, sich als Ärztin in ein Judenlager zu melden, wurde sie von einem Taxifahrer angesprochen. Er rollte neben ihr her, als sie die Prenzlauer Allee Richtung Pankow hinaufging.

»Hallo, Frollein!« rief er durch das offene Seitenfenster.

Sie achtete nicht auf ihn. Doch dann fragte er: »Sind Sie Dr. Rothild?«

Erschrocken blieb sie stehen. »Kennen wir uns? Sie wünschen?«

»Würden Sie mal näher treten, Frollein Doktor.«

Als sie dicht bei dem Hanomag stand, reichte ihr der Taxifahrer einen Umschlag heraus, ließ ihn aber erst los, nachdem er sie noch einmal ausgiebig gemustert und sie ihm den Arbeitsfrontausweis gezeigt hatte.

»Gruß vom Chef«, er tippte an den Mützenschirm. »Anweisung bitte genau befolgen.«

Schon fuhr er weiter.

Auf einer Bank im Friedrichshaier Friedhof öffnete sie den Geschäftsumschlag. Er enthielt drei weitere Umschläge kleineren Formats. Im ersten war ein deutscher Paß, im zweiten französisches Geld und im dritten ein britischer Paß. Sogar die Fotos in den Pässen stimmten. Man mußte sie heimlich, ohne daß sie es bemerkte, fotografiert haben.

Das Begleitschreiben war kurz, klar und ohne Absender.

Reisen Sie sofort nach Paris und weiter nach Spanien. Bri-

tischen Paß verstecken. Nur im äußersten Notfall verwenden, aber keinesfalls im deutschbesetzten Gebiet. – Alles Gute!

Dr. Ditta Rothild lernte die Daten im britischen Paß auswendig. Der deutsche enthielt ihren richtigen Namen. Dann fuhr sie zum Anhalter Bahnhof und studierte die Fahrpläne.

Der Schnellzug war überfüllt. Dr. Rothild saß im Gang auf einem senkrecht gestellten Koffer. Der Zug fuhr über Braunschweig, Göttingen, Frankfurt, Mannheim nach Saarbrücken. An der Grenze nach Frankreich gab es keine Kontrollen. Dafür nachts in Metz. In jeden der Waggons stieg ein Soldat der Feldgendarmerie. Ihnen zu entkommen war weder im Abteil noch auf der Toilette möglich.

Der Unteroffizier mit dem Metallschild vor der Brust schnippte mit dem Finger.

»Der nächste! Ausweise bereithalten!«

Als Ditta Rothild an der Reihe war, zeigte sie den deutschen Paß. Der Feldgendarm blätterte ihn durch.

»Reiseziel?«

»Paris.«

»Marschbefehl, Arbeitspapiere?«

»Wozu?« antwortete sie todesmutig. »Ich wurde dringend telegraphisch angefordert.«

»Als was?«

»Ich in Ärztin, Chirurgin. Muß mich umgehend in einem Lazarett in Clichy melden.«

»Wo kommen Sie her?« blieb der Unteroffizier stur.

»Von der Charité Berlin.«

Die Charité war ein großes Krankenhaus und beschäftigte Hunderte von Ärzten. Es konnte Tage dauern, bis auf eine Anfrage die Antwort erfolgte.

»Solche Fälle gibt es nicht«, behauptete der Feldgendarm, »und wenn sie auftreten, dann ist was faul.«

Er nahm den Paß mit. Der Schnellzug fuhr wieder an,

und nichts ereignete sich. Erst kurz vor Châlons-sur-Marne drängte sich ein junger Leutnant durch den Seitengang.

»Dr. Rothild!« rief er. »Dr. Rothild!«

Sie hob die Hand. Er winkte ihr. Sie mußte ihm ins Dienstabteil folgen. Dort setzte er sich und ließ sie stehen.

»Ihr Paß ist gefälscht, Doktor.«

»Dann muß ihn schon die Paßbehörde in Berlin gefälscht haben«, erwiderte sie schlagfertig.

»Außerdem besitzen Sie keine Marschpapiere«, fügte der Offizier hinzu und hob die gespreizte Hand. »Sagen Sie kein Wort. Es wären doch nur Lügen.«

»Man erwartet mich dringend im Hospital Des trois Sœures«, behauptete sie mutig.

Der Offizier blickte sie unverschämt an und nickte. »Erst einmal verwarne ich Sie. Hören Sie zu, Doktor, oder wer Sie sein mögen. Bevor Sie sich in weitere Falschaussagen verstricken, haben Sie die Wahl zwischen zwei Worten. Ja oder nein. Entweder wir tun es jetzt und hier, und Sie haben fortan keine Probleme, oder ich übergebe Sie in Epernay der Geheimpolizei.«

»Was tun?« fragte sie mit Würgen im Hals.

Der Offizier stand auf, schloß von innen die Abteiltür und zog die nach Tabak stinkenden braunen Leinenvorhänge zu.

»Ausziehn!«

Da ahnte sie, was auf sie zukam und daß sie keine andere Wahl hatte, als es zu machen.

»Ausziehn!« drängte der Leutnant erneut.

Wie gelähmt legte sie die Jacke ab, die Bluse. Beim Rock zögerte sie.

»Nur Büstenhalter und Schlüpfer noch«, forderte der Leutnant, »den Rest kannst du anbehalten, kleine Hure. Laß dich anschaun, los, Beine breit!«

Sie versuchte an nichts anderes zu denken als ans Überleben und an Toni. An nichts sonst. Doch es kam anders.

Der Offizier war offenbar ein Perverser.

»Du hast einen schönen Körper«, keuchte er, schnallte das Koppel mit der Pistole ab, öffnete den Offiziersrock, die Hose und ließ sie bis zu den Reitstiefeln fallen. Die Unterhose streifte er abwärts, soweit es ging. Sie mußte mit ansehen, wie sich aus dem schwarzen Gelock seines Schamhaares ein weißes, spargelartiges Gebilde erhob und streckte und offensichtlich hart wurde.

»Niederknien!« befahl er und drückte sie an den Schultern zu Boden. »Schau ihn dir an! So was gefällt dir, he?«

Sie schloß die Augen, atmete langsam und tief, um sich nicht übergeben zu müssen.

»Und jetzt«, forderte der Offizier, »erst massieren, dann blasen.«

Mit Tränen in den Augen blickte sie nach oben, als verstehe sie nicht, was damit gemeint sei.

»Lutschen, du dumme Kuh!« befahl er. »Wollte mir schon immer mal von einer Akademikerin ein Fellatio machen lassen.« Er packte ihren Kopf und drückte ihn gegen sein Glied.

Während sie zutiefst angewidert seinen Wunsch erfüllte, war das einzige, was sie spürte, das Rattern der Räder auf den Schienenstößen.

Bis es aus dem Offizier weißlich warm herausquoll.

Statt erfreut zu sein, war Onkel Charles entsetzt, als er sie sah. Der Bankier Charles-Guy Rotschild empfing sie in der Kaminhalle seines Landschlosses in Limay. Das Gut zog sich weit am Nordufer der Seine hin. Hier züchtete Rotschild Pferde und Rinder. Und so sah er auch aus in seinen Reithosen aus edlem Gabardine, den Juchtenlederstiefeln und dem englischen Tweedsakko. Wie immer dachte er nur an sich, und wenn er sprach, dann nur von sich.

»Die Bank darf ich nicht mehr betreten. Kann von Glück sagen, daß sie mir das Gut lassen und das Leben. Aber sie brauchen wohl meine Verbindungen zu David in Lissabon, zu Pierre in London und vor allem zu Thomas in New York.

Ich organisiere die Devisenströme, tausche ihr Beutegold gegen Dollar. Jeden Kontakt zu meinen Freunden mußte ich abbrechen. Nun kommt eine wie du angeschneit, wo sie doch jeden fremden Besucher schon am Tor fotografieren. Ist dir klar, daß du deine Tarnung damit aufgegeben hast?«

»Ich mußte fliehen, *mon oncle*«, erklärte Judith Rothild.

»*Oui merde*, es erwischt jeden irgendwann.«

»Ich hoffte, du würdest mir weiterhelfen.«

»Wohin denn und womit?« tat der feiste Bankier erstaunt.

»Mit ein paar Dollar vielleicht oder Adressen.«

Der Bankier massierte seine Rotweinnase. »Ich werde täglich von Dutzenden von Leuten angepumpt.«

»Aber ich bin deine Nichte, *mon oncle.*«

»War es nicht genug, daß du die Villa in Salzburg bewohnen durftest?«

Sie hatte vorgehabt zu erzählen, wie sie im Reich mit den Juden umgingen, aber sie ließ es. Es brachte ja doch nichts. Sie fragte nur, ob sie baden dürfe.

»Du kriegst auch Reiseproviant«, entschied Onkel Charles-Guy großzügig, »und ein paar Goldmünzen. Das ist heute die beste Währung. Andererseits möchte ich, daß du dich so rasch wie möglich empfiehlst ... Ich bekomme einen deutschen Bankier zu Besuch und lasse ihn an der Station Mantes abholen. Du kannst im Rolls mitfahren. In zwei Stunden. *D'accord?«*

»Eh bien«, sagte sie zutiefst enttäuscht.

Am Abend war Judith Rothild wieder auf Achse.

Man hatte ihr geraten, alles zu versuchen, daß sie in jenen Teil des freien Frankreich gelangte, der unter Petains Vichy-Regierung stand.

An der Demarkationslinie, so erzählten einige Franzosen im Zug nach Orleans, würde streng ausgesiebt. Andere behaupteten, es fänden gar keine Kontrollen statt.

Um sicherzugehen, stieg Dr. Rothild schon in Tours aus und schloß sich dem Zug der illegalen Grenzgänger und

Schmuggler an. Die Kolonnen teilten sich bald auf. Jeder kannte einen anderen Schleichpfad. Am Ufer der Chèr übernachtete sie in einem Gehöft und sprach mit dem Bauern. Der riet ihr, auf den Lastwagen zu warten, der jeden zweiten Tag vorbeikam und einem *bon ami* von ihm gehörte. Der *bon ami* schmuggle Schuhe und Textilien, die im Süden Mangelware seien, nach Vichy und bringe dafür Rotwein nach Norden.

Der Lkw, ein 5-t-Renault mit Anhänger, kam spätabends angerattert. Ditta Rothild durfte hinten auf den Hänger, wo schon andere Leute zwischen der Ladung saßen. Die Fahrt ging über kurvige Nebenstraßen. Sie schlief ein und erwachte erst, als der Lastzug hielt und sie deutsche Befehle vernahm. Ein Soldat kletterte auf den Hänger und leuchtete mit der Feuerzeugflamme den Leuten ins Gesicht. Als er Ditta sah, verlangte er ihre Papiere. Sie wußte nicht, woran es lag, aber immer war sie diejenige, die herhalten mußte.

Statt eines Ausweises reichte sie dem Soldaten etwas, das ungefähr so groß war und auch von hellbrauner Farbe, einen Tausend-Franc-Schein. Der Soldat musterte ihn und radebrechte: *»Ne suffit pas.«*

Sie faßte in die Bluse, wo sie das Geld im BH versteckt hatte, und gab ihm noch einen Tausender. Das Feuerzeug verlosch. Der Soldat sprang vom Anhänger.

Minuten später waren sie auf der anderen Seite der Demarkationslinie im unbesetzten Frankreich.

Von Limoges aus nahm sie den erstbesten Zug nach Süden. Binnen eines Tages erreichte sie über Toulouse die Mittelmeerküste und Perpignan. Schon am darauffolgenden Tag stand sie in Le Perthus an der Grenze nach Spanien.

Die Arbeiter, die ständigen Grenzgänger, brauchten nur eine rote Karte hochzuhalten und durften passieren. Sie zeigte ihren deutschen Paß. Prompt wurde sie aussortiert.

In seinem Büro erkärte der französische Beamte: »Ohne Visum kommen Sie nicht nach Spanien hinein, Mademoiselle.«

»Und woher kriege ich ein Visum?«

»Über die deutsche Botschaft in Paris vom spanischen Botschafter.«

Da begriff sie, daß es so nicht ging.

Mit dem Bus fuhr sie zur Küste hinunter nach Port Vendres. Beim Essen und später in einigen Bars horchte sie herum, wie man über die Grenze kommt.

»Bei Nacht«, hieß es, »mit Gaston.«

Gaston war ein Schlepper. Er forderte umgerechnet zweihundert Mark. Alle Flüchtlinge machte er darauf aufmerksam, daß ein fünfstündiger Marsch durchs Gebirge vor ihnen liege.

»Schwere Gelände«, sagte er. »*Très difficile, très grave.* Ein Kranker schafft das nicht. Und alles ohne Garantie, *mesdames, messieurs*.«

Ditta Rothild mußte einen Tag warten. Bei Dunkelheit sammelte sich Gastons Gruppe außerhalb des Ortes und marschierte los. Auf einsamen Saumtierpfaden ging es bergauf über nicht mehr benutzte Pyrenäenpässe. Es war die schwierigste der drei Routen, die Gaston ständig wechselte.

Der Mond kam heraus. In seinem fahlen Licht kamen sie leichter über Baumwurzeln, Steine und durch Macchia-Dickicht. Dr. Rothild fiel mehrmals hin. An Dornen riß sie sich Arme und Beine auf. Blutig und zerkratzt kletterte sie weiter.

Nach Mitternacht wartete Gaston auf den letzten seiner Gruppe und sagte dann: »*Mesdames, messieurs,* wir sind drüben. Unter Ihren Füßen ist *maintenant* Spanien.« Dazu deutete er auf einen Hohlweg. »Runter ins Tal, immer am Bachbett entlang. Bei der Brücke rechts, sonst stoßen Sie auf den Grenzposten. Irgendwann kommt Port Bou. Dann befinden Sie sich in Sicherheit.«

Damit verschwand ihr Führer. Sie hörten nur noch trokkene Äste unter seinen Stiefeln knacken.

Im Morgengrauen sahen sie den spanischen Costa-

Brava-Hafen in der ersten Sonne liegen. – Noch ehe sie Port Bou erreichten, tauchten spanische Guardias mit den typischen schwarzen Lackhüten auf und versperrten den Weg. Grinsend nahmen sie die Füchtlinge in Empfang.

»Hätte mich auch gewundert«, resignierte ein älterer Mann mit Leninbart, »wenn es gutgegangen wäre. Das ist schon mein vierter Versuch. Adiòs España, adiòs libertad! Heute abend sind wir wieder in Frankreich. Wenn wir Pech haben, schieben sie uns in ein Internierungslager ab, und wenn wir grenzenloses Pech haben, liefern sie jeden Deutschen an die Nazis aus.«

Immerhin prüften die Spanier ihre Papiere und notierten die Namen. Vermutlich, um Wiederholungstäter entsprechend zu behandeln. Wenn sie nicht scharf vorgingen, so fürchteten sie, würde ihr Land noch von Flüchtlingen überschwemmt werden.

Als Ditta Rothild an der Reihe war, riß sie den britischen Paß von der linken Gesäßbacke, wo er mit Leukoplast befestigt war. Der Sargento blätterte ihn durch und musterte sie dabei. Er blätterte erneut und sprach mit seinem Teniente. Dann telefonierten sie.

Knieweich und zitternd stand Ditta Rothild an der Wand. Offensichtlich war noch keine Entscheidung gefallen.

»Engländerin?« fragte der Teniente, mühsam seine Sprachkenntnisse zusammenklaubend.

»Wie Sie sehen«, antwortete sie und hoffte, daß ihr Schulenglisch genügen würde, um den Spanier zu überzeugen.

»Warum wählen Sie diesen Weg?« wollte er wissen.

»Weil die Deutschen in Vichy meine Auslieferung beantragt haben«, log sie.

»Weshalb? Etwa wegen Prostitution?«

Diese Spanier dachten doch immer an das gleiche.

»Ich war Leibärztin des britischen Botschafters und stehe deshalb auf der Fahndungsliste, Señor.«

Einigermaßen verwundert faßte der Spanier nach. »Und warum klettern Sie heimlich über die Berge?«

»Ich konnte mir kein Visum besorgen.«

Erneut diskutierten die Spanier den Fall. Dann kam die nächste Frage. »Haben Sie Geld, Señora?«

»Dollar.«

»Wer garantiert für Sie?«

»Freunde in Madrid«, log sie weiter. »Brauchen Sie die Adressen?«

Der Spanier glaubte ihr offenbar. Sie bekam den Stempel in den Paß gedrückt und war drüben.

Der Gedanke, gerettet und frei zu sein, wirkte wie eine betäubende Narkosespritze. Ihr schwindelte, als sie hinausging und tief durchatmete.

38

Die polnische Exilregierung schließt mit Moskau einen Freundschafts- und Hilfspakt. In der Schweiz fährt die erste Gasturbinen-Lokomotive.

8. August 1941
Die Diesel dröhnten. Mit sechzehn Knoten lief U 136 in Überwasserfahrt Südwestkurs. Dabei hielt es sich nahe der zerklüfteten Nebelküste Grönlands. Die Dänemark-Straße lag hinter ihnen. Nun querten sie das berüchtigte Irminger-Becken Richtung Kap Farvel.

»Noch neunhundert Seemeilen bis zur Südspitze von Grönland«, koppelte der Obersteuermann, »dann noch mal tausend Meilen, Herr Kaleu. Sechs Tage also.«

»Fünf Tage«, beharrte Lützow, »oder wir kommen zu spät und können gleich kehrtmachen.«

»Zu spät wofür?« stellte der Obersteuermann wieder einmal die Frage aller Fragen.

»Sie sind der erste, der es erfährt«, versprach Lützow.

Ein dumpftönender Schlag, als wäre das Boot eine Glocke, gegen die ein eiserner Klöppel hämmerte, riß Lützow die nächsten Worte von den Lippen. Noch ein betäubender Gong erfolgte. Der dritte war so heftig, daß das Boot bockte, ehe es weiter durch die See glitt.

»Verdammtes Treibeis!« fluchte der I WO. »Einmal kommt uns noch ein ganzer Berg entgegen. Dann spielen wir *Titanic,* und es ist aus.«

Leutnant Wessel feixte. »Wir wissen gar nicht, wie tot wir schon sind.« In aller Ruhe nahm er einen Schluck Apfelsaft.

»Aber es nervt.« Rahn machte sich fertig zur Wachablösung auf dem Turm. »Einmal muß der Mist ja wegtauen.«

»Das Eis sorgt für kaltes Wasser, und das sorgt für Nebel«, bemerkte Wessel. »Was mich betrifft, ich mag Eis. Ganz besonders Speiseeis. Eine Kugel Erdbeer, eine Kugel Vanille und eine mit Schokolade. Dazu Sahne.«

»Sie denken immer nur ans Fressen«, schimpfte Oberleutnant Rahn.

»Weil es leichter ist, als nicht daran zu denken«, erwiderte Wessel. »Ich bin eben ein zufriedenes Kerlchen. Das habe ich von meiner Großmama. Die sagte immer: Junge, wenn du fröhlich sein willst, mußt du jeden Tag drei besondere Dinge tun. Früher genügte Beten, heute brauchst du was Handfesteres. Etwa zehn Zigaretten weniger rauchen, drei Schnäpse weniger trinken, oder laß beim Fluchen das Wort Scheiße weg.«

»Scheiße!« sagte der I WO. »Sie Armleuchter!« Und er kletterte zum Turm hoch.

Droben machte der Zentrale-Maat Meldung: »Kurs zwo eins null. Zwohundertvierzig Umdrehungen, keine Fremdortung.«

Die alte Wache verschwand im Boot. Nur ihr Bordgast, der geheimnisvolle Herr Huber, blieb, in einen pelzgefütterten Wachmantel gehüllt, oben. Taubstumm wie immer lehnte er am Sehrohrbock. Dabei versuchte er ihnen nicht in die Quere zu kommen.

Die See wellte sich entsprechend mittlerer Dünung. In monotonem Rhythmus hob sich der Bug und tauchte wieder ein. Dazu jedesmal das Krachen und Bersten der Eisschollen. Die Sicht in dem dunstigen Grau in Grau betrug eine halbe Meile.

Gegen 13.00 Uhr kam Lützow herauf. Rahn machte Meldung: »Wind dreht, steht jetzt aus Nordost.«

»Fein, dann schiebt er uns ja.«

Er blies aber auch den Nebel weg.

Sie starrten durch die Gläser, bis ihnen die Okulare die Augen aus den Höhlen zogen. Baureis, der Funker, steckte den Kopf durch das Turmluk und brachte den entschlüsselten Mittagsfunkspruch. Er enthielt insofern Neuigkeiten, als der BDU in einem einzigen Satz der Mannschaft von U 136 die alten Dienstgrade zurückgab und ihr gestattete, die erworbenen Orden und Ehrenzeichen zu tragen. – Vom Kommandanten war nicht die Rede.

Zur Feier des Tages buk der Koch eine Torte. Lützow gratulierte allen mit kurzer Lautsprecherdurchsage. Dann sagte er zu Obersteuermann Klein: »Jetzt bin ich der letzte Matrose Arsch an Bord. Was halten Sie davon?«

»Der BDU hat Sie nur zufällig vergessen, Herr Kaleu.«

»Von mir aus«, erwiderte Lützow, »aber bei Dönitz gibt es keine Zufälle.« Sofort kam er wieder zur Sache: »Wie liegen wir in der Zeit, Obersteuermann?«

»Neun Stunden hinter dem Plan.«

Der Turm gab Fliegeralarm herunter. Lützow ließ tauchen. Routine. Fluten. E-Maschinen. Turm schneidet unter. Zwanzig Meter, dreißig Meter. Boot ist durchgependelt. Entlüftungen zu. Tiefenruder beide unten. Binnen vierzig Sekunden war das Boot auf Tiefe.

»Das geht mir zu langsam«, erklärte Lützow mit Blick auf die Stoppuhr, »wir sind ja nicht im Kindergarten. Was war es für ein Flugzeug?«

»Ein Flugboot, eine *Catalina* oder so was.«

»Oder doch nur eine Möwe«, vermutete Lützow.

»Verrecken sollen diese Mistviecher«, fluchte Wessel.

»Bloß keine Sonderwünsche«, bemerkte der Kommandant ruhig.

»Wenn es so weitergeht, werden wir die alte Schachtel nie zusammenfalten, Herr Kaleu.« Damit wollte Wessel den Kommandanten nur herausfordern, endlich einen Ton über ihre Aufgabe zu äußern. Doch Lützow ließ sich weiterhin Zeit.

»Welche alte Schachtel?« fragte er todernst.

»Das wissen«, meinte Wessel frech, »wenn überhaupt, nur zwei. Der Himmel und Sie, unser Kommandant, Herr Matrose Lützow.«

Weiter törnte U 136 nach Südwesten.

Nahe Cap Farvel wurde das Eis weniger, und die Temperaturen stiegen. Allmählich gerieten sie in den Golfstrombereich, zumindest in dessen Nordausläufer. Bald schon stank wieder alles nach U-Boot. Nach Öl und Abgasen, nach Batterie, nach Essen und dem Salzwasserschwiemel auf der Haut.

Der Seegang wurde gröber. Der weite Atlantik hatte sie wieder. Was sie von Neufundland noch trennte, waren die Labradorsee und tausend Meilen. Höchstens einmal in vier Wachstunden meldete der Horcher Geräusche ... meist die von Kolbenmaschinen.

»Fischdampfer!« kam es dann von oben, und es klang beruhigend.

In der Nacht erschien der Funker auf dem Turm. »Auffallend starker Funkverkehr«, meldete er.

»Woher?«

»Im ganzen Frequenzbereich empfangen wir ihn«, sagte der Obermaat.

»Funkverkehr zwischen Schiffen?«

»Zwischen Schiffen und Landstationen, Herr Kaleu.«

»Englisch?« fragte Lützow, obwohl es überflüssig war.

Der Oberfunkmaat kratzte sich unter dem Schiffchen am Hinterkopf. »Das ist es ja, Herr Kaleu, nicht Englisch und nicht Französisch.«

»Chinesisch etwa oder Suaheli?«

»Vielfach verschlüsselt. Doch es ist immer derselbe gleiche Text.«

»Derselbe oder der gleiche?«

»Beides«, äußerte der Funker irritiert.

Drunten im Funkschapp überflog Lützow die Notizen. Sie waren nicht entzifferbar. Egal, ob man sie auf den Kopf stellte oder im Spiegel zu lesen versuchte.

»Sieben Gruppen«, zählte Lützow. »Wann fingen Sie das zum erstenmal auf?«

»Heute vormittag.«

»Wie oft kommt es durch?«

»Pausenlos, immer wieder. Auf allen Bereichen. Sogar im Küstenfunk und auf der Seenotfrequenz. Es muß sich um etwas Wichtiges handeln, Herr Kaleu. Um etwas ganz Ausgekochtes.«

»Um einen Admiralsbefehl«, vermutete Lützow, »oder um eine heiße Warnung.«

»Wir haben alles versucht«, beteuerte der Obermaat. »Mit Hilfe der üblichen Codes. Baureis schwitzt schon eine Weile darüber.«

Lützow überlegte. Der Funkspruch konnte von strategischer Bedeutung sein. Vielleicht hatte er mit der Operation von U 136 zu tun. »Geben Sie die Gruppen sofort an den BDU weiter«, ordnete er an. »In Kap Kernevel und in Vannes haben sie andere Möglichkeiten.«

»Offen durchmorsen?« fragte der Obermaat.

»Wollen Sie das Kauderwelsch etwa noch einmal überschlüsseln?« erwiderte Lützow. »Verschlüsseln Sie nur folgendes: *Bitten um dringende Herstellung von Klartext. gez. U* . . . und so weiter.«

Sie wärmten den großen 200-Watt-Sender an und gingen an die Arbeit. Der BDU bestätigte den Empfang. Doch weder nach sechs noch nach zwölf Stunden hatten sie dort den Schlüssel geknackt.

Schon länger als einen Tag saß der Funkerkadett Baureis über dem rätselhaften Rundspruch. Er versuchte es mit allen ihm bekannten Methoden. Doch weder mit der Logik von Chiffrierlisten noch mit bekannten Decodierformeln, weder mit alphabetischen Umstellungen noch mit einem Zahlensystem kam er weiter. Auch unter Verwendung irgendeiner Sprichwort- oder Bibelzeile zum Zwecke der Tarnung ging nichts. Am Ende versuchte Baureis es anhand von Rhythmus und Intuition. Laut sprach er sich die Buchstabengruppen immer wieder vor. – Doch auch das führte zu keinem Erfolg.

Nun zählte er die Häufigkeit von Buchstaben, verglich sie mit dem Prozentsatz ihres Vorkommens in der englischen Sprache und fand tatsächlich zwei Worte heraus. – Das eine lautete *mouse*, das andere *kill*. Damit hatte er schon neun Buchstaben. Da sie bei jeder zweiten Gruppe das Codierverfahren geändert hatten, nützte es wenig.

Nach Stunden enormer Konzentration entschlüsselte Baureis ein weiteres Wort – *»trap«*. Nun hatte er: Maus ... Falle ... töten.

Lützow schaute zu ihm herunter. »Ergibt es schon Sinn?« fragte er.

»Kaum, Herr Kaleu«, fürchtete Baureis. »Wenn sie eine Maus in der Falle töten, wozu dann noch die restlichen Gruppen?«

Lützow stimmte ihm zu. »Richtig. Ein einziges Wort kann alles verändern, kann alles auf den Kopf stellen wie das Minus- oder Pluszeichen in der Mathematik. Versuchen Sie es trotzdem weiter. Nicht nachlassen, Junge. Wenn Sie das klarieren, schlage ich Sie für das EK eins vor.«

Was den Experten bei der BDU-Funkstelle und auch beim OKM in Berlin nicht gelang, schaffte das phantasiebegabte Gehirn eines Achtzehnjährigen. Nach weiteren fünf Stunden hatte es Baureis. Er entzifferte noch zwei weitere Worte, *intro* und *not*. Den Dienstweg einhaltend, reichte er den Klartext an den Oberfunkmaat. Doch der war nicht sonderlich ehrgeizig.

»Bring es selbst hoch, Junge«, sagte er.

Baureis klemmte das Blatt in die blecherne Kladde. Auf dem Turm legte er sie dem Kommandanten vor.

Lützow las den Text und wiederholte ihn mehrmals kopfschüttelnd. »Maus in Falle locken, aber nicht töten.« Erst zeigte er es Rahn, dann dem Obersteuermann. »Versteht ihr das?«

»Vielleicht hängt es mit unserem Einsatz zusammen, den wir leider nicht kennen, Herr Kaleu.«

»Selbst das ergäbe keinen Sinn. Aber warum dieser Admiralsfunkspruch an alle Einheiten?«

Daß sein Boot damit gemeint sei, bezweifelte Lützow immer mehr, wollte es aber nicht völlig außer acht lassen.

Sie operierten jetzt nahe der amerikanischen Küste. Die Amerikaner befanden sich weder mit Deutschland im Krieg, noch waren sie mit den Engländern alliiert. Zumindest nicht offiziell. Warum dann diese hektischen und identischen Funksprüche wie bei einem Großalarm?

Lützow verkroch sich in sein Kommandantenschapp.

»Baureis«, fragte er später, »kann es ein Irrtum, eine falsche Interpretation sein?«

»Kaum, Herr Kaleu.«

»Was bedeutet ›kaum‹ in der Realität?«

Vorsichtig machte Baureis einen Rückzieher. »Ich gebe mein linkes Auge dafür, daß es stimmt«, sagte er, »aber nicht beide Augen, Herr Kaleu.«

Wenig später kam der LI vorbei. Wie immer, wenn ihn schwere Sorgen drückten, zischte er die Information nur aus dem Mundwinkel.

»Wir ziehen wieder eine Ölspur.«

»Von den Maschinen?«

»Nein. Nach Indikatormessungen sind die Zylinder in Ordnung.«

»Vielleicht ein Treibstoffbunker«, fürchtete Lützow.

»Das fehlte noch.«

»Versuchen Sie es abzudichten.«

»Wir sind dabei.«

Das war kurz vor Wachwechsel.

Rahn zog in der Zentrale die eiskalten Klamotten aus.

»Und jetzt noch eine Ölspur. Bei meiner Ehre als Hitlerjunge«, schimpfte er vor sich hin, »aber wenn es so weitergeht, dann müssen wir noch in die Schlacht getragen werden.«

»Was ist das schon für eine Ehre bei Hitlerjungen«, meinte Wessel. »Doch nur wie bei Hunden hinten unten.«

39

Amerika warnt die Japaner vor Aktivitäten im pazifischen Raum. Furtwängler dirigiert zum letzten Male Beethovens Neunte Symphonie.

9. August 1941
In der Bucht von Placentia vor Neufundland versammelte sich ein riesiges Aufgebot von Kriegsschiffen. Vor Anker lagen Panzerschiffe und Kreuzer. Um sie herum hetzten – wie Hunde um eine Schafherde – Zerstörer, Korvetten, U-Boot-Jäger und Schnellboote. Über die weite Meeresbucht donnerten pausenlos Jagdflugzeuge, Aufklärer und *Mosquito*-Bomber.

Das Treffen der mächtigsten Staatsmänner des Westens mußte sowohl im Luft- wie im Seeraum gesichert werden.

Winston Churchill, der britische Kriegspremier, war schon am Vortag eingetroffen, und zwar an Bord der *Prince of Wales*. Die Schäden, die dem Kreuzer von der Bismarck zugefügt worden waren, hatte man in Eile repariert.

Churchill befand sich in Hochform. Seine Zigarre ging nie aus, seine Scotch-Flasche war nie leer. Ungeduldig wartete er auf den amerikanischen Präsidenten, der sich verspätete.

Roosevelt hatte sich von Washington aus ostentativ auf eine Kreuzfahrt zum Fischfang begeben. Die Staatsjacht nahm weiter Kurs auf Florida, nachdem er an Bord des Kreuzers *Augusta* gebracht worden war.

Man hoffte, daß der deutsche Geheimdienst nicht die geringste Ahnung von dem Treffen hatte. Also dampfte die *Augusta* mit voller Fahrt nach Norden.

Das Treffen vor Neufundland sollte für Hitler eine totale Überraschung sein sowie ein Fingerzeig, daß seine Uhr langsam ablief. In der Bucht von Placentia wurde der durch eine Kinderlähmung, die ihn 1921, im Alter von 39 Jahren, befallen hatte, gehbehinderte Präsident Roosevelt per Bootsmannsstuhl von der *Augusta* an Bord der weitaus sichereren und bequemeren *Prince of Wales* gehievt.

Vor Beginn der Verhandlungen fand am Heck des britischen Schiffes ein Gottesdienst statt. Dazu wurde Salut geschossen. Anschließend begannen die Gespräche.

Der schlaue Fuchs Churchill feilschte und pokerte.

Eigentlich wollte er mit Roosevelt über die amerikanische Hilfe, die Möglichkeiten des russischen Widerstandes und über die japanischen Kriegspläne sprechen. Der amerikanische Präsident ging aber weit darüber hinaus. Er wünschte, daß beide Nationen, obwohl für Amerika der Krieg noch gar nicht begonnen hatte, auf feierliche Weise die Kriegsziele festschrieben, und zwar in einer Charta. Nach tagelangen Verhandlungen wurde man sich über folgende Hauptpunkte einig:

1. Keine Annexionen; 2. Gebietsveränderungen nur nach Volksabstimmungen; 3. Selbstbestimmungsrecht der Völker; 4. Zugang für alle zu Rohstoffen und Welthandel; 5. wirtschaftlicher Fortschritt durch Zusammenarbeit; 6. Freiheit von Furcht und Not durch Frieden; 7. Freiheit der Meere; 8. Gewaltverzicht, Entwaffnung der Aggressoren, Abrüstung.

Diese Punkte der Charta sollten offiziell bekanntgegeben werden. Doch niemand hegte Zweifel daran, daß das Abkommen noch geheime Zusätze enthielt. Schließlich hatte Churchill die gefährliche Seereise nicht unternommen, um selbstverständliche Dinge zu unterschreiben.

In Wahrheit wurde in der Charta von Placentia der Kriegseintritt der USA vorgesehen. Als entsprechende Gerüchte auftauchten, unternahm Roosevelt nichts, um ihnen entgegenzutreten. Ein weiteres Zusatzprotokoll sah vor, daß die Minister Harriman und Lord Beaverbrook nach Moskau reisen sollten, um Stalin die dringend erbetene

Hilfe zu garantieren. Vorerst bestand sie aus 3000 Flugzeugen, 4000 Panzern, 30000 Lastwagen sowie 100000 Tonnen Benzin, Munition usw.

Bei einem Vieraugengespräch zwischen Churchill und Roosevelt entwarf der britische Premier dem Amerikaner ein höllisches Szenario, die Weiterentwicklung des Krieges betreffend.

»Hitler wird in England landen«, prophezeite er, »und die Japaner werden Sie irgendwo im Pazifik angreifen, Mister President. Es wird Millionen von Toten geben, Blut wird in Strömen fließen, die Erde wird verbrannt sein.«

Während der Gespräche gab die U-Boot-Abwehr in der Bay mehrmals Alarm. Ein Eindringling wurde gemeldet. Es hatte den Anschein, als nähere sich aus der Tiefe ein unsichtbarer Angreifer.

Der schützende Ring um die *Prince of Wales* zog sich enger. Eine Armada von U-Boot-Jägern stürzte sich auf den vermuteten Gegner. Nach stundenlanger Jagd hatten sie ihn erfaßt und vertrieben ihn in einer wahren Wasserbombenschlacht. Der Gegner wurde zum Auftauchen gezwungen.

Wie sich ergab, handelte es sich um einen ziemlich großen Grauwal, einen uralten Knaben, der schon Moos angesetzt hatte. Beim nächsten Mal wollte man eine derartige Panikreaktion aus Übernervosität vermeiden . . .

Die Unterzeichnung der Charta war für Sonntag, den 10. August, vorgesehen. Einen Tag später sollten die britisch-amerikanischen Absichten durch einen feierlichen Schlußgottesdienst besiegelt werden. Der Gottesdienst sollte auf dem Achterdeck der *Prince of Wales* stattfinden.

Der Präsident und der Premier wollten gemeinsam »Onward Christian Soldiers« singen, und die 14-Zoll-Geschütze würden dazu Salut feuern. Auf diese Weise sollte die Atlantik-Charta in Kraft gesetzt werden. Eigentlich fehlte dazu nur noch der Handschlag des atheistischen

Massenmörders Josef Stalin, mit dem Engländer und Amerikaner nun verbündet waren.

Wie stets bei solchen Anlässen wurden auch Beförderungen vorgenommen und Auszeichnungen verliehen.

In Washington erhielt der Engländer Captain Kevin Morton einen hohen amerikanischen Verdienstorden.

40

Reval wird eingenommen. Finnland beteiligt sich unter Mannerheims Befehl am Krieg gegen die UdSSR und tritt dem Antikomintern-Pakt bei.

11. August 1941

Das Barometer fiel weiter. U 136 stürmte gegen die schwere Dünung an, die, aus der Labrador-See kommend, querlief. Die Gischt spritzte hinauf bis zum Turm. Mitunter spülte eiskaltes Wasser über die Köpfe der Wache.

Sobald sich nur die Spur einer Rauchfahne am Horizont zeigte, tauchte das Boot. Auf der Höhe von St. John änderte es den Kurs. Unter tiefhängenden Wolken glitt es wie ein grauer Schatten durch die Morgendämmerung.

Gegen elf Uhr änderte es erneut den Kurs und lief auf Land zu. Aber die Küste wich an beiden Seiten zurück, um einer riesigen Bay Platz zu machen. Es wurde Nachmittag, Abend und dunkel. Wind kam auf. Bald fühlten sich die U-Boot-Männer hinter dem Schanzkleid des Turmes wie Blinde, die sich durch das Labyrinth eines unbekannten Fahrwassers tasteten.

Ein Dampferlicht tauchte auf. Grün-weiß-rot.

»Da läuft einer aus«, vermutete der I WO, »und vierkant auf uns zu.«

Mit einer Meile Abstand zog der Frachter vorbei. Später erkannten sie an Steuerbord ein wechselndes Signal. Vermutlich ein Leuchtturm. Seine zwei Blitze rotierten alle dreißig Sekunden. Eine Stunde später glitzerten am Horizont tausend Lichter.

»In der Karte ist kein Hafen verzeichnet«, sagte Rahn.

»Es sind auf Reede ankernde Schiffe«, vermutete Lützow.

»Eine ganze Mahalla muß das sein.«
»Ist es auch.«

Noch immer bewahrte Lützow Stillschweigen über ihre Operation. Der Obersteuermann kam herauf.

»Wir sind da, Herr Kaleu.«

»Wie setzt der Strom?«

»Noch gegen uns mit drei Knoten.«

»Wann kentert er?«

»Um dreiundzwanzig Uhr zehn.«

»Dann lassen wir uns von der Flut reinziehen.«

Der Funkmaat überbrachte eine Meldung des BDU. Lützow überflog sie kopfschüttelnd, zerknüllte das Formular und warf es durch das Luk nach unten ins Boot. Ihr Bordgast Huber beobachtete ihn dabei aus den Augenwinkeln und spitzte die Ohren, als Lützow dem Funkmaat zuflüsterte: »Schnauze halten! Kein Wort an niemanden!«

Lützow ließ tauchen und legte das Boot in neunzig Meter Tiefe auf Grund. Es war weicher Sand. – Dann ließ er seine Männer in der Zentrale antreten. Im Licht der vergitterten Lampen wirkten ihre Gesichter bleich, immer noch häftlingshaft hohlwangig.

»Herhören!« sagte Lützow ohne Mikrophon. »Wir stehen dicht vor Neufundland. Wir haben den Auftrag, in die Bucht von Placentia einzulaufen. Die halbe britische und amerikanische Flotte liegen hier vor Anker. Nach mir vorliegenden Meldungen beraten sich Präsident Roosevelt und Premierminister Churchill an Bord des Kreuzers *Prince of Wales*. Sie führen Verhandlungen, die sich gegen das Deutsche Reich richten und zu dieser Stunde stattfinden. Wir werden angreifen und sie versenken.«

Keiner sagte ein Wort. Mit betretenen Mienen standen die Männer herum.

»Ich verlasse mich auf euch«, endete Lützow seine kurze Ansprache, »was immer auch geschehen mag. – Und jetzt alles in die Kojen. Wecken null Uhr.«

»Wegtreten!« befahl Rahn, da sich keiner rührte.

»Moment noch«, ertönte eine beinah unbekannte Stimme. Es war die von Huber, dem großen Schweiger. Huber hatte am Kugelschott gelehnt und drängte sich jetzt durch die Reihen der Besatzung bis vor Lützow. Aus der Tasche holte er ein zerknittertes Funkformular, hielt es hoch und rief: »Ich gratuliere dem Kommandanten dieses Bootes zur Beförderung zum Fregattenkapitän!«

Verärgert, weil es nun doch schon durchgesickert war, wischte Lützow sich über das Gesicht. »Nicht meine Schuld«, beteuerte er verlegen.

Einer rief »Hurra!« Beim zweitenmal fielen andere mit ein, beim dritten »Hurra!« alle.

Um Strom zu sparen, schliefen sie im Dunkeln in der Enge ihrer feuchten Kojen. Nach Mitternacht vernahmen sie, wie die Strömung gegen die Stahlwand des Bootes schlug.

Seine innere Uhr hatte Lützow geweckt. In der Zentrale breitete er noch einmal die Karte aus, blätterte im Segelhandbuch und in der Gezeitentafel. Im Geist sah er das Fahrwasser vor sich, jede Untiefe, jedes eingezeichnete Wrack. Meile um Meile.

Im Boot wurde geweckt. LI und I WO meldeten klar zum Auftauchen. Lützow gab den Befehl. Langsam, fast unwillig löste sich das Boot aus dem weichen Grundbett. Die E-Maschinen sangen. Auf vierzehn Meter fuhr Lützow das Sehrohr aus, preßte die Augen an das Okular. Einmal fuhr er herum, um dreihundertsechzig Grad Rundblick zu gewinnen.

»Verflucht hell da oben«, äußerte er.

»Der Mond kann es nicht sein«, versicherte der Obersteuermann.

»Was dann, bitte?«

Sie rätselten herum, bis Lützow etwas einfiel. »Nordlicht«, sagte er, »klar, Nordlicht. – Beide Diesel Achtung!«

Das Boot schnitt durch. Turmluk auf. Die Wache turnte hinaus. Die Diesel sprangen an. Achterlicher Wind wehte ihnen die Auspuffgase in die Nase. – Das Nordlicht flammte wie Phosphorschwaden um den Horizont.

»Verdammt hell«, stellte nun auch der Obersteuermann fest, »verdammt hell!«

»Frage: Kurs?« forderte der Rudergänger an.

»Neunzig bleibt. Ruder weiter mittschiffs.«

»Hell, aber gutes Schußlicht«, bemerkte Rahn.

Mit großer Fahrt, zusätzlich geschoben von der Flut, näherten sie sich rasch den Lichtern auf der Reede. Distanz noch acht Meilen.

Lützow ließ sein Nachtglas polieren, setzte es an und stellte es an der Rändelschraube scharf.

»Da ist mächtig was los«, maulte Wessel, »mein lieber Scholli. Gegen den Betrieb da ist ein Hühnerhof eine geordnete Formation.«

Der Achterausguck trat von einem Fuß auf den anderen. Dabei knarrten seine Seestiefel auf den Grätings.

»Bloß nicht nervös werden«, beruhigte ihn Lützow. »Frage: Torpedos?«

»Bugrohre klar«, kam es von unten. Und wenig später: »Heckrohr klar!«

Der Mann am Echolot sagte laufend die Tiefe an. Dadurch ermittelten sie ziemlich genau ihre Position.

»Jetzt spielt Gottvater, der große Gasförmige, unseren Lotsen«, lästerte Wessel. »Und der Stern von Bethlehem wird über dem Haupte des Prinzen von Wales erstrahlen.«

»Ruhe!« bat Lützow, aufs äußerste konzentriert.

Ein Schatten tauchte auf. Vermutlich ein Prahm, der in das Fahrwasser gezogen werden konnte, um es zu sperren. Wegen der starken Flut hatten sie es heute offenbar unterlassen.

»Wie steht es wohl mit Minensperren?« äußerte Rahn.

»Beim ersten Rendezvous habe ich nie ein Präservativ dabei«, sagte Wessel. »Und wegen dieses einmaligen Treffens werden die Neufundländer sich nicht ihre Fischgründe mit Minen versauen lassen.«

»Zwanzig Meter«, wurde von unten gemeldet, »achtzehn, abnehmend.«

»Das ist die Untiefe«, meldete der Obersteuermann. »Eine Art Klippe.«

Sie rutschten drüber weg.

Ganz gegen seine Gewohnheit fluchte Lützow leise. »Teufel, es ist einfach zu hell. Wir geben eine deutliche Silhouette ab. Die schlafen ja nicht. Herhören! Wer als erster einen fetten Brocken ausmacht, empfängt eine Flasche Cognac.«

Sobald er einigermaßen sicher war, wo die Dickschiffe lagen, wollte Lützow tauchen.

In Küstennähe strich ein Scheinwerferstrahl tief über das Wasser. Er erfaßte einen Bewacher. Die Fregatte lief schräg auf U 136 zu, kam näher. Lützow behielt die Ruhe. Er gab sich noch eine Frist von zwanzig Sekunden.

Die Männer auf dem Turm bewunderten seine Nerven. – Tatsache war, daß Lützow lautlos zählte. Spätestens bei zwanzig würde er tauchen lassen. Doch schon bei vierzehn drehte der Bewacher ab und gab seinem Kurs einen anderen Zacken.

»Die dicken Ottos liegen wohl weiter im Norden«, vermutete Rahn.

Wieder glitt ein abgedunkelter Schatten vorbei, ohne sie jedoch zu sichten.

»Ob die unseren Diesel hören?« fragte einer von der Turmwache.

»Höchstens deinen Furz.«

»Ruhe!« zischte Lützow erneut und trat zum Achterausguck. Seine Züge waren hart vor Zorn. Aber im selben Moment entdeckte er eine daumennagelbreite Kontur, geformt wie eine Fabrik mit flachen Hallen und Schornsteinen, ein Scherenschnitt aus schwarzem auf dunkelblauem Papier. »In zwei Uhr«, sagte er.

Alle Gläser richteten sich dorthin.

Lützow drehte das Boot nach Backbord. Von der Zentrale reichten sie das Flottenhandbuch herauf. Die Seite mit der *Prince of Wales* war aufgeschlagen. Die Handmuschel über der Lampe, prägte Lützow sich die Umrisse noch einmal ein.

»Sieht aus wie ein Schlachtschiff, Herr Kapitän.«

»Das ist sie!«

Sie hatten jetzt genug tiefes Wasser unter dem Kiel. Man spürte, wie die Strömung das Boot wegdrückte. Doch es lief weiter in die für den Angriff günstigste Richtung.

»UZO auf die Brücke!« befahl Lützow und forderte für alle Fälle schon beide E-Maschinen an. »Klarmachen zum Überwasserschuß!«

Mit einemmal trat totale Stille ein. Bis jetzt war alles glattgegangen.

»Wir mogeln uns noch ein Stück näher.« Er dachte nicht daran, daß noch irgend etwas schiefgehen könnte. »Sieht gut aus.«

»Objekt liegt vor Bug- und Heckanker«, meldete Rahn.

»Rohr eins bis vier!«

Lützow nannte die Werte für den Maat am Schußrechner. »Ziel in vierzig Grad. Entfernung fünfundzwanzighundert. LUT-Torpedos, Tiefeneinstellung fünf Meter. Magnetpistole. Viererfächer. Nahschuß!«

Er behielt das Ziel im Fadenkreuz der UZO-Optik.

»Lage laufend schalten.«

Das Ziel wurde größer, aber auch das Polarlicht wurde für Minuten sehr hell.

Die Diesel waren längst abgestellt, die Ventile der Rohrdurchführungen geschlossen.

»Beide E-Maschinen große Fahrt. Ich greife an!«

Spürbar beschleunigte das Boot durch den Schraubendruck.

»Torpedos klar!« kam es von vorn und von achtern.

»Klar bei Entlüftungen«, bestätigte der LI, denn nach dem Schuß wollte Lützow sofort auf Tiefe gehen.

Das Nordlicht spiegelte sich glitzernd im Wasser.

»Verfluchte Helligkeit!«

»Torpedos Achtung!«

Der I WO trat an den Abschußknopf.

Durch die Zielautomatik wurde jedes Grad Bootsdrehung bis zur letzten Sekunde in die Torpedos eingegeben.

Sie liefen weiter auf die *Prince of Wales* zu. – Noch einmal korrigierte Lützow das Fadenkreuz im UZO nach.

»Feuer!« befahl er ruhig, als bitte er um ein Streichholz für die Zigarette.

Rahn hatte den Abschußhebel umgelegt. Im Boot erfolgte der bekannte Ruck und der kleine Bocksprung, als die Aale die Rohre verließen. Sie zischten hinaus und waren unterwegs.

Noch war es in der Bucht unheimlich still.

Um die Minuten des peinigenden Wartens abzukürzen, befahl Lützow zu tauchen. Seine Absicht war, unter dem Ziel hindurchzulaufen. Erfahrungsgemäß suchten die Jäger immer erst da, wo die Torpedos herkamen.

Binnen fünfundzwanzig Sekunden war das Boot unten.

»Beide Maschinen A. K. voraus!«

Das Summen wurde zum Singen. Wessel sagte kopfschüttelnd zum Zentralemaat: »Ein Viererfächer, das ist ja fast schon unchristlich.«

»Der Alte wird noch zum Menschenfeind.«

Auf die Stoppuhr starrend, zählte Klein die Laufzeit in Sekunden.

»Siebzig . . . neunzig . . .«

Nach der dritten Minute kam er noch bis sechzehn, als der erste Schlag ertönte. Da sie südlich vom Heck der *Prince of Wales* durchliefen, donnerte er von Norden heran. Dichtauf folgte der zweite Schlag und der dritte.

»Treffer!«

Eine neue Druckwelle erreichte U 136.

»Und Nummer vier! Wer sagt's denn.«

Alle C-5 waren ins Ziel gegangen. Droben mußte jetzt die Hölle los sein.

»Nachladen!« befahl Lützow.

»Frage: Heckrohr?« kam es von achtern.

Das letzte schußklare Rohr wollte sich Lützow notfalls für einen Verfolger aufheben.

Mit einemmal spürte er, wie die Anspannung der letzten Tage von ihm wich. Er war müde. Er hatte alles getan, was er konnte, aber er war sehr müde. – Weiter lief das Boot mit äußerster Kraft ab.

Bald mußten neue Detonationen folgen, wenn die Munition und der Treibstoff der *Prince of Wales* hochgingen. Und dann würden die Jäger ausschwärmen.

Mit genug Abstand von dem totgeschossenen Kreuzer wollte Lützow sehen, was los war.

»Langsame Fahrt. Sehrohrtiefe!«

Mit Tiefenruderstellung oben stieg das Boot.

»Vierzehn Meter!«

Lützow fuhr das Sehrohr aus. Oben ging es jetzt zu wie auf einem Rummelplatz. Lichter, Scheinwerfer, Signalraketen. Die Bewacher rasten kreuz und quer und suchten das Wasser ab. Lützow drehte das Sehrohr in die Richtung, wo die *Prince of Wales* lag. Aber er sah dort keinen Feuerschein.

Deutlich schrak er zusammen. »Das kann es nicht geben«, keuchte er.

Wie gebannt starrte er auf die Silhouette des Kreuzers, der noch immer friedensmäßig vor Anker lag. An Bord gab es keine Explosionen und keine Brände. Die Aufbauten waren nicht in Stücke zerrissen, und das Schiff sank nicht. Es lag ruhig da, als schlafe es.

Kopfschüttelnd wandte Lützow sich an den Obersteuermann. »Träume ich?«

»Was ist los, Herr Kapitän?«

»Wir hörten doch vier Explosionen.«

»Vier Treffer, Herr Kapitän.«

»Wirklich?«

»Die Torpedolaufzeit war auch in Ordnung. Plus-minus zehn Sekunden, maximal.«

Lützow überzeugte sich noch einmal von dem, was er sah und nicht erwartet hatte. Dann ließ er Oberleutnant Rahn, später den II WO und den Obersteuermann ans Periskop.

»Was sehen Sie?« fragte er, mühsam beherrscht.

Sie sahen nichts und verstanden nicht, was sie nicht sahen.

»Madonna Clara, das ist unmöglich«, bemerkte Wessel. »Mich kriegen keine zehn Pferde noch mal in so einen Scheißkrieg. Wir erwischten ihn voll unter der Gürtellinie, und er schüttelt sich nicht mal kurz.«

Lützow war wie gelähmt. Er dachte nur noch an eines, nämlich sich aus dieser Falle herauszuschleichen.

»Hart Steuerbord!« befahl er. »Nichts wie weg!«

Plötzlich war es in der Bucht lebendig geworden. Über ihnen fuhren sie herum wie die Hornissen. Messerscharfe Scheinwerferbündel durchbrachen die Dunkelheit und suchten die See ab. Eine Zerstörerturbine sang näher. Lützow manövrierte den Bewacher durch Querkurs aus, ehe sein Asdic ihn erreichte.

»Was ist da oben passiert?« fragte Lützow immer wieder. Alle vier Aale waren programmgemäß detoniert, mithin keine Versager. Was also war geschehen?

Jetzt galt es, die Bucht auf demselben Weg zu verlassen, auf dem sie hereingekommen waren. Die Frage nach den Fehlschüssen verdrängend, konzentrierte er sich nur darauf. Auftauchen – Rundblick – Flüche. Wie ein Riegel legten sich die Blockschiffe der Sicherungsgruppe zwischen das Fahrwasser und das offene Meer. Und dies an der engsten Stelle.

»Jetzt sitzen wir im Sack«, fürchtete Rahn.

»Mit einer Einschränkung.« Lützow hatte es im Hinterkopf, es gab noch einen zweiten Ausgang aus der Bucht, wenn auch einen sehr schmalen. Vierzig Meilen entfernt im Norden. »Die starke Strömung muß ja irgendwo oben im Fjord wieder raus.«

»Falls wir da durchkommen«, zweifelte Klein. »Ein Schlauch, gerade breit genug für zwei Ölsardinen.«

»Zerstörer in siebzig Grad«, meldete der Horcher. »Läuft auf uns zu.«

Lützow ließ wieder tauchen. Kaum unten, fragte er: »Abstand?«

»Zwanzighundert.«

»Kurs?«

»Auf uns zu.«

Ein fernes Donnern von Wasserbomben unterbrach den Dialog. Instinktiv schlug Lützow einen Haken und verließ damit den Gegnerkurs. Er hockte auf der Kartenkiste, hatte die Kommandantenmütze mit dem Schirm nach hinten gedreht und sagte: »Ich glaube, jetzt hab ich's!«

»Was, Herr Kapitän?«

»Warum die *Prince of Wales* noch schwimmt.«

»Sie meinen, weshalb die vier Treffer ohne Wirkung blieben?«

»Es ist ein alter Trick aus dem Ersten Weltkrieg«, erinnerte sich Lützow, »er wird heute gar nicht mehr praktiziert. Hat einer schon mal was von Torpedonetzen gehört?«

»Nur davon gelesen«, räumte Wessel ein. »In einem Buch über Kommandant Wedding neunzehnhundertsiebzehn. Torpedonetze, das ist, als würden keusche Jungfern die Unterröcke bis zum Knöchel ziehn, damit keiner an die Muschi rankommt.«

»In zwanzig Meter Abstand von der Bordkante hängen sie Stahlnetze bis tief unter die Kiellinie«, erklärte Lützow, »und lösen dadurch jeden Torpedo schon vorher aus. Trick siebzehn. – Genau das ist es gewesen, meine Herren.«

Die Wasserbombeneinschläge lagen ziemlich weit ab. Nur allmählich kam das rhythmische Donnern näher.

»Sie können es noch nicht, diese Yankees«, sagte einer, »so wie es aussieht.«

»Sie werden es lernen«, fürchtete Lützow, »und viel zu rasch.« Er hatte nur noch einen Gedanken: wie er das Boot und seine Männer aus dieser Falle bringen konnte.

41

Die Engländer bereiten eine Offensive gegen Libyen vor. Und vor Leningrad stoßen deutsche Panzer auf starken russischen Widerstand.

12. August 1941
Gestern hatte Gloria Capland von Washington angerufen. Heute meldete sich die Senatorin aus dem Waldorf-Astoria-Hotel in New York.

»Jetzt bin ich nur noch eine Meile von dir entfernt, Darling«, hauchte sie zärtlich.

»Zehn Yards sind schon zu weit«, erwiderte Arie Goldstern. »Wann sehe ich dich endlich?«

»Sie quatschten immer endlos. Warum kommen Männer im Bett immer zu schnell und am Konferenztisch nie zur Sache!«

»Ich erwarte dich«, sagte Arie, »voll Sehnsucht und Ungeduld.«

»Wenn mir das Genöle zu dumm wird, erfinde ich eine Ausrede.«

»Am besten, du läßt das Taxi schon mal mit laufendem Motor warten«, drängte Arie.

Die sportlich schlanke, stets elegante Multimillionärin verließ ihre Suite und fuhr mit dem Lift zum Penthouse-Restaurant. In einem holzgetäfelten Konferenzraum warteten ihre Gesprächspartner. Neben dem Gouverneur des Staates New York, dem Oberbürgermeister und dem Secretary des Departments für Wirtschaft hing noch ein General in einem der Clubsessel.

Heute ging es um die rasche Bereitstellung von Hafenanlagen für militärische Zwecke, um die Beschlagnahme von leerstehenden Fabrikkomplexen für die Waffenproduktion und die Beschaffung von Arbeitskräften.

»Platz haben wir längs des Hudson genug«, sagte der Gouverneur, »doch die Eigentümer werden die Preise hochschrauben, wenn sie von den Regierungsplänen hören.«

»Der Staat will ja nicht kaufen«, erklärte der Bürgermeister, »wir sind dabei, die Preisgrenze für langfristige Pachtverträge festzulegen. Notfalls greifen wir zu schärferen Maßnahmen, wenn nötig bis zur Enteignung. Die Eigentümer der Liegenschaften werden aber darauf bestehen, daß die nötigen Investitionen vom Staat übernommen werden.«

»Das kann ich Ihnen zusichern«, versprach der Gouverneur. »Und was Arbeiter betrifft, so haben wir im Staat New York genug Einwanderer und Ausländer. Nur an Fachkräften mangelt es.«

Dazu meinte der General: »Die Produktion von Schiffen, Flugzeugen oder Panzern wird heute im Taktverfahren vorgenommen, wie am Fließband bei Ford. Jeder Arbeiter hat stets dieselben Handgriffe zu erledigen. Lernen kann das sogar ein Affe.«

»Ein Problem ist die Sicherheit«, wandte die Senatorin von Texas ein. »Rüstungsindustrie plus Ausländer ergibt zwangsläufig einen Nährboden für Spionage und Sabotage.«

In einem längeren Referat forderte sie hart und unerbittlich, aber auch so klug wie schön, die nötigen Maßnahmen. Sie war noch nicht damit fertig, als der Leibwächter des Ministers eine Meldung hereinbrachte. Der Secretary überflog sie und verkündete mit strahlender Miene:

»Gentlemen, Madam, eine gute Nachricht. In der Bucht von Placentia vor Neufundland wurde der britische Panzerkreuzer *Prince of Wales* angegriffen. Ein deutsches U-Boot schoß vier Torpedos auf ihn ab.«

»Was soll gut daran sein?« bemerkte Gloria Capland entsetzt.

»Und alle vier Torpedos haben getroffen. – Aber nur die

zum Schutze ausgehängten Torpedonetze. Es gab kaum Schäden und keine Verletzten. Außerdem waren die Feierlichkeiten nach Unterzeichnung der Atlantik-Charta bereits beendet. Präsident Roosevelt befand sich nicht mehr an Bord. Churchill hatte sich schon nach Gander, zum Rückflug nach London, aufgemacht.«

»Und das U-Boot?« fragte der General.

Der Secretary drehte einen abgestreckten Daumen nach unten. »Mit Wasserbomben zerstört. – Wie man annimmt.«

Minutenlang verharrte die Runde in Schweigen. Der Gouverneur nahm Kaffee zu sich, der Bürgermeister Mineralwasser, der General schon einen frühen Drink. Als Mitglied des Nationalen Sicherheitsrates erklärte Gloria Capland besorgt: »Wenn ich recht verstehe, kam das U-Boot nur um wenige Stunden zu spät. Woher wußten die Deutschen, welches kriegswichtige Ereignis nördlich von Halifax stattfinden würde? Mein Gott, wer hat das verraten!«

Die Senatorin von Texas beendete ihr Referat nicht mehr. Für den Rest des Nachmittags entschuldigte sie sich mit einer Unpäßlichkeit.

Ausgehungert warf sich Gloria Capland in die Arme ihres Liebhabers.

»Meine Tausendschöne«, sagte Arie Goldstern.

»Was ist eine Tausendschöne?«

»Eine deutsche Märchengestalt.«

»Erzähl mir davon.«

»Später.«

Er riß ihr das Kostüm vom Leibe und sie ihm Hemd und Hose. Noch halb bekleidet, sanken sie auf die breite Couch unter der Dachschräge der Mansardenwohnung. Beide waren sie so voll Hitze und Sinnlichkeit, daß die erste Runde immer in einen Kampf ausartete. Er wollte alles, sie wollte auch alles und noch mehr. Nach der ersten Erschöpfung holte Arie kühlen kalifornischen Lambrusco aus dem Freezer, dazu eine vorbereitete Imbißplatte: Crackers mit Mozzarella und Kapern, mit Salami, mit gerolltem Parmaschinken, sowie kaltes Brathuhn, das man in eine würzige Tomatensoße stippte.

Gierig trank Gloria von dem perlenden Rotwein.

»Ich liebe dich«, sagte sie mit feuchten Lippen, »und das andere mindestens ebenso.«

»Was ist das andere?« wollte er wissen.

Jetzt völlig nackt, lag sie auf dem Rücken, breitete genüßlich Arme und Beine aus.

»Das Leben hier in Greenwich Village liebe ich«, sagte sie. »Wie nennen es die Italiener?«

»Ambiente.«

Vom Bett aus konnte man durch die offene Terrassentür zu dem kleinen Platz mit den Platanen hinuntersehen, zu den Spaziergängern, zu den Menschen vor den Straßencafés, zu dem Hot-dog-Verkäufer.

»Heute bist du besonders gut drauf«, stellte Arie fest.

Sie kraulte seine schwarzen Brusthaarlocken. »Nenn es ruhig geil. Ich kann aber mehr als nur geil sein.«

»Zum Beispiel?«

»Glücklich«, gestand sie. »Eben kam eine Sondermeldung durch.« Sie berichtete von dem U-Boot-Zwischenfall in Neufundland.

»Hauptsache, die Verträge sind unterzeichnet«, äußerte Arie dazu und steckte zwei Zigaretten an. Eine für sich, eine für sie, obwohl er wußte, daß sie das wenig schätzte. Gloria behauptete immer, der erste Zug aus einer Zigarette sei der beste und so gut wie der zweite Beischlaf nach der Entjungferung. »Was ist das für eine fürchterliche Zeit«, bemerkte Arie, »schon bringen günstige Kriegsberichte unsere Frauen hoch.«

Sie richtete sich auf, griff nach dem Ascher und schob ihn in günstigere Position zwischen ihre Schenkel.

»Vergiß die Auswirkung der Charta nicht«, erklärte Gloria sachlich. »Von dem neuen M-32-Tank werden wir bald zweihundert Stück täglich bauen. Dazu neue Nahkampfraketen, sogenannte Bazookas. Sie durchschlagen jede Panzerung. Wir werden Kanonen und Munition in so gigantischen Mengen herstellen, daß wir sogar Rußland damit versorgen können. Dieser Hitler wird mächtig Prügel beziehen.«

Arie blickte zur Decke, wo gläserne Perlen an bunten Schnüren herabhingen. Sie klangen hell, wenn man sie berührte. »Und wie soll der Nachschub über den großen Teich gebracht werden?« fragte er.

»Henry Kaiser will seine Fließbandschiffe in einer Bauzeit von dreißig Tagen herstellen. Sie arbeiten auf Dutzenden von Helligen entlang der Küste. In Tag- und Nachtschichten schweißen sie die Fertigteile zusammen. Alle vierundzwanzig Stunden werden drei Schiffe fertig. Die Konvois brauchen sie dringend zum Ausgleich der hohen Verluste. Damit ist zunächst die Tonnagekapazität sichergestellt. Die Engländer werden nach wie vor über die Atlantikroute beliefert, die Russen bald schon über Wladiwostok.«

»Falls euch die Japaner keinen Strich durch die Rechnung machen«, gab Arie zu bedenken. »Vergiß die Achse Berlin – Tokio nicht.«

»Scheißjapaner!« schimpfte die Senatorin.

»Und wer, bitte, finanziert das alles, Gnädigste?«

»Die Angst vor Hitler«, erwiderte sie, rollte sich über ihn, dann unter ihn und umklammerte seinen Körper mit ihren Schenkeln.

»Liebe mich noch einmal«, flüsterte sie, »aber im großen Masogang.«

Eines ihrer Lieblingsspiele war, daß sie sich scheinbar sträubte und er sie mit zunehmender Brutalität vergewaltigte.

»Mehr Tempo!« schrie sie. »Kein Trab. Schneller, schneller, los, Galopp! Jetzt gib ihr einen letzten Schuß, der alten Hure!«

Mit den Fersen schlug sie auf seinen Rücken ein, als gäbe sie ihrem Hengst die Sporen.

Es wurde Nacht. Die Straßenlaternen gingen an. Musik drang aus den Kneipen. Betrunkene sangen. Auch Arie und Gloria waren betrunken. Sie leerten die dritte Flasche Lambrusco.

Arie wollte ins Bad gehen, ihm war heiß, und er brauchte eine kalte Dusche. Doch sie krallte die Fingernägel in sein Gesäß. »Bleib da!« keuchte sie. »Mach's mir noch einmal.«

Später schaltete sie das Radio auf der Konsole über dem Bett an. NBC brachte die Ein-Uhr-Nachrichten, aber mit vielen Störungen.

»Was ist das für eine Kiste«, bemerkte Gloria abfällig, »ein Riesending von einem Superhet, und nicht einmal New York kriegst du ohne Krachen herein.«

»Eine Röhre der Endstufe ist defekt«, erklärte Arie.

»Morgen schenke ich dir einen neuen.«

Der Ansager verlas Nachrichten aus dem pazifischen Raum. Angeblich schlugen alle Verhandlungen mit den Japanern fehl. Das Militärkabinett unter General Tojo wollte Hongkong angreifen.

»Tojo ist ein Falke«, äußerte die Senatorin und strich ihre blonden Prinz-Eisenherz-Fransen zurück. »Er wird Japan in den Krieg gegen uns treiben.«

»Amerika braucht ja nicht mitzumachen«, spottete Arie.

»Und wenn sie uns fürchterlich provozieren?«

»Vielleicht«, sagte Goldstern mißtrauisch, »wartet Roosevelt sogar darauf, daß man ihn provoziert?«

Sie hob die Schultern so ruckartig, daß ihre Brüste mitschwangen.

»Vielleicht auch so herum«, räumte sie ein.

Gegen Morgen genoß sie noch einmal das Streicheln seiner Hände und ließ sich damit erneut zu Höhepunkten bringen.

»Bis nächste Woche in Washington«, flüsterte sie leidlich erschöpft, »wird es wohl genügen.«

»Ich werde dasein, Liebste.«

»Und im Herbst auf meiner Ranch«, erinnerte sie ihn. »Wenn du mich dann noch begehrst.«

Er blickte sie an und wiegte seinen klassischen Schädel, der mehr an einen römischen Wagenlenker als an einen Juden erinnerte. »Wohl kaum.«

»Dann soll dich der Teufel holen!«

Unvermittelt wurde er ernst, als habe er Vorahnungen. »Warum zweifelst du überhaupt daran, warum sagst du so etwas, ich will es wissen.«

Gloria ging ins Bad, duschte, kam angekleidet und mit etwas Mascara-Make-up wieder. Am großen Spiegel seiner Künstlerwohnung hinter dem Schreibtisch, wo rechts die Schreibmaschine stand und links der Aktenordner mit dem halbfertigen Roman, befestigte sie die Brillantohrringe.

»Falls ich dich dann noch begehre«, wiederholte er sinngemäß ihre Worte, »warum hast du das gesagt? Vielleicht verläßt sogar du mich.«

Sie wandte sich um und lächelte vielsagend. »Ich würde es auch gerne wissen. Es ist nur so ein Gefühl.«

Kaum war Gloria Capland mit dem Taxi weggefahren, schraubte Arie Goldstern die Rückwand seines Radios ab, stöpselte Drähte um und verband das Gerät mit der getarnten Hochantenne. Um 09.00 Uhr war Kontaktzeit.

Der Geheimagent Arie Goldstern funkte die neuesten Informationen verschlüsselt nach Berlin.

42

Leningrad wird eingeschlossen. Die Einwohner bereiten sich auf den Belagerungszustand vor. Doch die Stadt hat kaum Vorräte. Ohne Entsatz durch sibirische Truppen fürchtet man, den Herbst und den Winter nicht zu überstehen.

13. August 1941

In der Zentrale von U 136 hatten sie aufgehört, die Wasserbomben zu zählen. Die Tafel war voller Striche, denn nicht nur ein Bewacher jagte sie. Es waren Dutzende. Und Tieftauchen war unmöglich. Die Bucht wurde landeinwärts immer flacher.

»Sechzig Meter abnehmend«, meldete der Mann am Echolot.

»Neuer Anlauf«, kam es vom Horchraum, »Zerstörerturbinen von drei Seiten.«

Nun griff Lützow zum letzten Mittel.

»Bold klarmachen!« befahl er.

Im Hecktorpedoraum zogen sie den Aal aus dem Rohr und schoben dafür den Bold hinein.

»Was ist ein Bold?« wandte sich einer vom Neuzugang an den Zentralemaat.

Der strich seinen Zweiwochenbart. »Das weiß ich nicht so genau«, gestand er, »ein Bold ist irgend so ein Apparat zum Täuschen der Verfolger. Man schießt ihn raus, dann läßt er Flüssigkeit ab. Sie verbreitet sich, wirft den Asdic-Strahl zurück und wirkt wie der Magnetismus eines echten Bootes. Manche Bolde sollen sogar das Summen von E-Maschinen und Ölflecke simulieren. Manchmal fallen sie darauf herein.«

»Bold«, sagte der Neuzugang, ein pickeliger Matrose, »kommt das von Kobold?«

»Nee, das kommt von Bremerhaven, glaube ich.«

Das Mißverständnis wurde nie aufgeklärt.

»Bold klar!« kam es von achtern.

»Bold ausstoßen! Und jetzt mit A. K. ab durch die Mitte und so tief runter wie möglich.« Dazu gab Lützow harte Ruderkommandos.

Eine Weile waren die Schraubengeräusche der Verfolger noch mit bloßem Ohr hörbar, doch allmählich wurden sie leiser.

»Verfolger wandern ab.«

Sie liefen weiter in die Bay hinein.

»Zerstörer haben gestoppt«, meldete der Horcher.

»Jetzt geht der verdammte Zirkus wieder los«, fluchte Rahn. Schon Sekunden später donnerten Kaskaden von Wasserbomben.

»Aber sie meinen damit den falschen Zirkus«, frohlockte Lützow.

Minutenlang hielten sie A. K. durch.

»Die amerikanischen Wasserbomben krachen anders als die britischen«, stellte Rahn fest. Und Wessel spottete: »Mehr wie Himbeerbonbons.«

Fest stand, daß die amerikanischen Wasserbomben mit einer anderen Frequenz detonierten. Auch ihre Druckwelle war nicht so stark. Kaum hatte der massierte Angriff auf den Bold nachgelassen, befahl Lützow: »Schleichfahrt, nur eine E-Maschine. Filzlatschen anziehen. Und keinen Ton, bitte ich mir aus.«

So tastete U 136 sich weiter in die Bay hinauf, bis der LI mit dem bekannten Trauerflorgesicht erschien.

»Die Ampere gehen zu Ende, Herr Kapitän.«

Vornehm ausgedrückt, bedeutete dies, daß sie bald keinen Strom mehr in den Batterien hatten.

»Wie lange noch, Behrens?«

»Bei Schleichfahrt und vierzig Umdrehungen eine Stunde.«

Lützow lutschte die Akkus bis zur letzten Energie leer, dann erst ließ er auf vierzehn Meter gehen. Das Sehrohr dippte heraus. Nach einem Rundblick sagte Lützow: »Morgendämmerung.«

Alle starrten sie auf den Kommandanten. Der gab Entwarnung.

»Horizont frei. Niemand zu sehen.« Lützow klappte die Griffe an das Zentralesehrohr. »Auftauchen!«

Sie fuhren mit Diesel und Batterieladung westwärts. Lützow kletterte auf den Turm. »Auf Flugzeuge achten!«

Aber der Himmel war so leer wie die See. Nur an Steuerbord kam, so fein wie ein schwarzes Haar, Land in Sicht. Eine Insel. Mit dem Seekartenausschnitt im Zellophanfutteral erschien Obersteuermann Klein auf dem Turm. Wortlos deutete er auf ein Kreuz. Von dort glitt sein Finger an der eingezeichneten Linie entlang bis zu der fjordartigen Einbuchtung im Norden. Das Kreuz bezeichnete ihre gegenwärtige Position. Die Linie stellte den Kurs dar, den sie zu nehmen hatten. Wenn die Angaben in Karte und Segelhandbuch stimmten, dann mündete der Fjord mit seinem Ende, das so dünn war wie das Innere eines Strohhalms, in die Trinity Bay. Sie lag südlich von Bonavista Point.

»Schwieriges Fahrwasser«, warnte Klein. »Verdammt kritisch.«

»Welche Wassertiefen?«

»Unter zwanzig Meter.«

»An Tauchen ist also nicht zu denken. Wie sieht es bei Flut aus?«

»Bei Flut sind es sieben oder acht Meter mehr, Herr Kapitän. Aber da kommen wir mit den E-Maschinen nicht gegen die Strömung an. Sie pfeift da oben rein wie aus einer Düse.«

»Na, fabelhaft«, machte Lützow sich Luft.

»Die Passage läßt sich außerdem locker überwachen und sperren, Herr Kapitän.«

»Warum sollten sie das tun?« beruhigte Lützow sich selbst. »Das sind beinahe friedliche Gewässer.«

»Sie jagen uns und wollen uns vernichten, Herr Kapitän.«

»Nein, sie glauben, sie hätten uns bereits versenkt«, hoffte Lützow. »Die Amerikaner und die Kanadier beherrschen noch so gut wie keine U-Boot-Jagdtaktik.« Dazu vollführte Lützow mit den ledernen Stulphandschuhen eine großartige Geste, die überzeugend wirken sollte, ihm aber mißlang.

Die Maus in die Falle locken, aber nicht töten – was hatte das zu bedeuten?

Lützow ging unter Deck, um die längst fällige Eintragung im Kriegstagebuch vorzunehmen.

Dreizehnter August 1941. In Placentia Bay eingelaufen. Viererfächer auf Prince of Wales *abgefeuert. Vier Treffer in Torpedonetze. Wasserbomben. Werden ins Bay-Innere abgedrängt. Schießen Bold gegen Verfolger und schütteln sie ab. Nach Auftauchen Batterien geladen. Versuchen, durch Fjord Nordatlantik zu erreichen.*

»Dampfer voraus!« kam es von oben.

Es war ein Fischereifahrzeug. Sie wichen ihm in weitem Bogen aus. Da es an Backbord aufkam, war das nur in Richtung Land möglich.

Plötzlich erschütterte ein beinharter Schlag, als würde Stahl zerbeult, das Boot. Ein Zittern lief durch U 136. Niemand hatte eine Erklärung dafür, auch Lützow nicht.

»Verdammt, wir sind aufgelaufen!« fluchte er nach der Schrecksekunde.

»Die Karte verzeichnet hier keine Untiefen, Herr Kapitän.«

»Ein Wrack vielleicht.«

»Auch kein Wrack ist verzeichnet.«

Jedenfalls saß das Boot fest. Lützow ließ beide Diesel dreimal A. K. rückwärts drehen. Die MAN und die Wellenlager hielten das nur wenige Minuten durch. Er versuchte es mit harten Ruderlagen. Das Boot schwang mit dem Heck wie ein Pendel. Der Bug hing eisern auf der Untiefe und kam nicht frei. Nicht gerade hoffnungsvoll schaute Lützow in die quirlende Propellergischt am Heck des Bootes.

»Alle Mann an Oberdeck!«

Der I WO gab den Befehl im Boot durch. Mit entsetzten Gesichtern quollen die Männer aus allen Luken. Lützow zwang sich zu äußerlicher Ruhe.

»Beeilung, Leute!«

Dann jagte ein Befehl den anderen. Vierzig Mann rannten von Backbord nach Steuerbord, von mittschiffs nach achtern, um durch ihr Gewicht das Boot freizuschaukeln. Sie stolperten und fielen übereinander, als ginge es ums Leben. Doch U 136 lag wie festgeschmiedet auf der Klippe.

Rahn blickte den Kommandanten an. »Geheimsachen vernichten?« fragte er. »Boot schon mal klarmachen zur Sprengung?«

»Noch einen Versuch«, entschied Lützow.

Der LI kam herauf.

»Können wir noch irgendwas umpumpen, Behrens? Von vorn nach achtern?«

»Ist bereits erfolgt«, sagte der LI, ein tüchtiger, vorausdenkender Mann.

Es war ein ruhiger, windstiller Morgen. Weiches Licht färbte das Meer fast milchig. In der Ferne wurden die Konturen der Berge deutlich. Sogar die Natur gab falsche Symbole. – Kurz sprach der Kommandant auf Behrens ein.

»Vierzig Mann wiegen drei Tonnen.«

»Ich lasse sie am Heck hüpfen wie bei einer alemannischen Springprozession. Blasen Sie auf mein Signal hin noch einmal alle Tauchtanks nach. Und mit den Maschinen Rückwärtsfahrt. Mit allem, was sie hergeben, die ganzen 3500 PS plus E-Maschinen. Dreimal Wahnsinnige.«

Diesmal verzichtete der LI auf Einwände. Jetzt ging es um die Wurst. Bald würde die Flut kentern und ablaufen. Dann saßen sie für alle Zeiten fest. Flugzeuge würden kommen, sie sehen und die Zerstörer herbeirufen . . .

Das letzte Manöver begann. Der II WO gab die Pfeifsignale. »Mittschiffs marsch-marsch ... alle Mann voraus! – Nach achtern, Tempo, Tempo!«

Von dem Hin und Her waren sie bald erschöpft. Sie stürzten, bildeten ein Knäuel aus Leibern. Dazu begann es außenbords zu brodeln und giftig zu zischen. Die Tauchtanks wurden angeblasen. Tief unten tobten die Maschinen. Die Propeller zerrten an dem 750-Tonnen-Rumpf. Schwarze Abgaswolken hüllten das Boot ein. Endlich. Mit einemmal gab es einen Ruck, dazu ein schrilles Schleifen. Lützow mußte sich am Schanzkleid festhalten. Das Boot schien unter seinen Füßen wegzurutschen. Die Stahlplatten kreischten, als würden Trossen reißen. Das Boot sackte in tiefes Wasser zurück.

»Los, alles einsteigen, Beeilung!«

Ausgepumpt ließen sich die Männer durch die Luken ins Boot fallen.

Sie hielten nach Norden, immer weiter auf die St.-Johns-Durchfahrt zu. Allmählich überwältigte Lützow das Gefühl, als würden sie in einen Sack einlaufen, von dem keiner wußte, ob das Loch, das der Sack hatte, groß genug war, um Luft zu kriegen. Sogar Obersteuermann Klein, der nordmeererfahrene Fischdampferkapitän, zeigte Nerven. Er sprach es nicht aus, aber gewiß dachte er: *Werden wir wohl durchkommen?*

Lützow antwortete ungefragt: »Zerlegen und über die Pässe wuchten können wir unseren Dampfer nicht. Aber notfalls wird mir etwas einfallen. Mir ist immer etwas eingefallen.«

Nur bei Ditta Rothild, dachte er, *ist dir nichts eingefallen.* Wie immer, schob er es weit weg.

Wenig später ereignete sich etwas, woran Lützow nicht im Traum gedacht hätte. LI Behrens erschien im Kommandantenschapp und machte eine Schadensmeldung.

»Risse im Motorblock von Backborddiesel, Herr Kapitän.«

»Warum immer der Backborddiesel?« fragte Lützow. »Backbord ist auf Schiffen eben doch nicht die feine Seite.«

»Daran wird es wohl liegen«, meinte der LI sarkastisch.

»Materialfehler?« erkundigte sich Lützow.

»Nicht bei einem so alten Diesel. Solche Risse treten nur in bestimmten Fällen auf.«

»Bei Überbelastung.«

»Vermutlich.«

»Was können Sie tun, Behrens?«

»Wir können nur etwas versuchen, Herr Kapitän.«

»Behrens, Behrens«, sagte Lützow. »Nur Kinder versuchen etwas, Männer schaffen es. Mit nur einem Diesel sind wir wie ein Beinamputierter. Damit kommen wir nicht weit. Das hatten wir doch schon mal.«

»Auf der vorletzten Feindfahrt, Herr Kapitän.«

»Können Sie daran arbeiten, während eine Maschine läuft?«

»Im Moment schon«, hoffte Behrens.

»Und wie lange dauert das?«

»Zwei bis drei Tage.«

»Ist die Stelle zu schweißen?«

»Bei Grauguß hält das nicht. Man kann etwas mit einer Bandage machen. Mit Asbest und Twist und indem wir eine Platte drüberschrauben. Aber ...«

»Was aber?«

»Nur dann, wenn der Riß nicht bis in den Zylinder reicht.«

»Tun Sie mir bloß das nicht an«, bat Lützow.

Weil die Reparatur nicht anders durchzuführen war als bei stehenden Dieseln, ließ Lützow tauchen und setzte das Boot in den Küstenschlamm.

V. TEIL

Der Fehlschlag

43

Vor den anstürmenden deutschen Armeen bereitet Moskau die Evakuierung wichtiger Behörden vor. Die Wolgadeutschen werden nach Sibirien in Straflager verbannt.

15. August 1941
Eine elegante rothaarige Frau in grünem Jerseykostüm und Sonnenbrille betrat den Erste-Klasse-Salon der Schwedenfähre.

Das Schiff befand sich auf der Rückfahrt von Trelleborg nach Saßnitz und sollte in einer Stunde den deutschen Hafen auf Rügen anlaufen. Wegen des schlechten Wetters – Regen mit Sturmböen – lag sie im Fahrplan jedoch um zwanzig Minuten zurück.

Die Filmschauspielerin bestellte Tee. Der Mann an der Bar fragte: »Mit Zitrone, Frau Leander?«

»Für mich auch Tee«, bat der Mann im regennassen Trenchcoat, der von der anderen Deckseite hereingekommen war und nun schräg hinter der Schwedin stand.

»Hallo, Baron!« rief sie, scheinbar überrascht.

»Hallo, Gnädigste!«

Sie setzten sich in eine der ledergepolsterten Fensternischen.

»Hier ist der Brief«, der deutsche Exdiplomat von Zelitsch holte ihn aus der Manteltasche, »ich habe alles aufgeschrieben und mit deutschen Marken frankiert.«

Die Leander las die Adresse. »Wer ist das?«

»Sein Fahrer.«

»Ein zuverlässiger Mann?«

»Bis jetzt schon.«

»Ich werfe ihn in Neustrelitz in den Kasten«, versprach die Schauspielerin mit der einmalig dunklen Stimme und ließ den Brief in ihrer Krokotasche verschwinden. »Sollte ich darüber hinaus noch von irgend etwas wissen? Nur für alle Fälle.«

Der Diplomat beugte sich leicht nach vorn. »Der U-Boot-Anschlag auf das Treffen von Roosevelt und Churchill bei Neufundland ist gescheitert. Die Charta ist unterzeichnet.«

»Es gibt also kein Ritterkreuz für Roosevelts Kopf«, bemerkte die Schwedin ironisch.

»Erst recht kein goldenes.«

Sie entnahm ihrem Perlmuttetui eine Zigarette. Zelitsch reichte ihr Feuer.

»Lag es in Gottes Hand?« fragte der Filmstar.

»Nein, es lag wohl in den Händen einiger Männer internationalen Formats.«

»Wie ist ›international‹ zu verstehen?« fragte sie mit unübertrefflichem Augenaufschlag. »Gehören auch Geheimdienstleute zu dieser erlesenen Bruderschaft?«

Der Kellner servierte den Tee. Deshalb gab von Zelitsch keine Antwort. Er nickte nur. Der Kellner ging. Nun bestand keine Gefahr mehr, belauscht zu werden. Das Schiff befand sich noch auf hoher See. Als schwedisches Hoheitsgebiet war es sicherer und übersichtlicher als andere Orte.

Zum Austausch aktueller Informationen wählten sie meist die Sonntagabendfähre. Sich in Stockholm zu treffen oder gar auf dem Landsitz der Leander war weitaus gefährlicher. Im neutralen Schweden wimmelte es nur so von Spionen und Agenten. Zarah Leander fragte nicht, woher der Exdiplomat sein Wissen bezog. Nur so viel war ihr bekannt, daß er Kontakte zu amerikanischen Kollegen pflegte.

Sie gab Kandiszucker in den Tee, preßte einige Tropfen Zitronensaft hinein und rührte um.

»Noch etwas«, erwähnte der Baron. »Das große Waffenprojekt der Amerikaner läuft an. Bekanntlich führt es den Decknamen Manhattan. Jetzt ist es wohl nicht mehr gefährdet. Sie erwarten drüben nur noch ein wichtiges Bestandteil, ein Wertpaket.«

»Mit welchem Inhalt?« fragte die Leander.

»Ein Paket voller physikalischer Intelligenz«, umschrieb es der Diplomat. »Es heißt, das Paket sei unterwegs. Noch ist es nicht angekommen, aber sie wollen mit allen verfügbaren Mitteln dafür sorgen. Unsere Leute in Berlin haben viel dafür riskiert, daß es auf den Weg kam.«

»Hoffentlich«, äußerte die Leander, »wird man es den tüchtigen Postbeamten eines Tages lohnen.«

Später, als die Fähre ihre Geschwindigkeit verringerte, was am langsameren Stampfen der Maschinen zu spüren war, erhob sich der Diplomat, küßte der Diva die Hand und eilte in seine Kabine. Er verriegelte sie von innen.

Bald darauf legte die Fähre in Saßnitz an. Zarah Leander bewegte ihr Mercedes-SSK-Kompressorcabriolet vom Schiff an Land und begab sich auf die nächtliche Fahrt nach Berlin.

Admiral Canaris, Chef der deutschen Spionageabwehr, benutzte mehrere Deckadressen. Einige davon dienten auch dem Empfang von Auslandspost. Dies war notwendig geworden, seitdem die Gestapo seine Telefone überwachte und in allen Briefkästen schnüffelte.

Gestern hatte ihm der Fahrer seines Dienstwagens den Brief aus Neustrelitz übergeben. Canaris hatte ihn sofort gelesen.

Der Inhalt bestand im wesentlichen aus Informationen, die er bereits kannte. Seit Tagen liefen in der Abwehrzentrale vermehrt geheime Funksprüche ein. Das Personal der Empfangsstationen war jedoch nicht in der Lage, sie zu entschlüsseln. Allein Canaris besaß den Code. Er stand in seinem privaten Notizbuch. Versteckt waren die Klartextfolgen in Sinnsprüchen sowohl von Bismarck wie von Schiller oder Friedrich dem Großen.

An diesem Morgen wurde Canaris bereits um 9.15 Uhr

ein Besucher gemeldet. Sein Name stand nicht auf dem Terminkalender des Admirals. Doch Obersturmbannführer Heydrich pflegte sich nie anzumelden. Er stürmte durch die Polstertür herein, warf die Uniformmütze auf das Clubsofa und zog die Handschuhe aus. Koppel und Revolver behielt er um. Seine schwarze SS-Uniform war wie stets makellos. Das straff zurückgekämmte blonde Haar ließ den Kopf noch schmaler erscheinen.

»Was sagen Sie dazu?« begann Heydrich, als gebe es nur ein einziges Thema.

»Unsere Erfolge im Osten meinen Sie?«

»Nein, das Mißlingen der Operation Neufundland«, entgegnete Heydrich scharf und setzte sich. »Dieser Fehlschlag ist in seinen Weiterungen noch gar nicht abzuschätzen. Da war doch Verrat im Spiel.«

Canaris lehnte sich zurück und spielte mit dem Brieföffner.

»Was in Amerika möglich ist, kann auch bei uns passieren.«

»Es war Sabotage«, äußerte Heydrich wütend.

»Inwiefern bitte? U 136 kam doch zum Schuß.«

Aufgeregt sprang Heydrich auf, lief hin und her, immer dem Teppichmuster folgend.

»Zum Schuß ja, aber zu spät. Warum kam das Boot zu spät? Wer ist dafür verantwortlich?«

»Die Besatzung Lützow saß im Straflager«, erinnerte Canaris, »deshalb konnten sie nicht rechtzeitig auslaufen.«

Der SS-Obersturmbannführer tobte. »Verdammt! Immer schiebt es einer auf den anderen. Da werden noch Köpfe rollen. Das garantiere ich Ihnen, Canaris. Was zum Teufel berichte ich nun dem Reichsführer-SS?«

»Am besten die Wahrheit.«

Heydrich, Himmlers rechte Hand, stützte sich auf den Schreibtisch des Admirals und beugte sich vor wie ein angreifender Truthahn. »Und was, bitte, ist die Wahrheit?«

»Daß im Krieg Glück und Pech nahe beisammen liegen.«

»Sparen Sie sich solche Weisheiten. Wer ...«, forderte Heydrich nun Aufklärung, »... wer hat diese Sache eingefädelt? Doch Sie und der Befehlshaber der U-Boote, Dönitz.«

»Nun, es waren noch einige andere Leute daran beteiligt. Informanten, Quellen in London, in Washington, der Organisationsstab des OKM.«

»Canaris, Canaris«, warnte der Gestapo-Chef, »bedenken Sie stets, mit wem Sie sich auf solche Inszenierungen einlassen. Sie stehen weniger sicher da, als Sie glauben.«

»Mir reicht es«, erwiderte Canaris gelassen, »ich habe Schuhgröße neunundvierzig.«

»Aber unter Ihren Füßen befindet sich eine Falltür, Admiral.«

»Unter jedem von uns ist unsicherer Boden«, entgegnete der Admiral zynisch.

Heydrichs Hand schnitt durch die Luft. »Nicht unter den Treuen«, äußerte er großspurig.

Canaris nickte und lächelte gleichzeitig, als er sagte: »Das weiß ich, mein Freund. Verrat reißt Löcher, die man nur schwerlich wieder zukleben kann. Es ist aber auch eine Frage von Intelligenz oder Dummheit.«

Eine Stunde später hatte Heydrich Vortrag bei Himmler.

Der Reichsführer, ein erklärter Feind des Abwehrchefs, geriet bei der Erwähnung des Namens Canaris stets in Rage.

»Er hat seinen Dienst nicht mehr im Griff«, behauptete Himmler, der Mann mit dem Legehennengesicht.

»Wird höchste Zeit, daß wir das Amt Canaris übernehmen, Reichsführer.«

»Diese undurchsichtigen Konspirateure sind mir längst ein Dorn im Auge.«

»Noch stützt der Führer den Admiral«, gab Heydrich zu bedenken.

»Nicht, wenn sich gewisse Verdachtsmomente gegen ihn

verstärken«, wandte Himmler ein. »Leider ist das, was wir haben, nicht ausreichend.«

»Canaris pflegt häufig Umgang mit Männern, die vermutlich dem Widerstand angehören.«

Himmler winkte ab. »Er wird behaupten, als Chef der Abwehr sei das seine Pflicht.«

»Wir kontrollieren ihn auf Schritt und Tritt, Reichsführer«, versicherte Heydrich.

»Mehr Material!« forderte Himmler. »Mehr Material!«

»Er wird beschattet und überwacht. Seine Telefone werden abgehört, seine Post gelesen. Wir haben zuverlässige Leute in seiner Nähe.«

»Aber vielleicht auch unzuverlässige Angeber«, fürchtete Himmler.

»Selbst auf Dienstreisen lassen wir ihn nicht aus den Augen.«

Himmler trommelte mit den Fingern auf der lederbezogenen Schreibtischplatte. »Wir brauchen etwas Handfestes gegen ihn. Nicht nur ein paar dunkle Stellen auf seiner Weste, die er mühelos mit Schlemmkreide kaschiert. Versucht es weiter, notfalls mit Intrigen, mit Lockspitzeln, mit Frauen, mit Fallen, mit wer weiß was. Aber dieser Bursche muß weg.«

Nun rückte Heydrich mit einer brandheißen Nachricht heraus. »Canaris hat sich vor kurzem eine Finca gekauft.«

Himmler blickte über die Gläser seiner randlosen Brille. »Eine Finca, was ist das?«

»Ein Landgut.«

»Finca, klingt italienisch.«

»In Spanien.«

»Mit welchen finanziellen Mitteln war ihm das möglich?«

»Devisen sind bewirtschaftet«, sagte Heydrich, »doch Canaris verfügt über einen beachtlichen Dollarfonds für seine Auslandsaktivitäten. Den hat er wohl angezapft und ein paar Hunderttausend in seine eigene Tasche disponiert.«

Vor Freude bekam Himmler glasige Augen. »Daraus machen wir was, Heydrich!«

»Dazu kommen seine häufigen Flüge nach Madrid.«

Natürlich war jedem klar, daß ein Abwehrchef oft im neutralen Ausland – in der Schweiz, in Portugal, besonders im befreundeten Spanien – zu tun hatte. Doch das ließen sie unberücksichtigt.

»Bringt mir Fotos!« forderte Himmler. »Sie sollen Canaris zeigen, am besten betrunken mit einer ungermanisch schwarzhaarigen Flamenco-Zigeunerin auf dem Schoß, das Ganze auf der Terrasse seines Landhauses über dem Meer. – Völlerei, Luxus, Gitarren und so weiter. Je größer der Kontrast zum Krepieren unserer Soldaten an der Ostfront ist, desto besser. So was bringt Hitler auf die Palme.«

»Richtig, ein paar Palmen«, ergänzte Heydrich, »sollten im Hintergrund auch herumstehen.«

Gegen Mittag begab er sich ins Gestapo-Hauptquartier in die Prinz-Albrecht-Straße. Für 15 Uhr hatte Heydrich den Standartenführer Hackmann zum Vortrag bestellt.

Heydrich ließ Hackmann kaum zu Wort kommen, sondern deckte ihn mit Vorwürfen ein. Erst waren sie nur zwischen seinen Worten herauszuhören.

»Ihr hochgepriesener Kapitän Lützow ist auch nur ein Versager.«

»Die BDU-Führung hat ihn uns empfohlen, Obergruppenführer.«

»Ist Lützow nicht Ihr Schulfreund?« fragte der allwissende Heydrich nach.

»Das blieb bei der Auswahl ohne Berücksichtigung. Ich nehme aber an, daß ich ihn nur auf Grund unserer alten Bekanntschaft umstimmen konnte.«

»Umstimmen von wo nach wohin und wozu? Der Mann ist deutscher Offizier und hat Befehle auszuführen.«

»Er ist ein degradierter Strafkompanist.«

»Diese alten Ritterkreuzknacker werden mit der Zeit

samt und sonders feige. Nun gut, Sie überredeten ihn vom Tod im Lager 99 zum Tod auf See. Was soll's. – Nächster Punkt.«

Hackmann ahnte, um was es ging, und rollte in Abwehrhaltung seine Schultern vor.

»Wie kam es zu dem rätselhaften Verschwinden dieses sogenannten Professors, Kant?« versuchte Heydrich den Wissenschaftler lächerlich zu machen.

Hackmann war dafür nicht zuständig, spürte aber, wie man ihm die Verantwortung aufzuhalsen versuchte. »Kants Sicherheit in Oranienburg war nicht mehr gewährleistet. Außerdem war er renitent. Man mußte ihn verlegen.«

»Wer riet dazu?«

»Der Vorschlag lief irgendwann einmal über meinen Schreibtisch, Herr Obergruppenführer.«

»Waren das Ihre eigenen Erkenntnisse, oder steckt wieder einmal Canaris dahinter?«

Hackmann spürte, daß er sich jetzt wehren mußte. »Der Reichsführer-SS persönlich hat die Anordnung unterzeichnet.«

Heydrich wechselte daraufhin geschickt die Stoßrichtung. »Wie konnte es geschehen, daß der Gefangenenwagen in Oranienburg zwar mit Kant losfuhr, in Dachau aber leer ankam? Ist das Zauberei, oder wie sehe ich das?«

»Man fand das Sondereinsatzkommando im Wald hinter Dessau.«

»Lebend«, unterbrach Heydrich. »Die Männer lagen im Buschwerk und schliefen.«

»Man hatte sie betäubt, Herr Obergruppenführer.«

»Alles nur Ausreden, Märchen, Lügen«, schimpfte Heydrich los.

»Die Aussagen stimmen insofern überein, als ihnen übel wurde. Anschließend verloren sie das Bewußtsein. Es lag wohl am Tee, den sie als Marschproviant mitbekamen.«

»Hat man die Teekanne sichergestellt?« bohrte Heydrich weiter.

»Soviel mir aus den Protokollen bekannt ist, nein.«
»Und warum nicht?«
»Die Kannen waren verschwunden.«
»So spurlos wie dieser Kant.« Heydrich ballte die Fäuste. Seine Fingerknöchel traten weiß hervor. »Das alles ist ein Sumpf von Verrat und Sabotage. Und das bei uns, bei der SS.« Heydrich hatte sich in Schaum geredet, stieß Schmähungen und Drohungen aus. Er würde die ganze Bande antreten lassen und sie füsilieren. Jeden zehnten wollte er erschießen lassen. Sein Zeigefinger stach auf den Standartenführer ein. »Und Sie auch, Hackmann!« schrie er. »Sie sind der erste.«
»Ich stehe zur Verfügung«, erklärte der Standartenführer eiskalt. »Aber wenn Sie das tun, dann müssen Sie eine astreine Begründung dazu erfinden, Obergruppenführer.«
Heydrich erblaßte und schrie: »Ich brauche nie zu begründen, was aus einer Notlage heraus gemacht werden muß!«
»Man kann so was auf Dauer nicht verheimlichen, Herr Obergruppenführer.«
Heydrich hatte offenbar Dampf abgelassen und senkte nun den Schmalschädel. »Glauben Sie das im Ernst?«
Hackmann hoffte, daß er ihn jetzt hatte. Heydrich war karrieresüchtig. Wahrscheinlich wollte er sogar selbst Reichsführer-SS werden. So ein Mann beging keinen vermeidbaren Fehler. – Um nicht selbst in das Mahlwerk zu geraten, formulierte Hackmann seine Antwort im Sinne des Gestapo-Führers. »Man darf die Affäre Kant nicht so hochspielen. Immerhin ist Kant Nobelpreisträger. Auf so einen Mann und auf sein Schicksal reagiert die Weltöffentlichkeit meist äußerst empfindlich.«
Heydrich nickte zögernd, aber zustimmend. »Soll man ihn für tot erklären?«
»Vorerst sollte man die Sache verschweigen.«
Heydrich hatte noch Zweifel. »Was, glauben Sie, Hackmann, steckt dahinter?«

Hackmann äußerte gegen besseres Wissen: »Freunde, möglicherweise ein britisches Geheimkommando, haben ihn befreit, um ihn in Sicherheit zu bringen.«

Nach endlosen Vorwürfen, Mahnungen, Weisungen, Anordnungen und Parolen durfte Hackmann das Büro des Gestapo-Chefs verlassen. In den nächsten Tagen nahm er mit Admiral Canaris Kontakt auf. Dieser wiederum ließ der schwedischen Filmschauspielerin eine Rückantwort zukommen.

So schloß sich der Kreis, der auf der Fähre begonnen hatte.

44

In Asien werden Nachschubstraßen für die Hilfslieferungen an Rußland gebaut. Rumänien erobert Bessarabien von Rußland zurück.

19. August 1941
Tagsüber lag U 136 im Schlamm vor der Küste der Placentia Bay, die so groß war, daß das Ruhrgebiet hineingepaßt hätte. Der II WO ging Grundwache, Obersteuermann Klein brütete schlaflos über seinen Seekarten, Gezeitentabellen und Handbüchern.

Als er wieder einmal seufzend den Zirkel weglegte und sich die Augen rieb, bemerkte Wessel: »Alle Klarheiten beseitigt, Obersteuermann, schätze ich.«

»Und alle Unklarheiten sind noch vorhanden. Ich kann es rechnen, wie ich will, wir kommen einfach nicht durch. Nicht einmal mit fünfzig Prozent Wahrscheinlichkeit.«

»Sie meinen durch dieses Fjordnadelöhr. Bloß nicht aufgeben, alter Fischdampferkapitän. Die Heringsschwärme kommen schon wieder. Sie wissen doch, wo der Hammer hängt, Obersteuermann.«

»Ich weiß, wo die Rumflasche steht«, sagte der Navigator von U 136, »aber so leid es mir tut, ich muß dem Chef abraten, daß wir da oben hineingehen. Mal sehen, wie er sich entscheidet.« Er war einfach überfordert und wollte dem um fünfzehn Jahre jüngeren Lützow die schwere Verantwortung allein aufbürden.

Leutnant Wessel hockte sich auf einen Trimmverteiler und meinte: »Was sollte der Alte können, was Sie nicht können?«

»Genau das ist es. Was unterscheidet einen guten U-Boot-Kommandanten von einem Ausnahme-U-Boot-Kommandanten? Ich will es Ihnen sagen, Leutnant. Immer wenn eine neue Situation auf Lützow zukommt, dann weiß er blitzschnell zwei Möglichkeiten, wie er ihr begegnen kann.«

»Es gibt immer drei Möglichkeiten«, sagte Wessel. »Ein Mann, der seinen Schatten sieht, ist entweder in der Sonne oder nicht ganz blind oder nicht bei Nacht unterwegs.«

»Na schön, dann hat Lützow eben drei Möglichkeiten.«

»Ist das schon alles?« zweifelte Wessel.

»Und das Gefühl für den dreidimensionalen Raum im Wasser, für die Bewegungen darin und drum herum, hat er auch. Er hat es eben.«

»Mal abwarten.« Wessel blickte auf. Ihr geheimnisvoller Bordgast, der Zivilist Huber, stand im Kugelschott und fragte: »Kann ich Sie sprechen, Zwo-WO?« Es war das erste Mal, daß er sich an Wessel wandte.

»Nur immerzu, Huber-Opa.«

»Ich würde gerne einen Funkspruch absetzen«, sagte Huber und löste damit höchstes Staunen aus.

»Wohin? An die Oma Huber, an die lieben Huber-Enkelkinder?« flachste Wessel. »Erstens, Herr Huber, geht das unter Wasser nicht. Zweitens, Herr Huber, sind wir hier nicht auf private Ferngespräche eingerichtet, und drittens, Herr Huber, entscheidet das allein der Kommandant.«

Betreten verschwand Huber.

Wenig später tauchte eine ölverschmierte Gestalt mit vor Erschöpfung grünlich gefärbtem Gesicht in der O-Messe auf. Es war LI Behrens.

»Hat man Sie als Zylinderkopffeudel benutzt, LI?«

Behrens fiel auf einen Hocker und schloß die Augen. »Wir sind klar für Überwasserfahrt!« stieß er heraus. »Backborddiesel ... der Backborddiesel ist betriebsbereit.«

Zwei Tage und zwei Nächte hatten sie pausenlos gearbeitet. Sie hatten mit primitiven Bordmitteln den Riß am Kühlwassermantel geschweißt, verlötet, abgedichtet, bandagiert. Sie hatten eine eiserne Platte gesägt, gefeilt, gebohrt, verschraubt und vernietet.

Der Kommandant wurde geweckt, ebenso die nächste Wache. Uhrzeit: 20.10 Uhr.

»Dämmerungsbeginn einundzwanzig Uhr!« meldete Klein.

Eine mondlose Nacht war zu erwarten und bei bedecktem Himmel auch kein Polarlicht.

»Klarmachen zum Auftauchen!«

Durch behutsames Anblasen der Tauchtanks bekam das Boot Auftrieb. Es löste sich vom Grund. Die E-Maschinen liefen an. Das Boot stieg in kaum merklicher Schräglage. Das Sehrohr schnitt durch. – Rundblick. – Nichts zu sehen.

»Raus mit dem Boot«, entschied Lützow. Als erster war er auf dem Turm und als erster auch wieder unten. Bevor er eine Entscheidung traf, wollte er die Nachrichten aller erreichbaren Radiostationen abhören.

Sie bekamen sie gut herein. Sogar die Festlandsender bis hinunter nach Montreal und Boston. Die Meldungen waren nicht mehr brandneu, also schon gekürzt. Sie erwähnten, daß ein deutsches U-Boot vor Neufundland versucht habe, den britischen Panzerkreuzer *Prince of Wales* zu torpedieren. Dabei sei es von Sicherungskräften mit größter Wahrscheinlichkeit versenkt worden.

Lützow nickte befriedigt und hörte sich an, was der Obersteuermann über den geplanten Durchbruch zur Trinity Bay zu sagen hatte. Offensichtlich widmete ihm Lützow nur ein halbes Ohr. Es schien, als verfolge er bereits eine andere Idee. »Durch diese Gletscherbäche«, sagte er, »sollen die Lachse springen. Wir ersparen uns das lieber.«

»Sehen Sie einen anderen Weg, Herr Kapitän?«

Lützow nickte verschmitzt. »Sind Sie taub, Obersteuermann? Wir sind versenkt worden. Die Verträge zwischen Roosevelt und Churchill sind unterschrieben. Die ganze Armada ist längst abgedampft. Was sollen sie noch hier oben? Rumgammeln? – Wir versuchen es noch einmal auf dem Weg, über den wir hereinkamen. Wäre doch gelacht ...« Lützow äußerte sich nicht darüber, was gelacht wäre, sondern bemerkte nur: »Nehmen Sie Kurs Bay-Ausgang.« Dazu benutzte er seinen phänomenalen Ortssinn. »Der Kurs dürfte ungefähr bei zweihundertzehn Grad liegen.«

»Zwohundertvierzehn, Herr Kapitän«, kam es vom Kartentisch.

»Und beide Diesel halbe Fahrt.«

Lützow wandte sich an den LI, der jetzt wieder einigermaßen menschlich aussah.

»Danke, Behrens, war gute Arbeit. Ohne Ihnen, in diesem Krieg nix verdienen. Lassen Sie gelegentlich den Treibstoffstand peilen.«

Das hatte Behrens längst erledigt. »Vierzig Tonnen und eine zerquetschte, Herr Kapitän.«

»Das reicht wie weit?«

»So weit wie eine Viertelbockwurst für einen Hungrigen.«

Lützow wollte gerade die nächste Eintragung im Kriegstagebuch vornehmen, da stand Huber vor ihm. »Es ist wegen des Funkspruchs«, sagte der Bordgast.

»Keine Zeit jetzt«, bürstete ihn Lützow ab.

»Es ist aber wichtig, Herr Kapitän«, beharrte Huber.

»Funkspruch an wen, bitte?«

»An eine bestimmte Frequenz in Richtung Paris.«

Auf der Lippe kauend, musterte Lützow den geheimnisvollen Mann, der jetzt, wo es für alle kritisch wurde, deutlich aufzuleben schien.

»Morgen«, entschied Lützow, »vielleicht.«

Das Bauchgefühl von Kapitän Lützow behielt recht. Die Bay war von allen Kriegsfahrzeugen der Engländer und Amerikaner geräumt. Es herrschte nur der übliche Kleinverkehr. Ab und zu tauchte an der Kimm ein Frachter auf, ein Küstenmotorschiff oder ein Fischdampfer. Noch seltener wurden Patrouillenflugzeuge gesichtet. Die Bucht von Placentia war vom kanadischen Marinekommando offenbar aus der Liste wichtiger Kriegsschauplätze gestrichen worden. Hinzu kam der Tarnanstrich von U 136. Zwar begann er sich in Fetzen vom Rumpf zu lösen, aber die Gummizementschicht, in die auch gehackte Glasfasern vermengt waren, bildete eine taugliche Tarnung gegen Ortungsstrahlen.

Immer wieder ließ sich Lützow auf dem Turm sehen. Der Wachhabende machte die übliche Meldung. Er nannte Kurs, Geschwindigkeit, Wetter und meist: Keine besonderen Vorkommnisse. Nach Rundblick und aufmunternden Worten stieg Lützow wieder nach unten.

Einmal sagte Leutnant Wessel zum Obersteuermann: »Der Alte ist kein großer U-Boot-Kommandant.«

»Sondern?«

»Ein grandioser U-Boot-Kommandant. Nur die grandiosen gehen in die Geschichte ein.«

Bald schon machte sich der Atlantik mit seiner langen Dünung bemerkbar. Immer schwerer arbeitete das Boot in der querlaufenden See. Aus irgendeinem Grund ließ Lützow jedoch nicht tauchen. Noch wußte keiner warum.

Unten, auf der Koje liegend, ging Lützow Spielzüge durch, die weit über den taktischen Bereich hinaus schon in den der Strategie reichten. Im wesentlichen handelte es sich darum, wie es weitergehen sollte. Um ihre Zukunft also.

Ein Gesicht mit Brille und Spitzbart tauchte im Vorhangspalt auf.

»Darf ich Sie sprechen?« fragte Huber.

»Wenn es unbedingt sein muß«, brummte Lützow unwirsch.

In seiner verschlossenen, wortkargen Art reichte ihm Huber einen Zettel. Auf kariertem Papier, einer herausgerissenen Notizbuchseite, standen Zahlen. Ungefähr dreißig.

»Ist das die Formel für die Quadratur des Kreises?« spottete Lützow. Er mochte diesen Schleicher Huber nicht.

»Nur mein Funkspruch.«

»Ein Zifferncode also. Wie lautet das im Klartext?«

»Bedaure, der Code ist geheim«, erwiderte Huber, »und nur mir und dem Empfänger bekannt.«

»Wo haben Sie das Codebuch versteckt, Huber?«

Huber deutete auf seine Stirn.«

»Hier oben drin, Herr Kapitän.«

»Den ganzen Schamott?«

»So ist er unknackbar für jeden Unbefugten.«

Lützow behielt den Zettel. »Entweder Sie nennen mir den Klartext, Huber, oder ich muß die Durchgabe verweigern.«

»Es ist von äußerster Dringlichkeit«, versicherte der undurchschaubare Bordgast.

Lützow stimmte ihm mit Einschränkung zu. »Herr Huber, daß dieses Boot für versenkt gehalten wird und seine derzeitige Position niemand kennt, ist von noch viel größerer Dringlichkeit.«

»Mein Funkspruch enthält keinerlei solche Angaben.«

»Und wer garantiert mir das?«

»Die Tatsache, daß ich ebenfalls am Leben bleiben möchte«, erklärte Huber einigermaßen logisch.

Doch das genügte dem mißtrauischen Lützow nicht. »In diese dreißig Ziffern paßt leicht unsere Positionsangabe mit Kurs und Uhrzeit. Angenommen, Ihr Funkspruch geht nicht nach Paris, sondern man fängt ihn schon in Halifax auf, dann sind wir geliefert.«

Huber schob die Hände in die Hosentaschen, um seine nervöse Erregung zu verbergen. Doch das Zittern der Brille verriet sie. »Kapitän Lützow, machen Sie es mir bitte nicht so schwer«, sagte er, »ich darf, ich kann Sie noch nicht über meine Mission an Bord Ihres U-Bootes aufklären. Erst dann, wenn die Genehmigung erfolgt.«

Lützow rang sich zu einer Entscheidung durch. »Warten Sie!«

Er ging in den Funkraum und legte dem Obermaat die Zifferngruppen vor.

»Das soll über die oben bezeichnete Frequenz laufen.«

Der Obermaat überflog die Ziffern. »Ein neuer Offizierscode, Herr Kapitän?«

»Ihr Entschlüsselungsgenie Baureis soll sich drüber hermachen. Ebenso wie über alles, was von Huber herausgeht und was für ihn hereinkommt. Klaro?«

»Wird erledigt«, versicherte der Obermaat.

Trotz zunehmend schlechten Wetters hielt Lützow auf dem Turm eine Offiziersbesprechung ab. Vorher ließ er das Luk schließen. Keiner sollte mithören. Dann faßte er sich so kurz wie möglich.

»Meine Herren«, wandte er sich an Behrens, Rahn und Wessel, »wir gelten als versenkt. Seit vier Tagen erfolgte keine Meldung mehr an den BDU. Wahrscheinlich wurde in Kernevel das Fähnchen, das unser Boot bezeichnet, bereits von der Karte entfernt. Nach Meinung des BDU haben wir beim Angriff gegen die *Prince of Wales* natürlich Scheiße gebaut. Wenn wir jetzt nach Hause zurückkehren, stecken sie uns wieder in das Straflager bei den Biebriza-Sümpfen. Dies schon aus Geheimhaltungsgründen, damit nichts von der Neufundland-Operation durchsickert. In der Heimat werden wir also mit Sicherheit den Partisanen zum Fraß vorgeworfen.«

Eine hohe Welle rollte heran und peitschte hinaus bis zum Turm. Sie duckten sich unter das Schanzkleid. Als das Wasser durch die Grätings und in Richtung zum Wintergarten abgelaufen war, fuhr Lützow fort:

»Aus dieser Grundsituation ergeben sich folgende Möglichkeiten: erstens, Rückkehr nach Lorient – aber hier gilt der Spruch der Bremer Stadtmusikanten, der da lautet: Etwas Besseres als den Tod finden wir überall. – Wo also finden wir etwas Besseres? In einem Hafen der Vereinigten Staaten etwa. Dort wird man uns internieren. Doch wie es aussieht, treten die USA früher oder später in den Krieg ein. Von da an sind wir automatisch Kriegsgefangene. Wie sie dann mit uns umspringen, ist nicht vorhersehbar. Und sonderlich ehrenhaft ist die Sache auch nicht. Bleibt drittens: Wir versuchen nach Südamerika durchzukommen.«

»In Argentinien sitzen mehr Nazis als in Berlin«, warf Wessel ein.

»Brasilien und Uruguay gibt es auch noch«, bemerkte Lützow.

Der LI schniefte mehrmals. »Von den Azoren ab müssen wir, treibstoffmäßig betrachtet, schon segeln.«

»Mit Versorgung durch U-Tanker ist nicht zu rechnen«, erwähnte Rahn überflüssigerweise.

»Es bleibt genug Zeit, um uns was einfallen zu lassen«, entgegnete Lützow. »Nun folgendes, meine Herrn: Sie, Behrens, sprechen das mit Ihrem Maschinenpersonal, und Sie, Rahn, mit den Seeleuten durch.« Er packte Wessel an der Ölhaut. »Und Sie, Zwo-WO halten am besten Ihren losen Schnabel.«

Rahn, korrekt wie immer, fragte: »Gibt es ein Zeitlimit?«

»Nehmt euch jeden einzelnen Mann vor«, riet Lützow. »Ich vermute, daß es zu einer Volksabstimmung kommen wird. Sagen wir in vier Tagen. Bis dahin laufen wir schon mal Südwestkurs.«

Baureis hatte den Huberschen Zahlencode entschlüsselt.

»Wie ging's?« fragte Lützow.

»Es war leicht, Herr Kapitän.«

Baureis hatte den Klartext für den ausgehenden Funkspruch längst vorgelegt. Er lautete:

H an C – Programmverlauf wie erwartet.

Die Antwort aus Paris war länger ausgefallen.

C an H – Gehen Sie nach Lage . . . M nicht gefährden.

Lützow fragte: »Hat Huber die Antwort schon?«

»Wir wollten erst Sie fragen, Herr Kapitän.«

»Er soll sie kriegen. Aber lassen Sie sich nicht anmerken, daß wir den Klartext kennen. Huber wird noch weitere Funksprüche absetzen und entgegennehmen wollen, schätze ich. Doch was bedeutet ›M‹, und was kommt nach dem Wort ›Lage‹?«

»Wir hatten Verstümmelung durch atmosphärische Störungen.«

»Trotzdem gute Arbeit, mein Junge«, lobte ihn Lützow.

Baureis wollte verschwinden, doch Lützow hielt ihn zurück. »Wie haben Sie das so flott zusammengepuzzelt?«

Baureis erläuterte es, ohne eine Spur von Überheblichkeit. »Rein hypothetisch. Der Code ist nur scheinbar kompliziert. Er könnte es zwar sein, aber diese Laien verwenden stets dieselben Sprichwörter oder Textzeilen aus einem Gedicht, einem Zitat oder einem Lied. Das ist ihr erster Fehler. Zweitens benutzen sie meist Sätze mit Wörtern ohne Umlaut. So wie hier. Davon gibt es gar nicht so viele. Huber verschlüsselte die Nachricht anhand von: *Ich hatt' einen Kameraden.*«

»Und wie funktioniert das?« erkundigte sich Lützow.

Baureis erklärte es kurz und verständlich. »Man nimmt den ersten Buchstaben vom Text und den ersten von dem Sprichwort. Dann zählt man durch, wie viele Buchstaben des Alphabets dazwischenliegen. Dies ergibt eine Zahl. Man verfährt immer so weiter fortlaufend. Im Fall Huber war der erste Buchstabe ein H. Der erste Buchstabe vom Lied vom Kameraden ist ein I. Unterschied zwischen H und I ist gleich eins. – Bei der Entschlüsselung beschreitet man den umgekehrten Weg.«

»Baureis, wo wären wir ohne Sie«, sagte Lützow.

»Sie hätten einen anderen Funkgast, Herr Kapitän«, antwortete Baureis bescheiden.

Lützow nahm sich vor, Huber gelegentlich ins Gebet zu nehmen.

Der LI schaute vorbei. Er hatte etwas ausgeknobelt. »Wenn wir mit einem Diesel mit sechzig Umdrehungen plus Generatorladung laufen, dann dreht die andere E-Maschine stromgespeist mit. So erreichen wir, trotz günstiger Verbrauchsstufe, Zweischraubenantrieb. Allerdings müssen wir alle zwei Stunden die Diesel wechseln, damit sie nicht kalt werden.«

»Wie weit kommen wir dann?« war alles, was Lützow wissen wollte.

»Vielleicht bis zum nördlichen Wendekreis.«

»Das wäre auf der Höhe von Nordafrika, südlich der Kanarischen Inseln.«

»Aber nicht der kürzeste Weg, Herr Kapitän.«

»Das kann ich noch nicht entscheiden«, erwiderte Lützow. »Nur soviel ist wichtig, wir müssen raus aus dem Golfstrom. Im Moment haben wir ihn gegen uns. Das kostet uns jeden Tag hundert Meilen vom Etmal.«

Der LI nahm einen kräftigen Schluck Kujambelwasser aus der Flasche und schwankte wieder nach achtern zu seinen Maschinen. Dabei mußte er sich ständig abstützen, denn in der schweren See verhielt sich U 136 wie ein austaumelnder Kreisel.

Der Sturm nahm immer mehr zu. Selbst die absolut seefesten Männer liefen mit kotzmäßigen Gesichtern herum.

Lützow ließ für die Dauer von zwei Wachen tauchen. Unten war es ruhig und kühl.

45

Die letzten japanischen Verhandlungen mit den USA werden nur pro forma geführt und schlagen fehl. Orson Welles dreht in Hollywood den Film »Citizen Kane«.

25. August 1941
Von der Abwehrgruppe Holland wurden in Rotterdam zwei Männer gefaßt. Ihre Tarnung als Werftarbeiter half ihnen wenig. Ein V-Mann verriet sie als britische Agenten.

Unter den Falschnamen Henri van Toffels und Sim DeKlaar wohnten sie in Untermiete gegenüber der Schiphol-Werft. Tagelang beobachteten Zivilfahnder der Rotterdamer Abwehrstelle die beiden, wenn sie morgens mit dem Arbeitsboot zur Werft hinausfuhren und abends zurückkehrten. Dabei verhielten sich die Observierten absolut unauffällig. Als schon Zweifel aufkamen, ob man es mit Spionen zu tun habe, durchsuchten die Abwehrleute noch ihr Zimmer. Erst fanden sie keinerlei belastendes Material, bis einer von ihnen, ein ehemaliger Bochumer Kriminalkommissar, den Fotoapparat entdeckte. Er lag oben in der gläsernen Ampel des Beleuchtungskörpers.

»Eine Leica«, sagte der Bochumer, »mit Zusatzlinse. Teurer Apparat.«

»Was verdient so ein Werftarbeiter?«

»Vierzig oder fünfzig Gulden vielleicht.«

Sie öffneten die Kamera, doch sie enthielt keinen Film. »Warum hat er sie da oben versteckt?« fragten sie sich. »Nur, damit sie nicht geklaut wird?«

Der ehemalige Bochumer Kriminalbeamte knipste noch einmal das Licht an und sah einen dunklen Punkt durch das gelbliche Ampelglas schimmern.

»Fliegendreck«, vermutete sein Mitarbeiter.

Doch mit der Verbissenheit eines erfahrenen Polizisten, einem für Detektive unverzichtbaren Charakterzug, stieg der Bochumer noch einmal auf den Stuhl und tastete in den Glassturz hinein. Was er herausholte, war kein Fliegendreck, sondern etwas zusammengerolltes Schwarzes.

»Schnürsenkel«, meinte sein Mitarbeiter.

Der Bochumer zog es auseinander. Es war etwa drei Millimeter breit, einen halben Meter lang und steif wie Zellophan.

»Das ist ein Mikrofilm.«

»Noch nie einen gesehn.«

»Ich auch nicht, aber so was muß man eben wissen.«

Am Nachmittag wurden die Werftarbeiter van Toffels und DeKlaar verhaftet. Sie gestanden nach kurzem Leugnen, daß sie zwar in England geboren seien, dort vor dem Krieg jedoch keine Beschäftigung gefunden hätten und seitdem in Holland arbeiteten.

Spätabends rief der Dienststellenleiter in Paris an. Oberst Reimers wollte eben sein Büro im Hotel Lutetia verlassen.

»Wir haben da«, meldete Rotterdam, »zwei britische Spione festgenommen. Sie arbeiten in der Schiphol-Werft. Einer war sogar mehrere Woche in Hamburg bei Blohm und Voss.«

»Und?« fragte Reimers, schon im Begriff nach Hause zu fahren.

»Wir fanden eine Leica und einen Mikrofilm.«

Reimers schaltete sich sofort voll ein. »Was ist drauf, auf dem Film?«

»Leider verfügen wir über kein Mikrofilmlesegerät.«

»Aber wir haben eines«, sagte der Oberst. »Her mit dem Film. Schicken Sie gleich einen Kurier damit los.«

»Sollte man nicht«, wandte der Dienststellenleiter in Rotterdam ein, »vorher den Chef verständigen?«

»Der Admiral ist in drei Tagen hier«, erklärte Reimers, »und wird die Sache wohl selbst in die Hand nehmen. Also, schicken Sie mir den Mikrofilm und legen Sie die zwei Burschen gut auf Eis.«

Über der Admiralsuniform trug Canaris den hellen Staubmantel und statt der mit goldenem Eichenlaub bestickten Mütze einen dunkelblauen Filzhut. Um sechs Uhr morgens holte ihn sein Fahrer ab.

»Wagner«, sagte der Admiral zu seinem Vertrauten, »heute müssen wir sie abschütteln.«

Der Fahrer drehte sich nur kurz um. »Sie hängen schon wieder dran.«

In rascher Fahrt brachte er Canaris zum Bahnhof Friedrichstraße. Canaris erreichte gerade noch die S-Bahn nach Potsdam. Nun hoffte er, daß seine Beschatter es bemerkt hatten und ein Fahrzeug nach Potsdam beorderten. Wie vorgesehen, stieg er schon in Wannsee aus, wo sein Fahrer wartete. Diesmal nicht mit dem Mercedes, sondern mit dem BMW.

»Wohin, Herr Admiral?«

»Aufgetankt, Wagner?«

»Voll bis obenhin, zwei Reservekanister und jede Menge Benzinmarken.«

»Paris«, sagte Canaris, »über Metz.«

Nach sechsstündiger Fahrt auf nahezu leeren Straßen rollten sie westlich von Metz an der Meuse entlang bis zu einer kleinen Stadt namens Mouzay. Es war früher Nachmittag.

»Suchen Sie sich ein Quartier«, sagte Canaris zu seinem Fahrer, »morgen früh, Punkt acht Uhr, wieder an dieser Stelle.« Er schlug den Mantelkragen hoch, überquerte den Platz vor der Kathedrale und verschwand um die Ecke. Von einem verräucherten Café aus telefonierte er. Wenig später wurde er von einem pferdebespannten Jagdwagen abgeholt.

Sie fuhren in die bewaldeten Berge hinein zu einem Jagdhaus in den Ardennen.

»Schon alle da?« fragte Canaris den Kutscher.

»Wir warten nur noch auf Sie und Tresckow«, sagte der einarmige Graf. »Goerdeler, Kluge, Lippnitz, alle warten schon. Sie kamen auf abenteuerlichsten Wegen her.«

Trotz seiner Behinderung ging Stauffenberg mit dem Jagdwagen geschickter um als die meisten Kutscher.

Tief im sonnendurchfleckten Eichenwald, als der Wagen über feuchtes Laub lautlos dahinrollte, bemerkte der Graf: »Ich habe so meine Zweifel, Herr Admiral.«

»Worüber, Stauffenberg?«

»Ob für ein derart gefährliches Treffen derzeit Bedarf besteht. Keiner von uns genießt das Wohlwollen der Gestapo. Wir werden doch mehr oder weniger scharf überwacht.«

»Gespräche und Absprachen müssen sein«, erwiderte Canaris, »besonders jetzt.«

»Obwohl heute weniger denn je eine Umsturzchance besteht.«

»Chancen gibt es immer«, entgegnete Canaris. »Natürlich ist Hitler heute ganz oben. In Rußland geht es voran, die Rote Armee flüchtet, der Balkan bis Griechenland ist in deutscher Hand, in Nordafrika verzeichnet Rommel Erfolge.«

»Neue Waffen sind in der Entwicklung«, ergänzte Stauffenberg, »Fernraketen, Turbinenjäger, U-Boote. Das Volk verehrt den Führer wie einen Gott.«

»Und alle Attentatsversuche schlugen bisher fehl ... wollten Sie doch noch sagen, Stauffenberg.«

»Im Augenblick würde jeder Anschlag gegen Hitlers Leben auf absolutes Unverständnis bei den Massen stoßen, Herr Admiral.«

»Ja, weiß ich. Und die Japaner stehen im Pazifik Gewehr bei Fuß«, erwähnte Canaris. »Sie werden wohl bald in den Krieg eintreten. Hitlers Stern steht im Zenit. Aber was kommt nach dem Gipfel, wenn es nicht mehr höher geht?«

»Der Abstieg«, bemerkte Stauffenberg, aber nicht im Brustton der Überzeugung.

»Gegen ein Naturgesetz kann auch der Teufel nicht anstinken. Glauben Sie mir.«

Zwischen den Bäumen tauchte auf einer Anhöhe die massive Jagdhütte auf. Bevor er die Pferde zu langsamerer Gangart zügelte, meinte Stauffenberg noch: »In so einer Lage sollte man abwarten.«

»Nein, nicht abwarten, sondern vorausplanen«, beharrte Canaris, »denn planst du in der Zeit, dann weißt du in der Not, was zu tun ist. Altpreußisches Sprichwort.«

Gegen Abend traf noch General von Tresckow ein.

Obwohl sie alle leidenschaftliche Weidmänner waren, verzichteten sie darauf, auf die Jagd zu gehen. Sie nahmen ein einfaches Mahl, tranken dazu aber Champagner, der ja in der Nähe hergestellt wurde. Sie diskutierten die Nacht durch, bis es dämmerte. Keinem von ihnen ging es um persönliche Vorteile. Sie sorgten sich um Deutschland und was daraus werden sollte.

Vor dem Mikrofilmlesegerät im Hotel Lutetia erkannte Canaris sofort den Wert der Agentenfotos.

»Ein U-Boot.«

»Nur ein U-Boot«, äußerte Oberst Reimers enttäuscht.

»Aber was für eines. – Es ist der supergeheime Typ XXI.«

»Nie davon gehört, Herr Admiral.«

»Da sehen Sie's, so geheim ist das. Es sind Fotos vom Rumpf dieses Bootes im Dock und sogar von Blaupausen. Demnach wissen schon einige Leute zuviel davon. Natürlich auch die Engländer. Lassen Sie die zwei Spione herschaffen, Reimers, und nehmen Sie sie in die Zange. Wir müssen den dritten Mann in Hamburg kriegen. Da ist doch eine Riesensauerei am Laufen.«

Das Telefon schrillte. Die Vermittlung verlangte den Admiral persönlich. Standartenführer Hackmann war am Apparat, was Canaris nicht sonderlich behagte, da er es als unvorsichtig empfand.

»Ich muß Sie sprechen, Canaris«, wünschte Hackmann.

»Wie, wo und wann?«

»Ich lade Sie zum Essen ins Ritz ein. Ganz offiziell. Hier in Paris werden weder alle Telefone noch jeder höhere Uniformträger überwacht. Da hätten wir was zu tun.«

Canaris bewundert Hackmanns Mut. Andererseits war es auch nicht ungewöhnlich, daß sie dienstlich miteinander verkehrten.

Im Ritz ging es wie immer friedensmäßig elegant zu. Befrackte Kellner, riesige Spiegel, Kronleuchter, Goldglanz. Die Speisekarten verzeichneten an Delikatessen das Feinste, alles was man sich nur wünschen konnte: von Froschschenkeln bis Kaviar, von italienischen Trüffeln bis zu japanischen Morcheln. Canaris begnügte sich mit einem frischen Bretagne-Hummer und Hackmann mit Coque au Vin. Dazu tranken sie einen edlen Sauternes.

Hackmann war kein großartiger Redner, war der hochdeutschen Sprache nicht so übermächtig wie etwa Heydrich, sondern eher schweigsam.

Um Canaris den Appetit nicht zu verderben, wartete er mit seinem Lagebericht bis zum Dessert. Dann aber legte er los. »Himmler sammelt Gründe, um Sie abzuberufen«, eröffnete er dem Admiral. »Die SS möchte Ihr Amt übernehmen.«

»Sollen sie mich doch pensionieren«, bemerkte Canaris trocken.

»Dann hätte man Sie nicht mehr so gut im Griff«, wandte Hackmann ein. »Sie könnten ins Ausland flüchten. Sie haben doch überall in Europa Freunde.«

»Sogar im schwarzen Afrika«, spottete Canaris. »In jedem Kaffernkral.«

»Na, bitte!«

»Will man mich unter Hausarrest stellen, oder was?«

»Hat man erst Hitler von der Notwendigkeit überzeugt, könnte es sogar auf Haft hinauslaufen. Man hält Sie für die Spitze des Eisbergs.«

»Welchen Eisbergs?«

Hackmann kniff die Augen zusammen und atmete rasch ein, als sei er ungeduldig. »Mann, Canaris«, flüsterte er, »muß ich Ihnen das wirklich erst buchstabieren? Der kaum sichtbar dahintreibende Eisberg ist der Widerstand gegen das Regime. Vermutlich bin ich bald ebenso dran wie Sie, wenn man erst den Ansatzpunkt hat, um unsere Welt aus den Angeln zu heben. Deshalb mein Rat: Hauen Sie ab, Admiral, solange noch Zeit ist.«

»Ich werde versuchen, mit Hitler darüber zu sprechen«, erklärte Canaris.

»Bis zum Führer gelangen Sie gar nicht mehr.«

»Dann rede ich mit Großadmiral Raeder, mit Göring, mit Keitel.«

»Warum nicht gleich mit Ihrem Erzfeind Himmler?«

»Oder auch mit Himmler«, ergänzte Canaris zynisch. »Am meisten gefährdet ist der Löwe in seiner Höhle.«

Aus Gewohnheit schauten sie sich immer wieder um. Doch im Renaissancespeisesaal des Ritz war niemand zu sehen, der als Beobachter in Frage kam. Hackmann nannte auch den Grund dafür. »Wer immer von den Sicherheitskräften abkömmlich ist, wurde an die Nordseeküste befohlen.«

»Was läuft da?« stellte Canaris eine vorschnelle Frage.

»Der Masseneinsatz von Leibwächtern ist erforderlich, um in Hamburg eine Mauer lebender Leiber um unseren heißgeliebten Führer zu bilden.«

Canaris wußte nichts von einer Reise Hitlers dorthin, gab dies aber nicht zu. Mit Bestürzung stellte er jedoch fest, daß schon viele Dinge an ihm vorbeiliefen.

»Ach, diese Werftbesichtigung«, tippte er blind, denn was wollte Hitler in Hamburg, wenn nicht Werften inspizieren.

»Ich glaube, es geht um eine neue U-Boot-Waffe«, äußerte Hackmann.

»Ja, um den Typ einundzwanzig.«

Im selben Augenblick hatte Canaris einen blitzartigen Einfall.

Nach dem Abendessen mit Hackmann fuhr er in sein Quartier im Hotel Lutetia. Dort beschäftigte er sich bis Mitternacht mit nichts anderem als mit diesem Einfall. Wenn er bei Hitler in Mißkredit stand, dann gab es nur eine Möglichkeit, diese Scharte auszuwetzen. Es war eine Idee mit Goldrand. Er mußte totale Loyalität vortäuschen. Egal wie. Nicht umsonst nannte man ihn den Trickreichen.

Er ließ Wagner, seinen Fahrer, aus dem Bett holen.

»Nach Hamburg«, befahl er.

»Wann, Herr Admiral?«

»Jetzt«, sagte Canaris.

Hitler absolvierte sein Besuchspensum in Hamburg mit gewohnter Präzision und unter schärfsten Sicherheitsvorkehrungen. Am meisten interessierte ihn das U-Boot-Bauprogramm. Neben Panzern waren U-Boote seine derzeit noch erfolgreichste Waffe. Bei Blohm und Voss eilte er samt Gefolge durch die Werfthallen, die Docks und Helligen. Wie stets technisch ausgezeichnet informiert, hielt er sich bei den neuen Elektrobooten länger auf. Nummer III und IV der Vorserie näherten sich der Fertigstellung.

»Nummer zwei liegt in Kiel zur Dauererprobung«, erklärte der Werftdirektor. »Zur Stunde läuft es durch den Nord-Ostsee-Kanal nach Brunsbüttelkoog.«

»Und Nummer eins wurde bei verfrühtem Feindeinsatz versenkt«, grollte es unter Hitlers dunklem Schnurrbart hervor.

Mitunter passierte es, daß er seine Pläne spontan änderte. So auch heute. Am Nachmittag wollte er den Fliegerhorst eines Jagdgeschwaders besuchen.

Als Admiral Canaris nach pausenloser 900-Kilometer-Hetze spätnachts an der Elbe ankam, erfuhr er in seinem Hamburger Büro, daß Hitler schon wieder fort sei.

»Wohin fort? Wißt ihr etwas Näheres?«

»Sein Sonderzug fuhr über Itzehoe, und er übernachtet wohl wie immer auf irgendeinem Bahnhofsabstellgleis. Das

Ziel dürfte Brunsbüttelkoog sein. Der Sicherheitsbereich wurde bis dorthin ausgedehnt.«

Daß Hitler die Flak-Stellungen an der großen Schleuse in Augenschein nehmen wollte, schloß Canaris aus. Dem Dienststellenleiter im Hamburg, einem Kapitänleutnant, wollte er seine Unwissenheit jedoch nicht eingestehen.

»Der Führer hatte immer die Absicht, auf einem Typ einundzwanzig mitzufahren. Ich habe ihm davon abgeraten. Es ist, als würde man auf ein nicht zugerittenes Pferd steigen.«

»Genau das hat er vor«, sagte der Offizier. »Von Kiel wurde das einzige klare Vorserienboot an die Nordsee befohlen.«

»Wann kann es dort eintreffen?«

»Im Laufe des Vormittags«, schätzte der Kapitänleutnant.

»Können Sie Kontakt mit Hitlers Sonderzug herstellen?«

»Er hat Fernschreiber und Funk. Leider ist uns die Frequenz nicht bekannt, Herr Admiral.«

»Wie steht es mit Telefon?«

Der Kapitänleutnant zuckte die Schultern. »Hitlers Sonderzug wird aber bei jedem Halt sofort an das Wasser-, Strom- und Telefonnetz angeschlossen, und sei es nur für kurz.«

Canaris hatte verstanden. »Aber Sie haben die Nummer nicht. Was sind wir bloß für ein Geheimdienst. Langsam geht es abwärts mit uns.«

Er ließ Wagner, der auf einem Sofa eingeschlafen war, wecken. Sie fuhren an der Elbe entlang bis zur großen Schleuse von Brunsbüttelkoog. Dort kamen sie gegen 9.30 Uhr an und fanden den Bereich weiträumig abgesperrt. Den äußeren Kreis sicherten Marineeinheiten. Der wachhabende Leutnant erkannte Canaris und ließ ihn passieren. Bei der inneren Sperrzone verlangten sie einen Passierschein.

»Ist der Führer schon eingetroffen?« wollte Canaris wissen.

»Keinerlei Auskunft«, hieß es. »Ihren Passierschein, bitte.«

»Rufen Sie den Wachhabenden«, verlangte Canaris.

Es dauerte einige Zeit. Endlich stolzierte ein Untersturmführer der SS in Richtung auf BMW mit dem Admiralstander.

»Kennen Sie mich?« fragte Canaris höflich.

»Jawohl, Herr Admiral.«

»Dann lassen Sie mich endlich weiterfahren.«

»Sie stehen aber nicht auf der Liste der Führerbegleitung«, erklärte der Offizier.

Obwohl nicht gerade als Frühaufsteher bekannt, war Hitler also schon da.

»Haben Sie Verbindung über Funk- oder Feldtelefon?«

»Nein, Herr Admiral.«

»Wer ist hier der Verantwortliche?«

»Kaltenbrunner«, hieß es.

Gruppenführer Kaltenbrunner war nicht einer von Canaris' speziellen Freunden. Andererseits galt Kaltenbrunner auch nicht als Freund von Heydrich oder als Liebling des Übervaters Himmler.

Canaris drängte: »Ich muß aber den Führer sprechen. Es ist lebenswichtig.«

Der Wachhabende überlegte und entschied sich. »Ich gebe Ihnen einen Begleiter mit, Herr Admiral.«

So gelang es Canaris, den inneren Sicherheitskreis zu durchbrechen. Kaum ein Stück weiter, beim Schleusenhaus, wurde sein BMW erneut gestoppt. Etwa hundert Meter entfernt überragte der grauschwarze Turm eines Typ-XXI-Bootes, das an der Schleusenpier festgemacht hatte, die Besuchergruppe. Die Besatzung paradierte an Deck. Eine Musikkapelle spielte den Badenweiler-Marsch.

Canaris stieg aus. Der O. v. D. der Wache hatte Kaltenbrunner offenbar unterrichtet, denn der SS-General kam herüber und winkte Canaris. Lässig reichte er ihm die Hand und fragte: »Was kann ich für Sie tun, Admiral?«

»Ich muß dringend zum Führer.«

»Sind Sie angemeldet?«

»Seit wann hat der Chef der Abwehr das nötig«, staunte Canaris leicht arrogant, »wenn er seinem obersten Befehlshaber eine wichtige ... eine lebenswichtige Meldung zu überbringen hat?«

»Mein lieber Canaris«, Kaltenbrunner brachte seinen Henkerskopf in Schieflage, »übertreiben Sie da nicht?«

»Ich würde mich hüten«, antwortete Canaris zweideutig.

Wieder mußte er warten. Fast eine Viertelstunde verging. Endlich erschien Kaltenbrunner wieder und zischte: »Eine Minute!«

Canaris folgte ihm. Wenig später stand er Hitler gegenüber. Der wirkte etwas stationsvorsteherhaft mit seiner steifen feldgrauen Uniformmütze. Ohne Gruß, mit unbewegtem Gesicht, die dunklen Augen mit Röntgenblick auf Canaris gerichtet, wartete er, was der Admiral zu sagen hatte.

Canaris faßte sich kurz. Hitler schätzte kein langes Drumherum. »Mein Führer«, die Stimme von Canaris klang belegt, »wir haben in Holland britische Agenten gefaßt. Bei ihnen fanden wir Fotos und Blaupausen des U-Bootes, mit dem Sie eine Probefahrt planen. Da die Gefahr eines Anschlags besteht, muß ich darauf drängen, daß das Boot vorher von Fachleuten der Werft abgesucht wird, oder Sie bitten, Ihre Pläne zu ...«

Hitler hatte die Hand gehoben und Canaris das Wort abgeschnitten. Grußlos wandte er sich um und wechselte heftige Worte mit einem Offizier seiner Begleitung. Es klang wie: *Ich verzichte ...*

Der Offizier gab es an einen Adjutanten weiter, und Hitler eilte zu seinem schwarzen Mercedes.

Es kostete den Tod von sechzig Marinesoldaten und Marineoffizieren, aber es rettete den Kopf von Canaris.

Zurück in Berlin, erfuhr Canaris von der Katastrophe.

Das Typ-XXI-Boot Nummer zwei, das einzige derzeit verfügbare, war bei Schnelltauchübungen vor Helgoland nicht mehr hochgekommen. Zunächst hatte man alles für eine der üblichen Pannen gehalten. Doch nach sechs Stunden rechnete man mit ernsthaften Schwierigkeiten an Bord. Weitere drei Stunden später fürchtete man, daß das Boot gesunken sei. Nach vierundzwanzig Stunden wußte man, daß die Atemluft drunten zu Ende war. Doch erst nach zwei Tagen fanden die sofort alarmierten Taucher eines Marine-Bergungsschleppers das Boot in Tiefe sechzig. Auf ihre Klopfzeichen erfolgte keine Antwort aus dem Inneren.

Die Frage lautete jetzt: Warum hatte der Kommandant nicht den Ausstieg mit Tauchrettern befohlen? Auf einundsechzig Meter Wassertiefe wäre das noch möglich gewesen.

Die Taucher versuchten in das Boot einzudringen. Da die Luken alle von innen verriegelt waren, gelang dies erst nach weiteren zwei Tagen.

Nachdem der erste Bericht vorlag, rief ein Offizier vom Erprobungskommando der Marine in Kiel Canaris an. Er sagte: »Als die Taucher das Turmluk offen hatten, kam ihnen ein Schwall Überdruck entgegen. Sie schlossen es sofort wieder und drückten von außen Preßluft in die Tauchtanks. Das Boot kam langsam hoch. Nun stiegen sie erneut ein. – Das Boot hatte keinen Wassereinbruch erlitten. Aber die Besatzungsmitglieder lebten nicht mehr. Sie waren, ohne Anzeichen von Gewalteinwirkung, gestorben. Für ihren Tod gibt es nur zwei Erklärungen: Entweder wurden sie durch Reaktion von Batteriesäure mit Meerwasser, also durch Gasbildung, vergiftet – was derzeit überprüft wird –, oder sie kamen durch Nachlässigkeit der Grundwache um.«

»Also durch Stickstoffvergiftung infolge Sauerstoffmangels«, verstand Canaris.

»Wenn die Grundwache nicht aufpaßt, wird sie erst übermütig, erzählt sich Witze und schläft plötzlich für immer und ewig ein. Und mit ihr die ganze Besatzung. Ein durchaus bekanntes Phänomen, das schon des öfteren vorgekommen ist. Genaues wissen wir erst, wenn das Boot nach Kiel geschleppt wird.«

»Besteht die Möglichkeit der Sabotage?« fragte Canaris vorsichtig.

»Ziemlich unwahrscheinlich«, erfuhr er, »aber es wird niemals völlig auszuschließen sein.«

Nachdem Canaris aufgelegt hatte, war ihm klar, daß dieser Vorfall mit der Warnung, die er Hitler hatte zugehen lassen, keinesfalls im Zusammenhang stand. Er hatte Hitler aus rein taktischen und persönlichen Gründen gewarnt. Der Rest war reiner Zufall. Schicksal. Ein katastrophaler Rückschlag zwar, aber er rettete möglicherweise seine Haut.

Zwei Tage später wurde Canaris zu einem Termin bei Hitler in die Reichskanzlei bestellt. Der Termin wurde ohne Angabe von Gründen kurzfristig abgesagt. Doch sehr früh am nächsten Morgen rief die Reichskanzlei im Amt Canaris an und verband den Admiral mit Hitler.

Der faßte sich knapp wie immer.

»Ich habe Ihnen zu danken, Canaris«, sagte er mit seinen harten Konsonanten, »ich wußte, daß ich mich auf meinen Abwehrchef verlassen kann. Treue um Treue.«

»Das ehrt mich, mein Führer«, kam es Canaris mühsam von den Lippen.

»Und wir«, sagte Hitler, »wir sind wieder ganz die alten. Unerschütterlich. – Ach, noch etwas, Canaris, was kostet so eine Finca in Spanien?«

Canaris schluckte erst einmal vor Verblüffung. »Es kommt auf die Lage und die Größe an, mein Führer.«

»Da müssen Sie ja ein Leben lang drauf gespart haben. Admirale verdienen auch nicht mehr als ich. Ohne die Einkünfte aus meinem Buch ›Mein Kampf‹ wäre ich ein armer Mann.«

»Ich konnte«, log Canaris, »eine spanische Tante mütterlicherseits beerben.«

Sollen sie es erst einmal nachprüfen, diese SS-Bluthunde, dachte er.

»Schon gut, Admiral«, sagte Hitler, »laden Sie mich einmal dorthin ein, wenn wir eines Tages diesen Krieg siegreich werden beendet haben. Nicht vergessen.«

Von einer halben Sekunde zur ganzen hatte Hitler aufgelegt.

An einem der letzten Augusttage erfuhr Canaris, daß Hitler nach wie vor an ein Attentat glaubte und den Serienbau des neuen Bootes mit höchster Dringlichkeitsstufe vorantrieb.

46

Leningrad wird eingeschlossen. Franz Werfel schreibt den Roman »Das Lied von Bernadette«. Bei Tiefsttemperaturen gelingt erstmals die Verflüssigung von Helium.

1. September 1941

Im mittleren Nordatlantik tobte die größte Geleitzugschlacht des Jahres. Ein Rudel deutscher U-Boote hing an einem Konvoi, bestehend aus achtzig Schiffen. Tagsüber war der Horizont schwarz vom Qualm und nachts hell vom Feuer der brennenden Tanker. Überall trieben sinkende oder schwerbeschädigte Dampfer in der rauhen See. Das Meer sah aus wie ein öliger Abfallplatz, voll von Leichen, Trümmern und Ladungsresten.

Auf seinem Südostkurs wurde U 136 stummer Zeuge des Kampfes. Es hielt weiterhin Funkstille, griff in das Gemetzel nicht ein, sondern fuhr in weitem Bogen um den Friedhof torpedierter Schiffe herum.

Die Wolken hingen tief, als sei der Himmel mit grauen Flokati-Teppichen tapeziert. Der Nordost wehte mit Stärke vier. Die Wellen brachen an den Kämmen schäumend um.

Eine Minute vor zwölf Uhr löste die neue Wache ab. Leutnant Wessel übergab an den Obersteuermann. Er nannte Kurs und Geschwindigkeit, und als besonderes Vorkommnis sagte er: »Der alte Hobel rennt heute wieder wie eine gesengte Sau.« Dann stieg er hinunter ins Boot.

Im O-Raum war schon aufgebackt. Zur Feier des Tages hatte der Koch Eisbein mit rosa Erbsenbrei spendiert und für jeden eine halbe Dose Pfirsiche. Ihr Bordgast Huber, seit Tagen gesprächiger geworden, äußerte sich zu dem bevorstehenden Ereignis. »Glauben Sie nicht, Kapitän Lützow, daß Amerika doch die weitaus bessere Lösung wäre?«

Der Kommandant löffelte die klare Pfirsichbrühe vom Teller. »Sogar ungeheuer viel besser«, höhnte er, »weil wir nämlich die *Prince of Wales* zu versenken versuchten, und mit ihr Roosevelt und Churchill.«

»Nun ja, Krieg ist Krieg und bei weitem nicht Vater aller Dinge.«

»Einen roten Teppich würden sie uns ausrollen«, ergänzte Wessel, »plus Susaposaunen und Ehrennutten.«

»Uruguay oder Brasilien also«, bemerkte Huber unzufrieden, »aber wie verhält sich die dortige Regierung gegenüber uns?«

»Mindestens genauso fabelhaft«, äußerte Wessel, »wie bei der *Graf Spee*. Sie zwangen sie auszulaufen und trieben sie den Engländern vor die Kanonen.«

»Man sollte sich informieren«, äußerte Huber. »Man kann ja nicht ohne weiteres ...«

»Ohne weiteres nicht«, entgegnete Lützow, »aber ich kann mich nicht erinnern, Herr Huber, daß irgend jemand Sie um Ihre Meinung gebeten hat.«

Plötzlich sprang Huber auf. Er hatte eine Pistole in der Hand und preßte sie an Lützows Schläfe. »Und wenn ich Sie zwinge, einen Hafen in den USA anzulaufen?«

Einige Sekunden lang wurde es kritisch, Wessel aber rettete die Situation.

»Sie verschütten Ihre Suppe, Opa Huber«, sagte er. »Vorsicht!«

Huber blickte nach unten, war abgelenkt, und sie überwältigten ihn. Gefesselt sperrten sie ihn ins WC.

Lützow hob die Tafel auf. Wenig später ließ er tauchen, um das, was nun kam, ruhig und ungestört ablaufen zu lassen.

Der II WO befahl der Besatzung anzutreten. Jeder bekam einen Zettel im Format vom Viertel eines Briefbogens. Oberleutnant Rahn erläuterte nicht noch einmal, worum es ging, darüber war tagelang diskutiert worden, er sagte nur: »Name – und ja oder nein.«

In der Zentrale am Sehrohr lehnend, hielt Lützow die ehemals weiße Kommandantenmütze umgedreht in der Rechten. Die Männer mußten einzeln vor ihn hintreten und ihren Zettel in die Mütze werfen. Jedem von ihnen schaute Lützow in die Augen und nickte ihm zu. Immerhin war jetzt über Leben und Tod zu entscheiden. In manchen Gesichtern las Lützow Ablehnung.

Die Wachgänger wurden zwecks Stimmabgabe abgelöst. Nach zwanzig Minuten war der Wahlgang beendet. Als letzter warf Lützow seinen eigenen Zettel in die Mütze.

Die Kontrolle der Stimmzettel ergab die Zahl der Besatzungsmitglieder.

»Drei Mann zum Auswerten!« befahl Lützow. »Der Rest auf Station oder auf Freiwache.«

In der U-Messe wurden die Stimmzettel sortiert. In der Liste notierten sie ein Kreuz für ja, einen Kreis für nein.

»Wie sieht es aus?« fragte Lützow ungeduldig.

»Neunundvierzig abgegebene Stimmen«, hieß es. »Achtunddreißig sind dafür, sieben Mann dagegen. Vier Enthaltungen.«

Lützow konnte sich denken, wer die sieben waren. Über Zentralemikrophon und Lautsprecher gab er das Ergebnis durch.

»Alles herhören! Die Mehrheit ist für Südamerika.« Kurzer Applaus unterbrach ihn. »Sieben sind dagegen. Doch es war jedermanns freie Entscheidung. Hilpert, Riedl, Baum, Sliwoweit, Holbein, Rögner und Unger zu mir in die O-Messe.«

Die sieben, meist ältere Maate und ein Maschinist im Range eines Feldwebels, drängten sich herein.

Lützow schob sich halb auf die Back und sagte: »Ich habe volles Verständnis. Ihr seid verheiratet oder schon Familienväter und wollt zu euren Frauen und Kindern nach Hause. Es gibt nur ein Problem: Wo sollen wir euch denn absetzen?«

»Norwegen«, schlug der Torpedomaat vor.

Dies mußte Lützow ablehnen. »Norwegen liegt zu weit ab von unserer Position und von unserem Kurs.« Es gab noch andere Gründe, die Lützow jedoch unerwähnt ließ. »Spanien wäre denkbar«, schlug er vor.

Die sieben berieten sich kurz und waren einverstanden.

»An der Biskaya-Küste setzen wir euch in einer einsamen Bucht aus«, versprach Lützow, »irgendwann in der Nacht. Wie ihr weiterkommt, ist eure Sache.«

Sie nickten stumm, aber zufrieden.

»Wann wird das sein, Herr Kapitän?« fragte der Maschinist.

»Um die Monatsmitte herum«, schätzte Lützow.

Nun ging es darum, wie sie mit sieben Mann weniger klarkamen. Aber das war nur eine Organisationsfrage.

Huber hatte sich wieder beruhigt. Sie holten ihn aus dem WC und nahmen ihm die Tampen ab.

Am Abend schaute er in Lützows Kommandantenschapp vorbei.

»Die Entscheidung fiel also für Südamerika«, begann Huber, »via Spanien, wie ich hörte. Nun, da nichts mehr zu ändern ist, biete ich Ihnen meine Hilfe an.«

»In welcher Form?« wollte Lützow wissen.

»Ich habe Verbindungen nach Spanien und gute Freunde dort. Ein paar Funksprüche über meinen Kontakt in Paris, und es wäre etwas zu machen.«

Lützow äußerte sich nicht sofort. Er schwieg so auffallend lange, daß Huber feststellte: »Sie trauen mir nicht.«

»Wen wundert das.«

»Versuchen Sie es.«

»Wie sollte ich, Huber. Wer sind Sie, woher kommen Sie? Etwa vom Mond? Was suchen Sie überhaupt an Bord meines Bootes?«

Huber setzte sich auf die Kante von Lützows Koje und sagte, was er wohl schon lange auf dem Herzen hatte.

»Da Südamerika Ihr Ziel ist«, erklärte er, »womit unter

mehreren Möglichkeiten zu rechnen war, möchte ich Ihnen mitteilen, was man mir für diesen Fall mit auf den Weg gegeben hat.«

»Wer konnte das vorhersehen?« brauste Lützow auf. »Was wird hier gespielt, welches Komplott ist da am Kochen?«

Huber fragte dagegen: »Kennen Sie das Lager Koralle?«

»Es liegt im Wald bei Bernau«, fiel Lützow dazu ein. »Ist dort nicht die Seekriegsleitung untergebracht?«

Huber nickte. »Dann ist Ihnen auch Günther Hessler ein Begriff, Kapitän.«

»Erster Admiralstabsoffizier bei Dönitz«, erinnerte Lützow sich.

Während der U-Boot-Kommandant mit äußerst erstauntem Gesicht reagierte, fuhr Huber fort: »Kapitän zur See Hessler gab mir eine Belehrung mit auf den Weg. Falls nötig, sollte ich Sie von ihm grüßen und Ihnen folgendes unterbreiten . . .«

»Ich höre!« knurrte Lützow, baff vor Verwunderung.

»In der Biskaya wird es nötig sein, fast immer unter Wasser zu bleiben. Dies der starken Luftpatrouillen wegen. Also nur bei Nacht aufgetaucht fahrend, wird man ein bis zwei Wochen brauchen, um aus der Gefahrenzone herauszukommen. Sind wir erst auf der Höhe von Gibraltar, dann dürften Sie schon eine Menge dazugelernt haben. Die Weiterreise führt in das Seegebiet von Freetown. Es ist ziemlich leergeputzt. Nur schnelle Einzelfahrer sind noch anzutreffen. Aber die Luftraumkontrolle ist weiterhin ziemlich dicht. Die Engländer haben zwischen Freetown und der Insel Ascension, südlich des Äquators und der Südwestküste von Westafrika, pausenlos Flugzeuge in der Luft. Hat ein Flugzeug ein U-Boot erst gesichtet, ist es so gut wie erledigt. Die Flugzeuge spüren ein Boot bei Nacht auf und greifen morgens in Massen an. Anders sind die Verluste nicht zu erklären. Also niemals Müll außenbords werfen und darauf achten, daß man keine Ölspur zieht. Im Südatlantik sind in letzter Zeit viele Neun-D-Zwei-Boote auf dem Weg in den Indischen Ozean spurlos verlorengegangen.« Huber legte eine kurze Pause ein. »Das bittet der Mann aus dem Stabe von Dönitz zu beachten.«

Manches davon war Lützow längst geläufig, anderes wiederum nicht. Aber mit diesem Huber kannte er sich immer weniger aus. »Wie kam man dazu, Ihnen das alles zu offenbaren?«

Huber wiegte bedächtig den Kopf. »Noch darf ich nicht mehr sagen als das«, erklärte er. »Sind wir aber erst südlich des Äquators und es besteht keine Gefahr der Umkehr, erfahren Sie alles, Kapitän. – Noch eine Bitte. Haben Sie endlich Vertrauen zu mir.«

Lützow mußte einräumen, daß sich in diesem Punkt einiges geändert hatte. Er ließ zu, daß Huber seinen Funkverkehr mit der geheimen Frequenz fortsetzte. Allerdings lieferte Baureis stets den Klartext dazu.

Nahe Irland wurden sie entdeckt. Sie tauchten. Trotzdem kam es zu Verfolgerkämpfen, die neunundzwanzig Stunden lang anhielten. Sie schüttelten den Gegner endlich ab und tauchten auf, um das Boot durchzulüften und die Batterien zu laden.

Trotz tiefer Dunkelheit fielen plötzlich Bomben. Ein Flugzeug hatte sie geortet. Es war mit abgestellten Motoren herangesegelt und griff sie an. Zum Glück lagen die Bomben weitab und schüttelten sie nur kräftig durch. Auf U 136 stellten sie jedoch fest, daß ihr Flugzeugortungsgerät, das Metox, ausgefallen war. Der Oberfunkmaat und Baureis versuchten es zu reparieren. Vorsichtshalber wurde schon der Proviant rationiert. Der Vorrat an Dieseltreibstoff näherte sich immer weiter der Angstmarke von zehn Tonnen.

Sie waren jetzt vier Wochen in See.

47

Deutsche Truppen bilden einen Kessel um Kiew. Die Arbeiter der Ford-Automobilwerke stimmen für Gewerkschaften. Fords Marktanteil in den USA fällt von 50 Prozent auf 20 zurück.

20. September 1941

Admiral Canaris lotete seinen neuen Vertrauensvorrat aus und begab sich auf Dienstreise nach Spanien.

Mit einer He 70 der Luftwaffe, jedoch ohne Tarnbemalung und Balkenkreuz, flog er über München, Mailand und den Golfe du Lion nach Barcelona. In seiner Begleitung befanden sich sein Adjutant und ein Dolmetscher. Canaris sprach einigermaßen Spanisch, aber nur mit dem Wortschatz eines achtjährigen Knaben. Bei Verhandlungen verließ er sich lieber auf einen diplomierten Übersetzer.

Beim Nachtanken in Barcelona stieg ein Mann vom K. O. zu. González von der Kriegsorganisation Deutsche Abwehr hatte die Termine des Admirals vorbereitet.

»Abendessen beim Caudillo übermorgen«, las der Deutschspanier von seinen Notizen. »In Aranjuez. Da hält es Franco mit den Königen. Sie verbrachten die heißen Monate stets im Sommerpalast.«

»Wie beurteilen Sie seine Einstellung zur Hauptfrage?« wollte Canaris wissen.

»Unverändert.«

»Trotz der enormen Erfolge unserer Armeen in Rußland?«

»Franco möchte und wird neutral bleiben«, erklärte der Mann vom K. O. »Diesen alten Falangisten steckt der Bürgerkrieg noch zu sehr in den Knochen.«

»Aber seinen Sieg«, erinnerte Canaris, »verdankt er uns. Nun, ich werde mich weiterhin bemühen, ihn auf unsere

Seite zu ziehen. Wie es aussieht, hätte er nur Vorteile davon.«

»Es sieht leider nur so aus, Señor Almirante.«

»Zumindest könnte er die Engländer aus Gibraltar rausschmeißen.« Canaris äußerte dies, obwohl seine private Meinung eine ganz andere war.

Nun ging es um Geschäfte, um die Lieferungen von Rohmaterial wie Chrom, Mangan, Naturkautschuk und Zusatzstoffen für die Stahlherstellung, über die das Reich nicht verfügte. Die Spanier importierten sie aus allen Teilen der Welt und verkauften sie mit sattem Gewinn an die Achsenmächte. Des weiteren ging es um den Ausbau des Spionagenetzes, um Kontakte mit V-Leuten in den Botschaften Englands und der USA.

Während des Weiterfluges, schon halbwegs auf Madrid zu, kam Canaris mit leiser Stimme zu einem Punkt, der ihm am Herzen lag. »Konnten Sie die Ärztin ausfindig machen, González?«

»*Si,* wir fanden die Señorita.«

»Hat sie eine ständige Wohnung?«

»Sie wartet in Madrid mit tausend anderen auf eine Möglichkeit, Europa zu verlassen.«

»Ich möchte ihr eine Nachricht schicken.«

»Das ist binnen vierundzwanzig Stunden durchaus möglich«, schätzte González.

Nachdem dieser Teil abgehakt war, ging es um Finanzgeschäfte der Deutschen Reichsbank, vorwiegend um die Beschaffung von Dollars, die Canaris einzufädeln hatte. Sie sprachen über den Austausch von Spitzenspionen mit den Engländern, über Fluchtwege für Emigranten und über ein sehr heißes Thema, nämlich über Kopfgeldzahlungen für reiche jüdische Familien, die zu lange gezögert hatten, Deutschland den Rücken zu kehren.

Am späten Nachmittag setzte die einmotorige Reisemaschine am Flughafen von Madrid auf. Die K. O. hatte für einen Wagen gesorgt. Die amerikanische Chrysler-Limousine brachte Canaris ins Hotel Palace, wo er stets zu nächtigen pflegte.

Er hatte sie in die Hotelbar bestellt. Dort wartete sie seit einer Stunde. Wasserstoffsuperoxyd für ihr Haar war jetzt nicht mehr nötig. Sie sah aus, als hätte Tizian ein Bild der klassischen Judith, der Mörderin des Holofernes, gemalt. Aber sie war schöner als Judith und gewiß weniger fanatisch.

In einem grauen Flanellzweireiher setzte Canaris sich neben die Frau in dem bunten Sommerfähnchen. »Nur Tee?« fragte er mit Blick auf das Gedeck.

»Mehr kann ich mir nicht leisten.«

»Denn man weiß ja nie, wie lange es noch dauert«, sagte er. »Wie geht es Ihnen?«

Sie lächelte ein wenig verkrampft.

»Erzählen Sie mir nicht von Ihrer Flucht aus Berlin«, bat er. »Ich habe Phantasie und kann es mir vorstellen.«

»Dazu reicht Phantasie allein nicht aus«, erwiderte die jüdische Ärztin, »aber heißen Dank, daß Sie mich nicht vergessen haben.« Das Spiel ihrer Hände verriet das Maß ihrer Ungeduld.

Für sich bestellte Canaris einen Carajillo, für Judith Rothild einen Becher Eiscreme mit Sahne und Früchten.

»Mein Onkel in Paris konnte wenig für mich tun«, bedauerte sie.

»Immerhin weiß ich von ihm, daß Sie nach Vichy weiterfuhren, Ditta.«

»Nun bemühe ich mich um ein Visum und eine Schiffspassage.«

»Nach Amerika?«

»Auch nach Mexiko, Nicaragua oder wo immer der Pfeffer wächst. Hauptsache, ich kann arbeiten. Ich fahre auf jedem Seelenverkäufer mit, der einen Schiffsarzt sucht, eine Krankenschwester oder eine Toilettenfrau.«

»Möglicherweise gibt es noch eine andere Passage«, deutete Canaris an. »Aber sie ist wohl unbequemer und vor allem lebensgefährlich.«

Mit weitgeöffneten Augen wartete sie darauf, daß er weitersprach. Er wollte sie nicht auf die Folter spannen, dämpfte nur die Stimme.

»Ein U-Boot wird in einer bestimmten Nacht dieses Monats an einem bestimmten Punkt der nordwestspanischen Küste mehrere Besatzungsmitglieder absetzen.«

Sie bewegte Lippen, formulierte aber keine Frage.

»Es ist das Boot von Korvettenkapitän Lützow«, eröffnete ihr der Admiral.

Ein Schauer von Freude und Zweifel glitt über ihre Züge, ehe sie wieder der Resignation verfiel.

»Mein Gott, Toni, er lebt! Lebt er wirklich?«

»Lützow dürfte eine halbe Hölle hinter sich und noch eine ganze Hölle vor sich haben. Vielleicht können Sie auf irgendeine Weise von ihm mitgenommen werden.«

In Einzelheiten ging Canaris nicht. Er erwähnte nicht, daß Lützow nach Straflager und einem gescheiterten Geheimeinsatz jetzt versuchte, Boot und Besatzung ins neutrale Südamerika zu retten, und daß ein Teil seiner Männer für die Rückkehr in die Heimat votiert hatte.

»Woher«, fragte die Jüdin, »wissen Sie das alles?«

Canaris schlürfte den schwarzen, heißen Kaffee, der leicht nach Brandy *Fundador* duftete. »Das ist eine endlose Geschichte, ähnlich Ihrer Flucht. Ersparen wir uns das. Nur soviel noch: Wir stehen mit einer Person unseres Vertrauens an Bord von U 136 in Funkkontakt.«

Diese überwältigende neue Mitteilung machte Dr. Rothild eher mutlos. Ihre große Sorge war, daß sie sich richtig verhielt. »Ist es besser am Strand zu warten oder mit einem Fischkutter oder einem Segelboot ihm entgegenzufahren?«

Als Seemann war Canaris erfahren genug, um ihr das auszureden. »In der Bucht können Sie nachts wochenlang unbemerkt auf Lauer liegen, aber Sie können nicht wochenlang nachts auf einem Kutter in der Bucht kreuzen.

Das würde auffallen. Man würde die Frage stellen, worauf Sie warten. Außerdem reagieren U-Boot-Kommandanten wie Murmeltiere. Sobald sich ein unbekanntes Fahrzeug nähert, gehen sie auf Tiefe und verschwinden auf Nimmerwiedersehen. Schlagen Sie sich das also aus dem Kopf, Mädchen.«

Ihren britischen Paß konnte die Jüdin weiterverwenden. Canaris hatte noch einen Briefumschlag voller Pesetas für sie. »Sind Sie erst außer Landes und auf der anderen Seite des Atlantiks, wird Ihnen Ihre reiche Familie weiterhelfen. Wie ich höre, gilt Ihr Onkel Charles, der Bankier in Paris, gegen die Krösusse in New York als bettelarmer Mann.«

Canaris nahm ihre Hand und wünschte ihr viel Glück. Doch Dr. Rothild hatte noch Fragen an ihn. »Wie haben Sie mich erneut gefunden, Admiral?«

»So leicht wie damals in Berlin. Ich bin Chef eines gar nicht so ineffizienten Geheimdienstes. Sie sind Emigrantin mit einem britischen Paß, der zufällig von uns stammt.«

»Und warum«, wollte sie wissen, »tun Sie das alles für mich?«

Canaris trank seinen »parfümierten« Kaffee aus, erhob sich, küßte ihr galant die Fingerspitzen und sagte: »Ich tue es, weil Guy Charles Rotschild in Paris mein Freund ist. Ich tue es ferner, weil ich und gewisse Leute in Deutschland dem Korvettenkapitän Lützow Dank schulden und eines Tages wohl noch mehr Dank schulden werden. Und ich tue es letztlich, weil ... weil Sie eine so schöne Frau sind, Ditta.«

Den Trenchcoat lässig über die Schultern gehängt, eilte Canaris durch die Bar, durch den Speisesaal, durch die Hotelhalle hinaus auf die sonnenüberstrahlte Plaza de Oriente.

Ziel war eine der tausend Buchten der Rías Altas zwischen La Coruña und Vigo, nahe der Stelle, wo die Biskaya in den offenen Atlantik übergeht.

Dr. Ditta Rothild mietete sich in einer Pension in Malpica ein. Von Malpica, einem kleinen Fischerhafen, aus konnte man nach einem Fußmarsch von vierzig Minuten durch Korkeichenwälder und über das Kliff die Bucht erreichen. Es war die zweite an jenem Küstenstrich südöstlich der vorgelagerten Islas Sisargas.

Nacht für Nacht wartete Ditta Rothild zwischen den Felsen am flachen Strand auf etwas, von dem sie nicht wußte, ob es jemals kommen würde.

Immer wieder machte sie neue Pläne, wie sie sich bemerkbar machen und, wenn das Boot wirklich auftauchen sollte, hinübergelangen könne. Sie war keine besonders tüchtige Schwimmerin, jedoch einigermaßen gut im Segeln.

Doch nicht einmal eine Jolle war aufzutreiben gewesen. Lediglich eine mürbe Gummischwimmweste für Kinder hatte sie bei einem Bootsausstatter gefunden. Damit mußte es notfalls gehen. Das Wasser hatte zweiundzwanzig Grad Wärme. Die Entfernung bis zu der Tiefenlinie, an die ein U-Boot auch bei Ebbe gefahrlos herankam, um Leute abzusetzen, mochte einen Kilometer betragen. Oder etwas weniger.

Jede Nacht zweifelte Ditta Rothild mehr daran, daß Toni Lützow jemals hier anlaufen würde. Vielleicht zog er im letzten Moment eine andere Bucht vor. Frierend in der unheimlichen Dunkelheit, war sie nahe daran aufzugeben.

In den ersten Stunden zum Mittwoch war es ihr, als sei sie nicht mehr allein. Sie sah nichts und hörte nichts, aber sie nahm etwas wahr, und sei es auch nur ein verändertes Gefühl.

Sie verließ ihr Versteck und trat hinaus auf den sichelförmigen Strand aus graukörnigem Sand. Über der anrollenden Dünung glaubte sie etwas Dunkles schwanken zu sehen. Wenig später vernahm sie das Klatschen von Rudern. Sie wartete in panischer Erregung, bis die Kontur eines überladenen Schlauchbootes im Seichten auflief. Gestalten sprangen heraus, zogen und schoben das Boot, bis es auf dem Sand knirschte. Dann warfen sie Gepäckstücke heraus.

Einer von ihnen hatte eine Lampe. Damit blinkte er Signale westwärts. Kurz – lang – zweimal kurz. Vielleicht bezeichnete es die geglückte Landung. Draußen blitzte es ebenfalls auf. Zweimal lang, dann kurz in mehrmaliger Folge.

»Das war's dann«, sagte einer der Männer auf deutsch.

Mutig machte sich Ditta Rothild nun bemerkbar.

»Hallo, Jungs!« rief sie. »Kommt ihr von U 136?«

Sie fuhren herum und nahmen Abwehrstellung ein. Einer faßte sich. »Sind Sie das Empfangskomitee, Frollein?«

Sie wagte sich näher. »Ich bin die Braut von Korvettenkapitän Lützow. Tausend Mark dem, der mich an Bord bringt.«

Sie deuteten auf das schwarze Schlauchboot, von dem sie inzwischen die Luft abgelassen hatten, um es leichter vergraben zu können.

»Schade, verdammt schade, Frollein.«

»Geben Sie wenigstens ein Signal hinüber.«

»Mehr als di-da-didid hat uns der Alte verboten.«

Sie fragten nicht, woher sie kam und woher sie von der Landung wissen konnte. Ein Maat betätigte den Blinkknopf der Lampe mehrmals. Er versuchte es wieder und wieder und noch einmal. Aber von U 136 kam keine Antwort.

»Scheiße, Frollein. Es ist zu spät.«

Ditta Rothild kauerte sich hin, zog die Knie bis zum Kinn, starrte hinaus und war nur noch voller Enttäuschung, Schmerz und Verzweiflung.

VI. TEIL

Der totale Wahnsinn

48

Japanische Truppen besetzen Tonkin. Fortschritte der USA in der Atombombenentwicklung. Uran-Isotope werden getrennt.

26. September 1941

U 136 hatte sich, tagsüber im Unterwassermarsch, nachts aufgetaucht, der Küste genähert. Wegen des bedeckten Himmels hatte der Obersteuermann keinen astronomischen Standort bestimmen können. Sie orientierten sich mit Hilfe der groben Koppelung und durch Anpeilen von Radiostationen an Land. Erst oben in Schottland, dann in Irland, später an französischen Sendern und letztendlich in Spanien. So hielten sie stets ihre Position, wenn auch auf mehrere Meilen ungenau. Endlich tauchte das Leuchtfeuer von Sisarga Grande auf. Ihre Bucht fanden sie anhand der Höhenumrisse. Hier sollte ein Scout die sieben Männer weiterlotsen.

In langsamer Fahrt tastete sich U 136 zwischen vorgelagerten Felsenkliffs landwärts. Die Aussteiger schnürten das Wichtigste zu handlichen Paketen und besprachen sich zum x-ten Male, wie sie durch Spanien nach Frankreich gelangten. Dort wollten sie sich bei der ersten Polizeistation melden und abwarten. Sie bekamen die Kopie einer Karte mit.

Eine halbe Meile vor der Küste ließ Lützow die Diesel stoppen. Die Nacht war dunkel und ein wenig dunstig. Das große Gummiboot wurde mit Druckluft aufgeblasen. Die sieben Männer, ihr Gepäck und das Boot lagen am Oberdeck bereit. Schon eine Stunde nach Mitternacht. Bald kam die Dämmerung.

Das Lot meldete Tiefe 40 . . . 35 . . . 25 . . . Rasch wurde es flacher. Eine starke Strömung trieb sie auf Land zu.

»Beeilung!« rief Lützow vom Turm, »sonst laufen wir noch auf.«

Landwind packte das Boot und begann es zu schwojen. Mit kleinen E-Maschinen-Umdrehungen brachte es Lützow noch näher, bis auf fünfzehn Meter Tiefenlinie, heran. Ein kurzer Abschied von den alten Kumpels, ein letzter Händedruck. Manchen standen Tränen in den Augen. Das Schlauchboot glitt ins Wasser. Die sieben stiegen ein und begannen zu rudern. Noch einmal winkten sie zurück.

»Macht's gut!«

»Macht's besser!«

Bald waren sie nicht mehr zu erkennen. Nach etwa zwanzig Minuten erfolgte das vereinbarte Blinkzeichen vom Strand. »L« wie Landung. U 136 bestätigte mit »G« wie Gustav, was soviel wie Glück bedeuten sollte. Schon drehte das Boot in Richtung offene See.

»Und wenn sie gefaßt werden?« bemerkte Oberleutnant Rahn.

»Dann sagen sie, ein Spanier habe sie nach einem Minentreffer aufgefischt. In Küstennähe seien sie dann von Bord gejumpt.«

»Wer's glaubt.«

»Keiner«, fürchtete Wessel und richtete noch einmal das Glas nach Osten. Dabei war es ihm, als hätte er noch ein Lichtsignal gesehen. Aber er hatte sich wohl geirrt und meldete es auch nicht.

Der Tag kam. In einer Stunde würde es hell sein. Dann mußten sie tauchen. Die Stimmung an Bord war gut. Jeder wußte jetzt, wo es langging, nämlich sechstausend Seemeilen quer über den Atlantischen Ozean.

Der Leitende kam zu Wessels Wache auf den Turm, wohl um eine Zigarette zu rauchen oder auch, weil er mit irgend jemand reden wollte. Mit Wessel verstand er sich glänzend. »Wird schon klappen mit der verringerten Besatzung«, fing er an.

»Sie verstehen alle ihr Handwerk.«

»Lauter junge Spunde.«

»Fühlen Sie sich nicht gut, LI?«

»Rechts geht es noch, links fällt mir das Herz wie ein Stein in die Hose.«

Von unten aus dem Boot drang Schlagermusik. »Träumen von der Südsee« und »Grün ist die Heide«. Wessel pfiff leise mit. Doch der LI war damit nicht anregbar.

Behrens wurde immer mehr der Schatten seiner selbst. In der ersten Woche nach Neufundland war er herumgeschlichen, als sei sein Papagei tot von der Stange gefallen. Eine Woche später sah er aus, als habe eine Dampfwalze seine Katze überfahren, und jetzt wirkte er, als habe er gerade seinen Lieblingshund beerdigt.

»Sie stinken nach Diesel«, versuchte ihn Wessel aufs Thema zu bringen.

»Jeden Tag peile ich zweimal den Treibstoffstand.«

»Und wieviel haben Sie noch drin?«

»Drei Kubik.«

»Sie sind ein Erbsenzähler, LI«, sagte Wessel. »Nehmen Sie sich ein Beispiel an uns, an mir und dem Käpt'n. Immer volle Pulle voraus, solange die Welt sich dreht.«

»Manchmal«, antwortete der LI, »kommt mir der Alte vor wie eine Mischung aus Admiral Nelson, ›einem feste Hindeburg ist unser Gott‹ und noch so einem Philosophen.«

»Nietzsche?«

»Nicht diesem Zarathustra-Komiker. Den schätze ich nicht. Hitler soll ihn neuerdings zu seinem geistigen Vordenker ernannt haben. Wählen wir statt dessen lieber einen Märchenerzähler, und zwar den Erfinder von ›Sterntaler‹. Der alte Lützow hat auch immer nur Glück.«

»Klar«, meinte Wessel, »diesmal regnet es nicht Sterntaler, sondern Dieselöl. Nur abwarten, LI.«

»Mitten im Südatlantik aus einer rosa Wolke. Wissen Sie, wie weit wir noch kommen, Wessel?«

»Interessiert mich besser wirklich nicht.«

Doch der LI wollte es unbedingt loswerden. »Wir kommen bis an die marokkanische Küste, dann ist Sense, ex, aus, zappenduster.«

Um sich nicht deprimieren zu lassen, rief der II WO nach unten: »Dämmerungsbeginn!«

Der Tauchbefehl kam umgehend. –

Am Abend nach dem Essen leierte der LI wieder sein Lieblingsthema ab. »Nur noch Diesel für vierhundert Meilen.«

»Also für knapp drei Tage«, rechnete Rahn.

»Man wird noch mehr sparen müssen«, schlug Lützow äußerlich ruhig vor. »Ihr glaubt gar nicht, wie sehr man sparen kann. Als ich zur Seefahrtschule ging, mußte ich pro Tag sage und schreibe mit einer Reichsmark auskommen, inklusive Seife.«

»Da hätte ich mir ein Bratkartoffelverhältnis angeschafft«, äußerte Wessel.

Lützow lächelte wie weiland Blücher nach dem Sieg von Waterloo. Doch niemand wußte, was in seinem Kopf vorging. Um seine Offiziere bei Laune zu halten, ließ er es heraus.

»Milchkühe«, so nannten sie die U-Tanker, »stehen uns nicht zur Verfügung. Uns gibt es ja nicht mehr. Aber irgendein Dampfer segelt ja immer durch die Weltmeere.«

»Wie die berühmte Qualle.« Wessel zitierte: »Die Qualle durch das Weltmeer segelt, es quietscht, wenn man im Wasser vö . . .«

Der Ruf des Kommandanten unterbrach ihn.

»Baureis!«

Der Seekadett mit dem roten Funkerblitz am Ärmel erschien in der O-Messe.

Nun gab sich Lützow ganz von seiner Nelson-Seite.

»Junge«, er nahm sein Ritterkreuz vom angeschwitzten Hemdkragen, »das dürfen Sie eine Woche lang tragen, wenn Sie einen Dampferfunk aufspüren. Und zwar in den nächsten achtundvierzig Stunden.«

»In sechsunddreißig Stunden!« bat Behrens um Einschränkung.

»Noch eine Tonne Treibstoff«, verkündete der LI, als sei das der endgültige Weltuntergang. »Aber ich hätte da eine prima Schnapsidee.«

»Wie Jesus in Kanaan«, meckerte Wessel, »als er Wasser in Diesel verwandelte.«

Jeder wußte, daß es kein Rezept gab. Leere Treibstoffbunker waren so lange leer, bis man sie auffüllte.

Jetzt, querab von Gibraltar, wenn auch ein Stück draußen im Atlantik, war höchste Aufmerksamkeit geboten. Die Engländer hielten den Sektor vor der Mittelmeer-Einfahrt unter scharfer Kontrolle. Eine Ewigkeit passierte nichts. Doch plötzlich konnte die Hölle losbrechen. Das wußte jeder. Meist war der Horizont gähnend leer, der Himmel milchig blau, voll brüllender Hitze, und nichts sonst. – Die Hochspannung hielt an. Zwar ging es nicht mehr um militärischen Einsatz, aber um die persönliche Freiheit, die sie jetzt höher bewerteten.

Tagsüber krochen sie auf vierzig Meter Tiefe dahin.

»Fischkutter!« meldete der Horcher immer wieder.

Als sei dies das Stichwort für Behrens, erwähnte der noch einmal seine Schnapsidee. »Wenn wir mitten unter so einer Kutterflotte auftauchen, sie zusammentreiben und anzapfen, etwas Diesel käme dabei schon heraus.«

»Wieviel«, fragte Lützow zweifelnd, »schätzen Sie?«

»Ein Hochseekutter führt gewiß zwei Tonnen mit. Diese Einzylinder-Glühkopfmotoren verbrauchen ja nicht viel. Aber fünf Kutter ergeben womöglich zehntausend Liter.«

Beinah betulich löffelte Lützow seine Tomatensuppe und sortierte die Nudeln ornamentartig.

»Erstens«, erwiderte er, »sind die Kuttertanks ja doch halb leer. Zweitens, wenn ich schon auftauche und mich dadurch verrate, muß es sich lohnen. Manche Kutter haben bereits Funk. Und hinterher alle zu versenken ist nicht die feine Deserteursart. Also werden die Kutter den Vorfall prompt den Engländern melden. Die zählen dann kurz zusammen: Deutsches U-Boot pumpt marokkanische Fischkutter um Sprit an. Demnach müssen diese Deutschen verdammt arm dran sein. Mit den paar Litern kommen sie nicht weiter. Und holdrio, die Jagd beginnt.«

Behrens verzog sich nach hinten zu seinen geliebten Maschinen.

»Verzeihung, meine Phantasie ging mit mir durch.«

»Das war Phantasie mit Hagelschauer«, bemerkte Wessel trocken. »Ich würde in diesem Fall sofort erschossen werden.«

Bei Tagesanbruch, ehe sie tauchten, ließ Lützow nach Rauchfahnen Ausschau halten. Auch der LI kontrollierte seine Diesel auf Rauchentwicklung hin. Rauchfahnen waren immer gefährlich. Sie verrieten sowohl fremde Dampfer wie die eigene Position. Jetzt, am Ende des Nachtmarsches, waren die Batterien voll.

Lützow wollte verschwinden. Unerwartet meldete der Horchraum: »Schraubengeräusch in sechzig Grad.«

»Entfernung?«

»Sehr leise, Herr Kapitän.«

»Was für Maschinen?«

»Vermutlich Dampf.« Baureis hatte inzwischen einen langsamen Dampfkolben von einem hämmernden Dieselkolben zu unterscheiden gelernt.

Vor dem Tauchen ließ Lützow minutenlang den Horizont absuchen. Ein Ausguck mit Falkenaugen entdeckte die dunkle Wolke im Frühdunst. Sie lag an Steuerbord, also rechts von ihrem Kurs, jedoch weit voraus.

»Der läuft gut und gern zwölf Knoten«, schätzte Rahn.

»Wir müssen näher und in weitem Bogen um ihn herum.«

Überholen war nur mit großer Dieselfahrt möglich. Um sich vor den Dampfer zu setzen, brauchten sie mehrere Stunden. Und das mit fast trockenen Treibölbunkern.

Lützow setzte alles auf eine Karte, auch wenn der LI in

Ohnmacht fiel. Die Besatzung mußte Tauchretter anlegen, dies für einen plötzlichen Bomberüberfall.

»Beide Maschinen große Fahrt voraus!«

Der Befehl schien die Monotonie der letzten Wochen zu brechen. Endlich passierte wieder etwas. In die grünlich blassen Gesichter der Männer trat so etwas wie ein Hoffnungsschimmer.

Drei Stunden später, um neun Uhr dreißig, standen sie vor dem Dampfer. Ehe dessen Ausguck sie sichtete, ließ Lützow tauchen und nahm Sehrohrrundblick.

»Tanker«, stellte er fest, »Name *Dungervan*, genau das, was wir suchen. Engländer, unbewaffnet. Wir gehen jetzt mit A. K. ran und tauchen dann hoch. Geschützbedienung klarmachen. Munition vormannen und sofort auf die Antennen halten. Ich bitte mir aus, daß sie auch getroffen werden. Beim ersten Schuß.«

Das Boot wurde angeblasen, bekam Tiefenruderlage hart oben und schnitt mit voller Fahrt aus dem Wasser, als würde ein Delphin springen. Im Nu waren alle oben, die Brückenwache und die Flak-Kanoniere. Nach zwanzig Sekunden feuerte die 2 cm los. Die 3,7 etwas später. Die Garben strichen über das Tankerdeck, zerfetzten den Vordermast und damit die Antennen. Gleichzeitig signalisierten sie hinüber.

Der Engländer stoppte. Seine Bugwelle wurde kleiner. Bald trieb er nur noch dahin. Der Ausguck von U 136 meldete aufgeregt: »Sie hauen ab, Herr Kapitän! Eine Motorpinasse auf Nordkurs!«

»Die kommen nicht weit«, sagte Lützow. »Erst schauen wir uns den Pott an.«

Die See war einigermaßen ruhig. Sie manövrierten an Backbord längsseits. Das Prisenkommando enterte auf. LI Behrens war dabei. Er öffnete die Verschlüsse der Tankzellen, nahm eine Materialprobe, schnüffelte daran, zerrieb die dicke braune Schmiere zwischen den Fingern und fluchte: »Verdammt! Nur schweres Heizöl. Meldung an Kommandanten.«

Lützow kam nun selbst herüber.

»Scheiße!« bedauerte der LI. »Der Mist taugt nur für die Ölbrenner von Turbinenkesseln. Uns verstopft er die Filter, die Einspritzpumpe und die Düsen. Absolut unbrauchbar.«

»Seinen eigenen Stromgenerator und die Kühlmaschinen kann er damit nicht füttern«, wandte Lützow ein.

Behrens kam aus der Hocke hoch. »Ich lasse das bereits überprüfen.«

Einer seiner Heizer stieg aus dem Maschinenraumschott des Tankers heraus.

»Der Sprit für seine Hilfsmotoren paßt für uns, LI.«

»Vorrat?«

»Zehn Tonnen vielleicht.«

»Sofort absaugen!«

Sie rollten Schläuche aus und warfen die Pumpen an. Aber das konnte Stunden dauern. Inzwischen zerstörten Seeleute die Tankerfunkanlage. Andere brachen die Kühlräume auf. Der Tanker hatte genug Frischproviant, Gefrierfleisch, Gemüse, Obst und Brot an Bord, um wochenlang damit durchzukommen. Die Übernahme wurde organisiert.

Der Wache am Turm befahl Lützow, scharf Ausguck zu halten. Im Moment waren sie tauchunklar und äußerst verletzbar. Jeder unverhoffte Kontakt konnte tödlich sein.

Obersteuermann Klein suchte das Kartenhaus und die Kapitänskajüte des Tankers ab. Auf der Karte war die Position eingetragen sowie der Kurs, den der Tanker in den nächsten vierundzwanzig Stunden nehmen wollte.

»Eines steht fest, der läuft nicht die Flottenstützpunkte auf der Insel Sankt Peter und Paul oder Ascension an«, kombinierte Klein.

»Aber was treibt er so dicht in Küstennähe?« fragte Lützow, »das wäre Kurs Agadir.«

»Spanisch Sahara und Mauretanien, das ist die trostloseste Küste dieser Welt«, schilderte der Obersteuermann. »Zweitausend Meilen nur Sand bis runter zum Senegal.«

Sie nahmen die Karten und sämtliche Navigationsunterlagen mit auf U 136.

Jeder verfügbare Mann arbeitete bis zur Erschöpfung. Gegen Mittag waren die Dieselvorräte der *Dungervan* umgepumpt und ihre Kühlräume geplündert. U 136 löste die Festmacher und ließ sich von dem Tanker wegtreiben.

»Beide Diesel!« forderte Lützow an und suchte den Horizont mit dem Glas ab. Im Norden war ein Punkt zu erkennen. Zweifellos die Pinasse mit der Tankerbesatzung. Offenbar warteten sie darauf, was mit ihrem Schiff geschehen würde.

»Schnappen wir sie uns?« fragte Rahn.

»Seien wir froh, daß keiner uns geschnappt hat«, erwiderte Lützow.

Die Nächte brachten kaum Frische, die Tage nur glühende Hitze. Die Abfälle schossen sie durch das Hecktorpedorohr auf Tiefe. Schimmelbelag bildete sich überall. An den Klamotten in den Spinden fing es an. Langsam kroch er hinauf bis zu den Kojen, Wänden und Verschalungen. Immer wieder mußte die Freiwache zum Putzen antreten. Aber sie hatten keine Seife mehr und nur Salzwasser zur Verfügung.

Eine Maschine mußte gestoppt werden. Die Hauptkupplung rutschte. Behrens und seine Männer arbeiteten zwei Tage fast nackt im heißen Maschinenraum, um den Schaden zu beheben.

Im Dunkeln kam Behrens auf die Brücke. »Kupplung klar, aber jetzt fängt die andere an«, meldete er, »und der englische Tankerdiesel reicht noch eine Woche.«

Nachts ließ Lützow die Maschinen immer wieder stoppen, um mit dem Aquaphon herumzuhorchen. Die Begegnung mit dem Einzelfahrer war wohl ein echter Zufall, wenn nicht ein Gottesgeschenk gewesen.

In diesen Tagen quälte Lützow eine Frage: Was war das Ziel des Tankers gewesen? Er sprach mit dem erfahrenen Obersteuermann darüber. Auch der hatte keine Erklärung.

»In den Akten und Aufzeichnungen ist kein Hinweis zu finden«, sagte er, »aber Geheimbefehle werden meist nicht schriftlich abgefaßt.«

Immer wieder gingen sie die Berechnungen, das Schiffstagebuch des Engländers und all die Zettel und Aufschriebe durch. Lützow verbiß sich in eine Bleistiftnotiz am Rand der Karte der afrikanischen Küste. Es waren insgesamt zwölf Ziffern. – Zweifellos bezeichneten sie die Koordination eines geographischen Ortes. Aber leider lag er anderswo, nämlich im Korallenmeer im Südpazifik.

»Schade«, fluchte Lützow, »da wollen wir gar nicht so furchtbar gerne hin.«

»Der Engländer wohl auch nicht, Herr Kapitän. Dazu müßte er um Kap Hoorn oder durch den Panamakanal halb um die Erde herum«, meinte Klein.

»Ob er die Zahlen vertauscht oder verschlüsselt hat?«

Sie versuchten es auf jede nur denkbare Weise. Sie zählten Längengrade hinzu, zogen Längengrade ab, verfuhren mit den Breitengraden ebenso. Ein Spiel ohne Ergebnis. Bis der Kommandant Baureis zu Hilfe rief. – Doch auch ihr Experte für Kreuzworträtsel kam nicht weiter. Immerhin brachte er heraus, daß es sich um eine Mixtur aus Zahlen und Buchstaben handeln müsse.

Einige der Ziffern konnten Worte ergeben. Aber welche davon? »So kompliziert«, äußerte Lützow, »handhabt das ein einfacher Tankerkapitän nicht.«

Einen Tag später legte ihnen Baureis eine Latte von Interpretationen vor. Sie analysierten alle durch. Eine davon gefiel Lützow besonders wenig, weil sie absolut unverständlich war. Sie lautete: *Zwanzig Uhr siebzehn. Bei Base Etienne.*

»Kein Mensch verabredet sich um zwanzig Uhr siebzehn«, behauptete Lützow. »Und was bedeutet ›Etienne‹.

Ist es eine Frau, ein Mann oder eine Bar am Piccadilly in London. Bedeutet ›Base‹ soviel wie im Deutschen ›Cousine‹?«

Erneut suchten sie die Karte der nordafrikanischen Küste millimeterweise ab. An der Grenze zwischen Spanisch Sahara und Mauretanien gab es einen Port Etienne. »Bei Etienne« konnte auch »in der Nähe von Port Etienne« bedeuten.

»Dann entspricht die Uhrzeit einer Längenangabe«, meinte der Obersteuermann, »und ›Base Etienne‹ heißt nicht ›Cousine‹, sondern ›Basis‹.«

Lützow warf den Zirkel hin. »Wie lautet doch das chinesische Sprichwort? ›Wenn du Zeit hast, dann beeile dich. Wenn du es aber eilig hast, dann nimm einen Umweg.‹ – Berechnen Sie den Kurs afrikawärts, Klein.« Er verkroch sich hinter seinem Vorhang und legte sich auf die Koje, um zu schlafen. Aber er konnte es nicht.

Es gab Tage, da mußte er trotz aller Probleme sehr an Ditta denken.

49

Deutsche Truppen brechen im Donezbecken ein. Die englische Dichterin Virginia Woolf begeht Selbstmord. In Berlin dreht Gustaf Gründgens den Film »Friedemann Bach«.

29. September 1941
Von der Vorlesung in der juristischen Fakultät kehrte Auguste Lorenzo in ihre Heidelberger Studentenwohnung zurück. Im Briefkasten fand sie ein Telegramm. Hastig schlitzte sie es auf. Der Text klang trotz aller Dramatik lapidar, so wie ihr Vater seine Geschäftsbriefe zu diktieren pflegte.

GROSSVATER VERSTORBEN – BESTATTUNG FREITAG – DR. LORENZO

Sie ging nicht nach oben, sondern gleich zur Post, um mit München zu telefonieren. Außer dem Dienstmädchen war niemand in der Nymphenburger Villa. In der Fabrik versuchte sie es gar nicht erst. Im Grunde hatte es bis morgen Zeit.

Sie war bedrückt. *O Gott, Großvater,* dachte sie. Sie hatte ihn geliebt, den alten Kommerzienrat. Sogar mehr als ihren immer zurückhaltenden, ständig beschäftigten Vater. Auf dem Heimweg über die Hindenburgbrücke ging sie ein Stück am Neckar entlang. In der Schurmanstraße kam sie an der Praxis von Dr. Wollhaus vorbei. Wollhaus war Facharzt für Haut- und Geschlechtskrankheiten. Auf den letzten Brief von Jakob Baureis hin, nach ihrem Besuch in Holland, hatte sie sich untersuchen lassen.

»So eine blitzsaubere Studentin wie Sie«, hatte der alte Arzt gestaunt. »Wie sollten Sie zu einer Infektion kommen?«

Da hatte sie angefangen zu lügen.

»Mein Verlobter ist Panzeroffizier in Rußland. Er wurde verwundet und hatte Urlaub. Wieder zurück an der Front, schrieb er mir, ich solle mir einen Abstrich machen lassen.«

»Wegen Tripper oder Lues«, äußerte der Arzt kopfschüttelnd, »so was holt sich ein Mann nur im Bordell, bei sehr losen Frauenzimmern in der Etappe hinter der Front.«

»Mein Verlobter behauptet, es müsse sich um Kameradenansteckung handeln.«

»Ja, das ist eine neuerdings sehr gebräuchliche Erklärung.«

Der Arzt begann mit der unangenehmen Untersuchung. Drei Tage später lag das Ergebnis vor. Sie hatte weder Gonorrhöe noch Lues. Es mußte sich wohl um einen Irrtum handeln.

Daraufhin hatte sie wieder Jakobs Brief gelesen. Immer weniger glaubte sie an das, was er schrieb. So, wie sie dachte und fühlte, antwortete sie ihm auch. Nicht, daß sie ihm spontan verzieh, soweit war sie noch nicht. Andererseits, was bedeutete für einen Soldaten schon die schnelle käufliche Liebe. – Daß er nicht ohne jede Erfahrung ihre Beziehung habe beginnen wollen, schrieb Jack, und daß es eigentlich besser gewesen wäre, damit bis nach Kriegsende zu warten. Aber in dem Hotel in Rosendaal habe es sie beide eben überwältigt. – Das alles klang nicht echt. Es ging wohl um etwas ganz anderes. Jakob suchte einen Grund, ihre Beziehung zu beenden. Jetzt, wo er zum Fronteinsatz kam, wollte er sie nicht an sich binden.

Da der Studienbetrieb ohnehin eingeschränkt war, weil viele Dozenten an der Front kämpften, packte Auguste ihre Koffer, schloß die Wohnung für längere Zeit ab und fuhr über Stuttgart nach München.

Vorgesehen war eine stille Beerdigung auf dem Waldfriedhof. Da der Kommerzienrat aber eine bekannte Persönlichkeit des bayerischen Wirtschaftslebens war, standen nahezu tausend Menschen um sein Grab. Wie Auguste Lorenzo durch den Trauerschleier feststellte, waren sowohl einige Leute in schwarzen Ledermänteln wie auch der dicke Geschäftsfreund ihres Vaters aus Zürich dabei.

Die Familie Lorenzo beschloß, aufs Land – auf das Gut am Tegernsee – zu ziehen. Die Gründe dafür erläuterte der Generaldirektor beim Frühstück.

»Noch sieht es zwar gut aus, aber es wird zu einem totalen Krieg kommen. In den USA bauen sie riesige Bomber zu Zehntausenden. Damit werden die Engländer nicht nur nachts mit vereinzelten Staffeln angreifen, sondern bei Tag in ganzen Bomberströmen. Sie werden unsere Städte zerstören. Als Folge davon wird es zu großer Wohnungsnot kommen. Man wird uns irgendwelche Leute einweisen. Deshalb verlegen wir das Konstruktionsbüro hierher in die Villa. Es ist kriegswichtig. So halten wir das Ungeziefer vom Hause fern, und wir gehen aufs Gut. Dort sind wir sicher.«

Auguste nahm an, daß noch andere Motive dafür vorlagen, über die ihr Vater jedoch nicht sprach, um Madame Mutter nicht zu beunruhigen.

Der Umzug war keine großartige Sache. In das Herrenhaus auf dem Gut, ohnehin ihr ständiger Zweitwohnsitz, brauchten sie nur etwas mehr mitzunehmen als in den Sommermonaten. Ein Firmenlastwagen holte Antiquitäten, die wertvollsten Porzellane, das Silber, Bilder, Teppiche, eine Kiste voll Erstausgaben aus der Bibliothek des Großvaters sowie Bekleidung.

Draußen am Tegernsee widmete sich Auguste der Verwaltung. Sie kümmerte sich um das Heu, den Ackerbau, um das Vieh, die Milchablieferung, um Futter für die Schweine, den Geflügelhof und das Gestüt. Manchmal, wenn ihr Vater ausritt, hätte sie ihn gern begleitet, doch er lehnte ab. Schon immer hatte er seine Geheimnisse gehabt.

Wochenlang lief alles normal. Der Vater fuhr nach München in die Fabrik, die Mutter hielt ihre kleinen Gesellschaften ab. Nur am Wochenende war die Familie beisammen.

Die Frontberichte im Radio klangen zuversichtlich. Stillstand im Westen, Vorwärtsstürmen im Osten. Der Krieg war fern. Nur ab und zu fielen ein paar Bomben auf Städte. Aber meist im Norden.

Dem heißen Sommer schien ein verregneter September zu folgen. Doch plötzlich traten zwei Ereignisse ein, die manches änderten. Auguste erhielt ihren Brief an Baureis zurück. Er steckte in einem großen Umschlag. Dem Brief war ein Vordruck der 10. U-Boot-Flottille beigelegt. Ein Korvettenkapitän teilte ihr darin mit, daß der Seekadett (Funk) Jakob Baureis von einer Feindfahrt nicht zurückgekehrt sei. Es müsse damit gerechnet werden, daß sein Boot versenkt worden sei.

Tagelang bewegte sich Auguste wie betäubt. Ihr Vater hingegen begann sich auf dem Lande wohl zu fühlen, weil, wie er sich ausdrückte, die Kontrollen der Nazis, der Haus- und Blockwarte und der Ortsgruppenleiter ihn nicht mehr beeinträchtigten. Doch eines Abends rollte ein schwarzes Automobil über den Gutshof vor das Herrenhaus. Zwei Männer verlangten Dr. Lorenzo zu sprechen. Er empfing sie in seinem Arbeitszimmer. Dort kam es zu einer lautstarken Diskussion. Die zwei Männer gingen sehr spät.

Kaum war Dr. Lorenzo allein, telefonierte er. Anschließend bat er Frau und Tochter zu sich.

»Koffer packen!« ordnete er an. »Nur das Nötigste. Aber alles, was Wert hat. Nur Vaters Maybach müssen wir leider zurücklassen.«

»Wohin reisen wir?« fragte Auguste.

»Ihr werdet schon sehen.«

»Für wie lange?« wollte seine Frau, einer Ohnmacht nahe, wissen.

Da hob der Generaldirektor nur die Schultern. »Vielleicht für immer.«

Sie nahmen den unauffälligen Gutslieferwagen, den DKW. Nach Mitternacht fuhren sie los, über Bad Tölz und Starnberg nach Landsberg, auf Nebenstraßen.

»Sie werden weniger stark überwacht«, hoffte Dr. Lorenzo.

Auguste hielt die Zeit für gekommen, daß der Vater sie einweihte. »Was ist los, Papa?« drängte sie, zwischen ihm und der Mutter auf der Sitzbank eingeklemmt.

»Sie werden mir einen Geschäftsführer vor die Nase setzen«, stieß der Firmenchef der Lorenzo GmbH heraus, »einen Treuhänder.«

»Wen?«

»Diese Aasgeier von der NSDAP. Sie wollen unsere Fabrik, unsere Handelsorganisation und unser Vermögen kalt schlucken.«

»Wir sind doch keine Juden«, jammerte ihre Mutter, wie immer ein wenig dümmlich. Nervös begoß sie sich mit Eau de Cologne.

Dr. Lorenzo führte weiter aus: »Sie behaupten, im Werk würden Unregelmäßigkeiten bei Metall- und Eisenkontingenten vorkommen. Ebenso mit Devisen. Ich habe ihnen erklärt, daß wir zwei Drittel unserer Werkzeugmaschinen exportieren, sowohl in die Schweiz wie auch nach Schweden und in die USA, und daß dafür sämtliche Genehmigungen vorliegen. Mit dem Dollarerlös kauft das Reich schließlich wieder rüstungswichtige Rohprodukte ein. – Des weiteren sagten sie, daß unsere Fakturierung nicht in Ordnung wäre. Wir hätten, getarnt als überhöhte Superprovisionen, Geld auf Auslandskonten verschoben.«

»Stimmt das?« fragte Auguste.

Ihr Vater lächelte nur und nickte. »Morgen früh, neun Uhr, ist großer Termin im Büro nebst Generalprüfung der Bücher. Eigentlich wollten sie mich gleich verhaften und mitnehmen.« Das genügte. Mehr brauchte er nicht zu erklären.

Sie fuhren weiter durch die Nacht. Die Tankanzeige ging allmählich gegen Null. Hinter Memmingen füllte Dr. Lorenzo noch zehn Liter Gemisch aus einem Wehrmachtskanister in den Falltank des Pritschen-DKW. Damit kamen sie bis Friedrichshafen.

Am Anleger einer Seeufervilla bei Langenargen lag eine Motorjacht. Am Stock hing die Schweizer Flagge. Der Dicke, der immer mit dem schweren amerikanischen Wagen aus Zürich kam, erwartete sie.

Sie warfen das Gepäck hinüber. Es war 3.30 Uhr und noch dunkel, als der Jachtmotor ansprang. Mit Höchstfahrt liefen sie hinaus und quer über den See zum Schweizer Ufer. Wohlbehalten und unbehelligt von Polizeibooten erreichten sie Romanshorn. Der Dicke hatte ihre Flucht präzise organisiert.

Als sie an der Uferpromenade Kaffee tranken und in knusprige Butter-Croissants bissen, ging über den Bergen bei Bregenz blutrot die Sonne auf.

50

An der Ostfront Kesselschlachten um Wjasma und Brjansk. Noch einmal werden Verhandlungen zwischen Japan und den USA aufgenommen.

2. Oktober 1941

Die zwei bärtigen Männer in dunkelblauen Hosen und den verschwitzten Khakihemden fielen in der Bar nicht weiter auf. Seit in Europa Krieg herrschte, wurden Weiße in diesem verrotteten Hafen an der nordwestafrikanischen Küste immer öfter gesehen. Die Fremden lehnten am primitiv aus Kisten zusammengenagelten Tresen. Die Lippen der schwarzen Barfrau waren grell überschminkt. Sie bediente beinahe brustfrei.

»Ich stamme aus Schlesien, Oberschlesien«, sagte der Maat zu seinem Begleiter. »Bei den Polacken drüben gibt es echte Pißdörfer. Aber so ein Kaff wie das hier ist mir noch nie untergekommen.«

Der Maat hatte unbedingt recht. Hinter der Hafenmole von Port Etienne fing links eine vergammelte Pier an, die sich in eine rostige Tankstelle, eine schiefe Lagerhalle mit Wellblechdach und diese Kneipe fortsetzte. Dahinter gab es nur noch primitive Hütten und Nomadenzelte.

»Wetten«, bot der Maat an, »daß das Bier lauwarm ist?«

»Bei Selbstverständlichkeiten wette ich nicht«, bemerkte Leutnant Wessel und bestellte.

Sie bekamen eine braune Flasche mit Drahtverschluß hingestellt. Beim Öffnen schäumte eine braune Brühe heraus. Das Ganze schmeckte süßlich nach braunem Malz.

»Bier machen können die aber nicht besonders gut«, meinte der Maat angewidert.

»Die Schlesier auch nicht.«

»Der II WO von U 136 schaute sich um, fand aber nicht, was er suchte. Nur Fischer hockten da und klopften Karten, und zwei Nutten warteten auf Freier.

»Wie«, fragte der Maat, »wollen Sie hier bezahlen, Herr Leutnant?«

Das war ihr Hauptproblem gewesen. Keiner der Besatzung hatte aus dem Sumpflager 99 auch nur einen Pfennig mitgebracht. Allein die Neueinsteiger verfügten über ein paar Scheine. Die hatten sie freiwillig spenden dürfen.

Unsicher, ob mit deutschen Reichsmarkfetzen hier ein Blumentopf zu gewinnen sei, hatten sie noch eine Lösung gefunden. Dies mit Hilfe der Uhr eines der neuen Maate. Gold mit Sprungdeckeln, ein Erbstück von seinem Großvater. Weil er sehr daran hing, hatte er sie mit an Bord genommen. Doch ohne zu zögern hatte er die Uhr dem Unternehmen geopfert. Einer aus der Maschine, ein begabter Feinmechaniker, hatte die Sprungdeckel abgeschraubt und die Bördelung glattgeklopft. Anschließend hatten sie das Goldblech über ein Fünfmarkstück gehämmert und dadurch etwas von der Prägung übertragen.

Wessel spielte mit der Goldmünze.

»Sie sehen aus wie Maria-Theresia-Taler«, sagte der Maat, »groß und dünn. Vor des alten Fritzen Siebenjährigem Krieg war das in Schlesien Zahlungsmittel.«

Wessel versuchte, mit der Barfrau ins Gespräch zu kommen. Er probierte es mit Französisch und ein wenig Spanisch.

»Ein hinreißendes Kleid hast du an; aber wo ist der Rest davon?« Damit kam er nicht an. Doch plötzlich klappte es besser. Wegen der Sprachschwierigkeiten behalf er sich mit dem Spiel seiner Finger um das Goldstück. Die Barfrau bekam große Augen.

Allmählich erfuhr Wessel, was er wissen wollte.

»Wir suchen einen *camión*, einen Truck, einen Lastwagen.«

»Für was?« fragte die Schwarze.

»Sie ist hübsch«, bemerkte der Maat.

»Ja, hübsch durchtrieben.«

»Für Fisch, Gemüse, Ziegen?« fragte die Barfrau.

»Zement«, übersetzte Wessel mühsam, »Steine, Sand. Und dazu einen Fahrer.«

Die üppige Schwarze deutete auf einen Mann an dem Tisch, wo sie würfelten.

Wessel flüsterte dem Maat zu: »Der große Berber dort.«

»Der mit der Narbe. Und Sie glauben, der kann uns helfen?«

»Lastwagenfahrer kommen herum und kennen welche, die anderswo herumkommen. Einer muß von dem Depot gehört haben. Es wurde ja irgendwann einmal gebaut. Dazu brauchten die Engländer Eingeborene als Arbeitskräfte. Versuchen wir unser Glück.«

Sie nahmen ihr Bier mit, dazu eine Flasche Fusel, und setzten sich zu den Würfelspielern. Allmählich kamen sie mit dem Lastwagenfahrer ins Gespräch.

»Er ist der Richtige«, stellte Wessel fest. »Schauen Sie sich die Schuhe an. Sie sind weiß von Kalk und Zementstaub.«

Sie tranken und redeten. Es zog sich lange hin, bis zwei Stunden nach Mitternacht, einer Zeit, wo sie längst zurück sein wollten.

Der Mond ging schon unter, da kletterten sie in das Schlauchboot am Ende der Pier, pullten durch die unbeleuchtete Hafeneinfahrt und gut eine Meile weit hinaus.

»Mindestens tausend Schläge«, sagte Wessel.

»Reinwärts waren es neunhundertzehn, Herr Leutnant.«

»Da hatten wir auflaufendes Wasser.«

Als Wessel sicher war, daß sie die Tiefwassermarke erreicht hatten, tastete er nach der Stielhandgranate im Gummiboden. Er schraubte die Schutzkapsel ab, zog an der Schnur des Zünders, zählte bis drei und warf die Handgranate so weit, wie es ging, weg. Dann warteten sie.

»Und wenn sie im Wasser verlöscht?« fürchtete der Maat.

»An der Loire haben wir damit Barsche gefischt.«

»Ob sie was hören?«

»Klar, es kracht wie eine ferne Wasserbombendetonation.«

Die Handgranate zündete. Woannng! scholl es dumpf herauf. Das Wasser machte einen Buckel, gischtend sprang eine Fontäne hoch.

»Das genügt«, schätzte Wessel.

Es dauerte nicht lange, dann vernahmen sie in der Nähe ein brodelndes Zischen. Wie ein tangbehangenes Seeungeheuer schob sich U 136 durch die Wasseroberfläche.

Überzeugt, daß es an der mauretanischen Küste ein geheimes britisches Versorgungsdepot geben müsse, hatten sie alles auf eine Karte gesetzt und die Anfahrt von eintausendvierhundert Seemeilen riskiert. Wieder einmal saßen sie mit fast leeren Dieselölbunkern und einer nach Isolierlack stinkenden E-Maschine da. Mit solchen Düften kündigte sich meist das Durchschmoren der Wicklung an.

Es war qualvoll gewesen. Die Besatzung lag apathisch, fast nackt in den Kojen. Der Kriegswache auf dem Turm erging es nicht besser. Selbst bei Nacht schien das Schanzkleid zu glühen. – Im Radio hörten sie britische Frontberichte. Sie klangen anders als die deutschen. Angeblich war es in den letzten Wochen zu verheerenden U-Boot-Verlusten gekommen.

Südlich der Kanarischen Inseln waren sie dann an die afrikanische Küste herangelaufen. Wie aber sollten sie das britische Depot bei Port Etienne finden?

Da hatte Wessel einen seiner losen Sprüche abgeliefert: »Ich habe schon kleinen Kindern Lakritze geklaut«, sagte er. »Ich war schon immer der berühmte Klaumeister. Nach dem Endsieg möchte ich eine gutgehende Klaumeisterei eröffnen. Wie wär's, wenn ich an Land gehe und ein bißchen übe?«

Er hatte dem Kommandanten seinen Plan dargelegt. Weil es keinen beseren gab, waren sie darauf eingegangen.

Nun hatte er einiges über die Bucht mit der Briten-Basis herausgefunden. Zurück von seinem Landgang, skizzierte Wessel alles auf die weiße Rückseite einer Seekarte. Die Küste, die Distanzen, das Depot. Dazu erklärte er: »Hier oben hört die Straße auf. Die Engländer ließen einen breiten Graben ziehen. In der Bucht reicht die Wassertiefe bis dicht an den Strand. Jedenfalls fuhren die britischen Dampfer nahe heran.«

»Und die Sicherheitsvorkehrungen?« fragte Rahn.

»Die hat man sich wohl erspart. Dafür gibt es doppelten Stacheldraht, Selbstschüsse und rundherum Minenfelder.«

»Im Entminisieren«, meinte der Kommandant, »sind wir ja Weltmeister.«

»Der Fußballclub vom Lager 99 wird das schon schaffen«, fügte Wessel hinzu.

Noch hatte Lützow Zweifel. »Sind Sie auch sicher, Wessel, daß diese Angaben stimmen?«

»So sicher, Herr Korvettenkapitän«, sagte der II WO, »wie ich sicher bin, daß es in Port Etienne keinen Puff von internationaler Bedeutung gibt. Und wir hatten noch einen ganzen Mariatheresientaler übrig.«

Bei Nacht in die Bucht einzulaufen war so gefährlich wie bei Tag. Sie fuhren nach Norden, um die von dem schwarzen Lkw-Fahrer beschriebene Halbinsel herum. Mit langsamster Fahrt tastete Lützow sich landwärts.

»Ich reiste mal mit einem Taxi zu einer Dame«, erzählte Wessel, »das Taxi hatte keine Räder, aber damit ging's flotter vorwärts als hier.«

Bald lag der Strand zum Greifen nah. In der Sonne funkelte er wie ein Meer von Kristallen. Andererseits wirkte er aber auch wie eine Theaterkulisse.

Hinter dem Strand, am Rande der Wüste, wölbten sich Bunker zu ockerfarbenen Hügeln. Der quadratisch verlaufende Zaun hatte an den Ecken Wachtürme. Doch die waren nicht besetzt. Es gab auch einen Funkmast mit Antennen und einige Baracken, aber keine Spur von Leben.

»Trotzdem müssen wir annehmen«, sagte Lützow, »daß sie eine Wache zurückgelassen haben.«

Das Vorauskommando wurde bewaffnet und instruiert. Unter dem Befehl des I WO ruderten die Männer an Land.

Die Stille war drückend und unheimlich. Ab und zu schien die Hitze der Luft singend zu schwingen.

»Da liegen wir nun wie ein nackter Mann im Niemandsland.« Der Obersteuermann fühlte sich unwohl. »Jeden Augenblick kann das Trommelfeuer einsetzen.«

Drüben kam der Voraustrupp mühsam voran. Kriechend stachen sie mit den Bajonetten in den Sand. Dabei stießen sie häufig auf Minen, buddelten sie aus und räumten eine Gasse frei. Meter für Meter. Mit einemmal quoll eine schwarze Wolke auf. Die Detonation rollte herüber. Eine Mine mußte hochgegangen sein.

Endlich die Meldung per Blinkspruch.

»Ein Mann ausgefallen. Depot unbewacht.«

Es war einer von den Neuen, der nicht das zweifelhafte Glück genossen hatte, im Sumpflager Dabrowa den Umgang mit Minen zu erlernen.

Bis Mittag kam Rahn ungefähr sechshundert Meter weit. Er signalisierte und ließ das Arbeitskommando nachrükken. Einen Leichtverletzten schickte Rahn als Melder zurück. Dessen Bericht zufolge befand sich im Depot alles, was sie brauchten, im Überfluß. Und noch mehr als das. Es gab jede Menge Dieselkraftstoff in Erdtanks, Schlauchleitungen und Pumpen.

»Und Medikamente«, zählte der Melder auf, »Tonnen an Proviant, Meat, Corned-beef, Schinken, Käse, Brot, Gemüse, Orangensaft. Alles in Dosen.«

Der achterne Turmausguck erkannte eine Wolke. »Rauchfahne!« schrie er aufgeregt.

Es war aber nur der Schwarm von einigen tausend Vögeln, die offenbar Kunstflug übten, ehe sie weiterzogen.

Die Selbstbedienung von U 136 kam voll in Gang. Trotz

sengender Hitze bei totaler Windstille. Bordgast Huber bat an Deck kommen zu dürfen. Lützow gestattete es ihm.

Während Lützow die Arbeiten unter Kontrolle hielt und seine Leute so weit wie nötig antrieb, machte sich Huber an ihn heran. »Kann ich Sie sprechen, Herr Korvettenkapitän?«

»Nur, wenn es unbedingt sein muß und es etwas Neues gibt.« Lützow schrie vom Turm: »Wahrschau mit dem Schlauchboot. Ihr sollt es beladen, nicht überladen!« Dann wandte er sich mit auffordernder Kinnbewegung an Huber. »Also?«

»Offenbar«, begann Huber, »bin ich jetzt auf Gedeih und Verderb mit diesem Boot verbunden.«

»Das sind Sie schon seit Norwegen«, entgegnete Lützow, »falls Sie es noch nicht bemerkt haben. Bitte fassen Sie sich kurz.«

Das versuchte der mysteriöse Bordgast nun. »Sie wollten immer wissen, wer ich bin.«

»Allmählich interessiert es mich nicht mehr«, gestand der Kommandant. »Wir setzen Sie irgendwo in Südamerika, wenn wir es je erreichen sollten, an Land. Und ich werde gewiß nicht auf Wiedersehen zu Ihnen sagen, Herr Huber.«

»Kant ist mein wirklicher Name«, gestand Huber jetzt.

»Schön, Herr Kant, von mir aus.«

»Kant, wie der Königsberger Philosoph. Sie wissen schon, ›Kategorischer Imperativ‹, ›Kritik der reinen Vernunft‹ und so weiter. Er war ein Urahn von mir. Ich bin mithin kein SS-Spitzel, kein SS-Aufpasser oder wofür Sie mich halten mögen.«

»Sondern?« forschte Lützow. »Kant allein bedeutet mir wenig.«

»Ich bin Teilchenphysiker, Professor an der Humboldt-Universität zu Berlin. Hatte dort gemeinsam mit Heisenberg einen Lehrstuhl für Mathematik und Nukleartheorie inne.«

Vermutlich hatte Kant das Gefühl, daß ihm Lützow nicht

glaubte. Er knöpfte sein Hemd auf und riß etwas Fleischfarbenes von der Hüfte. Es war ein mit Leukoplast angeklebter Beutel aus gummiertem Stoff. Dem Beutel entnahm er Papiere. Lützow warf nur einen schrägen Blick darauf.

»Und was hat«, fragte Lützow, »Ihr kommentarloser Einstieg auf meinem Boot damit zu tun?«

»Ich saß im KZ Oranienburg«, erzählte Kant. »Unter einem Vorwand verlegte man mich nach Dachau. Dies aber nur, damit Freunde mich befreien konnten. Ich muß dringend in die USA.«

»Da geht unsere Reise aber nun mal nicht hin«, äußerte Lützow und befahl einem Heizer, die Schraubverschlüsse der Treibölleitung nachzudrehen. Einige leckten. Das auslaufende Dieselöl bildete schon bunte Schlieren im Wasser.

»Ich löse auch eine Fahrkarte nach Südamerika«, versuchte Kant es locker zu nehmen. »Dort wird man dafür sorgen, daß ich mein Ziel schnellstmöglich erreiche.«

»Wer wird dafür sorgen?«

Doch darüber schwieg Kant.

»Und warum«, wollte Lützow wissen, »wird man das tun?«

Kant schwitzte, daß die Tropfen seine Magenfalten entlangrannen.

»Das, *mon capitaine,* erfahren Sie, wenn wir uns, wie Sie es nannten, nicht einmal auf Wiedersehen gesagt haben werden.«

»Schon gut, Professor.« Lützow schob Kant beiseite, weil an Steuerbord etwas unklar ging. Später wandte er sich noch einmal an Kant. »Haben Sie deshalb versucht, die Torpedos zu sabotieren?«

Kant wirkte verlegen. »Torpedos? Wovon sprechen Sie bitte?«

»Und wer steht hinter Ihrem Funkkontakt in Paris, Herr Professor?«

Wortlos drehte Kant sich ab und verschwand im Innern der heißen Stahlröhre von U 136.

Vierzig Männer arbeiteten bis zur Erschöpfung, bis Sonnenuntergang und dann noch vier Stunden. Erst nach Mitternacht war die Materialübernahme beendet.

Als letzter kam Rahn mit seinem Vorauskommando an Bord.

»Wir haben das Depot aufgeklart und gelüftet, Herr Kapitän.«

»Wirklich keine Spuren hinterlassen?«

»Nur den Fehlbestand an Dieselkraftstoff und Proviant.«

»Und der Tote?«

»Was von ihm übrig war, haben wir im Sand begraben.«

In stummer Trauer akzeptierte Lützow diese unumgängliche Lösung.

Für jeden seiner Männer ließ er eine kalte Flasche Bier ausgeben. Dann hieß es: »Boot klarmachen zum Auslaufen!«

Durch die neunzig Tonnen Dieselkraftstoff war das Boot schwerer geworden und saß mit dem Vorsteven auf. Die algenbewachsenen Tiefenruderflügel waren im klaren Wasser erkennbar. Sie bliesen die Tauchtanks leer und gingen mit allen Maschinen für einen kurzen Pull A. K. rückwärts. Der Kiel schob sich knirschend vom Sand. Sie kamen frei und drehten meerwärts.

Der I WO machte seine neue Trimmrechnung auf, und Obersteuermann Klein steckte den Kurs ab. Wessel half ihm dabei.

»Bis Ende Oktober können wir auf der anderen Seite sein«, meinte Wessel.

»Ja, wenn alles glattgeht.«

»Und wenn es unglattgeht?«

Der Obersteuermann hatte dafür nur ein Kopfwiegen. Es war eine von jenen Fragen, auf die es keine Antwort gab. Doch dann sagte er: »Unser Alter verliert nie. Er setzt immer auf Schwarz und auf Rot.«

»Wenn wir angekommen sind«, fuhr Wessel fort, »ist dort unten Frühling. Erst mal werde ich eine schöne reiche

Südamerikanerin freien, dann verspeise ich nur noch geröstete Heuschrecken, pochierte Ameiseneier wegen der Potenz und trinke Wein aus Trauben, die zwischen den Schenkeln von Jungfrauen gepreßt wurden. Ich lasse mir zwei Smokings bauen, einen weißen und einen schwarzen. Die trage ich dann übereinander. Und wenn mich je einer fragen sollte, was ich von einem U-Boot halte, dann werde ich antworten: ›Ich halte es für einen Brotaufstrich, Senhor.‹«

»Klar, so kann man es machen«, sagte Klein geduldig, »oder wie Hein Doof.«

»Natürlich auch anders.« Wessel zog ab. »Wie ein ferngesteuerter Schlafanzug etwa.«

»Großkreiskurs beginnend mit zwo-zwo-fünf Grad«, gab der Obersteuermann durch.

»Zwo-zwo-fünf Grad«, bestätigte der Rudergänger, »liegen an.«

Die Diesel liefen Umdrehungen für zwölf Knoten.

Noch einhundertneunzig Seemeilen bis zum Äquator.

51

In den USA treten schwere Konflikte mit den Bergarbeitergewerkschaften auf. Schah Reza Pahlewi wird im Iran zur Abdankung gezwungen.

7. Oktober 1941

Gegen Morgen ratterte ein Automobil die schmale Gasse hinauf. Polizisten schlugen mit Gewehrkolben gegen die Haustür und weckten den Patrón. »Aufmachen, Alfonso!«

Nach kurzer, aber heftiger Diskussion trampelten sie die Treppe zum ersten Stock der Pension hinauf.

»Abrausted, Señorita! Machen Sie auf!«

Schlaftrunken verließ Judith Rothild das Bett und ließ sie herein, ehe sie das Schloß aufsprengten.

»Guardia Civil!« rief einer in grauer Uniform mit dem bekannten schwarzen Lackhut. »Control de documentación! Ausweiskontrolle!«

Sie holte ihren britischen Paß aus der Handtasche. Der Offizier blätterte ihn durch.

»Sie sind?«

»Grace Simpson aus York in der Grafschaft York, England. Geboren am siebenten Mai neunzehnhundertzehn.«

»Das Visum ist abgelaufen, Señorita.« Der Polizist steckte den Paß ein und sagte: »Mitkommen, Señorita Rothild!«

Sie erschrak heftig. »Sie müssen mich verwechseln«, stotterte sie.

»No, Señorita, es liegt keine Verwechslung vor.« Der Polizist bemühte sich um die englischen Worte. »Ihr Paß ist eine Fälschung.«

Da sie die Verhältnisse hier oben in Galizien zu kennen glaubte, sagte sie: »In meiner Tasche sind hundert Dollar.«

Der Polizist nahm den Lackhut ab, wischte das Schweißband trocken und erwiderte: »Jetzt kommt zur Verwendung falscher Papiere noch der Tatbestand der Bestechung hinzu, Señorita. Ziehen Sie sich etwas über, aber de prisa, por favor! Beeilung!«

Sie trat hinter den Paravent und kleidete sich an. Später band ihr einer der Polizisten eine Art Kälberstrick um die Gelenke. Sie führten sie ab wie ein Stück Vieh.

Während der Fahrt in die Gendarmeriestation überlegte Ditta Rothild fieberhaft, wodurch sie aufgefallen sein konnte. Etwa weil sie versucht hatte, als Ärztin, notfalls auch als Operations- oder Krankenschwester, Arbeit zu finden? Oder weil sie, was jeder in dem Küstennest wußte, eine Fremde war, eine von jenen Flüchtlingen, die sich von überallher aus Europa hier sammelten, um irgendwie wegzukommen? Sei es nach Irland, England oder nach Amerika.

Die Fahrt war kurz. Auf dem Revier kam sie in eine Einzelzelle. Sie war noch nicht lange leer, denn es stank nach Schweiß, nach Tabakqualm und Urin. Man schob ihr einen Kübel für die Notdurft herein. Abends bekam sie eine Kanne mit Wasser und auf einem Teller pappige Tortillas, kleine zusammengerollte Pfannkuchen, deren Füllung fürchterlich nach Knoblauch schmeckte.

Vierundzwanzig Stunden kümmerte sich niemand um sie. Dann traf offenbar jemand aus der Provinzhauptstadt La Coruña ein. Sie wurde zum Verhör gebracht.

Der Raum war kahl, das Fenster vergittert. Darunter stand ein Schreibtisch, davor ein Stuhl. Hinter dem Schreibtisch fläzte sich ein Gigolo, ein geschniegelter, parfümduftender spanischer Beamter. Vor sich hatte er eine dünne Akte.

In holprigem Deutsch begann er: »Sie sind Dr. Ditta Rothild.«

Automatisch wiederholte sie: »Ich heiße Grace Simpson, stamme aus York in . . .«

Er unterbrach sie gähnend. »Wozu noch die mühevolle Anstrengung des Lügens? Wir wissen, wer Sie sind. Wir griffen zwei deutsche Soldaten auf. Sie gestanden, daß sie von einem U-Boot abgesetzt wurden. Sie, Señorita Doctor, nahmen die Seeleute in Empfang und führten sie zum Zug nach Santander. Die zwei lieferten uns Ihre Beschreibung und daß Sie immer wieder behaupteten, die Braut ihres Kommandanten, eines gewissen Korvettenkapitäns Lützow, zu sein, dessen Boot Sie so verfehlten wie eine Straßenbahn, die einem davonfährt.«

Ditta versuchte es noch einmal verzweifelt. Bald sah sie ein, daß es keinen Sinn hatte. Um Canaris nicht zu belasten, forderte sie: »Ich möchte jemand von der amerikanischen Botschaft sprechen.«

»Wozu sollte das nützlich sein, Señorita?«

»Ich habe einflußreiche Verwandte in New York.«

»Warum kümmerten die sich nicht um Sie?« fragte der Spanier erstaunt. »So leid es mir tut, Señorita, nach dem Gesetz müssen wir Sie abschieben. Wir sind neutral und wollen mit Deutschland keinen Ärger.«

»Ich bin Jüdin«, gestand sie daraufhin.

»Das wissen wir, Señorita.«

»Abschiebung bedeutet, daß man mich in ein Konzentrationslager wirft.«

Lässig, aber etwas geziert steckte sich der Spanier eine überlange Zigarette an.

»Bei solchen Behauptungen«, entgegnete er, »dürfte es sich vorwiegend um Gerüchte handeln, Señorita. Von Judenverfolgung in Deutschland ist uns nichts bekannt.«

Sie wurde abgeführt.

Der Tag, an dem Ditta Rothild mit dem Löffelstiel den elften Strich in die Kerkerwand ritzte, war ein ganz besonderer. Sie wurde zum Duschen geführt und bekam sogar Seife. Zurück in der Zelle, fand sie ihre Sachen gereinigt und gebügelt vor. Auch den kleinen Handkoffer aus Don Alfonsos

Pension hatte man geholt. Bis auf das Geld und die Perlenkette fehlte nichts. Die Kette hatte sie um eine Ecke des Spiegels gehängt. Dort hatte man sie wohl übersehen, oder sie war den gleichen Weg wie die Dollars gegangen.

Sie betrachtete das alles als Aufforderung, sich umzukleiden. Endlich war sie den grauen Kittel aus Baumwollkattun los. Nun saß sie auf der Pritsche, wartete und wußte nicht, auf was. Gegen Abend hörte sie den Wärter näher schlurfen. Stets zur selben Zeit brachte er das Essen. Entweder Nudeln mit Tomatensoße, Reis mit Tomatensoße oder Tortillas mit Tomatenfüllung, in wechselnder Reihenfolge.

Diesmal hatte er kein Tablett dabei, nur sein Schlüsselbund. Er sperrte auf. »Vamos! Mitkommen, Señorita!«

Sie gingen durch den Gang hinaus, über den Hof, vorbei an der Oficina de la Guardia Civil zur Straße.

»Vaya con Dios!« wünschte der Aufseher.

»Was hat das zu bedeuten?« fragte sie.

»Por diablo! Fast hätte ich es vergessen!« Der Aufseher fluchte, faßte in die Uniformtasche und übergab ihr den Paß. Es war der gefälschte britische auf den Namen Grace Simpson. Ziemlich ratlos standen sie da, Ditta und der Aufseher. Endlich kam ein Auto die Platanenallee heraufgestaubt. Die dunkelgrüne Citroën-Limousine bremste so scharf, daß die Pneus auf dem Schotter rutschten. Von innen öffnete der Fahrer die Fondtür.

Noch einmal fragte die Gefangene: »Was, bitte, passiert mit mir?«

»Abschiebung!« zischte der Aufseher. »Was sonst.« Er warf den Koffer hinein und wartete, bis die Deutsche ihrem Gepäck gefolgt war. Der Fahrer stieg aus, kam herum und sperrte die Tür zu. Sofort fuhren sie los.

Zunächst ging es über Nebenstraßen. Die Namen der Ortschaften besagten wenig. Es war schon zu dunkel, um die Fahrtrichtung zu bestimmen. Längst war die Sonne untergegangen.

Später erreichten sie eine Art Hauptstraße und mußten hinter einer Militärkolonne herzockeln.

»Wohin bringen Sie mich?« wollte sie von dem Chauffeur wissen.

»Fragen Sie Valencas.«

»Und wer ist Valencas?«

»Ein Gerichtsbeamter. Er hat die Papiere.«

»Und wo treffen wir Valencas?«

»Er wartet an der Grenze. Wir sind bald da.«

Einmal war es Ditta, als hätte sie im Licht der Scheinwerfer ein Straßenschild mit dem Namen »TUY« erkannt. Der Verkehr hörte fast völlig auf. Mit Mühe gelang es dem Chauffeur des Citroën, einem unbeleuchteten Fuhrwerk, einem hochrädrigen Karren, gezogen von einem Maultier, auszuweichen. Gegen 23 Uhr kam ein Schild in Sicht: »Frontera.« Das bedeutete Grenze.

Hinter einer Kurve endete die Straße in einem buschbestandenen Hügeleinschnitt vor dem Schlagbaum. Er trug die spanischen Farben und in der Mitte ein ovales Holzschild mit dem Hoheitszeichen der Falangisten.

Gähnend trat ein Soldat aus dem Wachhaus. Der Fahrer des Citroën wechselte wenige Worte mit ihm. Der Schlagbaum schwang hoch. Sie fuhren durch und noch etwa dreihundert Meter bis zum nächsten Schlagbaum. Hier mußte Ditta Rothild aussteigen.

Der Chauffeur verhandelte jetzt mit einem anders uniformierten Grenzsoldaten. Dieser übernahm Dr. Rothild und bugsierte sie durch die Lücke neben der Schranke. Im Halbdunkel nahe dem Wachhaus parkte eine große Limousine. Ein Mann lehnte am Kotflügel und rauchte. Als sie auf ihn zuging, warf er die Zigarette weg und trat die Glut aus.

»Señorita Simpson?«

Offenbar akzeptierte man hier ihren Falschnamen. Sie nickte nur. Der undeutlich erkennbare Mann sagte: »Ich bin Valencas. Bitte stellen Sie keine Fragen.«

Sie stiegen ein. Weiter ging's. – Aber Frankreich war das nicht. »Sind wir in Portugal?« erkundigte sie sich.

»Keine Fragen«, bat Valencas.

In einer Stadt, die Viana do Castelo hieß, brachte der stumme Valencas sie zum Bahnhof. Sie erhielt eine Fahrkarte erster Klasse nach Lissabon und ausreichend Escudos für ein Frühstück im Speisewagen.

»Bom viagem!« wünschte Valencas. »Gute Reise!«

»Und wie geht es weiter?«

»Keine Fragen«, sagte Valencas unbewegt. *»Boa sorte!* Viel Glück!«

In Lissabon am Bahnhof trat ein Mann im Trenchcoat, Shagpfeife zwischen den Zähnen, auf sie zu, und dies mit einer Sicherheit, als kenne er sie seit Jahren. Höflich nahm er ihr den Koffer ab, galant reichte er ihr seinen Arm.

»Keine Fragen«, stellte sie ironisch fest.

Er lächelte, ohne die Pfeife aus dem Mund zu nehmen. »Fragen Sie, was immer Sie wollen, Miss Simpson.«

»Das ist also Lissabon. Das bedeutet für mich, keine Abschiebung nach Deutschland. Aber wie geht es weiter?«

»Mein Name ist Jackson«, stellte sich der Mann vor, »amerikanische Botschaft. Sie müssen über kolossale Verbindungen verfügen, daß die Spanier auf Ihre Wünsche eingingen.«

»Draußen wartete sein Wagen, ein offener Studebaker, mit Chauffeur. Sie fuhren durch die Stadt. Der Amerikaner bat um ihren Paß. Seiner Aktentasche entnahm er Stempel und Stempelkissen und drückte in den falschen britischen Paß ein handtellergroßes Viereck, versehen mit Datum und dem amerikanischen Hoheitsadler. Nachdem er den Stempel unterschrieben hatte, steckte er in den Paß noch etwas Längliches. Es sah aus wie ein Ticket, bestehend aus mehreren zusammengehefteten Blättern, dazu ein banderoliertes Geldpäckchen.

»Jede Woche einmal«, erklärte Jackson, »geht der New-

York-Clipper, ein viermotoriges Wasserflugboot, von Lissabon ab. Er fliegt über die Azoren, die Bermudas und stellt die beste Verbindung in die USA dar. Leider ist der Clipper heillos überbucht. Ein Platz für Sie wird erst in zehn Tagen frei. So lange bleiben Sie bitte im Hotel. Dort ist alles im voraus bezahlt. Dürfte Ihre Familie eine Stange Geld gekostet haben, das alles.«

»Sie brauchte es nicht mühsam zusammenzukratzen«, bemerkte Ditta Rothild sarkastisch.

»Das Visum, die Clipperpassage, die Kaution für die Spanier, das alles war gewiß nur mit Verbindungen bis nach Washington, zur Spitze der Regierung, zu beschaffen.«

»Meine Tante nimmt zweimal wöchentlich mit Mrs. Eleanor Roosevelt den Tee«, erwiderte sie, »aber eigentlich wollte ich nach Südamerika.«

»New York«, beharrte Mr. Jackson, »oder gar nicht.«

Vor einem der eleganten Grandhotels setzte er sie ab. »Sollten Probleme auftauchen, Madam, stehe ich Ihnen gerne zur Verfügung. Leider sind die Hotels völlig überbelegt. Halb Europa ergreift die Flucht und wartet hier, wie auf einem Rangierbahnhof, auf die Weiterfahrt, auf eine Passage oder sonst was. Sie werden Ihr Zimmer mit einer anderen Person teilen müssen. Mit einer Journalistin, einer Jüdin wie Sie, aus Wien.«

Die Journalistin war blond, eine bezopfte Erscheinung, die an Kriemhilde aus der Nibelungensage erinnerte.

»Ich bin Esther Forchheimer«, stellte sie sich vor. »Mein Haar ist echt, aber mein Aussehen täuscht, insbesondere die Blutgruppe betreffend.«

Es ergab sich, daß die Journalistin eigentlich nach New York wollte, aber nur ein Visum für Brasilien ergattert hatte. »Auf einem Portweindampfer«, jammerte sie. »Abgesehen davon, daß ich nur Wiener Heurigen mag, geht das Schiff erst in drei Wochen.«

»Und ich wollte nach Buenos Aires«, erwiderte Ditta.

»Ich mag Portwein eigentlich recht gern, allein schon der Duft regt meine Phantasie an.«

»So ist das Leben«, bemerkte die Forchheimer, halbnackt auf dem Bett rauchend, »aber wie man mit Wiener Schmäh sagt, das Leben ist ein Eimer voller Scheiße.«

52

Kaluga und Kalinin fallen in deutsche Hand. Das britische Kampfjagdflugzeug Mosquito, schnell und gefährlich wie kein anderes, wird in Kanada in Großserie gebaut.

22. Oktober 1941

Nach entbehrungsreicher Fahrt, stets in Gefahr, entdeckt zu werden, und von Defekten heimgesucht, hatte U 136 den Südatlantik überquert. Eines Morgens war Land in Sicht gekommen. Lützow ließ eine Kiste mit Beutechampagner aufbrechen. Sie stießen an. Wessel lieferte dazu einen Toast.

»Hoch sollen die Nazis leben, an jedem Baum einer!«

Zum ersten Male seit Monaten lächelte LI Behrens. Zwar war eine E-Maschine nördlich der Felseneilande St. Peter und St. Paul mitten im Atlantik endgültig durchgeschmort, bei dem geflickten Diesel hatte sich der Riß nach innen in die Zylinderlaufbahn fortgesetzt, und beim Anlassen hatte es einen knallharten Wasserschlag gegeben – Kurbelwellenbruch und aus. Aber jetzt, eine Tagesreise vor Recife, war alles überstanden. Deshalb lächelte Behrens.

Der Obersteuermann strahlte, daß sie mit seiner Navigation so genau angekommen waren, und die Besatzung freute sich, daß sie es durchgestanden hatten, wenn auch am Rande der Belastungsfähigkeit.

Drei Monate schon, elfeinhalb Wochen lang, diese Tortur. Immer dieselben Gesichter. Keine Abwechslung. Allein das zerrte an den Nerven. Dazu die monotonen Wachstrops mit infolge ewigen Ausschauhaltens langsam kaputtgehenden Augen. Dann der Schimmel im Boot, der Gammel, die klammen Klamotten, die feuchte Hitze. Geringste Anlässe führten zu Streitereien. Allmählich wurden sie zu wandelnden Leichen. Auch wenn am Nachthimmel endlich das Kreuz des Südens auftauchte, war der Aufenthalt in der engen heißen Stahlröhre schlimmer als der in einem mittelalterlichen Burgverlies. Keiner schaute noch auf die Uhr oder auf den Kalender. Nur ab und zu warfen sie einen verstohlenen Blick auf die Seekarte, wo sich der schmale Bleistiftstrich, der Standort und Kurs markierte, kaum merkbar vorwärts schob.

Lützow dachte schon daran, es wie Kolumbus zu handhaben und seine Männer bezüglich Kurs und Standort zu beschummeln. Aber sie lebten ja nicht mehr im 15. Jahrhundert. Es war eine elende Schinderei mit ungewissem Ende.

»Fünfzig Tonnen Treiböl sind raus«, sagte der LI nach eintausendneunhundert Seemeilen.

»Was ist noch drin, Behrens? Der Pessimist sagt, das Glas ist halb leer, das Optimist nennt es noch halb voll. Also, was ist noch im Glas?«

»Vierzig Tonnen«, schätzte der LI. »Wie weit noch?«

»Rund zweitausend Seemeilen«, sagte Obersteuermann Klein.

Behrens nahm seinen Rechenschieber und murmelte dabei etwas von Verbrauch mal Knoten mal Tagesleistung. »Wenn wir mit dem Diesel auf sechzig Umdrehungen heruntergehen . . .«, meinte er nachdenklich, »aber was soll's bei all dem Tangzeug und Bewuchs, den wir am Rumpf mitschleppen.«

Außerdem rauchte der Diesel bei so niederer Drehzahl stark, und das bekamen sie nicht in den Griff.

Allmählich wurde der Schiffsverkehr dichter. Hier lief die Dampferroute nach Europa durch. Die neutralen Schiffe hatten Positionslichter gesetzt, alle nur möglichen Lampen an und waren von weitem zu erkennen. Einmal begegneten sie einem riesigen Musikdampfer von mindestens dreißigtausend Tonnen. Er schnitt ihren Kurs. Sie hörten Swingklänge herüberschallen, sahen Leute auf den beleuchteten Decks tanzen, elegant in Tropensmokings und Abendkleidern. Wie ein Berg aus von innen beleuchtetem Kristall kam ihnen das Schiff vor. Eine Stunde lang dauerte es, bis es an der Kimm verschwand.

Munition und Waffen waren verrostet oder grün verschimmelt. Weil man nie wußte, was kam, ließ Lützow die Zweizentimeter und die U-Boot-Kanone zerlegen und in Ordnung bringen. Nie verließ ihn der Gedanke: Was wird aus uns? *Stecken sie uns hinter Stacheldraht? Was versteht Brasilien unter Internierung. Warum überhaupt Brasilien und nicht Uruguay?* Uruguay galt als freundlicher. Doch bis dahin reichte der Treibstoff nicht. Außerdem wußte jeder über Montevideo Bescheid und wie sie dort mit der *Graf Spee* umgegangen waren.

Jedem sich nähernden Schiff wich U 136 in weitem Bogen aus. Das kostete Zeit und Treibstoff. Und Geduld.

U 136 zog seine Bahn. Das Kielwasser schäumte gurgelnd auf. An manchen Tagen, wenn der Horizont frei war, erlaubte Lützow zu baden. Bevor einer in den Südatlantik hechtete, wurde er an langer Leine gesichert. Allmählich wurde ihre totenblasse Haut braun und noch dunkler, fast wie Teakholz.

Völlig unerwartet ermahnte der Kommandant eines Tages den Ausguck: »Verstärkt nach Westen Ausschau halten, Leute. Wir nähern uns der Küste. Sie ist gebirgig und schon von weitem zu sehen.«

Sie hörten die Radiostationen von Pernambuco bis Bahia ab und peilten sie an. Den Handbüchern entnahmen sie alles über die Hafeneinfahrten.

»Recife«, riet der Obersteuermann immer wieder, und der LI pflichtete ihm bei: »Bis Recife schaffen wir es treibstoffmäßig vielleicht.«

Die letzte Oktoberwoche brach an. Als schmaler dunkler Strich kam im Westen die Küste in Sicht. Sie nahmen es zur Kenntnis. Ohne Jubel, ohne Applaus, nur mit stummer Erleichterung. In der Nacht wurden die ersten Leuchtfeuer ausgemacht.

Lützow sagte zum Oberfunkmaat: »Wir geben der Küstensignalstelle folgendes durch: *German submarine.*«

»Sofort, Herr Kapitän?«

»Erst wenn ich es Ihnen befehle.«

Mit gefestigtem, beinahe arrogantem Auftreten erschien Professor Kant in Lützows Kommandantenschapp.

»Ich möchte, daß Sie einen Funkspruch für mich absetzen«, forderte er.

Lützow richtete sich auf. »An wen?«

»U. S. Secretary of Defense, via Hafenfunkstelle Recife, via amerikanische Botschaft in Rio de Janeiro, via Department of Defense Washington.«

»Was für eine hübsche kurze Anschrift«, lästerte Lützow. »Und der Text?«

»M – in Recife eingetroffen.«

Lützow verkniff sich die Bemerkung über das reziproke Verhältnis zwischen Adresse und Text, fragte aber: »Was bedeutet M?«

»Das ist geheim, Herr Lützow.«

»Dann geht der Funk auch nicht raus«, entschied Lützow.

»Es würde Ihnen sowieso nichts sagen, Herr Korvettenkapitän.«

»Ich war schon immer begeisterter Löser von Kreuzworträtseln«, sagte Lützow.

Kant schien sich zu überwinden. »M – bedeutet Manhattan«, erklärte er.

»Mit ›Manhattan‹ meinen Sie gewiß nicht den bekannten Stadtteil New Yorks.«

»In der Tat, so ist es, Herr Lützow.«

»Sondern? Nun lassen Sie endlich den Hund von der Kette, Professor.«

Kant kämpfte noch mit sich, dann eröffnete er zögernd. »Ihnen gegenüber, aber nur zu Ihnen: ›Manhattan‹ ist der Code für ein Waffenprojekt der Amerikaner.«

»Hat es etwas mit Ihrem Fachgebiet, mit Atomen zu tun?«

»Warum hätte man sich sonst solche Mühe gemacht und tausend Tricks angewendet?«

»Was für Tricks?« wollte Lützow wissen. »Die oberfaulsten, vermutlich.«

Er hatte Ahnungen, aber keine Gewißheit. Doch nun gestand ihm Kant alles, wenn auch gewiß nur, um den Funkspruch nicht zu gefährden. Kant weihte ihn tief ein.

»Wie Otto Hahn, Heisenberg und ich herausfanden, ist Kettenreaktion möglich. Ein lumpiger Kubikmeter Uranpechblende enthält die Energie eines Vulkanausbruchs. Nun gehen wir aber her und dicken das darin vorhandene Uran ein. Wir konzentrieren es also, von mehreren Tonnen auf ein Pfund. Und was, glauben Sie, kommt dabei heraus?«

»Zwei Vulkanausbrüche.«

»Eine unfaßbare Menge von Kraft.«

»Gegen die der Teufel nichts ist«, vermutete Lützow.

»Richtig. Wir planen eine sogenannte Atombombe. In Chicago ist bereits ein Versuchsmeiler im Bau. Sie warten auf mich, um ihn in Gang setzen zu können.«

»Wer wartet?«

»Meine Kollegen, die Professoren Teller, Niels Bohr und Oppenheimer. Und in der Wüste von Texas, in Los Alamos, läuft das demnächst alles hochindustriell. Ein kleines Ruhrgebiet, Krupp hoch zehn, ist dort im Bau.«

Lützow geriet nicht gerade in Verzückung darüber, wie und weshalb man sie über den Tisch gezogen hatte. Erst ließ er den Funkspruch absetzen, dan gab er U 136 zu erkennen.

Wenig später lief ein brasilianischer Zerstörer ihre Position an. Er befahl U 136, seinem Kielwasser zu folgen, und fragte an, wieviel Knoten das U-Boot laufen könne.

»Höchstens neun Knoten«, gab Lützow durch.

Vor der weiten Hafenbucht stoppte der Zerstörer. Man

teilte U 136 mit, daß nun ein Kommando an Bord genommen werden müsse. Mit einer Pinasse kamen ein Offizier, ein Maat und drei bewaffnete Matrosen herüber. Gegen ihre blütenweißen Uniformen nahmen sich die der U-Boot-Leute nur noch wie graue Fetzen aus.

Das Verhalten der Brasilianer war korrekt und drückte kameradschaftliche Anerkennung aus. Lützow machte dem Offizier Meldung. Die Brasilianer verteilten sich in und auf U 136. Der Tenente erklärte, daß er Befehl habe, das Boot in den Hafen zu bringen und zu verhindern, daß von U 136 irgendwelche kriegerischen Aktivitäten ausgingen.

Lützow versicherte, daß dies nicht in seiner Absicht lag. Daraufhin bat der Zerstöreroffizier Lützow, das Boot in den Hafen und an die Pier zu verholen. Im Manövrieren von U-Booten sei er nicht geschult.

Im weiten Hafen von Pernambuco, das jetzt Recife heißt, hatten sie ein Becken freigeräumt. Die Pier war von Soldaten abgeriegelt. Oben standen ein Bus, ein Lieferwagen und eine große weiße Luxuslimousine.

Kaum hatte U 136 festgemacht, mußte die Besatzung an Deck antreten. Ein hoher Marineoffizier kam herübermarschiert. Vermutlich war es der Hafenkapitän. Er stellte Lützow vor die Wahl: Entweder er lief internationalen Verträgen gemäß nach einer Frist von achtundvierzig Stunden wieder aus, oder die Besatzung wurde interniert und das Boot kam an die Kette. Lützow bat um Bedenkzeit. Dies aber nur, um die Entscheidung hinauszuzögern.

Nach dem Admiral eilte ein Zivilist im weißen Seidenanzug und Tropenhelm, völlig ungehindert von den Wachen, über die Stelling. Er gab sich als amerikanischer Konsul zu erkennen und fragte nach Professor Kant. Nur Kant interessierte ihn.

Der Professor begrüßte ihn wie einen Freund. Gepackt hatte er längst. Ein Matrose von U 136 brachte die Koffer an Land, wo sie in einem Begleitfahrzeug verstaut wurden.

Offenbar war für Kant auf das feinste gesorgt. Der US-Konsul sprach nur kurz mit dem Offizier der Hafenwache, zeigte ihm ein Dokument, und Kant war frei.

Bevor der Professor den weißen Chevrolet bestieg, drehte er sich noch einmal um und winkte den U-Boot-Männern lässig zu. Seine Geste wirkte ziemlich herablassend.

»Viel Glück!« rief er kaum hörbar.

Der II WO, Wessel, kommentierte: »Jesses Mary and Josef, das war auch nicht gerade ein Furz wie eine Kanonenkugel!«

Dann wurde auf U 136 lange geredet.

Es gab nicht viel zu beraten, und doch zogen sich die Gespräche bis in die Nacht hinein. Sie würden das tun, was von vornherein feststand, nämlich sich internieren lassen.

»Und das Boot?«

»Man wird sehen.«

»Sprengen«, lautete ein Vorschlag.

»Nicht hier im Hafen«, lehnte Lützow ab.

»Auslaufen und versenken wäre anstandshalber das Minimum.«

»Sonst verscheuern sie das Ergebnis von deutschem Erfindergeist noch an die Engländer«, meinte Wessel, »so wie der korrupte Laden hier läuft.«

Diese Entscheidung hatte noch einige Stunden Zeit. Zunächst interessierte sie nur eines. Rahn faßte es in Worte. »Wer war dieser Professor Dr. Kant?«

»Ein berühmter Teilchenforscher«, sagte Lützow.

»Ja was nun«, fragte Wessel, »Sahneteilchen, Erdbeerteilchen oder Käsekuchenteilchen?«

»Atomteilchen.« Lützow versuchte ihnen zu erklären, was er dem Gespräch mit Kant entnommen hatte. »Er soll den Amerikanern helfen, ein ziemlich gigantisches Waffenprojekt zu verwirklichen.«

»Gegen wen?«

»Wahrscheinlich gegen die Indianer«, spottete Wessel. »Und mit dem, was übrigbleibt, gegen uns oder die Japse. Aber noch leben wir ja nicht in Feindschaft mit den Yankees.«

»Vorsicht ist die Mutter der Weisheit«, äußerte Rahn dröge wie immer. »Aber wer, verdammt, hat das alles eingefädelt?«

»Vermutlich Kants Kontaktmann in Paris«, deutete Lützow an.

»Und wer ist das?«

»Die Hintermänner des Kontaktmannes in Paris«, vermutete der LI logischerweise.

»Und wer bitte sind die?«

»Die ganze Mannschaft des Fußballclubs FC Canaris, eingetragener Verein GmbH auf Aktien«, alberte Wessel.

Lützow nickte dazu nur. Er wußte mehr, doch aus irgendeinem Grund, den er nicht näher definieren konnte, äußerte er sich nicht über »M«.

»Erinnert ihr euch an den verschlüsselten Funkspruch, daß die Maus in die Falle zu locken, aber nicht zu töten sei? Nur weil wir die Spediteure des Genieprofessors Kant waren, haben uns die kanadischen und englischen U-Jagdflottillen vor Neufundlang nicht versenkt. Sie verzichteten sogar darauf, uns ernsthaft zu beschädigen. Nichts war für sie wichtiger, als U 136 zu verschonen und Kant in Empfang zu nehmen.«

Für alle war das einigermaßen unfaßbar.

»So kann man es auch machen«, sagte Klein in seiner schlichten Art erschüttert.

»Und nicht anders«, fügte Lützow hinzu.

Dann gab er die letzten Alkoholbestände des Bootes frei.

53

Stalin verhängt über Moskau den Belagerungszustand. Die Deutschen nehmen Rostow. Starke Partisanenkämpfe. In Berlin wird der Durchhaltefilm »Ohm Krüger« uraufgeführt.

23. Oktober 1941

An diesem Abend brannte in der Capland-Villa in Washington das erste Kaminfeuer dieses Herbstes. Doch niemand war zu Gast. Weder zum Dinner noch zu politischen Gesprächen. Die Hausherrin war allein.

In einen der schweren Sessel gekauert, starrte sie ins Feuer und wartete auf ihren Geliebten.

Wie immer hatte die Senatorin die Tür, die von der Küche in den hinteren Teil des Gartens führte, nicht versperrt. Mehrmals schaute sie auf die Uhr. Der Nachtexpreß aus New York mußte schon eingefahren sein. Mit dem Taxi brauchte Arie Goldstern bis nach Georgetown etwa zwölf Minuten – sofern er ein Taxi bekam. Bei solchem Wetter war das schwierig. Seit dem Nachmittag regnete es.

Vieles hatte sich verändert. Doch um Arie die Veränderung nicht merken zu lassen, hatte sie Champagner und eine Kristallschale mit schwarzem Beluga-Kaviar vorbereitet. Sie hatte seine Lieblingsplatten bereitgelegt und dezentes Make-up aufgetragen, so wie er es mochte. Nur das dünne Negligé aus cremefarbener Seide und Spitzen trug sie heute nicht, sondern ein kleines Schwarzes.

Als sie ihn kommen hörte, drückte sie die Starttaste des Plattenspielers. Jeanette MacDonald sang »Pennies for Heaven«.

Dann war es fast wie immer. Schon vom Sessel aus spürte sie seine Nähe, den unverwechselbaren Geruch, den jeder Liebhaber für seine Geliebte an sich hat. Er berührte ihr nachblondiertes Haar. Doch plötzlich zuckte seine Hand zurück.

»Eine neue Frisur?« staunte Arie Goldstern aus New York.

Sie nickte, ohne ihn anzusehen.

»Warum?«

»Die Zeiten ändern sich«, flüsterte sie, »man muß mit der Zeit gehen.«

»Ich dachte, so etwas gilt nicht für uns. Von Anfang an dachte ich das.«

»Die Mode fragt nicht danach, wie etwas beginnt oder endet«, antwortete sie mit bitterem Unterton.

Er zog seinen Mantel aus. Die kühle Frische, die er mit hereingebracht hatte, verschwand. Jetzt stand er vor ihr, groß und schmal.

»Das klingt doch irgendwie verlogen.« Er betrachtete ihre gelockte Dauerwelle. »Du siehst fremd aus.«

Sie hob verlegen die Schultern. Als er sie küssen wollte, drehte sie das Gesicht so, daß seine Lippen nur ihre Wange streiften. Erstaunt fragte er: »Was ist geschehen, Darling?«

Sie versuchte zu lächeln. »Ich bin erkältet.«

Da zog er sie aus dem Sessel hoch, drückte ihren sportlich schlanken Körper an den seinen. Als seine Hand über ihren Rücken abwärts tastete, spürte er ihre Abwehrhaltung.

»Erkältung hat man nur oben.«

»Und Migräne«, fügte sie hinzu.

Doch er ließ sie nicht los. »Auch Migräne reicht nicht bis zu den Brüsten.«

»Meine reicht sogar bis zu den Knien«, erwiderte sie.

Endlich gab er sie frei. Er setzte sich in den Sessel gegenüber, fügte die Nägel seiner schmalen Künstlerfinger ineinander und starrte darüber hinweg auf Gloria.«

»Warum hast du es mich nicht wissen lassen?«

»Es begann erst heute nachmittag. Ich rief dich an. Es war zu spät.«

»Ja, ich schaute vorher bei meinem Verleger am Broadway vorbei.«

»Und?« fragte sie auffallend teilnahmslos.

»Abgelehnt«, sagte der gutaussehende deutsche Jude. »Sie mögen den Roman nicht.«

»Und warum mögen sie ihn nicht?«

»Ohne Angabe von Gründen. Aber es liegt wohl daran, daß es zum Krieg mit Hitler kommen wird. Dann sind deutsche Romanstoffe nicht sonderlich gefragt.«

Gloria Capland kannte den genauen Grund. Aries Verleger hatte einen versteckten Hinweis bekommen.

Goldstern lehnte sich zurück und schloß die Augen. Sie reichte ihm ein Glas Champagner. Er nahm das Glas und tastete mit der freien Linken von hinten unter ihrem Rock zum Oberschenkel und bis zum Rand der Seidenstrümpfe.

»Weißt du, wie lange wir uns nicht gesehen haben?« flüsterte er.

»Auf den Tag genau.«

»Ich weiß es sogar auf die Stunde genau. Was kam bloß immer wieder dazwischen?«

»Es lag an den Umständen.«

Es lag nicht nur an den Umständen, aber sie konnte es ihm noch nicht erklären. In vier Stunden vielleicht.

Seine Hand glitt weiter nach oben zu ihrem Gesäß.

»Hart und rund wie immer, dein Hintern.«

»Woher weißt du das?«

»Ich habe ihn liebkost, geküßt und auch verhauen. So, wie du es wolltest. Er ist so frech wie deine Brüste.«

»Heute nicht«, bat sie erneut.

Goldstern unternahm einen letzten Versuch. »Und wenn du dich einfach hinlegst und daran denkst, was jede gute amerikanische Mutter ihrer Tochter für die Hochzeitsnacht rät?«

»Was rät sie?« fragte Gloria betont naiv.

»Wenn dein Mann etwas Schlimmes von dir will, dann gewähre es ihm und denke an Gott und Amerika.«

Sie lachte, aber es klang unecht wie bestellter Applaus. Obwohl es ihr letztes Rendezvous war, ihre letzte gemeinsame Nacht, obgleich Gloria Capland wußte, daß sie nie mehr im Leben einen Liebhaber wie Arie finden würde, obwohl die Situation sie erregte wie einen Killer der Todesschuß auf sein Opfer, verweigerte sie sich ihm.

Am Nachmittag hatte Gloria Capland, die Senatorin von Texas, vor dem geheimen Senatsausschuß für Spionageabwehr gestanden. In einer umfassenden Erklärung hatte sie alle Fragen, wie es mit Arie Goldstern begonnen hatte und wie es weitergegangen war, nachdem ihn das FBI enttarnt hatte, beantwortet. Die Agentenjäger hatten immer öfter einen illegalen Sender im New Yorker Stadtteil Greenwich Village empfangen. Daraufhin hatten sie Tag und Nacht die Frequenz überwacht und den Sender angepeilt. So waren sie auf Goldsterns Wohnung gestoßen. Bei einer Durchsuchung während seiner Abwesenheit hatten sie das manipulierbare Radio und die Hochantenne gefunden. Sie hielten Goldstern fortan unter Beobachtung und stießen auf seine Verbindung zur Senatorin von Texas. Ordnungsgemäß hatten sie alles Senator Bayswater mitgeteilt. Dieser, ein väterlicher Freund von Gloria – auf seinen Rat hin hatte sie sich nach dem Tod ihres Ehemannes um den Senatorenposten von Texas beworben –, hatte Gloria eingeweiht.

Entsetzt und tief erschüttert zugleich, hatte sie alles gestanden und Bayswater ins Vertrauen gezogen. Von nun an begann sie sich langsam von dem deutschen Agenten zu lösen. Es fiel ihr schwer, denn sie hatte ihn geliebt. Es fiel ihr nur leichter, wenn sie daran dachte, wie schamlos er sie ausgenutzt und belogen hatte.

Er war weder Jude noch emigriert. Diese Geschichte gehörte zu seiner Legende als Spion. Berlin hatte ihn nur zur Täuschung verfolgt und als Maulwurf in die USA geschleust.

Dies alles legte Gloria Capland dem Ausschuß offen dar. Nach Beendigung ihres Vortrages sprach ihr die Runde Anerkennung für ihre Mitarbeit und volles Vertrauen aus.

»Nur mit äußerstem Einsatz der Senatorin«, sagte Bayswater, »ohne Rücksicht auf ihre Gefühle, gelang es uns mit gezielten Falschinformationen, sogenanntem Spielmaterial, die Deutschen in die Irre zu führen. So wurden sie zu Handlungen provoziert, die uns nützten. Die Weitergabe dieser Fakten durch Arie Goldstern erhärtete den Verdacht gegen ihn bis zur Beweiskraft.«

Kurz vor Ende der Sitzung wurde ein Fernschreiben in den Konferenzsaal gereicht. Als Vorsitzender nahm Bayswater die Meldung entgegen, las sie und teilte sie sinngemäß dem Ausschuß mit.

»Nachricht aus Rio de Janeiro«, sagte er. »Die dortige US-Botschaft bringt uns zur Kenntnis, daß das Wertpaket für ›M‹ in Brasilien wohlbehalten gelandet ist. Es befindet sich bereits auf dem Weg zu der Forschungsgruppe in Chicago.«

Vor neun Stunden war das gewesen.

Sie lagen in Glorias Schlafzimmer auf dem Bett. Die Senatorin war nahe daran gewesen, sich hinreißen zu lassen. Ein letzter Liebesakt als Abschied, pervers und dekadent, entsprach ihrem Stil und stand ihr eigentlich auch zu. Doch als sie seine Hand an ihren Brüsten spürte, versteifte sie sich und wußte, daß sie es nicht noch einmal würde tun können.

Goldstern schien etwas davon zu ahnen.

»Bei Gott«, flüsterte er, »ich liebe dich.«

»Gott lügt«, antwortete sie, »nur der Teufel sagt die Wahrheit.«

»Dann liebe ich dich eben zum Teufel noch mal.«

Woher sollte er wissen, daß ihre Liebe längst zum Teufel gegangen war?

»Man hört viel«, steuerte er eines jener brisanten Themen an, wie sonst erst am Ende einer Liebesnacht. »Von Los Alamos hört man.«

»Was hört man von Los Alamos?« fragte sie, scheinbar verschlafen.

Er rieb das Haar auf dem Kopfkissen.

»Wer von uns ist eigentlich im Nationalen Sicherheitsausschuß tätig: du oder ich? Es heißt, in Texas würde eine riesige Atomfabrik gebaut. Aber was ist eine Atomfabrik?«

Sie verriet es ihm, weil er ohnehin keinen Gebrauch mehr davon machen konnte.

»Eine Isotopentrennanlage.«

»Wie funktioniert das?«

»Man macht aus Uran reines Uran, aus reinem Uran hochreines und daraus spaltbares Material.«

»Was ist spaltbar?«

»Waffentechnisch verwendbares Uran.«

»Waffentechnisch verwendbar, wofür?« wollte er wissen.

»Wenn man bestimmte Mengen davon zusammenbringt, entsteht eine Kettenreaktion, eine Detonation, als würde man ein Gebirge aus Dynamit, einen Berg so hoch wie den Mount Everest, zünden.«

Arie lachte ungläubig.

»Das Feuer des Prometheus. Das wird euch nie gelingen.«

»Und warum nicht?«

»Weil es den Deutschen auch nicht gelingt. Sie haben es erfunden und sind darin führend.«

»Die Technik, wie man das macht, ist bekannt«, erläuterte sie weiter, »nur der industrielle Aufwand ist gigantisch. Hitler kann die dafür nötige Produktionskapazität nicht bereitstellen.«

»Habt ihr sie etwa?« Arie stand auf, um ins Bad zu gehen. »In Los Alamos?«

Erfrischt kam er wieder.

»Ich gehe«, erklärte er überraschend.

»Jetzt schon?« wunderte sie sich. »Bleib doch noch.«

»So kriege ich den letzten Zug nach Philadelphia.«

»Den ersten Zug, meinst du.« Sie schielte auf die Uhr. Es war noch zu früh, verdammt zu früh. Doch Arie bestand darauf.

»Ruf mir bitte ein Taxi.«

»An die Ecke Albert Street?«

»Ja, wie immer.«

Sie ging hinunter und telefonierte. Er kam dazu. Rasch legte sie auf. »Falsch gewählt.«

Endlich bekam sie die Verbindung. Es dauerte nur wenige Minuten, dann fuhr draußen ein Wagen vor.

»Warum kommt es bis vor das Haus?« fragte Arie mißtrauisch.

»Ich muß ihm versehentlich die Adresse genannt haben«, versuchte sie sich herauszureden.

Es wurde heftig geklingelt. Arie küßte sie flüchtig und eilte durch die Küche zur hinteren Tür. Doch an der Treppe zum Garten standen zwei Männer. Beide hatten sie schwere 45er Revolver in der Hand.

»Mister Arie Goldstern?«

»Wer sind Sie?« stieß er hervor.

»FBI. Sie sind festgenommen wegen Verdachts der Spionage zum Schaden der Vereinigten Staaten.«

Sie lasen ihm seine Rechte vor.

Blitzschnell schlug er die Tür zu, machte kehrt, um das Haus fluchtartig durch den Haupteingang zu verlassen. Doch dort standen auch zwei bewaffnete FBI-Agenten. Er rannte geradezu in ihre Handschellen.

Es war 02.55 Uhr, als sie ihn abführten.

Mit verschränkten Armen stand Gloria Capland dabei und rauchte äußerlich cool eine von ihren Viceroy-Mentholzigaretten. Aber in ihren Augen standen Tränen.

54

In japanischen Häfen wird eine Konzentration der Pazifikflotte, von Trägern und Panzerschiffen, beobachtet. – An der deutschen Ostfront beginnt die Belagerung von Sewastopol.

24. Oktober 1941

Wenige Stunden vor Ablauf der Karenzzeit erschien ein brasilianischer Admiral an der Pier im Hafen von Recife. Höflich bat er um die Erlaubnis, an Bord von U 136 kommen zu dürfen. Wie üblich wurde Seite gepfiffen.

Bei Korvettenkapitän Lützow wies sich der Admiral mit einem Dokument aus, das in Portugiesisch, Englisch und Deutsch abgefaßt war. Es berechtigte ihn, Verhandlungen zu führen und Zusicherungen zu machen.

»Verhandlungen worüber?« fragte Lützow, allein mit Admiral Carossas auf dem Achterdeck.

»Haben Sie«, fragte der in weiße Tropenuniform gekleidete Admiral, »Kunde von Major Kreiner?«

»Bedaure«, antwortete Lützow, »nein.«

»Ich meine den Fall jenes deutschen Jägerpiloten, der durch die Weltpresse ging.«

»Wann, Herr Admiral, soll das gewesen sein?«

»Ende September.«

»Da waren wir auf See und hatten relativ selten Gelegenheit, Zeitungen zu kaufen«, erklärte Lützow nicht ohne Hohn.

Admiral Carossas, er sprach recht gut Englisch, setzte ihn ins Bild.

»Die Engländer boten jedem deutschen Piloten, der eines der neuen Focke-Wulf-190-Jagdflugzeuge unbeschädigt auf einem ihrer Inselflugplätze landete, die Freiheit und bedeutende Vergünstigungen an. Wie man hört, ging es um hunderttausend Pfund Sterling. Eines Tages brachte ihnen ein gewisser Major Kreiner das Gewünschte. Für ihn war der Krieg zu Ende, und schöne Zeiten begannen.«

Lützow verstand sofort. »Soll etwa ein ähnliches Angebot für U 136 gelten?«

»So ist es, Comandante. In der Tat.«

Lützow faßte nach. »Unbeschädigt?«

»Und mit allen Geheimunterlagen«, präzisierte der Emissär.

Lützow lächelte. Dies aber voller Mißtrauen. »Und wer steckt dahinter, Senhor Admiral?«

»Mein Oberkommando und meine Regierung«, erwiderte der Brasilianer.

Entweder wußte er es nicht oder wollte es nicht preisgeben, daß die Engländer an langen Fäden zogen, um ein Typ-VII-C-Boot, die neuen Torpedos, die neue Enigma-Chiffriermaschine und alles mögliche Geheimmaterial in die Hand zu bekommen.

Verlegen sich räuspernd fuhr Admiral Carossas fort: »Es würde enorme Vorteile für Sie und Ihre Besatzung mit sich bringen.«

»Und im anderen Fall enorme Nachteile«, fürchtete Lützow logischerweise.

»Ich würde es eine völlig normale Behandlung nennen.«

Ohne nachzudenken, antwortete Lützow daraufhin: »Ich muß Ihren Vorschlag ablehnen, Senhor Admiral.«

Der Marineoffizier nickte kurz. »Damit«, sagte Carossas, »habe ich gerechnet. Die Entscheidung ehrt Sie, Senhor Lützow.« Er salutierte und eilte über die Stelling von Bord.

Wenig später ratterte ein grauer Militärbus an die Pier. Lützow ließ seine Männer samt ihren Habseligkeiten vor dem Turm antreten und faßte sich so kurz wie üblich.

»Leute«, sagte er, »ihr werdet in ein Lager gebracht. Kein großer Abschied. Wir sehen uns bald wieder. Wir, das heißt die Offiziere, machen nur einen kleinen Umweg.«

Jeder wußte, wie das gemeint war. Einer der Maate rief laut: »Auf unser Boot, die Besatzung und den Kommandanten. Ein dreifaches: Hurra!«

»Hurra!« scholl es durch den verrotteten Hafen von Recife.

Die vier an Bord zurückbleibenden Offiziere Wessel, Behrens, Rahn und Lützow hatten Mühe, das Boot zu fahren, aber es gelang ihnen. Unter den Augen einer tausendköpfigen gaffenden Menge jenseits der Absperrung warfen sie die Leinen los. Fauchend sprangen die Diesel an. Wessel ging dem LI im Maschinenraum zur Hand. Der I WO arbeitete als Rudergänger. Lützow gab die Kommandos.

»Backbordmaschine langsam zurück! Ruder hart steuerbord! Maschine stop!«

Vorsichtig legte er ab, drehte das Boot im Hafenbecken, bis der Bug Richtung Mole zeigte.

Dann liefen sie aus.

»Beide Maschinen halbe Fahrt!« befahl Lützow. »Ruder backbord zehn, aufkommen, mittschiffs!«

Die Molenköpfe kamen in Sicht. Es ging auf 18.00 Uhr, als U 136 die Hafeneinfahrt passierte.

Draußen warteten Einheiten der brasilianischen Marine. Sie machten dem U-Boot das Fahrwasser frei, folgten ihm aber langsam. Bis zur letzten Minute hatte Lützow auf ein Einlenken der Behörden gehofft, daß sie entweder einen diplomatischen Ausweg fanden oder eine Garantie abgaben, daß sie das Boot den Engländern nicht übergeben würden. Aber die Brasilianer standen wohl unter starkem Druck aus London.

Wessel kam auf die Brücke geklettert.

»Diese Engländer«, lästerte er, »diese feine englische Art gebiert nur Hundesöhne. Anders konnten sie ihr Empire wohl gar nicht zusammennageln. Auch wenn die Brasilianer unser Boot an die Kette legen, kommt eines Tages ein britischer Kommandotrupp, zieht es ihnen unter dem

Hintern weg, und diese Amigos tun so, als hätten sie davon nichts bemerkt.«

»Wir haben nur eine Möglichkeit«, erklärte Lützow, »nämlich die *Graf-Spee*-Lösung.«

Am 17. Dezember 1939 war das deutsche Panzerschiff *Graf Spee* schwerbeschädigt in Montevideo eingelaufen. Nach Verstreichen der 48-Stunden-Frist mußte es wieder hinaus. Mit ein paar Leuten brachte Commodore Langsdorf sein Schiff auf See und versenkte es vor den Augen der wartenden englischen Streitkräfte.

»Aber Sie werden sich nicht erschießen wie Langsdorf, Herr Kapitän«, hoffte Wessel.

Beinahe verlegen blickte ihn Lützow an. »Dazu muß es schon dicker kommen, mein Junge.«

Lützow hatte wieder sein kluges, entschlossenes Kämpfergesicht wie damals im Nordatlantik, als sie die Geleitzüge angriffen. »Wie sieht es drunten aus?« fragte er.

Militärisch machte Wessel Meldung: »Der LI hat Sprengsätze an die Außenbordleitungen gelegt, desgleichen an die Torpedoköpfe sowie einen in die Zentrale. Wir stehen klar bei Boden- und Flutventilen.«

Von unten scholl ein Hämmern herauf, als würde etwas Metallisches zerschlagen. Der I WO zerstörte die Enigma-Schlüsselmaschine.

»Sämtliche Geheimunterlagen«, ordnete Lützow an, »in einen Seesack mit Grundgewicht. Codebuch, Signalbuch, Seekarten, Kommandanten- und Betriebshandbücher, Baupläne . . .«

Das Boot lief jetzt ziemlich genau Ostkurs. Rasch wurde es dunkel. Nach vierzig Minuten hatten sie die Dreimeilen-Hoheitszone hinter sich gelassen. Lützow fuhr noch weiter hinaus, bis zur Tiefenlinie achthundert. Der LI schob den Kopf aus dem Turmluk und gab ein Handsignal: Faust, Daumen nach oben. Lützow zeigte verstanden. Damit nahm das Versenkungsprogramm seinen Lauf. Die Diesel wurden gestoppt. Die Zünder tickten mit einem Vorlauf von dreihundert Sekunden. Behrens und Wessel zogen Flutventile und Entlüftungen. Lützow erteilte seinen letzten Befehl: »Aussteigen, meine Herren!«

Eigenhändig versenkte er das Geheimmaterial.

Rahn hatte das Schlauchboot an Deck klargemacht. Sie ließen es zu Wasser gleiten. Behrens, Rahn und Wessel rutschten hinein. Lützow hatte das Kriegstagebuch unter dem Arm und salutierte.

Als sie von U 136 wegruderten, zischte immer noch Luft aus den Tauchtanks. Das Boot hing schon tief im Wasser.

Die erste Dünung überspülte das Deck. U 136 sackte vorn ein. Noch einmal schien das Boot zu verharren, dann ging es rasch über den Bug auf Tiefe. Bei seinem letzten Aufbäumen zeigte es das algenbewachsene Achterschiff mit den Tiefenruderflügeln, den Schrauben und der Heckrohrklappe.

Der LI verfolgte den großen Zeiger seiner Uhr. »Noch zwei Minuten.«

Sie ruderten, was das Zeug hielt. Ihr Abstand zu dem todgeweihten U 136 mochte eine Kabellänge betragen, als die erste Detonation erfolgte. Wie über einem Wasserbombenfächer wölbte sich, hervorgerufen durch den ungeheuren Druck, die See buckelartig. Eine Fontäne gischtete daraus hoch.

»Das war noch nicht alles.« Behrens zählte weiter. Eine neue, weitaus heftigere Detonation riß ihm die Worte »Acht . . . neun . . .«, von den Lippen.

Die Hauptladung unter den Flurplatten der Zentrale und die an den Torpedoköpfen hatten gezündert. Die Wucht war so stark, daß die Druckwelle sie im Schlauchboot hin und her schleuderte.

»Festhalten!« schrie Rahn.

Doch Wessel bemerkte ruhig: »Das war er, der große Urknall, Senhores.«

Bootsteile schwammen aus der Tiefe hoch, Konserven,

Kojenmatratzen, Holztrümmer. Schillernd breitete sich eine Öllache aus.

»Farewell, Kumpel«, sagte Lützow.

Sie pullten auf einen grauen Schatten zu. Aus der Dunkelheit heraus erfaßten sie Scheinwerfer. Die letzten vier von U 136 wurden vom Zerstörer *Mato Grosso* aufgefischt.

Das war am 24. Oktober 1941 auf 8° südlicher Breite und 34°30' westlicher Länge.

VII. TEIL

Der Zweifel

55

Die russische Winteroffensive bringt deutsche Truppen vor Moskau zum Stehen. Ein japanischer Luftangriff erfolgt auf die US-Flottenbasis Pearl Harbor.

6. Dezember 1941

Zur Mittagslage in seinem Hauptquartier in Rastenburg/Ostpreußen erschien Hitler erschöpft. Er wirkte wie ein alter Mann, den nur noch fanatische Energie in Funktion hielt. Was ihn antrieb, waren die Siegesfanfaren. Aber die tönten schon leiser. Wie immer mit Haarschuppen auf dem Uniformkragen, begrüßte er den ranghöchsten General mit Handschlag. »Zum Vortrag«, schnarrte er.

Nur einer nahm nie ein Blatt vor den Mund, nämlich Halder, der Generalstabschef. Er schilderte die Lage stets so, wie sie war.

»Nordafrika«, begann er. »Die britische Offensive in Libyen schreitet weiter planmäßig voran. Sie bewegt sich auf folgender Linie . . .« Halder fuhr mit der Spitze des Zeigestocks auf der Karte entlang. »Die Briten nahmen außerdem Bengasi. Der Entsatz von Tobruk ist eingeleitet.«

Unwirsch fiel ihm Hitler ins Wort. »Die Briten, die Briten! Und was macht Rommel? Schläft er?«

In diesem Punkt war nichts Neues zu vermelden. Rommels Gegenoffensive sollte zwar längst begonnen haben, er hatte sie aber erneut verschieben müssen.

»Rommel will im Januar antreten«, kam Generaloberst Jodl dem Stabschef zu Hilfe. »Ohne ausreichende Mengen an Nachschub, an Panzern, Artillerie, Munition und Benzin hat es keinen Sinn. Leider versenken derzeit in Malta startende britische Bomber die Hälfte aller von Sizilien nach Nordafrika auslaufenden Versorgungsschiffe.«

Hitler stützte sich auf die Tischkante und starrte wie geistesabwesend die Lagekarte an.

»Norwegen!« drängte er.

»Dort ist die Lage unverändert. Keine nennenswerte Tätigkeit an der Murmansk-Front. Der Russe hat andere Sorgen.«

Nach kurzer Pause fuhr Halder fort: »Nun zur Ostfront. – Im Norden ist unser Vormarsch zum Stehen gekommen. Sibirische Regimenter rennen im Schneetreiben gegen unsere Linien an. Es sieht nach einer Großoffensive aus. Dazu herrschen Temperaturen bis unter minus zwanzig Grad. Eigene Armeespitzen wurden vom Kälteeinbruch überrascht. Sie haben keine Winterausrüstung. Immer neue Verlustmeldungen von erfrorenen Soldaten laufen ein. Im Frost sind die Fahrzeuge, die Panzer und die Geschütze nicht kampfbereit.«

»Und warum?« stieß Hitler heraus. »Weil man es unterlassen hat, sie rechtzeitig mit warmer Kleidung und mit dünnflüssigen Winterölen auszustatten. Das grenzt an Mord, an Sabotage. Wer ist dafür verantwortlich? Ich wünsche den zuständigen Generalzeugmeister zum Rapport.« Wie immer schob Hitler Pannen auf andere.

Halder führte weiter aus: »Auf der Krim versuchen die Russen einen Brückenkopf zu bilden.«

»Warum schlägt man ihn nicht zusammen?«

Wie stets war Hitler uneinsichtig. Er begriff nicht, daß das Desaster vor Moskau ihm allein zuzuschreiben war. Immer wieder hatte er die Kommandeure zu weiteren Vorstößen angetrieben. Ähnlich war es jetzt auf der Krim.

Bald hatte Hitler von den schlechten Nachrichten genug. Er richtete sich auf und erging sich in Zukunftsvisionen, als liefe das Unternehmen Barbarossa völlig zufriedenstellend. Das war seine übliche Flucht aus dem grauen Arbeitsalltag.

»Wenn jetzt die Fronten auch zur Ruhe kommen«, monologisierte er, »dann ist das von mir so vorgesehen. Im

Frühjahr werden wir mit neuen Kräften nach Osten und Süden weiterstürmen. Wir werden die russischen Ölfelder bei Baku erobern. Dies für den Fall, daß die Briten einmal versuchen sollten, unsere Hydrierwerke in Leuna zu bombardieren. Die Stoßrichtung im Frühjahr . . .«, seine Arme beschrieben eine weitausholende Bewegung auf der Karte, ». . . geht zum Kaukasus nach Maikop, nach Grosny.«

»Dann wird unsere Ostfront dreitausend Kilometer lang, mein Führer«, gab Jodl zu bedenken.

»Was wollen Sie damit sagen, Jodl?« herrschte Hitler den Generaloberst an.

Anstelle Jodls antwortete Rüstungsminister Todt, der stets ein gewichtiges Wort mitzureden hatte. »Mein Führer, mit Teilen von Nordafrika, dem Balkan, Griechenland und Kreta, mit Norwegen und dem europäischen Rußland halten wir stolze Faustpfänder in der Hand.«

»Nächstes Jahr habe ich noch viel mehr in Händen. Haben Sie Angst vor der Courage? Sie sind ein Hasenfuß, Todt.«

»Ich bin Realist, mein Führer«, erwiderte Todt. »Mit dem, was wir besitzen, sollte man . . .«

Hitler brauste auf. »Was sollte man? Kommen Sie mir nicht schon wieder mit Friedensfühlern über diplomatische Kanäle. Churchill würde sie ebenso ablehnen, wie ich sie ablehne.«

»Wir haben doch so gut wie alle Ziele erreicht. Rußlands Kornkammer und bald das Öl.«

»Ich will noch die uns im Schandvertrag von Versailles abgenommenen Kolonien zurück!« tobte Hitler.

Wenn er, hochrot anlaufend, in Wut geriet, war ihm mit Argumenten nicht mehr beizukommen. Dann reiste er schon wieder durch seine Traumwelt. Niemals würde er einsehen, daß er die Lage falsch eingeschätzt hatte und daß Stalin noch lange nicht am Ende war. Hitler glaubte nicht, daß die Russen – wie Gehlens Geheimdienstorganisation »Fremde Heere Ost« meldete – mit verzweifelter Kraftanstrengung ihre gesamte Industrie abmontierten, hinter den Ural schafften und dort wieder aufbauten.

Todt und Jodl versuchten es immer wieder. Doch dann kam Todt bei einem Flugzeugabsturz unerwartet ums Leben. Jodl allein konnte sich gegen Hitler nicht durchsetzen.

Um der Karnickelplage in den Wäldern um das Führerhauptquartier Rastenburg Herr zu werden, mußte jeder, der noch ein Gewehr tragen konnte und nicht blind war, zur Jagd antreten. Das betraf auch prominente Nichtjäger, also Leute, die sich vom weidmännischen Getue des Reichsmarschalls Göring nicht anstecken ließen.

Diesmal traf es auch Canaris, den Hitler zum Vortrag nach Ostpreußen befohlen hatte. Ein Offizier der Lagerkommandantur erklärte dem Admiral, daß von jedem Besucher, und sei es der Kaiser von China, der Abschuß von mindestens einem Karnickel erwartet werde. Notgedrungen erklärte Canaris sich dazu bereit. Am Nachmittag des 7. Dezember sollte ihn ein Kübelwagen von seinem Quartier abholen.

Ziemlich erstaunt war Canaris, daß am Lenkrad des Geländekübelwagens nicht irgendein SS-Fahrer, sondern Gruppenführer Hackmann saß. »Ich konnte es so einfädeln«, erklärte Hackmann.

»Wußte gar nicht, daß Sie hier sind«, antwortete Canaris, »gratuliere zur Beförderung.«

»Ich soll die Sicherheitsmaßnahmen neu organisieren.«

Hackmann gab Gas, und Canaris sagte: »Hat man da den Bock nicht zum Gärtner gemacht?«

»Man hat sogar die Wildsau zum Gärtner gemacht«, verbesserte Hackmann.

Er fuhr um das mehrere Quadratkilometer große, aus Baracken, Bunkern, Kraft- und Funkstationen bestehende Führerhauptquartier herum, hinein in die Wälder. Als sie sicher waren, unbelauscht zu sein, fragte Hackmann: »Wie sieht es aus, Admiral?«

»Nach dem Fehlschlag im Zeughaus in Berlin und in Hitlers Ju 52 hat Stauffenberg nun etwas Neues vor«, berichtete Canaris. »Man will die Reifen von zwei Rädern seines Geländewagens mit neuartigem Sprengstoff, einer knetgummiartigen Masse, füllen. Wir haben ihn in einem britischen Depot in Nordafrika erbeutet. Dazu Säure- und Thermozünder.«

»Hitlers Gelände-Mercedes hat drei Achsen«, gab Hackmann zu bedenken.

»Er sitzt ungefähr über der vorderen der zwei Hinterachsen. Man will die Reifen austauschen.«

»Der Reifenwechsel dürfte das Problem sein«, schätzte Hackmann.

»Und der richtige Zündzeitpunkt«, ergänzte Canaris.

»Nun, Stauffenberg hat dafür seine Fachleute«, bemerkte Hackmann. »Ich werde, was ich kann, dazutun. Übermitteln Sie ihm das. – Was halten Sie von der Gesamtlage, Canaris?«

Das Geräusch des luftgekühlten Motors schreckte Kaninchen aus dem Unterholz. Sie hoppelten über den Waldrand auf die Felder. Zwei von ihnen erlegten sie mit Schrot.

»Die Gesamtlage«, nahm Canaris den Faden auf, »und was Hitlers Erfolge betrifft, so steht es immer noch eins zu null für ihn. Doch bald wird es ihm ergehen wie einst Napoleon. Dem brannten die Russen ihre Hauptstadt vor der Nase ab. Auf dem Rückzug überraschte ihn der Winter. Die Hälfte seiner Armee verhungerte oder erfror. Der Rest starb an der Beresina.«

Hackmann äußerte seine Zweifel. »Leider dauerte es von der Beresina bis Waterloo noch einige Jahre. – Was wird Hitler, falls der Vergleich stimmt, in diesen Jahren noch alles anrichten. Soll es so mit uns enden?«

»Sein Stern sinkt«, hoffte Canaris. »Die Götter haben sich von ihm abgewandt.«

Sie sammelten die Kaninchen ein und fuhren zurück ins Hauptquartier. Dort herrschte deutliche Unruhe. Eine

Sondermeldung war eingelaufen. Kein Mensch schien noch über etwas anderes zu sprechen.

»Die Japaner haben den amerikanischen Flottenstützpunkt Pearl Harbor auf Hawaii bombardiert«, meldete ihnen Hackmanns Adjutant triumphierend, »mit stärksten Verlusten für die amerikanische Pazifikflotte. Gleichzeitig hat Japan den USA den Krieg erklärt.«

Hackmann blickte Canaris an, und zu seinem Adjutanten sagte er: »Lassen Sie die zwei Karnickel in die Küche bringen. Oder meinetwegen auf den Abfall.«

»Nun sind die Amerikaner im Pazifik voll beschäftigt«, kommentierte Canaris die neue Lage.

»Und Hitler gilt weiterhin als das große Glückskind.«

»Alle Unkenrufer werden verstummen.«

»Wetten«, befürchtete Hackmann, »daß unser genialer Führer jetzt völlig überschnappt?«

»Das ist er doch längst schon, oder?«

»Ich wette, Admiral, daß er den USA binnen drei Tagen den Krieg erklären wird.«

»Dann wäre das die zweite tragische Fehlentscheidung dieses Jahres«, fürchtete Canaris. »Die erste war der Angriff auf Rußland.«

»Er wird es tun. Ich wette um eine Million Reichsmark.«

Canaris kletterte aus dem Kübelwagen. »Dagegen halte ich nicht mal einen Pfennig«, sagte er.

56

Die USA und England erklären Japan den Krieg. Deutschland und Italien erklären ihrerseits den USA den Krieg. Hitler übernimmt den Oberbefehl über das Ostheer.

2. Januar 1942

Seit Anfang Dezember dampfte der portugiesische Portweinfrachter *Barceiro* mit Kurs Brasilien durch den Atlantik. Seine alten Maschinen schafften nur zehn Knoten. Für die neuntausend Seemeilen von Lissabon bis Rio brauchte er etwa vierzig Tage.

Wegen des guten Wetters glaubte der Kapitän das Ziel eine Woche früher zu erreichen. Das teilte er beim Abendessen seinen acht Passagieren mit.

»Der Madonna sei Dank«, sagte Ditta Rothild.

»Gefällt es Ihnen nicht auf meinem Schiff?« fragte der Capitão. Er mochte um die Fünfzig sein, ein von der See gegerbter Mann, aber mindestens so ungepflegt wie sein Dampfer. Allerdings sprach er recht gut Englisch.

»Es ist der schönste alkoholdurchtränkte Seelenverkäufer nach Travens Totenschiff«, wurde Dr. Rothild literarisch.

»Nun«, entschuldigte sich der Capitão, »manchmal wird eines der tausend Portwein- oder Sherryfässer undicht.«

»Immerhin sind Ihre Seeleute nur einmal betrunken, nämlich immer. Sie stellen mir nach wie der letzten Hure, die aus einem brennenden Bordell rennt.«

»Kein Wunder bei einer so schönen jungen Frau an Bord«, erklärte der Capitão. »Meine Männer hatten lange keine Senhorita. Aber es gibt ein Rezept, ihren Nachstellungen zu entgehen.«

»Und das wäre?« fragte Ditta mißtrauisch.

»Schenken Sie sich einem von der Besatzung«, riet der Kapitän, »und er schützt Sie fortan gegen die anderen.«

»Und der eine sind Sie, Capitão«, stellte sie nüchtern fest.

Der Kapitän wischte sich eine Suppennudel vom Kinn. »In der Tat, Senhorita.«

Ditta Rothild hatte ihr eigenes Rezept. »*Evidentemente,* Capitão«, erwiderte sie. »Und in welcher Syphilisklinik Brasiliens beenden Sie dann den Rest Ihres Lebens?«

Erst stutzte der Kapitän ungläubig, dann tat er entsetzt. »*No*«, sagte er, »*no,* unmöglich. Nicht eine Frau wie Sie, Doctor. Wie kämen Sie an so was?«

»Nur einmal im Leben konnte ich nicht so schnell laufen wie ein Mann«, log sie. »Es war in einem Judenlager.«

»Was kann man dagegen tun? Gibt es einen Schutz?«

»Enthaltsamkeit«, antwortete sie trocken.

Die restlichen Tage auf der *Barceiro* und mit ihrem freundlichen Capitão hoffte sie, unbelästigt zu überstehen.

Angefangen hatte alles zwei Tage vor Abflug des American-Clippers in Lissabon. Die Journalistin Esther Forchheimer, mit der Ditta das Hotelzimmer teilte, hatte eine Zeitung mitgebracht. Auch ohne portugiesische Sprachkenntnisse waren die Schlagzeilen der Titelseiten zu entziffern. *Submarino alemão entrou em Recife.* Das Titelfoto zeigte ein ziemlich verrottetes U-Boot. Darunter waren die Namen der Besatzungsmitglieder ausgedruckt. Den des Kommandanten hatten sie falsch geschrieben, aber zweifellos handelte es sich um Toni Lützow.

Das hatte ihre Pläne völlig umgeworfen.

Dr. Ditta Rothild hatte mit der Journalistin die Tickets getauscht. Die blonde Esther Forchheimer, die immer nach New York gewollt hatte, war an ihrer Stelle abgeflogen. Binnen einer Woche hatte das nächste Boeing-Flugboot die echten Papiere von Dr. Rothild wieder nach Portugal gebracht. Sie teilte dem Mann von der amerikanischen Botschaft die Manipulation mit. Er hielt sich die Hände vor den

Mund, vor die Augen und vor die Ohren. »Ich weiß von nichts. Von gar nichts«, erklärte er.

Ditta hatte immer nur an Toni Lützow gedacht und war sicher, daß sie ihn endlich wiedersehen würde. Geduldig hatte sie auf die Abfahrt des Frachters gewartet. Der Termin hatte sich immer wieder verzögert, weil er mehrere tausend Faß Portwein zu laden hatte, die erst aus dem Binnenland herantransportiert werden mußten. Eine solche Kampagne fand jeden Herbst statt, um die Keller für den neuen Wein freizumachen.

Je näher sie der Küste Brasiliens kamen, desto zuversichtlicher wurde Dr. Rothild. Kaum hatte die *Barceiro* an der Pier in Rio festgemacht, übte der Kapitän Rache, indem er sie bei den Hafenbehörden anzeigte. Unter dem Verdacht einer ansteckenden Geschlechtskrankheit kam sie in Quarantäne.

Dort stellte sich die Wahrheit schnell heraus. Der Vaginalabstrich und die anschließend vorgenommene Wassermannsche Reaktion waren negativ. Außerdem sorgte ihre einflußreiche Familie in Rio für ihr Freikommen binnen achtundvierzig Stunden.

Der Fahrer ihres Onkels holte sie mit dem Rolls-Royce ab und brachte sie in das Palais im eleganten Stadtteil Botafogo, das der Bankier im Frühsommer bewohnte.

»Senhorita Rothild«, meldete der Majordomus.

Dom Fernando Rotschild, ein Mann um die Sechzig, stark und groß wie ein aufgerichteter Graubär und ebenso angriffslustig, empfing seine Nichte schon in der Halle und isolierte sie sofort.

In seinem riesigen Arbeitszimmer umarmte er sie, begann aber gleich mit einer Standpauke: »Du bist eine Schönheit geworden, Judith«, sagte er, »und sogar *doutora*. Trotzdem sind wir nicht sonderlich stolz auf dich.«

»Etwa weil ich hier lande statt in New York?«

»Wir wissen längst alles von Tante Sarah. Die Sache in

Lissabon mit dem Paß- und Tickettausch, mit der Journalistin und so fort. Du kannst davon ausgehen, daß wir alles tun werden, um ein Mitglied unserer Familie zu schützen und zu unterstützen. Auch wenn es beinahe so verrückt ist wie dein Vater, mein geliebter Bruder Moishe.«

Sie hörte den Vorbehalt heraus und fragte: »Aber?«

Aufgeregt eilte der Bankier hin und her. Dabei rang er die Hände.

»*Misericórdia, por favor,* bring uns doch bitte nicht mit dieser Affäre in Verbindung. Ich meine diesen dubiosen U-Boot-Fahrer, dem ich nicht einmal meinen Rolls-Royce anvertrauen würde.«

»Er handelte durchaus ehrenhaft«, entgegnete sie enttäuscht.

»Gerüchte, alles Gerüchte. Man weiß nichts Genaues. Nur eines ist uns bekannt, nämlich daß alle Frauen mit Rothild-Blut ungeheuer dickköpfig sind. *Naturalmente* helfen wir dir, diesen Mann zu suchen. Aber bitte, offiziell haben wir nichts damit zu tun.«

»Was verstehst du unter Hilfe, Onkel?« erkundigte sie sich.

Noch einmal nahm der Bankier seine Nichte in den Arm und sagte: »Alles, was wir mit Geld und mit unseren Verbindungen zu Beamten, Politikern oder Militärs tun können.«

»Verschaffe mir einen Job, Onkel«, bat Ditta bescheiden.

In den nächsten Wochen sprach Dr. Rothild mit Dutzenden von Leuten mit Einfluß oder solchen, die Leute mit Einfluß kannten. Doch keiner lieferte auch nur den Hinweis auf eine Spur zu den Männern von U 136. Entweder sie wußten wirklich nichts, oder sie durften nichts sagen.

So stand sie vor einer Mauer des Schweigens.

Dr. Rothild arbeitete in einer luxuriösen Privatklinik in Leblon, nicht weit vom Botanischen Garten. Die Klinik war mit allem Komfort ausgestattet. Jedes Zimmer hatte Klimaanlage, einen Balkon und Blick auf den Zuckerhut. Den Patienten wurden kleinste Wünsche von den Lippen abgelesen. Nur die medizinische Versorgung war eher mittelmäßig.

Eines Nachts wurde eine geheimnisvolle Patientin eingeliefert. Zumindest wurde ihr Name verschwiegen. Der Chefarzt, ein Professor, untersuchte sie und bat anschließend Dr. Rothild für eine Diagnose in das Krankenzimmer.

»Ihre Meinung, Kollegin?« forderte er sie auf.

»Ich bin Fachärztin für Kinderchirurgie«, sagte sie, »und keine Internistin.«

»Sie sind eine glänzende Medizinerin«, betonte der Professor, »also bitte?«

Vor ihr lag eine immer noch erstaunlich schöne, etwa vierzigjährige dunkelhaarige Frau. Daß sie über einen gepflegten Körper verfügte, erkannte man selbst noch in der äußerst bedenklichen Verfassung, in der sie sich befand. Sie war ohne Bewußtsein und zeigte Anomalien der Reflexe. Der Puls ging langsam, die Muskulatur war erschlafft. Links hing der Mundwinkel herab. Die Zunge war aus ihrer symmetrischen Lage gewichen. Lunge, Herz und Milz schienen noch zu arbeiten.

»Wie fing es an?« fragte Dr. Rothild.

»Mit rasenden Kopfschmerzen, mit Schwindel, Flimmern vor den Augen und Ohrensausen, berichtete uns ihr Ehemann.«

Daraufhin war die Diagnose nicht allzuschwer. »Zerebraler Insult«, entschied Dr. Rothild. »Gehirnblutung.«

»Ja, sie trank wohl ein wenig zuviel Alkohol, rauchte zu viele Zigaretten und nahm zuviel Kaffee. Die Sorgen um ihren Sohn, der als freiwilliger Pilot bei den Engländern fliegt, kam hinzu.«

»Was veranlaßten Sie bisher, Professor?«

»Erst einmal verordnete ich Ruhe, dann ein Präparat gegen den erhöhten Innendruck des Schädels. Aderlaß ist angezeigt. Vorerst bekommt sie fünfzig Kubikzentimeter Traubenzuckerlösung und etwas Gefäßerweiterndes.«

»Kennen Sie Euphyllin, Professor?«

»Bedaure, das ist hier nicht auf dem Markt.«

»Gibt es schon Röntgenaufnahmen?«

»Die werden jetzt gemacht. Was kann man tun?«

»Abwarten«, riet die Ärztin.

Die Röntgenbilder ergaben, daß die unbekannte Senhora an einem Aneurysma ziemlich weit oben in der linken Gehirnhälfte litt. Dabei handelte es sich um die Erweiterung einer Schlagader, die offensichtlich geplatzt war.

»Inoperabel«, fürchtete der Chefarzt. »Ihr Herz würde das nicht überstehen.«

»Ich glaube«, äußerte Dr. Rothild, »daß es sich um eine Sonderform des Aneurysma dissecans handelt. Das Blut drang durch einen Riß der inneren Aderwand, aber nur bis zum äußeren Rand des Gefäßes.«

»Und Ihre Therapie, Kollegin?«

Dr. Rothild erinnerte sich an eine Methode, die Wiener Ärzte in solchen Fällen erfolgreich angewandt hatten.

»Man kann sondieren und das Blut absaugen.«

»Wie bitte?« staunte der Professor.

»Zunächst brauchen wir noch bessere Röntgenfotos. Wir lokalisieren das Aneurysma, bestimmen an der Schädeldecke den genauen Punkt, gehen mit einer dünnen Bohrung hinein und saugen mit einer Sonde das Blut ab.«

»Ist das nicht lebensbedrohend?«

»Leider ja, aber andernfalls ist sie in drei Tagen auch tot«, erklärte sie.

Der Professor überlegte lange und rang sich zu einer Frage durch. »Würden Sie sich das zutrauen, Kollegin?«

In einer vierstündigen Operation wurde der Blutsack aus der Ausbuchtung des Gefäßes abgesaugt, bis die Blutung endlich stand. Die Druckverringerung wirkte schlagartig. Die Patientin öffnete die Augen, konnte sehen, hören und sprechen. Die Bewegungsfähigkeit ihrer Extremitäten besserte sich zusehends.

Alle Bemühungen von Ditta Rothild, den Korvettenkapitän Toni Lützow zu finden, scheiterten. Sie versuchte es über das Rote Kreuz und über Genf. Von dort erfuhr sie, daß es weltweit bei den Neutralen Internierungslager gebe, aber nicht alle seien gemeldet.

Erfahrungsgemäß wurden solche Lager, insbesondere von armen Ländern, verschwiegen, um sie vor Kontrollen internationaler Behörden zu schützen. Mithin waren es echte Todeslager. Es gab kaum Verpflegung, keine medizinische Versorgung, aber jede Menge Schikanen.

Einmal hatte Dr. Rothild Spätdienst. Auf allen Stationen war es ruhig. Sie hatte sich hingelegt, als die Nachtschwester Besuch meldete.

Ein Mann kam herein, klein, dunkelhaarig, offenbar ein hoher Armeeoffizier. Er ergriff ihre Hände, küßte sie und rief theatralisch: »Wie begnadet Sie sind. Die heilige Madonna hat Sie in unser Land geführt, damit sie meine Frau retten konnten, meine einzige wahre und ewige Liebe. Wie kann ich Ihnen danken?«

»Senhor Coronel ...«, setzte sie nach kurzem Zögern an.

»General«, verbesserte er und stellte sich vor. »General Eufemio Dilgo de Santa Clara.«

»General«, fragte sie, allen Mut zusammennehmend, »welche Funktion üben Sie in der Armee aus?«

»Ich bin Generalquartiermeister im Nordabschnitt«, erklärte er stolz.

»Sie kennen also alle Kasernen, Stützpunkte, Depots, Lager und verwalten sie.«

»Correcto, Senhora Doutora.«

»General«, wagte sie sich einen Schritt weiter, »ich will weder Geld noch Geschenke, noch Zuwendungen irgendeiner Art.«

»Sondern?« Der General wartete sichtlich gespannt, aber auch nervös.

»Sie wissen, warum ich hier bin. Ich suche meinen Verlobten. Er war der Kommandant des deutschen U-Bootes U 136. Er muß in ein Lager gebracht worden sein. Aber wohin? Wo, General, finde ich ihn?«

Der kleine General setzte sich und seufzte schwer. »Wie«, fragte er, »war doch der Name des Commandante, dieses Herrn?«

57

Als Reichsprotektor in Böhmen und Mähren schlägt Heydrich Unruhen nieder. Die Russen erobern Rostow zurück. In einer Gegenoffensive in Nordafrika nimmt Rommel Bengasi.

18. Januar 1942

Der Lichtstrahl aus dem Dunkel war so grell, daß er durch die geschlossenen Lider in die Augen des Gefangenen stach. Gleichzeitig rüttelten sie ihn wach.

»Mitkommen, Capitão Lützow!«

Sie schleppten ihn durch das nächtliche Internierungslager in der Sierra Canasta, das trostloser war als die Rückseite des Mondes, schlimmer als das Sumpflager an der polnischen Ostgrenze, glühend heiß und neunhundert Kilometer von jeder Zivilisation entfernt.

»Nichts gehört, Capitão?« fragte einer der Soldaten.

»Was, *por diabo*?«

»Den Lärm, die Schießerei, den Alarm.«

Lützow verstand ihren Dialekt. Inzwischen sprach er einigermaßen Portugiesisch. Aber gehört hatte er nichts. Spät war er vor Hunger und Erschöpfung eingeschlafen, endlich, und gleich sehr tief.

»Diese *camaradas* pennen alle wie Hunde«, sagte der indiogesichtige Soldat.

Daß es im Lager unruhig war, daß es gärte, daß sie anfingen, sich gegen die unmenschliche Behandlung aufzulehnen, das war spürbar. Aber was sollten sie schon unternehmen gegen gutgenährte schwerbewaffnete Soldaten hier oben in der Sierra, umgeben von Urwald, auf der verdammten Rückseite des Mondes. – Sie schoben Lützow in einen Raum der Bruchbude, der dem Lagerkommandanten als Schreibstube diente. Eine Tür fiel zu, eine andere ging auf.

Der brasilianische Major, ein Mann mit eineinhalb Beinen – den linken Unterschenkel hatte er bei irgendeiner Revolution verloren – humpelte herein.

Er mochte Lützow nicht, er neidete ihm wohl seinen Kriegsruhm und schrie ihn an. »Da stecken Sie dahinter, Capitão! Gefangene sind entflohen, Sie als dienstältester Offizier sind dafür verantwortlich. *Por todo,* für alles!«

Lützow, jetzt einigermaßen wach, setzte sich unaufgefordert, was den Brasilianer nur noch wütender machte.

»Ich weiß von nichts«, beteuerte Lützow.

»Sie wissen *nunca nada* von etwas. Sie haben Ihre Mitgefangenen nicht im Griff. Ich werde sie absetzen müssen.«

»Wer soll abgehauen sein?« fragte Lützow. »Von meinen Leuten war es keiner. Vielleicht ein paar von den internierten Dampfermatrosen. U-Boot-Leute verfügen über hohe Intelligenz, Senhor. Andernfalls würden sie auf Vorpostenbooten oder auf Panzerkreuzern Dienst tun. Ein kluger Mann wird von hier erst gar keinen Fluchtversuch unternehmen.«

»Immer Ihre verdammt logischen preußischen Einwände«, schäumte der Major. »Mich können Sie damit nicht beeindrucken.«

»Außerdem, Senhor«, fuhr Lützow fort, weil es ohnehin egal war, was er sagte, da sie es ihn ja doch büßen lassen würden, »außerdem brauchte es Sie nicht zu wundern, wenn es zu einem Massenausbruch oder zu einer Revolte käme. Es ist ziemlich gleichgültig, wo man krepiert, hier im Campo oder auf der Flucht. Seit Wochen gibt es kaum Verpflegung. Meine Leute kochen schon Suppen aus Käfern, Schlangen und Eidechsen. Das Wasser kommt aus einem Brunnen, der ein brackiger Tümpel ist und der jetzt trokkenliegt. Neun Gefangene starben bereits an Ruhr. Halten Sie sich an die Genfer Konvention, und Sie haben keinen Ärger mit uns. – Doch statt dessen wird unsere Verpflegung verschoben und in den Dörfern auf dem Markt verkauft.«

»Wollen Sie damit andeuten, daß bei uns Korruption herrscht?« tobte der Major.

»Hier oder in Rio«, erwiderte Lützow.

»Was sollte einer wie ich hier mit Geld anfangen«, wandte der Major ein.

»Zum Beispiel für eine neue Kamera. Fotografieren ist doch Ihr Steckenpferd.«

»Sie beleidigen mich. Ich verbitte mir derartige Unterstellungen. Ich lasse Sie in Einzelhaft werfen.«

»Machen wir uns doch nichts vor«, lenkte Lützow ein, »Sie wissen es, und ich weiß es. Außerdem sind wir nicht Kriegsgefangene, sondern Internierte.«

»Und berühmte fahnenflüchtige Feiglinge!« stieß der Lagerkommandant heraus. »Unser große Kriegsheld, Capitão Lützow, weiß immer alles besser. Das werden Sie mir büßen. Sie sind als erster dran. Entweder die Flüchtlinge werden von uns erwischt, oder ab sofort nur noch halbe Rationen.«

»Also halbe Portion von null Ration. – *Comprendo.*«

Lützow hatte längst verstanden. Es ging nicht um den Ausbruch von ein paar Gefangenen. Der hatte wohl gar nicht stattgefunden. Es ging darum, daß sie einen Grund fanden, ihnen das wenige Brot und das letzte Stück Dörrfleisch auch noch wegzunehmen.

»Unser Kleinster macht koppheister«, sagte Leutnant Wessel, der seinen rüden Ton nicht eingebüßt hatte.

»Wie geht es ihm?«

»Schlecht. Aber ich mußte auch zweimal husten heute nacht.«

Baureis lag in der Krankenbaracke. Er litt an Ruhr. Aber als einziger im Lager hatte er Post bekommen.

»Er möchte Sie sprechen, Senhor Capitão«, sagte Wessel süffisant. »Daß Sie ihm den Brief vorlesen, bittet er. Weil er selbst nicht mehr dazu fähig ist.«

Daß dieser Brief angekommen war, glich einem Wunder.

Das Lager in der Sierra Canasta stand mit Sicherheit nicht auf der Liste des Internationalen Roten Kreuzes. Allerdings hatte der Brief durch viele Lager die Runde gemacht, aber letzten Endes doch den Empfänger erreicht.

Jakob Baureis aus München, Seekadett und Funker, lag auf der Pritsche, so grau wie das Laken. Von der ganzen U-136-Besatzung hatte es nur ihn erwischt. Mühsam hob er die Hand, als er sie kommen hörte. Aber die Hand deutete in die falsche Richtung. Er konnte kaum noch sehen.

Zwischen den Fingern hielt er den Brief. Zittrig schüttelte er aus dem großen Umschlag einen zweiten. Der erste war vom Internationalen Roten Kreuz in Genf, der kleinere von einer gewissen Auguste Lorenzo.

Lützow las ihm den Brief vor. Er war seitenlang. Das Mädchen Auguste schrieb, daß sie jetzt in der Schweiz lebe, daß sie sich wohlauf befinde, doch daß sie über die Nachricht, wonach sein Boot vermißt werde, sehr traurig gewesen sei. Dann habe sie in einer Zeitung gelesen, daß ein deutsches U-Boot Brasilien erreicht hätte. Unter den Namen der Besatzungsmitglieder stand auch seiner. Sie war nach Genf zur Zentrale des IRK gefahren. Dort wollte man diesen Brief weiterleiten. Es sei ihr ein Herzensbedürfnis, ihm zu sagen, daß sie für das, was in Holland geschehen sei, Verständnis aufbringe und sie ihm zu verzeihen versuche. Oft denke sie an die wenigen glücklichen Tage und Stunden mit ihm. Sie hoffe, daß er wirklich noch lebe und daß er irgendwann einmal heil zurückkäme. Sie liebe ihn und sei immer für ihn da.

»Deine Augi«, endete Lützow.

»Deine Augi«, flüsterte Baureis. »Wo steht das?«

Lützow zeigte es ihm. Baureis, dessen Sehnerv unter der Ruhr stark gelitten hatte, tastete mit dem Finger über die Zeilen. Es schien, als habe der Brief ihm neue Kräfte verliehen. – Der Lagerdoktor, ein internierter deutscher Schiffsarzt, fürchtete aber, daß das nicht von Dauer sein würde.

»Es ist die tropische Amöbenruhr«, erklärte er, »eine Infektion des Dickdarms, verbunden mit Geschwüren. Ohne Mikroskop ist der spezielle Erreger leider nicht erkennbar. Aber das hohe Fieber, das gestörte Bewußtsein und das schwindende Sehvermögen sind schlimme Vorzeichen.«

»Tödliche?« fragte Lützow.

»Nun«, meinte der Arzt, »bei so starker körperlicher Entkräftung und ohne Medikamente . . .«

»Wir kommen morgen wieder«, versprach Lützow. »Mach's gut, Junge.«

»Hol di fast, Milchreis!« rief Wessel.

»Das ist heute mein Buß- und Bettag«, sagte Lützow.

In der Nacht schrie Baureis im Delirium. Oft rief er den Namen seines Mädchens. Er litt qualvoll. Doch es gab kein Milligramm Morphium im Lager. Bald verfiel er in tiefe Bewußtlosigkeit, erwachte nicht mehr daraus und starb. Vielleicht während eines hoffnungsvollen Traumes.

Der Regen blieb aus. Wasser wurde noch stärker rationiert. Apathisch lagen die Männer dort, wo es Schatten gab, herum. In der Mittagshitze holten die Wachen Lützow wieder einmal ab.

Sollte er bei so einer Gelegenheit nicht zurückkehren, keine Behörde würde sich je darum kümmern. Das Lager Sierra Canasta gab es offiziell gar nicht.

Diesmal brachten sie ihn nicht zum Lagerkommandanten, sondern zum Haupttor. Innen, fünf Meter vom Zaun entfernt, fesselten sie ihn an einen Pfosten. Da hockte er einige Zeit und wußte nicht warum. In seinen Augen brannte der Schweiß. Er sah etwas Buntes, das sich bewegte, aber keine Umrisse. Und dann irritierte ihn eine Stimme.

»Toni!«

Lützow glaubte, jetzt sei es soweit und er befinde sich schon auf dem Weg ins Jenseits. Doch da kam es wieder.

»Toni Lützow! Ich bin es!«

Er kannte diese Stimme, aber es war unmöglich, daß sie es sein konnte.

»Ditta!« keuchte er. »Ditta, verdammt, wenn du mich narrst, dann verschwinde!«

Sie war aus dem Schatten eines Lorbeerbaumes getreten, und sie trug ein geblümtes Sommerkleid. Ihre Finger verkrallten sich in den rostigen Maschendraht. Sie blickte ihn an und schien zu zweifeln, ob er es war.

»Endlich hab ich dich gefunden.«

Die Fesseln, die vier Meter Abstand, der Zaun, sie konnten nicht zusammenkommen. Nur Worte hatten sie füreinander.

»Ditta! Jesusmaria!«

Ihre Augen drückten etwas aus, als sehe sie hinter ihm noch einen anderen. Doch dann sprach sie gefaßt weiter.

Ditta erzählte kurz von dem Weg aus Salzburg um die halbe Erde herum bis hierher, daß sie als Ärztin in Rio arbeite und daß sie alles tun würde, um ihn aus diesem Todeslager herauszuholen.

»Meine Familie wird Kaution stellen«, versprach sie. »Garantien leisten.«

»Ich danke dir, Liebste«, sagte er, »aber ich muß bei meinen Männern bleiben. Versteh das. Entweder alle oder keiner. Nur eines kannst du tun, nämlich ein wenig Brot, Öl und Salz für uns beschaffen. Und Wasser, Wasser . . .«

»Verlaß dich auf mich.« Sie kämpfte mit den Tränen. »Ich liebe dich.«

»Aber komm nicht mehr hierher«, bat er, »es ist zu gefährlich.«

»Was immer geschieht, ich warte in Rio. Und vergiß nicht, das Schlimmste liegt hinter uns. Gib nicht auf, Toni.«

Zum erstenmal erfuhr Lützow von Pearl Harbor, von der Kriegserklärung der Achsenmächste an die USA und wie es um Deutschland stand. Dann war die Zeit um. Der Posten trat aus der Torbaracke, band Lützow los und führte ihn wortlos ab.

»Jetzt hast du mir glatt die schlechte Laune verdorben, Toni«, rief ihm Ditta verzweifelt nach. »Ich komme wieder! Ich komme zurück!«

Wenn im Lager Sierra Canasta etwas pünktlich eingehalten wurde, dann der morgendliche Zählappell.

Zwei Tage später fehlte ein Mann. Und zwar Korvettenkapitän Lützow. Das Lager wurde bis in den letzten Winkel abgesucht, die Besatzung von U 136 scharf verhört. Doch keiner wußte etwas, keiner hatte etwas gehört. – Warum sollte ihr Kommandant fliehen, ausgerechnet er, der sie stets davor gewarnt hatte, an Flucht auch nur zu denken. Lützow hätte es leichter haben können, seine Braut besaß Verbindungen bis zu den höchsten Regierungsstellen des Landes ...

Sie fanden keine Spur von Lützow, weder im Lager noch außerhalb. Wilde Gerüchte, Lützow sei entführt oder gekidnappt worden, gelangten in Umlauf.

58

Die Engländer stabilisieren die Lage in Nordafrika. Stalin riegelt den Fronteinbruch vor Moskau ab. General MacArthur wird Oberbefehlshaber der US-Streitkräfte im Pazifik.

1. Februar 1942

Korvettenkapitän Lützow erwachte kurz aus der Narkose, als sie ihn von dem Kleinlaster zum Flugzeug beförderten. Im ungleichmäßigen Schritt der Träger federte sein Kopf immer wieder hoch. Auf der ockerfarbenen Sandpiste, die sich schnurgerade durch den Urwald zog, stand ein Flugzeug von beeindruckenden Abmessungen. Es war mindestens dreißig Meter lang, glänzte silbrig und hatte am linken Flügel zwei Motoren, insgesamt also vier, sowie Kabinenfenster und Einstiegstüren wie ein Passagierflugzeug. Der Rumpf trug eine Nummer, das Leitwerk hinten ein buntes Nationalitätskennzeichen. Genau vermochte Lützow es nicht zu erkennen.

Rasch brachten die Krankenträger die Distanz zu der Maschine hinter sich. Dort wurde er jedoch nicht durch eine der seitlichen Türen geschoben, sondern durch eine Öffnung unten am Rumpf. Auf einer schmalen Aluleiter zogen sie ihn hoch.

Die Kabine war praktisch leer und ganz anders als etwa in einer Ju 52 der Lufthansa. Es gab nicht eine einzige Sesselreihe und keine Innenverkleidung. Alles war nacktes Blech. Und vor allem gab es keine Fenster. Zweifellos waren sie aus Tarnungsgründen nur aufgemalt, ebenso wie die Türen.

Die Besatzung bestand aus den Piloten und sechs Männern in Kampfuniformen, aber ohne Rangabzeichen. Kaum einer sprach ein Wort. Es dauerte nicht lange, dann sprangen die Motoren an. Sie liefen warm. Rechts bekamen sie höhere Drehzahlen. Die Maschine wendete.

Kaum hatte die Viermotorige den Halbkreis beendet, begann sie zu rollen. Erst langsam, dann schneller und holprig. Nach langem Anlauf hörte das Dröhnen und Schlagen des Fahrwerks plötzlich auf. In sanftem Steigwinkel glitt die Maschine empor, ging auf Höhe und nach einer weiteren Kurve auf Kurs.

Lützow bekam Tee zu trinken. Er hatte Durst und leerte den Becher gierig. Daraufhin dämmerte er ein. Mit Sicherheit war dem Tee ein sedierendes Mittel beigemischt.

Einmal war sein Schlaf tief, dann wieder flach wie dumpfes Dahindösen. Wie viele Stunden vergangen waren, wußte er nicht. Jedenfalls war das Flugzeug wieder gelandet. Lützow hörte Stimmen von Leuten, die nahe der Kabine auf den Tragflächen herumhantierten und mit Hämmern metallische Verschlüsse öffneten. Die Männer sprachen französisch. – Pumpen liefen an.

Lützow fand keine logische Erkläung dafür. Sie waren in Brasilien gestartet und etwa vier Stunden geflogen. Mithin konnten sie bestenfalls zweitausend Kilometer weit gekommen sein. War das nun schon Afrika, wo häufig Französisch gesprochen wurde, oder eine der Antilleninseln, Martinique etwa? – Sie gehörte zu Frankreich.

Nach einstündiger Tankpause wurden die Motoren erneut angelassen. Sie flogen weiter. Mitunter schüttelten starke Böen die Maschine. Regen prasselte auf die Blechhaut. Sie kamen durch Gewitterfronten. Heftiges Donnern begleitete sie. Endlich wurde es wieder ruhig.

Einmal klangen die Motoren nicht mehr unisono wie ein Chor. Einer stotterte. Fehlzündungen knallten. Er wurde abgestellt. Die restlichen drei bekamen höhere Drehzahlen. Viel später wurde der vierte Motor wieder angelassen. Bald schon liefen alle vier Motoren leiser. Die Maschine nahm Schräglage nach vorne ein, ging also in den Landeanflug über.

Lützow war kein Pilot und kannte sich in der Technik von Flugzeugen wenig aus. Jedenfalls rumpelte etwas an den Flügelkanten, als hätte man Klappen herausgefahren. Noch einmal jaulten die Motoren auf. Die Reifen des Fahrwerks pfiffen. Das Flugzeug machte noch einen Sprung, um endgültig aufzusetzen. Vermutlich auf Beton.

Ausrollend kam es zum Stehen. Sie holten ihn heraus. Es war Nacht.

Lützow war jetzt in der Lage, auf eigenen Beinen zu der grauen Limousine hinüberzugehen. Sie schoben ihn in den Fond. Trotz Dunkelheit mußte er eine Sonnenbrille aufsetzen. Immerhin registrierte er, daß es auf breiten Straßen in eine hellerleuchtete Stadt hineinging.

Unvermittelt wurde der Wagen in eine Einfahrt gerissen und hielt im Hinterhof eines Gebäudegevierts. Er durfte die Brille abnehmen. Mit dem Lift fuhren sie nach oben. Der Korridor war schulterhoch mit hellbrauner Ölfarbe gestrichen, der Boden mit Linoleum belegt. Es stank nach Reinigungsmittel wie in Kasernen. Sie schlossen eine Tür auf, eine massiv hölzerne, und schoben ihn in eine Art Hotelapartment, das über eine Küche und ein extra Badezimmer verfügte. Die Fenster waren innen vergittert und außen mit Rollos versehen.

Alle Maße stimmten für einen Menschen von mitteleuropäischer Statur, und doch war vieles anders. So etwa der Stil des Tisches, der Stühle, des Sofas und des Bettes. Im Badezimmer fand Lützow alles vor, was ein Mann zur Toilette brauchte, aber die Seife duftete anders, die Zahnpasta schmeckte süßlich, der Rasierapparat war ein ihm unbekanntes Modell. Von überall, sogar von den Handtüchern, hatte man die Herstellerzeichen entfernt. Lützow schraubte eine Birne aus der Lampe. Sie war für 130 Volt eingerichtet, der Hersteller eine Firma ELG. Das half ihm wenig.

Ein Mann sperrte auf, kam herein, stellte ein Tablett hin und sagte in schlechtem Deutsch: »Kapitän, Sie essen. Wohnung bewacht. Kein Fluchtversuch. Sonst bum-bum.«

Der Kaffee war süß, sahnig und schmeckte ein wenig nach Maggiwürze. Die weichen viereckigen Weißbrotscheiben erinnerten an ungerösteten Toast. Alle hatten sie Salatunterlage und darauf entweder Salami, Roastbeef oder Hühnerfleisch. Statt mit Butter war das Brot mit Mayonnaise bestrichen. Man hatte die Scheiben nicht in der Mitte getrennt, sondern von Ecke zu Ecke schräg durchgeschnitten.

Nun wußte Lützow, wo er war. Kaffee dieser Art, Brot, das man auf diese Weise belegte und zuschnitt, Seife mit Mandelduft hatte er in Baltimore oder in Boston bekommen. In Häfen also, die er als Handelsschiffsoffizier mit Frachtern angelaufen hatte. Kein Zweifel, er war in den Vereinigten Staaten von Amerika gelandet. –

Diese Erkenntnis und noch vieles mehr beunruhigte ihn. Doch eine Sorge quälte ihn am meisten. *Ditta, mein Gott, wo bist du jetzt,* dachte er.

Am Morgen hängten sie einen grauen Flanellanzug herein, dazu Socken, Unterwäsche, Hemd, Krawatte und Schuhe zum Hineinschlüpfen, also ohne Schnürsenkel. Lützow duschte und kleidete sich an. Wiederum mit Brille fuhren sie ihn durch die City. Aus den Brillenecken schielend, sah er breite Boulevards, Parks, riesige Gebäude, den Senat, das Kapitol, die Smithsonian-Bibliothek. Alles wirkte gepflegt und weiträumig. Er erkannte Washington wieder. Vor Jahren war er schon einmal hier gewesen.

Sie nahmen ihn in die Mitte und betraten mit ihm ein schmuckloses Bürogebäude aus rotem Backstein. Es roch anders, ein wenig nach parfümiertem Tabak. Die Angestellten bewegten sich in ungewohnter Lässigkeit.

In einem Raum mit dunkler Holztäfelung, grünen Ledersesseln und der US-Flagge, den *Stars and Stripes,* hinter dem Schreibtisch durfte Lützow die Brille abnehmen. Seine Bewacher verschwanden. Zwei Marineoffiziere traten ein, beide im Kapitänsrang und um die Fünfzig. Der eine wirkte massiv wie ein Bison, der andere war eher schlank, mit Oberlippenbärtchen à la Anthony Eden. Die goldenen Ringe am Unterarm seines Jackettärmels waren verschlungen wie die britischer Offiziere. Der Bullige setzte sich, der andere blieb stehen. Der, den Lützow für einen Amerikaner hielt, begann:

»Sie sprechen Englisch, Commander Lützow?«

»Zur Not.«

Der Amerikaner stellte vor: »Das ist Captain Morton von der Royal Navy, zur besonderen Verwendung an uns abkommandiert. Er ist es, der die Ihnen bekannte Operation ›Neufundland‹ ausdachte und organisierte. Er ist weitgehend in alles involviert. – Mein Name ist Average. Bitte nehmen Sie Platz, Commander Lützow.«

Kaum saß Lützow, erhob sich Average und nahm an der Schreibtischkante eine halb sitzende, halb stehende Position ein. Ohne Umschweife, wie das auf höherer amerikanischer Kommandoebene üblich war, kam er zum Thema. Es wurde eine Art Frage-und-Antwort-Spiel.

»Bestehen Zweifel, daß Sie Korvettenkapitän Toni Lützow, der Kommandant von U 136, sind?« begann Average.

»Nein.«

»Bestehen weiter Zweifel, daß Sie es sind, der Professor Dr. Kant aus Deutschland nach Südamerika brachte?«

»Kein Zweifel, Sir.«

Erleichtert atmete Average durch. »Das vereinfacht das Verfahren.« Er überlegte kurz, bewegte das Spielbein auf und ab.

»Commander Lützow«, sagte er dann, »Sie können diesen Raum als freier, als relativ freier Mann verlassen ... oder in einer Gefängniszelle bis mindestens Kriegsende schmoren. Was ziehen Sie vor?«

Average erwartete wohl keine Antwort. Wer ließ sich schon ohne schwerwiegende Gründe einsperren?

»Commander Lützow«, fuhr er fort, »wir haben Sie per Kommandounternehmen, allerdings mit höchster Duldung brasilianischer Behörden, aus dem Urwald herausgeholt. Der Grund dafür ist schlicht und einfach der, daß Sie mit Professor Kant intensive Gespräche führten, die Sie leider zu tief in Kants Aufgabe in den USA einweihten. Sie wissen, um was es bei dem Projekt ›Manhattan‹, bei der neuen Waffe, bei dem Versuchsreaktor in Chicago, bei dem Industriekomplex in Los Alamos und und und geht. Wissen Sie davon, ja oder nein?«

Lützow nickte nur.

»Sie erfuhren die Namen der beteiligten Wissenschafter.«

»So ist es. Teller, Bohr, Oppenheimer.«

»Haben Sie das je weitererzählt, Commander?«

»Nicht in Einzelheiten, Sir.«

Average reagierte mit Kopfschütteln. »Unser guter Professor Kant hat in seiner Euphorie, gerettet zu sein, wohl ein wenig zuviel ausgeplaudert. Um nun zu verhindern, daß Sie Ihr Wissen weitergeben – unter Foltern ist so gut wie alles möglich –, konnten wir nicht anders handeln, als Sie zu isolierren. Das Projekt ›Manhattan‹ muß streng geheim bleiben. Und das so lange wie möglich. Damit wollen wir Hitler und die Japaner eines Tages in die Knie zwingen.«

Lützow wußte endlich, worum es ging.

»Whisky?« fragte Average, um die Atmosphäre ein wenig zu lockern.

»Einen doppelten«, bat Lützow ziemlich genervt.

Sie nahmen alle ein tüchtiges Glas voll. Average bot Camel-Zigaretten an und kam dann zum Schluß.

»Um alles *top secret* zu deckeln, bieten sich zwei Möglichkeiten an. Entweder Sie leisten einen Eid des Schweigens, verbunden mit Ihrem Offiziersehrenwort, daß Sie niemandem gegenüber auch nur mit einer Andeutung unser Atombombenprojekt erwähnen – oder Einzelhaft von unabsehbarer Dauer.«

Lützow wählte ersteres. »Unter einer Bedingung«, wagte er zu fordern.

»Wir hören.«

»Daß meine Männer im Internierungslager in der Sierra Canasta vor dem Sterben bewahrt werden.«

Average verstand. »Sie meinen, daß man Ihre Männer auf irgendeine Weise mit Lebensmitteln und medizinisch versorgt.«

»Nur darum geht es mir, Sir.«

Average wechselte einen raschen Blick mit Morton. »Ich denke, das können wir Ihnen garantieren«, sagte er.

Versehen mit neuer Identität, wurde Lützow zu einer weit abgelegenen Ranch am Rande der Allegheny Mountains südöstlich von Charleston gebracht. Für seine Bequemlichkeit sorgten ein Mann und eine Frau, für seine Sicherheit ein FBI-Agent.

Der Alte kümmerte sich um Haus und Garten. Er mistete die Ställe aus, schlug Kaminholz und machte mit dem Pick-up Einkäufe. Seine Ehefrau kochte recht ordentlich. Der FBI-Agent saß meistens im Schaukelstuhl auf der Terrasse, las Comics und Magazine. Abends hörten sie Radio oder spielten Siebzehnundvier. Doch in den Nächten dachte Lützow an Ditta.

Was hatte sie ihm nachgerufen: Ich liebe dich. Bitte verdirb mir meine schlechte Laune. Wenn er nur gewußt hätte wie.

Anfang März kamen Average und Morton zur Franklin Ranch heraufgefahren.

»Wir haben einen Job für Sie«, begann Morton ohne große Umschweife. »Wie wär's, wenn Sie Ihre Erfahrungen als U-Boot-Kommandant niederschreiben würden?«

»Als Kampfhilfe für Ihre eigenen Boote«, verstand es Lützow, »oder für eine neue Verteidigungstaktik Ihrer U-Boot-Jäger. Ich muß das ablehnen, Gentlemen, ich bin kein Verräter.«

Aufklärend mischte Average sich ein. »Ich sehe das anders, Commander. Sie sollen das nur für uns, für die USA, tun.«

»Auch die USA befinden sich im Krieg mit Deutschland, Sir.«

»Aber unsere U-Boote kämpfen ausschließlich im Pazifik gegen die Japaner. Außerdem ist unsere U-Boot-Waffe sehr klein und veraltet. – Doch darum geht es gar nicht, Commander Lützow.«

Lützow war einerseits mißtrauisch, andererseits wurde er hellhörig. »Um was bitte dann, Gentlemen?«

In gemeinsamer Anstrengung setzten ihm Morton und Average zu. »Der Krieg wird nicht mehr lange dauern. Unsere Strategen schätzen, daß er Anfang des Jahres 1945 zu Ende sein wird. Danach werden an uns, die Marine, völlig neue Anforderungen gestellt. Wir denken bereits weiter, insbesondere an die Erforschung von Rohstofflagern unter dem Nordpol.«

»Das ist pures Eis«, erwiderte Lützow.

»Aber«, wandte Morton ein, »das Eis schwimmt. Man kann darunter hindurchfahren.«

»Richtig«, bestätigte Lützow. »Eines unserer U-Boote tauchte, verfolgt von Ihren Jägern, einige Meilen weit unter das Eis. Solange die Batterien reichten.«

»Hierüber also«, machte Average weiter, »und über die damit verbundenen Möglichkeiten sollten Sie sich, ein erfahrener U-Boot-Kommandant, Gedanken machen. Wie wär's, versuchen Sie ein Boot zu entwerfen, zu konstruieren, Pläne zu entwickeln, ein Boot, das wir nach dem Krieg bauen und sofort damit loslegen können.«

»Davon habe ich soviel Ahnung wie ein Eskimo von Afrika«, versuchte Lützow sich herauszuwinden.

»Da unterschätzen Sie sich aber gewaltig. Und die Bezahlung ist auch nicht schlecht.«

»Das Boot müßte mit einem von Sauerstoff unabhängigen Motor ausgerüstet sein«, erfaßte Lützow die Problematik.

»Richtig. Mit der deutschen Walther-Turbine«, erwähnte Morton, »mit einem Wasserstoffantrieb.«

Im Grunde hatte Lützow auf irgendeine Aufgabe gehofft. »Okay«, sagte er, »ich bringe Ideen, Vorschläge, Skizzen und Baupläne mit, soweit das Thema nicht mit dem laufenden U-Boot-Krieg zu tun hat. – Und wie geht es meinen Männern in der Sierra Canasta?«

»Wir tun für sie, was wir können.«

»Ehrenwort?«

»Offiziersehrenwort«, versprach Average.

Am Abend fuhren die Navy-Delegierten des amerikanischen Verteidigungsministeriums wieder nach Washington zurück.

Lützow machte sich die die Arbeit.

59

Die Japaner nehmen Manila, Celebes und Singapore. Die Panzerschiffe Scharnhorst, Gneisenau und Prinz Eugen durchbrechen den Ärmelkanal.

3. Februar 1942

Auf der Parkbank vor dem Hospital Nossa Senhorada Misericórdia saßen zwei Männer mittleren Alters in weißen Leinenanzügen. Breitrandige Panamahüte aus weißem Stroh beschatteten ihre Gesichter. Sie trugen schwarze Schuhe. Keinem modebewußten Brasilianer wäre eingefallen, nach 17 Uhr noch mit braunem Schuhwerk auszugehen. Die beiden rauchten Zigarillos, unterhielten sich oder lasen in Zeitungen.

Plötzlich stieß der linke seinen Kollegen an.

»Da kommt sie!«

In der Tür des gläsernen Klinikportals erschien eine dunkelhaarige schlanke Frau von dezenter Eleganz. Graziös schritt sie die Stufen herunter. Die Männer warfen die Zeitungen in einen Abfallkorb und eilten auf sie zu.

»Doutora Rothildo?« fragte einer.

Einen Augenblick lang schien die Angesprochene überrascht zu sein. Sie blickte von einem zum andern.

»Sie wünschen, Senhores?«

»Können Sie sich das nicht denken, Doutora?«

»Nein. – Was ist geschehn?«

»Wenn Sie es nicht wissen«, erwiderte der Kleinere, »dann wissen wir es auch nicht. Aber sie müssen mitkommen.«

Erstaunt hob sie die Brauen. »Sind Sie von der Polizei?«

»Sabotageabwehr.« Sie wiesen sich aus und winkten einem dunklen Wagen.

Der Ford hatte zwischen den Palmen gestanden. Höflich ließen sie der Dame beim Einsteigen den Vortritt. – Die Limousine fuhr an der Lagune Rodrigo de Freitas entlang ins Zentrum. Im Regierungsviertel bogen sie durch die Einfahrt eines sechsstöckigen Häuserblocks, der militärisch bewacht war.

»Wohin bringen Sie mich?« war das erste, was Ditta Rothild nach langer Zeit fragte.

»Darf sie es wissen?« wandte der eine Agent sich an seinen Kollegen.

»Warum nicht.«

»Dieses Gebäude, Senhorita«, sagte er, »ist das Armeeministerium.«

»Ich kenne da niemanden.«

»General de Santa Clara erwartet Sie«, deutete der andere an.

Der Generalquartiermeister der brasilianischen Armee empfing die deutsche Jüdin in einem Zustand von Wut, Ärger und Verbitterung. Aber noch beherrschte er sich. Lediglich auf den Handkuß verzichtete er.

»Sie haben mich schwer enttäuscht«, begann er, schnatternd wie ein Gänserich, »um nicht zu sagen, auf das höchste kompromittiert. Zwar stand ich tief in Ihrer Schuld, aber wir waren quitt, sogar mehr als das.«

Sie ließ sich auf dem gelben rindsledernen Sofa nieder und erklärte, daß sie keine Ahnung habe, um was es ging. Anstelle einer Antwort forschte der General sie aus.

»Sie kennen das Lager, in dem Capitão Lützow sich befindet.«

»Das erfuhr ich von Ihnen, Senhor General.«

»Und Sie waren dort.«

»Es wurde mir nicht ausdrücklich untersagt.«

»Aber nicht, um Ihren Verlobten zu befreien, Senhorita.«

Vor Empörung fiel sie beinahe aus der Rolle. »General!«

rief sie scharf. »*Faz favor,* nun sagen Sie doch endlich, was geschehen ist. Hat es mit Senhor Lützow zu tun?«

General de Santa Clara trat hinter seinen Schreibtisch, als wolle er Deckung beziehen, und ließ sich seufzend in den Stuhl fallen.

»Capitão Lützow ist verschwunden.«

»Geflohen?« Sie lachte gekünstelt. »Das ist unmöglich. Ich bot mich an, alles für seine Freisetzung zu veranlassen. Er lehnte es ab, denn er wollte bei seinen Männern bleiben.«

Der General wirkte nun völlig rat- und hilflos. »Dann, ja dann, muß er sich wohl in Luft aufgelöst haben oder ist gewaltsam entführt worden.«

»Mein Gott! Aber von wem?«

Der General hatte auch keine Erklärung. »Vielleicht von den Deutschen. Warum nicht von einem SS-Kommando der Nazis in Argentinien? Wer weiß, vielleicht schaffen sie ihn zurück nach Berlin, um ihn dort an den Pranger zu stellen.«

»Das sind doch märchenhafte Phantastereien, Senhor General«, wandte sie ein.

Wie in Trance fuhr der General fort: »Was ist, wenn er in Berlin die Existenz dieses von uns nicht offiziell registrierten Internierungslagers hinausposaunt? Das bringt uns in Genf und in der Weltöffentlichkeit in schlimmsten Mißkredit ... aber ...«, der General schwieg auffallend lange.

»Aber?« erinnerte ihn Ditta an den angefangenen Satz.

»Aber«, nahm Santa Clara den Faden wieder auf, »aber Senhorita, wenn wir Capitão Lützow finden – und seien Sie versichert, daß wir alles unternehmen, um ihn zu kriegen –, und wenn sich dann herausstellt, was ja nicht auszuschließen ist, daß Sie hinter diesem ... seinem Verschwinden ... stehen, dann werden Sie und Ihr Verlobter mit größten Schwierigkeiten zu rechnen haben.« Er machte eine deutliche Bewegung mit der flachen Hand unter dem Kinn am Hals entlang.

Höchst beunruhigt erwiderte Dr. Rothild: »Ich werde alles tun, um diesen Vorwurf zu entkräften.«

Darüber konnte der General nur lächeln. »Sie, Senhorita«, spottete er, »was wollen Sie denn schon unternehmen?«

Bereits am nächsten Tag ließ Dr. Rothild ein Flugblatt drucken. Es wurde mit einem Foto von Toni Lützow versehen sowie einer genauen Beschreibung seiner Person. Gleichzeitig garantierte es eine Summe von dreitausend US-Dollar demjenigen, der Hinweise auf den Aufenthalt des Gesuchten liefern konnte oder ihn irgendwo irgendwann seit dem 1. Februar gesehen hatte.

Dieses Flugblatt ließ sie im Distrikt um die Sierra Canasta, in den Dörfern und Kleinstädten bis São Paulo und Belo Horizonte verbreiten.

Fünf Tage später, mitten in der Nacht, erreichte Dr. Rothild im Hospital ein Anruf. Ein Mann, der Englisch mehr schlecht als recht sprach, erklärte so monoton, als lese er einen vorgefertigten Text ab.

»Hier liegt ein Flugblatt. Ihre Adresse steht darauf. Ich weiß, wo Capitão Lützow steckt.«

»Wer sind Sie?« Ihr Herz schlug wild.

Der Mann lachte mit ekelhaft lallender Stimme. »Ich bin ein Kopfgeldjäger. Wenn es Ihnen ernst ist, dann kommen Sie nach Belo Horizonte. Rio ist mir zu weit.«

»Und woher weiß ich, daß Sie kein Betrüger sind?«

»Das ist Ihr Risiko, Senhora«, erwiderte der Anrufer und nannte Ort und Zeit, wo er anzutreffen sei.

»Wie erkenne ich Sie?« wollte Ditta wissen.

»An einer kleinen Behinderung, an einem Gehfehler.« Damit legte er auf.

Ditta Rothild mietete einen Wagen mit Chauffeur. Sehr früh am nächsten Morgen machte sie sich auf die vierhundert Kilometer lange Reise nach Norden zu der Stadt, die auf halbem Weg zwischen Rio und der Sierra Canasta lag.

Pünktlich um 16 Uhr betrat sie in der Rua Salvador eine Cafébar. Sie suchte einen passenden Tisch. Ihre Nerven lagen bloß. Mit beiden Händen hielt sie die Handtasche umklammert.

Nur wenige Minuten nach der vereinbarten Zeit kam ein Mann herein und schaute sich um. Er war eher klein, etwa um die Fünfzig, trug eine khakifarbene Hose und ein Khakihemd mit Schulterklappen. Den Rest versteckte er unter Hut und Sonnenbrille.

Verstohlen machte Ditta ein Zeichen. Langsam, um sein Hinken zu verbergen, näherte er sich ihrem Tisch.

»Sie sind die einzige Europäerin in diesem Lokal«, stellte er fest, »kaum zu übersehen.«

Es war die Stimme vom Telefon.

Er setzte sich und bestellte Kaffee.

»Und was haben Sie dabei, Senhor?«

»Sprechen Sie leiser«, bat er, »die Sache ist verteufelt heiß.«

Sie musterte ihn intensiv. Der Mann, sein Aussehen, sein Verhalten – das alles mißfiel ihr sehr.

»Ich lasse mich nicht einfach abkassieren«, erklärte sie, »nicht ohne brauchbare Fakten zu erhalten.«

Der Kellner kam. Der Fremde nahm einen Schluck Kaffee, lehnte sich im Korbsessel zurück und eröffnete ihr nun folgendes:

»Capitão Lützow wurde entführt.«

»Woher wissen Sie das?« reagierte sie beherrscht.

»Schließlich habe ich den Kidnappern dabei geholfen. Allerdings auf höhere Weisung. Es war ein militärisches Kommando, das ihn aus dem Lager holte. Sie überwältigten ihn mit einem Betäubungsmittel, als er nachts allein zur Latrine ging.«

»Wer waren diese Leute?« fragte sie atemlos.

»Sie sprachen weder portugiesisch noch englisch. Sie sprachen fast überhaupt nicht«, erklärte ihr Gegenüber.

Ditta Rothild drängte ungeduldig. »Was vermuten Sie?«

»Gar nichts«, äußerte der Fremde. »Ich holte diese Leute aus dem Urwald ab und brachte sie und den Gefangenen anschließend mit meinem Kleinlaster wieder dorthin.«

»Einfach so in den Urwald und Schluß?« Sie glaubte ihm kein Wort.

»Natürlich nicht nur so, Senhora. Es gibt da, achtzehn Meilen entfernt, die Baustelle der neuen Straße, die von Rio nach Norden geführt wird, wo einmal, in fünfzig Jahren vielleicht, unsere neue Hauptstadt entstehen soll. Die Schneise ist schon in den Urwald geschlagen, die Trasse planiert und gewalzt. Leider fehlt der Regierung das Geld für den Weiterbau. Genau dort wartete ein Flugzeug.«

»Was für ein Flugzeug?«

»Dies, Senhora«, entgegnete der Fremde, »ist der Dreh und Angelpunkt des Ganzen. Erst muß ich um Bezahlung bitten.«

Noch zögerte sie. »Belügen Sie mich auch nicht?«

»Fotos lügen nie«, versicherte er.

»Hatten Sie Gelegenheit zu fotografieren?«

Er nickte. »Heimlich. Zweifellos hätten diese Leute mich umgelegt, wenn sie es bemerkt hätten. Aber ich bin darin sehr geübt. Fotografieren ist mein einziges Hobby.«

Der Brusttasche seines Hemdes entnahm er einen Umschlag, legte ihn auf die Tischplatte, behielt aber die Hand darauf. – Es kam zur Geldübergabe. Er zählte die grünen Hundertdollarscheine, steckte das Geld weg und schob ihr den Umschlag hin.

Ditta zog das Foto heraus. Es zeigte ein ziemlich großes aluminiumfarbenes Flugzeug mit vier Motoren. Die Passagiermaschine hatte Fenster und eine Kabinentür. Offenbar hatte die Maschine zivile Zulassung, war also kein Militärflugzeug. Doch was Ditta Rothild einen tiefen Schock versetzte, war das Nationalkennzeichen auf dem hinteren Leitwerk. Es handelte sich um einen weißen Kreis auf dunklem Rechteck. Im Kreis prangte jenes Symbol, das sie bis zum Ende ihres Lebens in Schrecken versetzen würde, nämlich ein Hakenkreuz.

Wie hypnotisiert starrte sie auf das Flugzeug. Als sie sich endlich gefaßt hatte, um neue Fragen zu stellen, war der Korbstuhl gegenüber leer. Ohne daß sie es bemerkt hatte, war der Fremde gegangen.

Sie rannte hinter ihm her, hinaus auf die belebte Rua Salvador, konnte ihn aber nicht mehr einholen.

60

Die Engländer wagen ein Kommandounternehmen gegen den U-Boot-Stützpunkt Saint-Nazaire. Das II. deutsche Armeekorps wird bei Demiansk eingekesselt.

4. März 1942

Wie immer zu seinem Geburtstag gab der Bankier Fernando Rotschild in Rio de Janeiro einen großen Empfang.

Geladen waren vorwiegend Freunde aus Wirtschaft und Politik, Künstler, aber auch der Chefredakteur einer Zeitung, die den Rotschilds gehörte. Dieser, ein feinsinnig aussehender Mann, wurde Ditta Rothild vorgestellt. Dabei spürte sie plötzlich den Stromschlag eines blitzartigen Einfalls.

Seit Wochen erfolglos nach Hinweisen auf eine Spur von Toni Lützow suchend, klammerte sie sich daran wie ein Ertrinkender an ein Stück Holz. Sie nahm den Redakteur beiseite und fragte direkt: »Ihr Blatt enthält gewiß auch einen Wirtschaftsteil.«

»Man muß heute den unterschiedlichsten Leserwünschen gerecht werden«, antwortete der Redakteur. »Wir bringen von allem etwas. Sogar Hobbyseiten und Kreuzworträtsel. Allerdings auf hohem Niveau.«

»Auch Technisches?« wollte sie wissen.

»Nur mitunter«, schränkte der Redakteur ein.

»Ich meine«, wurde sie genauer, »über Automobilbau, Schiffbau, Flugzeugbau, Straßenbahn, Kraftwerke et cetera.«

Hier mußte sie der Redakteur enttäuschen. »Bei solchen Veröffentlichungen kaufen wir fertige Berichte von Agenturen. Außerdem gibt es für das Maritime, für Fahrzeugbau ebenso wie für Architektur, Freizeitsport, die Jagd, Angeln oder Luftfahrt genug Fachzeitschriften. Die haben dort ihre Experten sitzen.«

»Welches ist das führende Magazin für Fliegerei in Brasilien?« bohrte sie hartnäckig.

»Zweifellos die *Aereonáutica*, Senhorita.«

»Haben Sie einen Bekannten dort?«

»Nicht nur einen«, brüstete sich der Zeitungsmann.

Zwei Tage später war der Kontakt zu einem Mitarbeiter der *Aereonáutica* hergestellt. Der Ingenieur galt als Spezialist für internationale Großflugzeuge. – Sie traf ihn in einer Bar an der Plaça Mogambo.

Sofort entflammte der Journalist für die schöne Europäerin und war ihr gerne zu Diensten.

»Meine Palette reicht von der zwölfmotorigen DO-X bis zu den modernsten Transatlantikflugbooten«, erklärte er. »Worum geht es, Senhorita?«

Ohne zu zögern, legte sie ihm eine Vergrößerung jenes Flugzeugfotos, das sie für dreitausend Dollar in Belo Horizonte erstanden hatte, vor.

Der kurzsichtige Journalist benutzte zu seiner Brille noch eine Taschenlupe. Lange betrachtete er die Aufnahme. Schließlich sagte er: »Wenn ich nicht mit eigenen Augen sehen würde, daß dieses Flugzeug ein deutsches Kennzeichen führt, würde ich behaupten, daß es eine Boeing B-17 *Flying Fortress* ist.«

»Also ein amerikanischer Typ«, verstand sie. »Kann das Kennzeichen Tarnung sein?«

»Schon möglich.«

»Falls ja, wozu dann bitte?«

Der Fachjournalist nahm es sehr genau. »Die Boeing B-17 ist der neueste viermotorige Langstrecken-Tagbomber, den es derzeit gibt. Die Vorserie läuft schon seit mehreren Jahren. Der Typ war zunächst für Seepatrouillen vorgesehen. Angeblich ist der Bau in großem Stil erst Ende letzten Jahres angelaufen. Beachten Sie die besonderen Details. Die Rumpfform, die tief angesetzten Tragflächen, die Anordnung der Motoren, die flache Kanzel, das hohe Leitwerk. – Kein Zweifel, es muß eine B-17 sein.«

Er lieferte noch weitere Einzelheiten und leierte sie aus seinem beachtlichen Gedächtnis herunter.

»Spannweite zweiunddreißig Meter, Länge dreiundzwanzig Meter. Gewicht leer sechzehn Tonnen, flugfertig dreißig Tonnen. Vier Wright-Cyclone-Sternmotoren von je zwölfhundert PS. Geschwindigkeit um vierhundertfünfzig km/h. Reichweite normal fünftausendfünfhundert Kilometer, aber durch Zusatztanks erhöhbar. Waffenausstattung und Bombenlast sind variabel.«

»Im Grunde also ein Kriegsflugzeug«, stellte Dr. Rothild klar.

»Ein amerikanisches, Senhorita.«

»Gibt es auch Zivilausführungen für den Passagierdienst?«

»Bedaure, das ist mir unbekannt, aber ich bezweifle es.«

Sie war noch nicht zufrieden. »Warum«, sie deutete auf das Foto, »hat es dann Kabinenfenster, Türen und eine zivile Zulassung?«

Dafür hatte der Journalist nur eine Erklärung. »Es muß sich um Tarnung handeln, Senhorita. Möglicherweise wird dieses Flugzeug als Zielmaschine bei der Jägerausbildung eingesetzt. Die Piloten simulieren auf sie ihre Angriffe.«

Nun stellte der Journalist eine Reihe von Fragen. Woher sie das Foto habe, wann und wo es aufgenommen worden sei. Sie erteilte darüber keine Auskunft, sondern verlangte noch mehr Einzelheiten.

»Wie viele Maschinen wurden bis heute davon gebaut?«

»Nicht allzu viele. Vielleicht hundert. Wie mir bekannt ist, wurden zwanzig Stück davon nach England geliefert, wo man sie *Fortress-I* nennt.«

»Wo, Senhor, sind diese Maschinen stationiert?«

»Im Bundesstaat Washington. Beim Hersteller in Seattle. Vielleicht stehen sie auch auf der Edwards Base in Kalifornien, wo das ganze Jahr über ausgezeichnetes Flugwetter herrscht. Dort werden alle neuen Typen abgenommen und die Besatzungen auf sie umgeschult.«

Sie dankte ihm und bat um seine Telefonnummer für den Fall, daß ihr noch Fragen einfielen.

Als Ditta Rothild ging, schien der Journalist in bezug auf ihre Person so ratlos zu sein, wie sie es in bezug auf das Flugzeug gewesen war.

Noch im Besitz eines für die USA gültigen Einreisevisums im britischen Paß, begab sich Dr. Ditta Rothild wenig später per Schiff nach Florida. Sie erreichte es in einer Woche. Von Palm Springs aus nahm sie den Expreßzug.

Nachdem sie auf dem Landsitz ihrer Familie auf Long Island bei New York angekommen war, trat in der Bibliothek des Bankiers der Familienrat zusammen. Mit bewegten Worten schilderte Ditta das Drama ihrer Beziehung zu Toni Lützow, vom Tag ihres Kennenlernens bis heute.

Im Gegensatz zum brasilianischen Zweig der Familie waren die Amerikaner für ihre Sorgen aufgeschlossen. Sie verhehlten nicht ihren Abscheu gegen das Vorgefallene und boten ihr jede Unterstützung an.

»Weißt du, Ditta-Darling«, sagte Tante Sarah, das Oberhaupt der Familie, »wenn wir etwas hassen, dann sind es solche Schweinereien. Hitler ist ein Schwein, aber auch bei uns in diesem Land gibt es Schweine und wird es immer welche geben.«

»Ich werde ihnen Pfeffer in den Hintern blasen«, versprach Onkel Thomas. »Ich kenne alle bis hinauf zum Gouverneur und hinüber zu den Ministerien in Washington. Schließlich sind wir es und noch ein paar Weltbanken, die ihren Scheißkrieg finanzieren.«

Der mächtige Thomas Samuel Rotschild setzte sich voll für seine Nichte ein, erreichte aber weniger als wenig – nämlich gar nichts. Er telefonierte in allen Staaten herum und wurde dabei immer ärgerlicher. Schließlich setzte er seine Anwälte an. – Vergebens.

Eines Abends sagte er: »Es ist nicht zu fassen. Keiner will je etwas von diesem Kidnapping gehört haben. Es sieht aus, als stünden wir vor einer Mauer. Die wenigen Eingeweihten dürfen wohl nichts preisgeben. So kommen wir nicht weiter.«

»Was schlägst du vor?« drängte Tante Sarah empört.

»Wir beauftragen einen Privatdetektiv«, riet der Onkel, »aber nur den allerbesten.«

»Das wäre die Pinkerton-Agentur.«

Sie schalteten also Pinkerton ein. Die forderten eine Anzahlung von zehntausend Dollar. Dafür lieferten sie täglich einen Lagebericht. Nur stand nichts drin. Nach zehn Tagen sah es aus, als käme Pinkerton noch weniger weit als Onkel Thomas Samuel mit seinen geschäftlichen Kontakten.

Ziemlich verärgert wollte es die resolute Tante Sarah nun beim Monatstee mit der First Lady versuchen.

»Ich bohre Eleanor an«, sagte sie, »sie ist aus hartem Pitchpineholz, aber mein Bohrer ist mit Diamanten besetzt.«

Aber auch das brachte kein weiteres Ergebnis.

Vermutlich war inzwischen aber das FBI auf sie aufmerksam geworden. Zwei Tage später rief ein Mann in der Rotschildbank an. Er wollte den Präsidenten sprechen.

»Er war für Pinkerton tätig«, berichtete Sam Rotschild seiner Nichte, »und er glaubt, er habe etwas.«

»Warum gibt er es wohl nicht an Pinkerton weiter?«

»Die Sache ist wohl so heiß, daß Pinkerton sich davon fernhalten möchte und diesen Mann vorschiebt«, mutmaßte der Onkel.

»Ich muß ihn sprechen«, forderte Ditta.

Die Unterredung mit dem Privatdetektiv ergab, daß sich das gesuchte Flugzeug möglicherweise in einem geheimen Hangar auf der Luftbasis Edwards befand.

»Da muß ich hin«, entschied Ditta in forderndem Ton.

»Und wenn es eine Falle ist?« warnte Onkel Thomas Samuel.

»Eine Falle, wieso? Um mich ins Messer laufen zu lassen, um mich auszuschalten, um mich zu isolieren? Na, wenn schon.«

»Okay, tu es«, entschied Tante Sarah. »Notfalls veranstalte ich den größten Presserummel des Jahrhunderts.«

Am Sonntagmorgen flog Ditta Rothild mit dem Privatdetektiv nach Los Angeles. Dort nahmen sie einen Mietwagen, um die 120 Kilometer bis zu der mitten in der Mojave-Wüste gelegenen Edwards Base zurückzulegen. Wie es schien, kannte sich der ehemalige Pinkerton-Mann gut aus. Er besaß Karten und Skizzen und weihte seine Klientin genau ein. Sowohl über den Weg vom südlichen Zaun zum Hangar wie über die Entfernung, über die Wachen und wie man in den Hangar hineinkam.

»Warum instruieren Sie mich so penibel?« fragte sie erstaunt.

»Sorry, Madam«, erklärte der Detektiv, »ich bringe Sie nur bis an den Rand der Sperrzone und helfe Ihnen über den Zaun. Hineingehen müssen Sie schon allein. Zwar bin ich von Berufs wegen lebensmüde, habe aber leider keinen Onkel mit der Macht eines Thomas S. Rotschild.«

Es war eine regnerische Nacht, als sie hinausfuhren. Schon eine Meile vorher löschte der Detektiv die Autoscheinwerfer.

»Von Sonntag auf Montag«, meinte er, »sind die Posten vom Weekend noch verdammt verkatert. Bestenfalls halten sie ein halbes Auge offen.«

Mit einem Bolzenschneider zwickte er den unteren Spanndraht des Maschenzaunes durch, so daß man ihn anheben konnte. Ditta kroch hindurch. Sie überquerte das freie Rasenstück und gelangte nach einer halben Meile, ohne Schwierigkeiten mit Posten, bis zu dem einsam stehenden Hangar. Der Dietrich, den der Detektiv ihr mitgegeben und in dessen Gebrauch er sie unterwiesen hatte, öffnete die schmale Mannpforte im hohen Hangartor. Sie stieg hinein.

Es stank nach Flugbenzin, Lack und Öl. Um sich zu orientieren, ließ sie die Lampe aufblitzen. Endlich war sie am Ziel. Das Licht warf den Schatten eines riesigen Flugzeugs an die Wände. Kein Zweifel, es war die gesuchte Maschine, der auf Zivil getarnte B-17-Bomber. Sogar das deutsche Kennzeichen prangte noch am Leitwerk.

Sie holte ihre Kamera heraus, dazu das Gerät mit den Blitzlichtbirnen, um Aufnahmen zu machen. Einmal ging sie rundherum und fotografierte. Doch plötzlich vernahm sie ein Zischen.

Im Dachgerüst der Halle flammten Scheinwerfer auf und blendeten stark. Sie sah sich von bewaffneten Militärpolizisten umringt. Ein Offizier trat auf sie zu, nahm ihr die Leica ab und sagte: »*Your papers please, madam!*«

»Mein Paß ist im Wagen.«

»Ihr Name?«

»Judith Rothild.«

»Sie sind Jüdin deutscher Abstammung. Stimmt's?«

»Woher wissen Sie das?«

Der junge Captain lächelte.

»Wir haben Sie erwartet«, gestand er. »Sie sind festgenommen wegen Spionage zum Schaden der Vereinigten Staaten von Nordamerika.«

Judith Rothild wurde nach Washington geflogen und kam dort in eine Zelle des Militärgefängnisses.

Der Gefangenen wurde ein Anwalt verweigert. Sie durfte auch nicht mit ihrer Familie in Verbindung treten. Nach fünf Tagen Isolierhaft bekam sie Besuch, und zwar von einer rotblonden, gutaussehenden Frau im eleganten Chanelkostüm. Die Lady erklärte kurz angebunden: »Ich bin Gloria Capland, Senatorin von Texas. Sie dürfen Gloria zu mir sagen.«

»Danke, Gloria, aber das hilft mir verdammt wenig weiter«, entgegnete Ditta Rothild.

Die Senatorin daraufhin forsch: »Merken Sie sich eines,

Darling, ich mache nie einen Weg ohne Grund. Schon gar nicht in Gefängnisse. Dafür fehlt mir die Zeit. Nun folgendes: Man hat Ihnen übel mitgespielt, um eine schlimme Geschichte zu vertuschen. Aber so leicht geht das nicht in diesem Staat. Wenn ich etwas hasse, dann sind es Gemeinheiten unter dem Deckmantel der sogenannten Staatssicherheit. Ihre Tante Sarah, eine Freundin von mir, unterrichtete die Gattin des Präsidenten. Eleanor hat empört interveniert.«

»Worte, alles nur Worte!« hielt ihr Ditta entgegen. »Ich will doch nur einen Mann finden, den ich liebe und den man entführt hat. Es geht mir nicht um Spionage oder Sabotage.«

Daraufhin entnahm die Senatorin ihrer Saffianledermappe ein Papier. Es war gestempelt und unterschrieben. »Vom Attorney General«, erklärte sie. »Sie sind frei. Los, kommen Sie mit!«

Auf der Fahrt vom Militärgefängnis des District of Columbia zum Haus der Senatorin stellte Ditta ihr eine Frage von Frau zu Frau.

»Warum, Gloria, tun Sie das für mich?«

Erst zögerte die Senatorin von Texas, dann schlug sie die langen Beine übereinander und steckte sich eine Viceroy-Mentholzigarette an.

»Ach, wissen Sie, Kleines«, sagte sie herablassend, »ich wollte, daß Ihre Liebesgeschichte nicht so ausgeht, wie die meine endete.«

Danach verlor sie kein Wort mehr darüber.

61

Die Japaner besetzen Sumatra. US-Luftangriff auf Tokio. Die deutsche Armee sprengt sich aus dem Kessel von Demiansk frei. Hitler trifft Mussolini. Britischer Bombenangriff auf Köln.

4. April 1942

Lützow hatte einen Horror vor Pferden, vor diesen großen Tieren, die dümmer waren als Beutelratten. Aber sein Aufpasser, der FBI-Agent Jim, brachte ihm das Reiten bei.

Jim kam aus Arizona und war mit Gäulen und Kühen aufgewachsen. Lützow machte recht gute Fortschritte. Nur zum Lassowerfen reichte es nicht.

Eines Tages sagte Jim: »Hatte eben einen Anruf aus Washington, Commander.«

»Kein Anruf ist mir lieber«, gestand Lützow.

»Es betrifft nicht Sie, Commander«, beruhigte ihn Jim. »Leider muß ich Sie verlassen. Ein neuer Job wartet auf mich. War recht angenehm hier, Sir. Jetzt traut man Ihnen wohl. Sie dürfen sich im Umkreis von fünfzig Meilen bewegen, ins Kino gehen, zum Essen, auf ländliche Festivitäten. Im übrigen wissen Sie selbst, wie Sie sich verhalten müssen.«

Jim packte seine Sachen und wurde abgeholt.

Lange schaute Lützow ihm nach und bedauerte es. Jim war ein prima Junge und ein prächtiger Saufkumpan gewesen.

Lützow widmete sich weiter seiner Aufgabe. Er dachte über das U-Boot der Zukunft nach, fertigte Analysen, Skizzen, Entwürfe an. Dann lenkten ihn wieder die Radioberichte über die Geschehnisse auf den Kriegsschauplätzen ab. Und nachts träumte er von Ditta.

Manchmal ließ er von dem Alten den Hengst satteln und

ritt aus. Unten am Fluß, in der baufälligen Hütte, hatte er Angelgerät deponiert. Die Angelei brachte nicht viel. Trotzdem angelte er.

Betulich fischte er gegen den Strom am Ufer entlang, als eine Frau angeritten kam. Sie war drahtig, ein wenig dragonerhaft und saß im Cowboysattel, als wäre sie dort geboren.

»Hey, Sie!« rief sie. »Mann, das ist mein Grund und Boden!« Er ließ sich nicht beirren. Kein Zweifel, das war die berüchtigte Nachbarin Mary Lou, Rancherwitwe und angeblich eine äußerst streitsüchtige Person.

Sie stieg ab, zog ihren Gaul zum Ufer und versperrte Lützow den Weg.

»Ab der Hütte ist das mein Gebiet«, erklärte sie noch einmal in einem breiten Slang, der nur aus Vokabeln zu bestehen schien. Sie war bei Gott keine Schönheit, eher eine Häßlichkeit mit einer Figur, die man als unter dem Durchschnitt bezeichnen konnte, mit kantigen Zügen und Vogelnase.

»Dachte, Fischen sei frei«, gab Lützow sich erstaunt.

»Immer diese verdammten Ausländer«, fluchte sie, zweifellos wegen seines Akzents. »Was haben Sie gefangen?«

»Nichts, Madam.«

»Und in der letzten Woche und in der vorigen?«

»Ebensowenig, Madam.«

»Warum tun Sie es dann, beim Teufel?«

»Zum Vergnügen, Madam, *for fun*. Aus reiner Langeweile.«

»Verfluchtes faules Ausländerpack!« zischte sie, schwang sich in den Sattel und ritt weg. Doch dann kam der Gaul noch einmal angetrippelt.

»Meine Teiche oben sind voll fetter Forellen.«

»Gut für Sie, Madam«, bemerkte Lützow höflich.

Nach einem Augenblick der Nachdenklichkeit nahm sie kraftvoll die Schultern zurück.

»Ich lade Sie ein zum Abendessen. Noch ein paar Nachbarn sind da.«

»Wann?« fragte er.

Er ritt zur Ranch zurück und trank. Immer wenn der Alkohol seine Sinne benebelte, dachte er an Judith und an seine Männer. Er trank oft und zuviel in letzter Zeit.

Man hatte Lützow geraten, stets freundlich mit allen Leuten umzugehen und bloß nicht aufzufallen. Also fuhr er zur Nachbarranch. Es war schon dunkel. Auf der Terrasse brannten bunte Lampions. Musik dröhnte heraus, Swing von Tommy Dorsey, Harry James und Glenn Miller. Doch niemand war da. Das ganze Haus, die riesige Kaminhalle gähnte vakuumartig vor Leere. Nur Drinks standen in jeder Menge herum.

Inzwischen an Aperitifs gewöhnt, goß Lützow sich einen vorgemixten Martini ein.

Unvermittelt hatte die Dame des Hauses ihren Auftritt. Um das dekolletierte vom Knie ab hochgeschlitzte schwarze Kleid hatte sie eine Schürze gebunden. Vermutlich hatte sie ihr Personal weggeschickt und spielte heute Köchin.

»Bedienen Sie sich. Wie mögen Sie den Fisch?«

»Unten blau, oben gegrillt«, witzelte er.

»Spaßvogel!« bemerkte sie abfällig und machte kehrt.

Sie trug selbst auf. Dann speisten sie. Trotz des mildden Kerzenlichtes wirkte sie im Dekolleté knochig, fast maskulin. Sie trank viel und schnell und provozierte ihn.

»Alles Hundesöhne. Hitler, die Japaner und Stalin. Na ja, alles Ausländer. Wo kommst du her, Mann? Commander sagen sie drüben zu dir. Ich weiß 'ne Masse über dich. Man munkelt so allerhand.«

»Zum Beispiel was?«

»Allein wo du herkommst«, giftete sie bösartig, »nämlich aus dem KZ-Land.«

Lützow dachte an die Anweisungen aus Washington. »Ich bin Schweizer, Gnädigste.«

»Klar, und Jude.«

»Halbjude.«

»Das sind die schlimmsten Bastarde. Bist du beschnitten?« wollte sie wissen. »Los, zeig mir deinen Schwanz!« Zweifellos suchte sie Streit.

Den wird sie nicht kriegen, nahm Lützow sich vor.

Plötzlich schwenkte sie um und machte auf zuckersüß.

»Du siehst gut aus«, schwärmte sie, »bist attraktiv, und so was versteckt sich auf der alten Franklin Ranch. Gehört sie dir? Hast du sie geerbt oder mit Schweizer Franken gekauft? Ganz Amerika kaufen uns diese Emigranten weg. Zeig mal, was du außerdem noch kannst. Komm her!«

Erst tanzte sie mit ihm, dann küßte sie ihn. Steif wie ein Stock ließ er es über sich ergehen. – Unvermittelt verschwand sie und kam in einem pinkfarbenen Seidenmantel mit großen goldenen Knöpfen wieder. Vor Lützow, der, ein Brandyglas in der Rechten, im Sessel Platz genommen hatte, baute sie sich auf. Mit kraftvollem Schwung ließ sie den Mantel erst über die Schultern, dann über den Rücken abwärts gleiten, bis er vollends fiel und sie nackt war.

»Los, gib's mir, Nazischwein!« lallte sie betrunken. Sie war sehr erregt. Man sah es an ihren Brüsten.

»Was geben?« stotterte er alkoholisierter, als er war.

»Die Sporen!« forderte sie. »Jetzt wirst du das Abendessen mit vögeln abbezahlen, Commander.«

Sie lockerte seine Krawatte, fetzte sein Hemd auf und kam bis zur Gürtelschnalle.

»Hey, willst du etwa nicht? Bei mir muß jeder.«

»Bei uns wollen die Herren stets vor den Damen,« gab er zurück. »Und wenn Herren nicht wollen, dann geht auch nichts, Madam.«

Da packte sie ihn, riß ihn zu Boden und zog ihn über sich, umklammerte ihn mit ihren stämmigen Reiterschenkeln und machte penetrierende Bewegungen mit dem Unterleib.

»Los, Nazischwein! Mach es mir«, forderte sie Bedienung wie von einem Domestiken.

Lützow befreite sich mühsam aus ihrer Umarmung, richtete sich auf und verabreichte ihr zwei Ohrfeigen. Daraufhin sprang sie hoch und ihn an wie eine Pantherin. Unversehens hatte sie einen Trommelrevoler in der Hand.

Damit er begriff, wie ernst es ihr war, schoß sie zur Decke. »Mit Leuten wie dir machen wir kurzen Prozeß. Du bist ja doch ein Hitlerschwein-Spion!« schrie sie außer sich.

Sie ließ ihn nicht aus dem Visier. Rückwärts ging sie zum Telefon, wählte und ließ sich mit der Sheriffstation verbinden. »Ich habe da einen tollen Fang gemacht«, rief sie. »Komm rasch herüber, Hank, und nimm ihn fest. Schick deinen Deputy in sein Haus auf der Franklin Ranch. Bin sicher, ihr findet 'ne Menge Interessantes. Er versuchte sogar, mich zu vergewaltigen, dieses Nazimonster.« Dabei hielt sie Lützow ständig mit der Waffe in Schach.

Es dauerte nicht lange, dann fuhr draußen der Polizeiwagen vor. Die Rancherin hatte sich inzwischen etwas übergezogen. Lützow hingegen saß noch halb entkleidet da.

Der Sheriff stürmte herein und legte ihm als erstes Handschellen an.

»Zufrieden, Mary Lou?«

»Schafft ihn mir aus den Augen, den Nazi-Agenten!«

Sie fuhren zur Station. Wenig später kam der Gehilfe des Sheriffs von der Franklin Ranch. Im Arm hatte er Bündel des Materials, das Lützow inzwischen angefertigt hatte. Es waren Skizzen von U-Booten, von verschiedenen Antrieben, dazu Beschreibungen sowie Zusammenfassungen von Ideen. Der Sheriff studierte die Unterlagen.

»Das sind Unterseeboote«, stellte er fest. »Mary Lou hatte also recht, du bist ein Spion. Der Text, was ist das für eine Sprache?«

»Schweizerisch«, erklärte Lützow.

Kopfschüttelnd und ratlos wandte der Sheriff sich an seinen Gefangenen.

»Was hast du dazu zu sagen, Mann?«

Lützow nannte ihm nur eine Telefonnummer.

»Wo ist das?«

»In Washington«, sagte Lützow. »Rufen Sie sofort dort an.«

»Welche Leute in Washington?«

»Bedaure, das ist geheim.«

»Dann hat es bis morgen früh Zeit«, entschied der Sheriff.

Was sich im einzelnen ereignet hatte, erfuhr Lützow nicht. Gegen Mittag holten sie ihn aus der Zelle und brachten ihn zur Franklin Ranch zurück. Der Sheriff gab keine Erklärung ab, er sagte nur: »Mary Lou ist für ihre Geilheit im ganzen County bekannt. Sie vernascht jeden, den sie kriegen kann, und wenn sie keinen kriegt, macht sie es sich selbst am Knauf ihres Cowboysattels.«

Draußen vor dem Ranchhaus parkte eine Limousine in Marinedunkelblau. Captain Average lehnte am Kotflügel und rauchte. »Wieder alles in Ordnung?« fragte er Lützow.

»Mit leichten Blessuren einigermaßen, Sir.«

»Tut mir leid, ich konnte nicht schneller kommen.«

»Nein, mir tut es leid, daß Sie sich bemühen mußten, Average.«

»Es war ein SOS-Ruf«, sagte der Mann vom Marineoberkommando, »da drehen Schiffe immer bei. Sonst noch Probleme, Commander?«

»Keine, Sir.«

Average sagte noch: »Der District Attorney von Charleston hat den Sheriff zur Schnecke gemacht. Der läßt Sie von jetzt an in Ruhe. Das Material liegt wieder auf Ihrem Schreibtisch. Und eine Kiste Brandy. Okay?«

»Okay, Sir.«

Average trat die Kippe in den Sand, stieg ein und befahl seinem Fahrer draufzudrücken.

Lützow ging ins Haus.

Drinnen vor dem Kamin sah er Koffer stehen. Und was war das bloß für ein neuartiger Geruch? Es duftete nicht nur nach Leder, nach Whisky, noch gegrillten Steaks oder Popcorn, sondern nach Parfüm.

Er schaute sich um. Da sah er sie. Sie stand am Fenster und blickte ins Tal hinaus. Langsam drehte sie den Kopf zu ihm hin.

Stumm fielen sie sich in die Arme. Lange Zeit schwiegen sie, spürten nur ihren heißem Atem, bis Ditta an seinem Ohr flüsterte: »Wie lange ist es her?«

»Seit Salzburg mindestens tausend Jahre. Wie ist es dir ergangen?«

Sie löste sich von ihm und studierte sein Gesicht, als sehe sie es heute zum ersten Male.

»So wie dir. Aber jetzt geht es uns gut.«

»Glück zerbricht. Unglück aber auch«, sagte er, und es war ihm, als sei durch einen unblutigen Eingriff eine Kugel aus Eis, die immerzu sein Herz betäubt hatte, aus seiner Brust herausgeschnitten worden.

Sie redeten viel und hielten sich immer bei den Händen. In der Nacht liebten sie sich. Einmal, gegen Morgen, als die Sonne aufging und sie wach nebeneinander lagen, flüsterte Ditta Worte wie damals in Salzburg.

»Bitte«, sagte sie, »verdirb mir meine schlechte Laune von jetzt ab gründlich.«

62

Stalingrad ist gefallen. Das deutsche Korps kapituliert in Nordafrika. Die Amerikaner landen auf Sizilien. Mussolini wird abgesetzt.

4. Oktober 1943

Auf ihrem Landgut in Schweden empfing die Filmschauspielerin den deutschen Exdiplomaten. Es war ein warmer Herbsttag, aber schon mit einem Windhauch von erstem Polarfrost.

Auf der Terrasse der weiträumigen Villa nahmen sie den Tee.

»Schlechte Nachrichten, Baron?« fragte die Leander ihren schweigsamen Gast.

Um nicht gleich antworten zu müssen, beging von Zelitsch die Unhöflichkeit einer Gegenfrage. »Wie läuft es mit Ihrem Film, Zarah?«

»Wir drehen noch immer.«

»Man hört, daß es Probleme gab.«

»Nun«, antwortete sie volltönig wie immer, »ab und zu schicken uns britische Bomber in den Keller. Es fehlt an Arbeitskräften, an Agfa-Rohmaterial. Aber Professor Froelich ist ein zäher Bursche und will zum Ende kommen. Möglicherweise in einem Zeitrennen gegen die Reichsfilmkammer. Dort gibt es Leute, die diesen Film von Anfang an nicht wollten. Schon wegen seines Titels ›Der Weg ins Freie‹.«

»Und wie verhält sich Goebbels?«

»Wie stets hat er das Drehbuch gelesen und genehmigt. Vorerst hält er sich zurück. Er will den fertigen Film sehen und ihn dem Führer zeigen. – Doch wie läuft es bei Ihnen, Baron?«

Von Zelitsch lieferte einen kurzen Überblick.

»Die Gesamtlage kennen Sie ja. Das Attentat auf Heydrich in Prag war erfolgreich, das letzte auf Hitler leider nicht. Sein Mercedes-Geländewagen war als fahrende Bombe präpariert. Man hatte dreißig Kilo Plastiksprengstoff in die Reifen gepackt. Alles war bereit. Plötzlich hatte Hitler den Einfall, seinen Salonzug zu benutzen.«

»Er besitzt den siebenten bis achten Sinn«, bemerkte die Diva sachlich.

»Er ist ein Teufel mit Vorahnungen.«

»Aber die Niederlagen an der Wolga, in Afrika, in Sizilien, die hat er nicht vorhergesehen.«

»Die zunehmenden Luftangriffe auch nicht zu vergessen«, fügte der Diplomat hinzu. »Die Lage für Hitler verschlechtert sich ständig. Man kann beobachten, wie ihm ein As nach dem anderen aus dem Spiel gezogen wird. Unter diesen Umständen besteht keinerlei Aussicht, von seiten der Alliierten einen Waffenstillstand oder Separatfrieden zu erreichen. Churchill ist sehr siegessicher.«

»Der Krieg kann weitere Millionen Tote kosten«, wandte die Leander ein.

»Natürlich weiß man das auch in London und Washington.«

»Sehen Sie irgendeinen Weg, das grauenvolle Ende abzukürzen, Zelitsch?«

Der Diplomat mochte das weder bestätigen noch ausschließen. »Voraussetzung ist« – er goß noch einmal Tee nach –, »daß Hitler vernichtet wird.«

»Sie meinen im Sinne von getötet.«

»Unter anderen Bedingungen sind die Alliierten nicht zu Verhandlungen bereit. Können Sie das Ihren Freunden vom Widerstand in Berlin vermitteln?«

»Ich versuche es.«

»Was wir brauchen«, erläuterte von Zelitsch, »ist ein Termin, eine Garantie.«

»Canaris wird auf irgendeiner Festlichkeit zu sprechen sein«, hoffte die Schwedin. »Dann erfahre ich mehr.«

Die Sonne sank jetzt rasch. Als sie ins Haus gingen, sagte von Zelitsch: »Aber Ihr Korinthenkuchen war wirklich vorzüglich, Zarah.«

Noch am Schneidetisch entschärfte der Regisseur, Professor Carl Froelich, die Endfassung seines neuen Leander-Films von zweideutigen Passagen. Einen Monat zu spät gelangte er zur Vorführung bei der Reichsfilmkammer.

Die inzwischen vorsichtig gewordenen Abteilungsleiter verweigerten die Abnahme des Films. Er wurde dem Minister gar nicht erst zugeleitet. Goebbels aber forschte so hartnäckig nach dem Verbleib der Kopie, daß man keine Ausreden mehr fand.

Goebbels schaute sich den Film an und führte ihn auch dem unterhaltungsbesessenen Hitler vor. Beide fanden sie an dem Streifen nichts auszusetzen. Also gab Goebbels den Film frei. Vielleicht hat er ihn auch nicht richtig verstanden.

Die Premiere von »Der Weg ins Freie« war eine der letzten glanzvollen Uraufführungen im Ufa-Palast am Zoo. Es gab Beifall, aber sehr gedämpften. Damit kündigte sich bereits an, daß der Film kein rauschender Erfolg sein würde. Trotzdem wurde die Hauptdarstellerin von Fotografen, Funk- und Zeitungsreportern umlagert.

Am Eingang zu ihrer Loge stand ein Mann und wartete geduldig. Er war groß, mindestens 188 Zentimeter. Die schwarze SS-Uniform ließ ihn noch schlanker erscheinen. Allerdings trug er nicht den Galafrack, sondern die kleine Festuniform mit dem weißen Brokatgürtel und den Generalsstreifen an der scharfgebügelten Hose.

Er blieb im Hintergrund, bis der Presserummel vorbei war. Dann arbeitete er sich zu der Diva durch. In der Rechten hatte er ein Foto von ihr und einen silbernen Füllfederhalter. »Darf ich Sie um ein Autogramm bitten, Gnädigste?« fragte er höflich.

Die Leander blickte ihn aus ihren dunklen Augen an. »Nur ein Autogramm?«

»Was wäre außerdem noch möglich?«

»Haben Sie vielleicht einen besonderen Wunsch? Etwa ›Herzlichst für Peter und Rosmarie‹ oder so?«

»Für Erich«, sagte er, »für Erich Hackmann. Oder noch besser, schreiben Sie: ›Für unseren Freund Erich Hackmann‹.«

Sie lächelte, fragte aber nicht, wer mit »uns« gemeint sei, denn sie fühlte unter dem Foto etwas. Es handelte sich um einen Umschlag. Sie schrieb betont langsam und auf ihrem Schoß, damit sie den Brief unauffällig verschwinden lassen konnte.

Hackmann bekam das Foto mit Autogramm und den Füllfederhalter zurück.

»Meinen Dank, gnädige Frau.«

»Alles Gute, Obergruppenführer«, wünschte sie.

Zu Hause öffnete die Leander den Umschlag. Darin fand sich ein Briefbogen mit nur wenigen Worten. Zur Sicherheit waren sie mit Maschine getippt. Sie lauteten: *Spätestens Mitte Juli.*

Zarah Leander wußte nicht, was damit gemeint war, leitete die Nachricht aber an Baron von Zelitsch weiter.

Sie drehte noch einen Film in Berlin. Dann kehrte sie dem sichtlich in Agonie verfallenden Dritten Reich den Rücken.

Nachwort

Die Vernichtung der 6. Armee in Stalingrad war das drohende Vorzeichen für die Niederlage und den Untergang des Dritten Reiches.

Das Attentat auf Hitler am 20. Juli 1944 scheiterte abermals. Der Volksgerichtshof verurteilte die am geplanten Umsturz beteiligten Widerstandskämpfer zum Tode.

Admiral Canaris wurde vom neuen Gestapo-Chef Kaltenbrunner abgesetzt. Man nahm an, er habe mit den Juli-Attentätern sympathisiert. Canaris wurde 1945 in einem KZ hingerichtet.

Am 12. April 1945 starb der amerikanische Präsident Franklin Delano Roosevelt. Adolf Hitler betrachtete dies zunächst als Wink des Schicksals. Doch wenige Wochen später beging er im von russischen Armeen eingeschlossenen Berlin Selbstmord.

Heinrich Himmler, Reichsführer-SS und Begründer der Gestapo, schluckte 1945 die tödliche Zyankalikapsel.

Joseph Goebbels, Minister für Volksaufklärung und Propaganda, verantwortlich für die Reichskristallnacht und für den Aufruf zum totalen Krieg, brachte sich und seine Familie am 1. Mai 1945 um.

Ernst Kaltenbrunner, Chef der Sicherheitspolizei und des SD, wurde nach den Nürnberger Prozessen gehenkt.

Nach Zündung der Uranbomben über Hiroshima und Nagasaki sowie Entwicklung der Wasserstoffbombe schied Prof. Dr. Siegmund Kant aus dem Forschungsteam Oppenheimers aus. Fortan lehrte er an der Harvard University Nuklearphysik.

Toni Lützow und Judith Rothild blieben in den USA und heirateten 1945. Judith arbeitete als Chirurgin in Kalifornien, Lützow bei der US Navy in San Diego am Atom-U-Boot-Bauprogramm. Als erster führte er ein noch mit Wasserstoffturbinen ausgerüstetes Unterseeboot unter das Schelfeis der Nordpolkappe.

Die Senatorin Gloria Capland zog sich nach dem Krieg auf ihre Besitzungen in Texas zurück. Unter Präsident Truman war sie an Politik nicht mehr interessiert.

Die Männer von U 136 kehrten nach der Kapitulation nach Deutschland zurück und beteiligten sich am Wiederaufbau.

Commander Kevin Morton nahm 1946 seinen Beruf als Schallplattenproduzent wieder auf. Unter anderen brachte er auch die Beatles heraus. Seine Frau, Nicole Pinette, brannte nach sieben Ehejahren mit einem französischen Regisseur durch. Sie lebte fortan in Paris.

Oberst Reimers wurde nach kurzer Gefangenschaft Kriminaldirektor bei der Berliner Polizei.

Hauptmann Lang fiel am zweiten Tag der Ardennenoffensive im Hürtgenwald.

Der Oberbefehlshaber der Kriegsmarine und letzte Regierungschef des »Dritten Reiches«, Großadmiral Karl Dönitz, wurde als Kriegsverbrecher zu zehn Jahren Gefängnis verurteilt und 1956 freigelassen.

Obersteuermann Klein heuerte als Kapitän auf einem norwegischen Hochseefischdampfer an.

Auguste Lorenzo heiratete einen Bankier aus Zürich und bekam nacheinander drei Kinder. Alles Mädchen.

Bodo von Zelitsch trat in den diplomatischen Dienst der Bundesrepublik ein und wurde Botschafter in Thailand.

LI Behrens erwarb an der Technischen Hochschule Aachen den Titel eines Diplomingenieurs und wurde technischer Direktor des ersten deutschen Atomkraftwerkes.

I WO Rahn unterrichtete als Studienrat für Geschichte und Geographie in Osnabrück Gymnasiasten.

II WO Wessel ging zum Cabaret. In der Gruppe »Die starken Fünf« gastierte er mit großem Erfolg quer durch Westdeutschland. Er schrieb Texte, Songs, später Romane und Drehbücher.

Obergruppenführer Hackmann hatte nach dem Ende von Canaris, Stauffenberg und anderen keine Zeugen mehr für seine Mitwirkung am Widerstand. Nach dem Zusammenbruch tauchte er in Spanien unter. In Madrid spürten ihn Simon Wiesenthals Nazijäger auf. Da seine Entführung mißlang, erschoß ihn ein israelisches Kommando auf der Avenida de José Antonio.

Zarah Leander drehte noch einige unbedeutende Filme.

Ein gewisser Felix Kramer alias Arie Goldstern, wegen Spionage zu einer Haftstrafe von »lebenslänglich plus ein Tag« verurteilt, wurde 1954 amnestiert. Er ging nach Hollywood und ritt in einem Western neben dem Schauspieler Ronald Reagan.